Das Naturerbe der Menschheit

Peter Göbel

Das Naturerbe der Menschheit

Landschaften und Naturschätze unter dem Schutz der UNESCO

VILLA ARCENO

Inhalt

Vorwort 7
Simien 8
Galápagos-Inseln 10
Nahanni 16
Yellowstone 18
Ngorongoro 24
Virunga 26
Dinosaurier Provinzpark 28
Kluane, Wrangell-St.-Elias 30
Grand Canyon 32
Everglades 34
Sagarmatha 38
Seen von Plitvice 44
Belovezhskaya Pushcha/ Bialowieza 46
Ichkeul 48
Kahuzi-Biega 50
Garamba 50
Redwood 52
Durmitor 54
Nimbaberge 54
Djoudj 56
Niokolo-Koba 56
Serengeti 58
Los Glaciares 62
Darién 64
Olympic Mountains 66
Mammuthöhlen 68
Großes Barriere-Riff 70
Tai 74
Aldabra Atoll 76
Selous 78
Río Plátano 80
Lord-Howe-Archipel 82
Comoé 82
Vallée de Mai 84
La Amistad 86
Sangay 88
Wood Buffalo 92
Great Smoky Mountains 94
Pirin 96
Srebarna 98
Scandola 98
Malawi-See 100
Mana-Pools 102
Salonga 106
Iguazú/Iguaçu 108
Kanadische Rocky Mountains 110
Yosemite 116
Chitwan 118
Huascarán 120
Keoladeo 122
Manas 124
Kaziranga 126
Central Eastern Rainforest 130
Inselgruppe St. Kilda 132
Damm des Riesen 132
Höhlen von Skocjan 134
Garajonay 136
Tierreservat Dja 138
Kilimandscharo 140
Gros Morne 144
Sian Ka'an 144
Manú 146
Vulkane von Hawaii 148
Sundarbans (Indien) 152
Manovo-Gounda St. Floris 152
Nanda Devi 154
Sinharaja Forest 156
Wet Tropical Rainforests 158
Henderson Insel 162
Banc d'Arguin 162
Viktoria-Fälle 164
Tsingy de Bemaraha 168
Te Wahipounamu 170
Air und Ténéré 172
Ujung Kulon/Krakatau 178
Komodo 180
Thung Yai Naresuan/ Huai Kha Khaeng 182
Haifisch-Bay 182
Donaudelta 184
Huanglong 186
Jiuzhaigou 188
Wulingyuan 188
Fraser Insel 190
El Vizcaínó 192
Shirakami-Gebiet 194
Yakushima-Wald 194
Tubbataha-Riff 196
Ruwenzori 198
Bwindi 202
Los Katíos 202
Canaima 204
Arabian Oryx 206
Ha-Long-Bucht 206
Riversleigh/Naracoorte 208
Donana 210
Glacier/Waterton-Lakes 214
Carlsbad Höhlen 216
Messel 218
Gough-Insel 222
Komi Forest 222
Aggtelek-Höhlen/ Slowakischer Karst 224
W-Niger-Nationalpark 226
Okapi-Wildreservat 226
Korallenriffe von Belize 228
Baikalsee 230
Vulkane von Kamtschatka 234
Lake Turkana – Sibiloi 236
Mount Kenya 238
Morne Trois Pitons 242
Cocos Island 242
Sundarbans/Bangladesch 244
Heard – McDonald 244
Macquarie 246
Monte Perdido 248
East Rennell 248
Subantarkt. Inseln Neuseelands 250
Russischer Altai 252
Greater St. Lucia 256
Miguasha 256
Desembarco del Granma 258
Valdés-Halbinsel 258
Guanacaste 260
Regenwaldreservate Entdeckerküste 262
Regenwaldreservate Südostküste Brasiliens 262
Lorentz 264
Puerto Princesa 266
Madeira 266
Westl. Kaukasus 268

Glossar geologischer Begriffe 272
Zeittafel der Erdgeschichte 278
Weltkarte 282
Bildquellen 284
Ortsregister 285
Kriterien für die Aufnahme in die Welterbeliste 287
Impressum 288

Vorwort

Freuen Sie sich auf eine spannende Entdeckungsreise durch die schönsten Naturlandschaften der Erde: von den Polarkreisen bis zum Äquator, quer durch alle Kontinente, zu den tiefsten Schluchten und den höchsten Bergen. Erleben Sie die Tundra und Taiga Sibiriens, tropische Regenwälder auf Neuguinea und im Amazonastiefland, die Heimat des Pandabären in China und die Haifisch-Bay an der Küste Australiens, afrikanische Savannen und Hochgebirge, Karstlandschaften in der Sulusee, in Slowenien und in der Slowakei, Korallenriffe im Pazifik und vulkanische Inseln am Rand der Antarktis …

Jedes der über 100 Kapitel dieses Buches ist wie ein Schaufenster, das die belebte und die unbelebte Natur einer bestimmten Region unseres Planeten zeigt. Und jede dieser Regionen besitzt ihre unverwechselbaren Eigenarten. Im Yellowstone-Nationalpark fauchen die Geysire, auf der entlegenen Gough-Insel nisten die Seevögel zu Millionen an den steilen Kliffs, ein „Sanktuarium" am Nanda Devi, Indiens zweithöchstem Berg, beherbergt den seltenen Schneeleoparden, ein anderes in der Wüste Omans eine noch seltenere Gazelle, die Fossilfundstätte Miguasha im Osten Kanadas bietet einen Einblick in jene Epoche der Erdgeschichte, in der die Fische gewissermaßen „das Laufen lernten", während ihre heutigen Verwandten in einer unglaublichen Artenvielfalt die Korallenriffe von Belize im Karibischen Meer bevölkern.

Die so unterschiedlichen Nationalparks, Naturschutzgebiete, Sanktuarien, Fossilfundstätten, Inseln und Riffe haben nur eines gemeinsam: Sie erfüllen die Kriterien, die für die Aufnahme von Naturgütern in die Welterbeliste der UNESCO gelten. Diese seit über 20 Jahren geführte, anfangs von Naturschutzexperten sehr skeptisch beurteilte Liste ist mittlerweile zu einer Institution im internationalen Naturschutz geworden. Am Ende des 20. Jahrhunderts sind in ihr insgesamt 128 Naturerbestätten in über 50 Staaten der Erde verzeichnet; hinzu kommen weitere 22 Stätten, die sowohl schützenswerte Natur- als auch Kulturgüter der Menschheit bewahren.

Auf der Karte der Welterbestätten klaffen freilich noch große Lücken. Von der Fossilfundstätte Messel, Deutschlands bislang einziger Naturerbestätte, einmal abgesehen, erstreckt sich beispielsweise zwischen dem Nordrand der Alpen und dem Nordkap ein weißer Fleck. Dabei gibt es in Mittel- und Nordeuropa durchaus Naturlandschaften, die oft schon seit Jahrzehnten geschützt sind und das Prädikat „Welterbestätte" verdient hätten, etwa in den Tundren und Nadelwäldern des nördlichen Skandinavien oder im Wattenmeer am südöstlichen Rand der Nordsee. Im borealen Nadelwaldgürtel, dem größten noch weitgehend geschlossenen Waldgebiet der Erde, das sich 5000 km weit durch Nordamerika und anschließend 7500 km weit durch das nördliche Eurasien erstreckt, sind die Naturerbestätten ohnehin sehr dünn gesät. Sie fehlen weitgehend auch in den Wald- und Steppenlandschaften der mittleren Breiten. Zum einen wird es in diesen seit Jahrtausenden dicht besiedelten Zonen immer schwieriger, größere Flächen mit intakter Ökologie zu finden und gegen die im allgemeinen starken ökonomischen Interessen als geschützte Gebiete auszuweisen. In Mitteleuropa ist daran schon mancher geplante Nationalpark gescheitert, und in den bestehenden Parks müssen die Interessen des Naturschutzes oft genug gegen die wirtschaftlichen Interessen zurücktreten. Zum andern gibt es gleichzeitig aber auch immer häufiger Probleme, die ausgewiesenen Naturreservate wirksam vor Umweltbelastungen zu schützen. Was nützen die strengsten Naturschutzverordnungen vor Ort, wenn wie im rumänischen Donaudelta durch den Bau eines Staudamms viele hundert Kilometer stromaufwärts die Natur geschädigt wird oder, wie beim spanischen Nationalpark Coto de Doñana geschehen, irgendwo im Hinterland ein Staudamm bricht und ein berühmtes Naturparadies von giftigem Schlamm begraben wird. Der Monte Perdido in den Pyrenäen, die zweite Naturerbestätte auf spanischem Boden, zeigt ein weiteres Problem: Die Zeit drängt! Im Nominationsvorschlag von 1997 wird der Pyrenäen-Steinbock hier noch als schützenswerte Art erwähnt, wenn auch mit dem Hinweis, daß nur drei weibliche Tiere überlebt hätten. Drei Jahre später waren jedoch auch die drei Letzten ihrer Art verendet.

Ein Ausweg aus der Misere könnte darin bestehen, daß möglichst große, in sich geschlossene Schutzgebiete ausgewiesen werden, die im Idealfall von den Quellgebieten der Flüsse bis zur Mündung und von dort am besten ein Stück weiter ins Meer reichen. Solche Reservate bieten der Tierwelt mehr Rückzugsräume und lassen sich zugleich wirksamer vor schädlichen Einflüssen von außen schützen.

Die jüngste Naturerbestätte Südostasiens, der Lorentz-Nationalpark im indonesischen Anteil der Insel Neuguinea, ist ein wegweisendes Beispiel für diese in neuerer Zeit vom Welterbe-Komitee häufiger angewandte Strategie. Er reicht von einem tropischen Meer bis zur Gletscherzone der äquatorialen Hochgebirge, umfaßt eine Fläche etwa zehnmal größer als die des Saarlands und widerlegt darüber hinaus das alte, tiefverwurzelte Vorurteil, daß in einem Gebiet konsequent betriebener Naturschutz zwangsläufig ein Nachteil für die dort lebenden Menschen sein muß. Durch den Erhalt der natürlichen Lebensgrundlagen werden im Gegenteil für die Bewohner dieses Nationalparks die Chancen verbessert, ihre traditionelle Kultur weiter zu pflegen und vielleicht in Zukunft durch einen „sanften", ökologisch verträglichen Tourismus ihre Existenz zu sichern. Doch dafür findet man auch in vielen anderen Ländern der Erde ermutigende Beispiele.

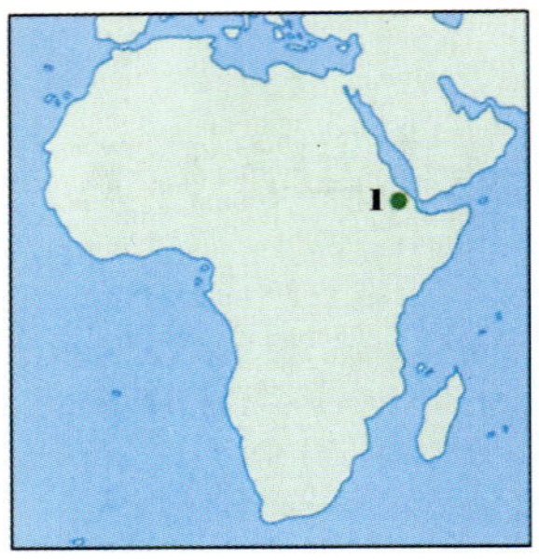

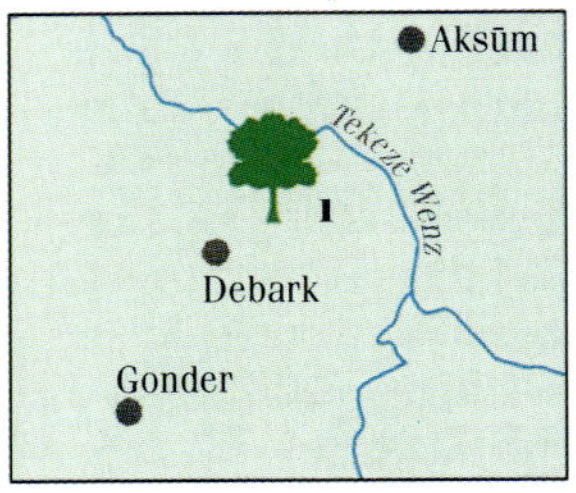

Lage: Im äthiopischen Hochland, etwa 120 km nordöstlich von Gondar

Naturraum: Tropische Hochgebirge mit Sommerregen und längerer Trockenzeit (mehr als 10 Wochen) im Winter

Meereshöhe: 1900–4550 m

Fläche: 220 km²

Zugang: Über Schotterpisten und Gebirgspfade; außer einigen einfachen Zeltplätzen keinerlei Besuchereinrichtungen

Die Flora der alpinen Stufe der ostafrikanischen Hochgebirge mit ihren Schopfblattgewächsen und Wollkerzenpflanzen gleicht von den Wuchsformen her dem Pflanzenkleid der Páramos in den südamerikanischen Anden.

SIMIEN NATIONALPARK

Tiefe Schluchten mit steilen Felswänden zerfurchen den vulkanischen Gebirgsstock, der im höchsten Berg der äthiopischen Hochländer, dem Ras Dashan, gipfelt. In den seit mindestens 2000 Jahren von Bauern besiedelten Tälern ist das natürliche Pflanzenkleid weithin vernichtet, doch an den unzugänglichen Steilhängen gibt es noch urwüchsige Wacholderwälder und tropische Hochgebirgsheiden. Sie beherbergen einige der seltensten Tierarten Afrikas.

In diesem Gebiet, der Nordostecke Afrikas, wird die Erdkruste von zahllosen Brüchen und Spalten durchzogen. Immer wieder kam es hier in der jüngeren Erdgeschichte zu verheerenden Vulkanausbrüchen und enormen Krustenverschiebungen. Die Basalte und Vulkanaschen, die sich im Simiengebirge vom Grund der Täler bis hinauf zu den schroffen, frostverwitterten Zacken und Türmen des Ras Dashan (4620 m) in Schichten übereinanderstapeln, entstanden vor etwa 25 Millionen Jahren. Seither steigt der Gebirgsblock langsam auf, und die wasserreichen Flüsse, allen voran der Takase, sägen sich in die vulkanischen Plateaus ein. Von den welligen Hochflächen fallen mehr als 1000 m hohe, treppenartig gestufte Berghänge jäh in die engen Canyons ab.

Die unteren Stockwerke des Simiengebirges bis in 2500–2800 m Höhe waren einst mit dichten immergrünen Berglaubwäldern, in regenärmeren Gegenden auch mit Savannen bedeckt. Heute ist der Wald verschwunden, meist stehen nur noch einzelne Bäume am Rand der Felder, auf denen Hirse, Gerste, Linsen und andere Feldfrüchte angebaut werden. Der Getreideanbau reicht an günstigen Stellen bis knapp 3800 m, also auf die Gipfelhöhe des Großglockner. Häufiger als Äcker sind in dieser Gebirgsetage jedoch lichte Wälder aus Wacholder, verschiedenen Ölbaumarten, dem buchstäblich „stämmigen“ Kossobaum mit seinen langen, gefiederten Blättern und einem nahen Verwandten unseres Johanniskrauts, hier bis 10 m hoch. Heidekrautgewächse und dornige Polstersträucher reichen durch das Stockwerk des alpinen Graslands bis in Höhen um 4000 m hinauf, wo täglicher Frost keine höheren Pflanzen mehr aufkommen läßt.

Von Gräsern, Knollen und Zwiebeln ernähren sich die Grasratten, die in den Gebirgen Ostafrikas bis weit über die Waldgrenze hinaus vorkommen. Die geselligen Nager sind wiederum die Lieblingsspeise des Simien-Fuchses. Der von den Hirten gnadenlos verfolgte und beinahe ausgerottete langbeinige Räuber ist eigentlich ein Wildhund; seinen Namen verdankt er dem rotbraunen Fell und dem fuchsähnlichen Kopf. Wie ein Pavian sieht der Dschelada aus, wenigstens auf den ersten Blick. Mit einem dichten Fell und den scharfen, kräftigen Fingernägeln, die sich in den feinsten Felsspalten festkrallen, ist der äthiopische Affe vorzüglich an das Leben im Hochgebirge angepaßt. Hohe, glatte Klippen sind für ihn kein Hindernis – er scheint förmlich am Fels zu kleben. Nur ein vierbeiniger Bewohner des wildzerklüfteten Gebirgsmassivs im Norden Äthiopiens klettert mit ähnlich traumwandlerischer Sicherheit auf den Felsabstürzen herum: der Waliasteinbock, der südlichste Vertreter seiner Art. Sein Lebensraum sind die Erikawälder und die schmalen Rasenbänder, die auf weicheren Aschenschichten die Felswände gliedern. Hauptsächlich zum Schutz dieser nahezu ausgerotteten Form des Steinbocks hat man Ende der 1960er Jahre den Nationalpark eingerichtet und einen Großteil der dort ansässigen Bauern und Hirten umgesiedelt. Leider ist auch das Simiengebirge nicht von den Bürgerkriegswirren verschont geblieben. Viele Steinböcke dürften in dieser Zeit Wilderern zum Opfer gefallen sein.

Geschützt 1978 · Ecuador

Lage: Im östlichen Pazifik, rund 1000 km vor der südamerikanischen Festlandsküste, beiderseits des Äquators

Naturraum: Zone der tropischen Trockenklimate mit Trockenwäldern, die allerdings nur das unterste Gebirgsstockwerk der Inseln einnehmen

Meereshöhe: 0–1707 m

Fläche: 7665 km² (zusätzlich 79 900 km² im Meeres-Naturschutzgebiet)

Zugang: Im Rahmen von Kreuzfahrten mit kleineren und größeren Schiffen, die meist von der Flughafeninsel Baltra ausgehen; insgesamt sind etwa 60 Gebiete für den Tourismus freigegeben. Sie dürfen in der Regel nur unter der Führung von lizensierten Führern und auf markierten Wegen betreten werden

Auf fast allen Inseln des Archipels brütet der Maskentölpel. Er ist die größte und kräftigste Art der tropischen Tölpel.

Galápagos-Inseln

Entstehung der Arten im Thier- und Pflanzenreich durch natürliche Züchtung oder Erhaltung der vollkommneten Rassen im Kampfe um's Daseyn lautet der ziemlich verwirrende Titel der 1860 in Stuttgart erschienenen deutschen Ausgabe eines wissenschaftlichen Werkes, das das bis dahin noch durch die biblische Schöpfungsgeschichte geprägte biologische Weltbild von Grund auf verändern sollte. Dabei hatte der englische Naturforscher Charles Robert Darwin seinem Buch im Original einen Titel gegeben, der das heikle Thema nicht verschleiert: *On the Origin of Species* (Über die Entstehung der Arten). Wahrscheinlich war die Zeit reif für die wissenschaftliche Revolution. Sicherlich gibt es auch an vielen anderen Orten der Erde aufschlußreiche Hinweise auf die komplizierten Vorgänge, die zur Entstehung der Arten führen, doch noch immer gelten die „Schildkröteninseln" im Stillen Ozean als *das* Schaufenster der Evolution.

Darwin verbrachte nur fünf Wochen, vom 16. September bis zum 20. Oktober 1835, auf dem Archipel, dann wurden auf dem Vermessungsschiff *Beagle* wieder die Anker gelichtet. Genau 300 Jahre zuvor hatte der spanische Bischof Tomás de Berlanga die Inseln für die christliche Welt entdeckt. Seinem ernüchternden Bericht ist es wohl zu verdanken, daß der Dornröschenschlaf der „verhexten Inseln" von den Konquistadoren nicht gestört wurde: kein Wort von Gold, Silber oder anderen Naturschätzen. „Es sieht so aus, als ob Gott Steine regnen ließe." In der Tat regnet es auf dem Archipel, der aus über 120 kleinen und größeren Inseln besteht, manchmal heiße Steine aus Vulkankratern. Wie fast alle ozeanischen Inseln der Erde sind die Galápagos-Inseln durch Vulkanausbrüche geschaffen worden, die bis zum heutigen Tag anhalten. Keine der Inseln ist älter als drei bis vier Millionen Jahre, bei vielen wirken die vulkanischen Formen – Schlackenkegel, Lavatunnel, vulkanische Kessel und Lavafelder – so frisch, als seien sie eben erst entstanden. Ähnlich wie die Hawaii-Inseln stellt der *Archipiélago de Colón* (Kolumbus-Archipel) eine Ansammlung von Schildvulkanen dar, die aus großer Tiefe mit ihren Gipfeln über den Meeresspiegel ragen und von einem „heißen Flecken" im oberen Erdmantel mit Magma versorgt werden.

Im Unterschied zum Hawaii-Archipel, der in den äußeren Tropen im Gürtel der Passatwinde liegt, ordnen sich die Galápagos-Inseln dicht beiderseits des Äquators an. Vom schwülheißen, immerfeuchten Klima der äquatorialen Zone ist auf den Inseln freilich kaum etwas zu spüren. Die Regenzeit dauert nur von Dezember bis Mai und wird dann von einer ausgeprägten Trokkenzeit abgelöst. Die Lufttemperaturen schwanken von Juni bis November zwischen kühlen 17 und 22 °C. Nebel und Nieselregen sind häufig, die Sonne versteckt sich oft hinter bleigrauen Wolken. Kurzum: ein Wetter, wie man es in unseren Breiten des Globus nur allzu gut kennt. Die großräumige Verschiebung der Luftdruck- und Windgürtel, die sonst in den Tropen den Jahreszeitenrhythmus bestimmt, spielt beim Klima der Galápagos-Inseln nur eine untergeordnete Rolle, wichtiger ist hier die Ver- und Überlagerung warmer und kalter Meeresströmungen. Mal wird der Archipel von den Ausläufern des 18 bis 22 °C kühlen Perú-Stroms umspült, die Luft über dem Meer kühlt sich ab, und an der Grenzschicht zwischen den kühlen und den darüber lagernden wärmeren Luftmassen entstehen dichte Schichtwolken, die in den Gebirgen der Inseln als nässender Nebel den Boden berühren; mal setzt sich der 25 bis 28 °C warme Panamá-Strom durch, läßt über dem Meer hohe Wolken aufquellen, die heftige Regenschauer bringen.

Während auf Hawaii das Klima und damit auch das natürliche Pflanzenkleid eines Ortes vor allem von seiner Lage zu den Passatwinden abhängen, entscheidet auf den Galápagos-Inseln in erster Linie die Höhenlage: Die untersten 100 bis 150 m gehören zur Küsten- und Trockenzone, in der selbst an der feuchtesten Stelle im Jahresdurch-

Warum die Opuntien oder Feigenkakteen nur auf den Galápagos-Inseln zu über 10 m hohen „Kakteenbäumen“ heranwachsen, ist bis heute ein Rätsel geblieben, vielleicht hat die sonderbare Wuchsform etwas mit den Landschildkröten zu tun.

Den Galápagos-Seelöwen erkennt man am schlanken Kopf und den winzigen Ohrmuscheln. Er bellt wie ein Hund.

schnitt weniger als 400 mm Regen fallen; regengrüne Trockenwälder, dornige Sträucher und verschiedene Kakteen bestimmen hier das Pflanzenkleid. Zur Höhe hin nehmen Regen, Luftfeuchtigkeit und Nebelhäufigkeit rasch zu. Man erkennt es an den Moosen und Flechten, die sich auf den Bäumen ansiedeln. In der Etage zwischen 200 und 400 m gedeiht dann bei viel Regen und noch mehr Nebel ein üppiger Galápagos-Regenwald, der aber schon bald in niedrigere Gebüsche und ab 550 m in eine Zone mit Farnen, Riedgräsern und Torfmoosen übergeht, die von den Einheimischen *Pampa* genannt wird.

Die verschiedensten Pflanzengemeinschaften, vom Mangrovedikkicht bis zum Moor, vom Trockengehölz bis zum Regenwald, drängen sich auf engstem Raum aneinander, gemessen an der überwältigenden Artenvielfalt der tropischen Festländer hat der Archipel vor der Küste Südamerikas jedoch eine spärliche Flora. Darwin war enttäuscht, hatte den Eindruck „in einem arktischen statt in einem tropischen Land zu sein". Mittlerweile hat man zwar über die 225 von dem englischen Naturforscher gefundenen Pflanzenarten hinaus weitere 400 einheimische Arten entdeckt, doch auf dem südamerikanischen Festland wachsen Zehntausende. Bemerkenswert ist nur der hohe Anteil der endemischen Spezies (30 bis 40 %) und der floristischen Neubürger (rund 250), die mit Hilfe des Menschen auf den Archipel gelangten. Artenarmut kennzeichnet auch die Tierwelt: „außer Feuerland sah ich nirgendwo ein ärmeres Land", notierte Darwin über die Insekten in sein Tagebuch. Ganze vier Landsäugerarten (von ursprünglich neun) leben auf den Inseln, Amphibien kommen auf den Galápagos-Inseln überhaupt nicht vor, um so reicher ist die Vogelwelt. Als Kronzeugen der Evolution wurden die Darwinfinken weltberühmt, 13 Arten, die sich ökologisch in der Ernährungsweise und daher äußerlich vor allem in der Form des Schnabels unterscheiden. Gegenüber den Seevögeln, die in oft riesigen Kolonien auf den Inseln brüten und wie Galápagos-Seelöwen und -Seebären vom enormen Fischreichtum der Gewässer zwischen den Inseln zehren, treten die Landvögel in den Hintergrund. Die Palette der Seevogelarten ist hier so bunt wie in keiner anderen Gegend der Erde. Typische Bewohner der polaren Regionen wie der Pinguin treffen hier auf tropische Arten wie die Fregattvögel oder Tropikvögel, Küstenvögel wie der Krabbenreiher auf Vögel, die wie der Albatros fast ihr gesamtes Leben auf hoher See verbringen, das Odinshühnchen, ein weitgereister Gast aus dem hohen Norden, auf den dunklen Lavareiher, der den Archipel noch nie verlassen hat. Mit einer einzigen Ausnahme kommen auch alle Kriechtierarten der Galápagos-Inseln weltweit nur auf dieser Inselgruppe vor: die Riesenschildkröten (*galápagos*), nach denen der Archipel benannt ist, die Meerechsen, die als einzige Echsen ihre Nahrung im Meer suchen, oder die urtümlichen Landleguane.

Die Meerechsen, „Kobolde der Finsternis", wie Darwin sie nannte, haben die Besiedlung der ursprünglich menschenleeren Inseln von allen Reptilien noch am besten überstanden, die Riesenschildkröten und Landleguane entgingen hingegen nur knapp der Ausrottung durch den Menschen und dessen vierbeinigen Gefährten. Über Jahrhunderte hinweg liefen Schiffe die Inseln an, um Riesenschildkröten einzusammeln und sie gewissermaßen als lebende Konserven in den Vorratskammern zu stapeln. Die übriggebliebenen Tiere verhungerten dann oft, weil Ziegen und Schweine die Inseln kahl gefressen hatten. Neben der Zucht der bedrohten Tierarten in der Charles-Darwin-Forschungsstation und anderen Stationen ist deshalb der Schutz der einheimischen Tierwelt vor eingeführten und eingeschleppten Arten die wichtigste Aufgabe der Nationalparkverwaltung.

Der Drusenkopf, ein überzeugter Vegetarier, der mit Vorliebe Kakteen samt Stacheln verspeist. Die schlimmsten Feinde des Landleguans sind verwilderte Hunde, die den Nachwuchs umbringen.

Geschützt 1978 · Kanada

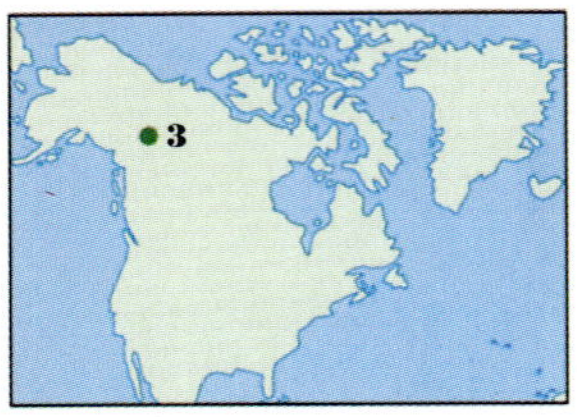

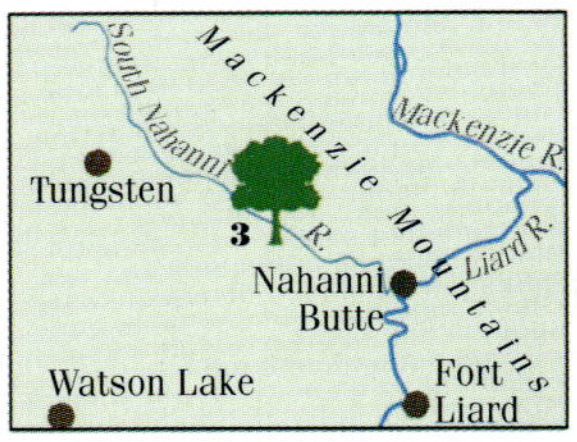

Lage: In den Northwest Territories beiderseits des South Nahanni River, etwa 30 km vom nächsten Ort Nahanni Butte entfernt

Naturraum: Gürtel der borealen Nadelwälder in der kaltgemäßigten kontinentalen Klimazone mit sehr langen, extrem kalten und trockenen Wintern, aber recht warmen Sommern

Meereshöhe: 180–2640 m

Fläche: 4766 km^2

Zugang: Nur auf dem Luftweg von Fort Simpson (Sitz der Nationalparkverwaltung), Blackstone (Informationszentrum), Watson Lake und Fort Nelson oder auf dem Fluß; im Park gibt es drei einfache Campingplätze

Elche lieben das Wasser, sind ausgezeichnete Schwimmer und überqueren bei ihren Wanderungen sogar breite Meeresarme. Die größten unter den heute lebenden Hirschen suchen sich ihre Nahrung auch am Boden von Gewässern und weiden Wasserpflanzen ab.

NAHANNI

Als „Land der Mythen und Mysterien" ist die wegelose Wildnis im hohen Norden Kanadas bekannt geworden: durch mysteriöse Begebenheiten und alte indianische Legenden, die sich um die schäumenden Wasserfälle, finsteren Höhlen, heißen Quellen und bizarren Felsformationen am Südlichen Nahanni-Fluß ranken.

Der South Nahanni River, ein Quellfluß des Mackenzie, des zweitgrößten Stroms in Nordamerika, durchbricht hier die Ausläufer der Mackenzie Mountains und legt dabei die verschiedensten Gesteine frei: Sandsteine, Schiefer, Kalksteine, vulkanisches Gestein... Je nach der Härte und Lagerung des Gesteins wechseln die Landschaftsformen auf engstem Raum von felsigen Gebirgskämmen zu sanft gerundeten Hügeln, von grandiosen Engtälern, die mehr als 1000 m tief eingekerbt sind, zu weiten Talniederungen mit ungezählten Seen und Sümpfen. Harte Gesteine bilden Felsriegel, über die sich der Fluß in Stromschnellen und Wasserfällen ergießt, am eindrucksvollsten an den fast 100 m hohen Virginia Falls. Die Föhnwinde, die oft mit Sturmstärke durch das Tal wehen, haben aus mürben Sandsteinschichten die pittoresken Klippen der Sand Blowouts modelliert. Höhlen mit unterirdischen Wasserläufen durchziehen die verkarsteten Kalksteinformationen. Im Tal unterhalb der Ragged Range, der „Gezackten Gebirgskette", hat sich aus dem Wasser heißer Quellen Sinter abgesetzt und bis zu 30 m hohe Terrassen geformt.

In den Tälern, in denen im Winter eisige Temperaturen bis nahe −50 °C herrschen und der trockene Föhn das ganze Jahr über den Boden ausdörrt, bilden die heißen Quellen winzige Klimaoasen mit deutlich höherer Temperatur und Luftfeuchtigkeit. Hier findet man auch wärmeliebende Pflanzenarten wie die Goldrute oder die Gelbe Gauklerblume. Insgesamt ist die Flora am Nahanni für ein Gebiet, das nur wenige Hundert Kilometer südlich des Nördlichen Polarkreises liegt, erstaunlich artenreich: Rund 600 höhere Pflanzenarten kommen im Nationalpark vor. Dichte, in den Niederungen meist moorige Fichtenwälder, in die Lärchen und Pappeln eingestreut sind, nehmen den größten Teil des Parks ein. Zu den Gipfeln hin geht die kanadische Taiga allerdings rasch in lockere Gehölze über und in den höheren Lagen bestimmt Gebirgstundra das Landschaftsbild.

Das offene Land oberhalb der Waldgrenze ist das angestammte Revier der Dallschafe, von den Amerikanern wegen ihrer dicken, massigen Hörner wie ihre nächsten Verwandten kurz Bighorns genannt. Noch höher, bis in die Felsregion, klettern die Schneeziegen hinauf, wahre Hochgebirgsartisten, denen kein Fels zu steil und kein Grat zu schmal ist. Elch, Weißwedelhirsch und Wald-Karibu leben in den borealen Nadelwäldern am Nahanni, und die „großen Drei" des amerikanischen Nordens, Wolf, Grizzlybär und Schwarzbär, die dort gleichfalls heimisch sind, suchen sich ihre Beute in Tundra und Taiga.

Ob die beiden Goldsucher, deren kopflose Körper man 1908 im Deadman Valley fand, von wilden Tieren getötet wurden, wird wohl immer ein Geheimnis bleiben. Sie sollen nicht die einzigen Menschen gewesen sein, die am Nahanni auf mysteriöse Weise ums Leben kamen oder spurlos verschwanden. Für die Indianer, die seit Urzeiten als Jäger und Fallensteller in der nordischen Wildnis leben, steht jedoch fest: Hier treiben böse Geister ihr Unwesen.

Geschützt 1978 · USA

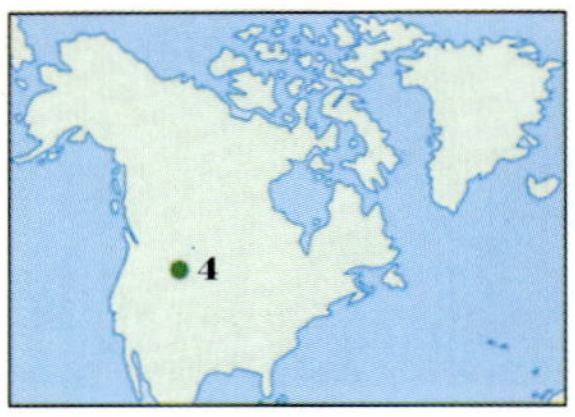

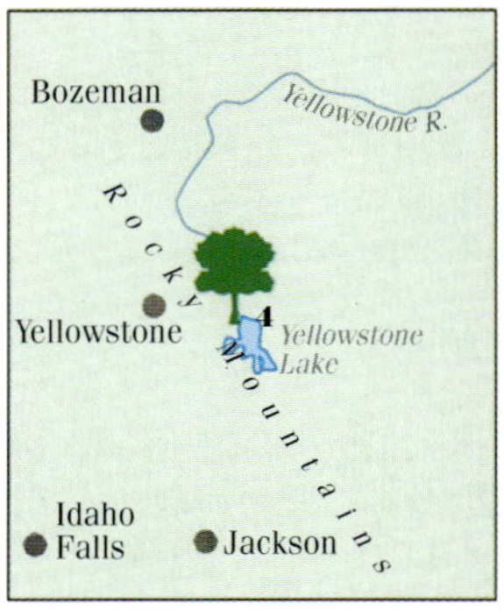

Lage: In den mittleren Rocky Mountains, größtenteils im Bundesstaat Wyoming, zu kleineren Teilen in Montana und Idaho, rund 400 km nördlich von Salt Lake City

Naturraum: Hochgebirge innerhalb der kühlgemäßigten Zone mit kalten Wintern und mäßig warmen Sommern sowie sommergrünen Laub- und Mischwäldern

Meereshöhe: 1710–3463 m

Fläche: 8983 km²

Zugang: Von Jackson, Cody, West Yellowstone (Flughäfen) sowie mehreren anderen Orten in der Umgebung auf Bundesstraßen; auch regelmäßige Busverbindungen zu den genannten Orten; innerhalb des Parks über 600 km Panoramastraßen, 1930 km markierte Wanderwege sowie zahlreiche Campingplätze und einige Hotels

Die einzigartige Vielfalt heißer Quellen am Yellowstone hat im wesentlichen drei Ursachen: eine Magmakammer in geringer Tiefe, darüber poröse Gesteine, in denen das Grundwasser zirkulieren kann, und schließlich wasserundurchlässige Deckschichten.

Yellowstone

Ein Nationalpark der Superlative: der älteste Nationalpark der Neuen Welt (am 1. März 1872 eingerichtet), vielleicht sogar der ganzen Welt; zusammen mit dem benachbarten Grand-Teton-Nationalpark sowie mehreren angrenzenden Naturwald- und Wildreservaten das weltweit größte intakte Ökosystem innerhalb der kühlgemäßigten Klimazone (rund 36 000 km²); vielfältigstes Geothermalgebiet der Erde mit dem höchsten Geysir, der bis 115 m aufsteigt, der stärksten Springquelle, die bei jedem Ausbruch fast vier Millionen Liter siedendheißes Wasser ausspuckt, dem meistfotografierten Naturwunder der Erde (Old Faithful Geysir), dem größten und tiefsten Gebirgssee der Vereinigten Staaten (Yellowstone Lake), den einzigen vollkommen frei lebenden Bisons der USA...

Der Kern des Nationalparks besteht aus einem etwa 2000 bis 2500 m hohen Plateau, das von fünf 3000 bis 3500 m hohen Gebirgsketten umschlossen wird. Quer durch den Südwesten des Parks verläuft die kontinentale Wasserscheide Nordamerikas, von der der Yellowstone River dem Atlantischen Ozean, der Snake River dem Pazifischen Ozean zustreben. Die Hauptwasserscheide springt hier abrupt von Kamm zu Kamm – eine Folge der unterschiedlich starken Hebung der Krustenschollen, die vor etwa 65 Millionen Jahren einsetzte und, wie die häufigen Erdbeben zeigen, bis heute anhält. In den am stärksten gehobenen Schollen der Gebirgsumrahmung treten vor allem kristalline Schiefer der Erdurzeit zutage. Das Yellowstone-Plateau wird dagegen von einer Serie vulkanischer Gesteine der Erdneuzeit aufgebaut. Zuunterst lagern vulkanische Brekzien, eckig zerbrochene Lavastückchen, die vor 40 bis 55 Millionen Jahren bei explosionsartigen Ausbrüchen in riesigen Mengen ausgeschleudert wurden und mittlerweile durch eingewaschene Kieselsäure zu einem festen Gestein verkittet sind. Es enthält zahlreiche versteinerte Baumstämme und -stümpfe, Reste von Wäldern, die in den Aschenregen zugrunde gingen. Meist jünger als das vulkanische Trümmergestein ist der hellgefärbte Rhyolith, der unter dem Yellowstone-Plateau die größte Fläche einnimmt. Früher galt dieser „Fließstein“ als erstarrte kieselsäurereiche Lava, heute nimmt man an, daß er sich als sogenannter Ignimbrit (Schmelztuff) aus Wolken glühender Aschenpartikel abgesetzt hat. Ignimbritplateaus bestehen oft aus hunderten Kubikkilometern verschweißter Aschen, beim Yellowstone-Plateau schätzungsweise 1000 Kubikkilometer, etwa 100mal mehr magmatisches Material als bei der katastrophalen Eruption des Krakatau im August 1883 aus dem Krater geschleudert wurde. Fast immer brechen nach der Förderung großer Ignimbritmassen die Dächer der entleerten Magmakammern ein und es entstehen Calderen. Der vulkanische Einsturzkessel im Yellowstonegebiet war riesig: 75 km lang, 45 km breit und wahrscheinlich 2 bis 4 km tief. Durch spätere Eruptionen, die im Eiszeitalter noch einmal einen Höhepunkt erreichten, wurde er bis zum Rand aufgefüllt. Die letzten Ausbrüche ereigneten sich während der jüngsten Eiszeit vor 60 000 bis 70 000 Jahren, aber noch immer liegt dicht (vielleicht weniger als 2 km) unter der Erdoberfläche ein heißer Magmaherd, der das Gestein und Grundwasser aufheizt.

Normalerweise nimmt die Temperatur innerhalb der oberen Erdkruste zur Tiefe hin im Durchschnitt um 1 °C je 33 m zu. Unter dem Yellowstone-Plateau steigt sie dagegen stellenweise um 22 °C je 33 m an – ideale Bedingungen für heiße Quellen, Geysire, Fumarolen (Dampfquellen), Schlammvulkane und die anderen Erscheinungen des Postvulkanismus, die nach dem Ende der Ausbrüche in Vulkangebieten zu beobachten sind. Rund 10 000 heiße Quellen zählt man im Yellowstone-Nationalpark, darunter die Grand Prismatic Spring, die mit über 110 m Durchmesser als die größte heiße Quelle in den USA (möglicherweise auch der Welt) gilt; zu den 200 bis 250 aktiven Geysiren gehören der Service Steamboat Geysir, dessen Fontäne in den 1960er Jahren bis über 100 m aufstieg

Sechs bis sieben Stunden lang liegt der Morning Glory Pool still wie ein Ententeich, bis plötzlich der Riverside Geysir aus dem dunklen Schlund faucht. Für wenige Sekunden wölbt sich über der Quelle eine Wasserkuppel, die dann vom Dampf zerfetzt wird.

(allerdings in großen unregelmäßigen Zeitabständen), der Giant Geysir mit einer in der Tat riesigen Förderung von 3 785 000 Liter je Ausbruch und nicht zuletzt der Old Faithful, wohl der berühmteste Geysir der Erde. Er schleudert das Wasser 30 bis 45 m, gelegentlich bis 55 m hoch, und mit einer für Springquellen bemerkenswerten Pünktlichkeit, der der „Alte Getreue" seinen Namen verdankt. Mehr als 1 000 000mal dürfte er seit der Einrichtung des Nationalparks ausgebrochen sein, jedesmal lagerte sich ein Teil der im heißen Wasser gelösten Substanzen (hauptsächlich Kieselsäure) um die Quelle ab und formte so einen flachen Kegel aus Geysirit (Kieselsinter). Viel eindrucksvoller sind die Sinterbildungen aus Travertin (Kalksinter) an Mammoth Hot Springs und anderen heißen Quellen; zur Vielfalt der Formen kommt dort das Farbenspiel, das vom klaren Blau im Innern der Quelle über ein intensives Smaragdgrün im tieferen Wasser bis zum leuchtenden Orangerot oder Gelb an den Rändern reicht. Algen und Bakterien, die im heißen Wasser existieren können, verleihen den heißen Quellen im Yellowstone-Nationalpark den einzigartigen Farbenreichtum. Beim Yellowstone, dem orange-gelben Gestein, das an den steilen Hängen des Grand Canyon of the Yellowstone zum Vorschein kommt und dem Nationalpark den Namen gegeben hat, war heißes Wasser ebenfalls im Spiel: Es hat den Rhyolith zersetzt, ausgewaschen und gebleicht. Der fast 100 m hohe Lower Yellowstone Fall im Canyon und die mehr als 40 anderen Wasserfälle dampfen nur scheinbar, in Wirklichkeit führen sie wie der 371 km² große und bis 119 m tiefe Yellowstone Lake kühles, zuweilen auch eiskaltes Wasser. Am Ufer des größten und tiefsten Gebirgssees der USA schwanken die Lufttemperaturen im Januar um einen Mittelwert von –12 °C. Dort ist es im Winter ebenso kalt wie auf der Zugspitze, im Hochsommer dagegen durchschnittlich etwa 10 Grad wärmer. Nadelbäume können die krassen Temperaturunterschiede und die sommerliche Trockenheit besser als Laubgehölze ertragen. Vier Fünftel des Parks sind bewaldet, und davon wiederum vier Fünftel mit Nadelwäldern, in denen die Drehkiefer, auf feuchteren Böden auch die Engelmannsfichte und die Felsengebirgstanne am häufigsten sind. Die trockene Nadelstreu am Waldboden brennt wie Zunder, und so kommt es immer wieder zu Waldbränden. Das vorerst letzte große Feuer, wahrscheinlich durch leichtsinnige Touristen verursacht, verwüstete im Sommer 1988 innerhalb des Nationalparks eine Fläche von über 4000 km². Die Wapitis, Großohrhirsche, Elche, Gabelböcke, die zu Tausenden im Park leben, die Bisons, von denen es wieder einen stattlichen Bestand gibt und die sich anschicken, die Prärien jenseits der Parkgrenzen zurückzuerobern, konnten sich zwar meist vor den Flammen in Sicherheit bringen, hatten jedoch in den folgenden Jahren auf den abgebrannten Flächen unter Futtermangel zu leiden. Inzwischen sind die schlimmsten Wunden vernarbt, die Drehkiefern, die sich nach Bränden besonders stark ausbreiten, siedeln sich zwischen den verkohlten Stämmen an. Das ökologische Gleichgewicht zwischen den Pflanzenessern und den Raubtieren, Grizzlybären, Schwarzbären, Pumas, Wölfen und Koyoten kommt wieder ins Gleichgewicht. Und das Leben der Kanadareiher, der Trompeterschwäne, Nashornpelikane, Fischadler und anderen Vögel, die an den zahlreichen Wasserläufen und Seen, den Mooren und Sümpfen leben, hat das Feuer ohnehin kaum aus dem Lot gebracht.

Mammoth Terraces: Das heiße Wasser, das aus der Tiefe steigt, enthält sehr viel gelösten Kalk und bildet daher rasch Sinterterrassen. Mitunter wachsen sie pro Jahr um einen halben Meter.

Geschützt 1979 · Tansania

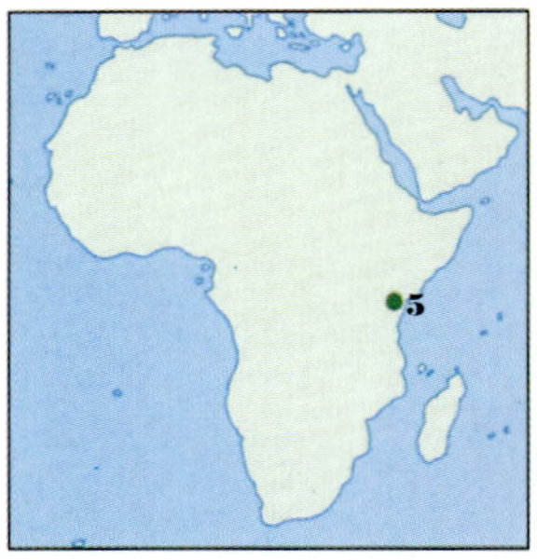

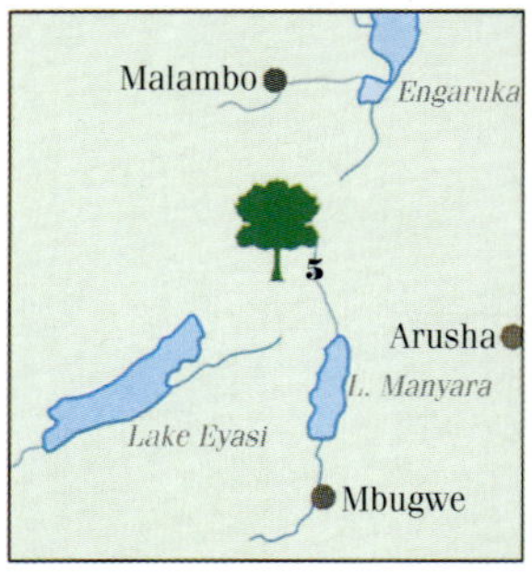

Lage: Im Norden der Republik Tansania, an der Straße zwischen dem Serengeti-Nationalpark und der Stadt Arusha

Naturraum: Zone der wechselfeuchten Tropenklimate mit regengrünen Trockenwäldern und Trockensavanen, in höheren Lagen auch immergrüne Bergregenwälder

Meereshöhe: ca. 1500–3648 m

Fläche: 8288 km²

Zugang: Auf Schotterstraßen und steilen Pisten bis zum Rand des Kraters, wo man in einigen mehr oder weniger komfortablen Lodges übernachten kann; Exkursionen in den Krater im Rahmen organisierter Touren oder auf eigene Faust mit Geländewagen

Flamingos, die gesellig lebenden Wasservögel, besitzen einen besonderen Filterschnabel, mit dem sie aus salzhaltigem Wasser Kleinlebewesen herausfiltern können, ohne dabei zuviel Salz aufzunehmen.

Im Hochland der Riesenkrater dauert die Trockenzeit mehr als ein halbes Jahr; der See im Innern der Caldera schrumpft dann zusammen und überzieht sich mit einer weißen Salzkruste.

Ngorongoro

Das Schutzgebiet im Hochland der Riesenkrater zählt zu den schönsten Naturparadiesen der Erde, ein Garten Eden mit einer überwältigenden Tierwelt, eingebettet in eine großartige Vulkanlandschaft, in der die archäologische Grabungsstätte Olduvai-Schlucht, die ostafrikanische Wiege der Menschheit, liegt. Ngorongoro gehört freilich auch zu den elf Welterbestätten, die vom Raubbau des Menschen an der Natur am stärksten bedroht sind.

Mindestens 20 000 große Tiere, dazu ungezählte kleinere, bevölkern den Kern des Schutzgebiets, allein etwa 7000 Weißbartgnus, 4000 Zebras und ebenso viele Kaffernbüffel. Außer der Giraffe, die die steilen Hänge am Rand des Ngorongoro offenbar nicht überwinden kann, sind typischen Arten der ostafrikanischen Savanne im Naturreservat heimisch: Thomson- und Grantgazellen, Kuhantilopen und Elenantilopen ziehen in dichten Herden oder kleinen Trupps durch das Gebiet, immer auf der Hut vor einem Geparden oder einem anderen Räuber, der im Gras lauern kann, im Hippo-Pool baden die Flußpferde, ein Strauß schreitet majestätisch durch die Savanne, und über ihm kreisen Geier und Adler. Viele Tiere haben sich an den Menschen gewöhnt und lassen die Geländewagen, mit denen die Besucher durch das Reservat fahren, dicht an sich herankommen. In keiner anderen Gegend Ostafrikas sind Löwen häufiger und besser zu beobachten. Mit ein wenig Glück kann man sogar die sehr seltenen Spitzlippennashörner im Ngorongoro erspähen. Die mit zwei Hörnern gewappneten Kolosse haben hier ihre letzte überlebensfähige Population im nördlichen Tansania – sofern sie nicht von Wilderern umgebracht werden.

Eindrucksvoll ist die Landschaftskulisse des Ngorongoro-Kraters. Mit einem maximalen Durchmesser von 22 km und 600–700 m Tiefe ist dieser Krater einer der größten und besterhaltenen der Welt. Strenggenommen müßte man ihn als Caldera bezeichnen, denn er wurde nicht durch eine Vulkaneruption in den Boden gesprengt, sondern entstand erst nach den Ausbrüchen, als das Dach der jetzt leeren unterirdischen Magmakammer einstürzte. Ähnliche vulkanische Kessel liegen rund um das Schutzgebiet verstreut, beispielsweise der Embakai- oder der Olmoti-Krater. Diese erloschenen Feuerberge überragen den bis knapp 2500 m hohen Rand des Ngorongoro zum Teil um mehr als 1000 m. Die große Höhe und ringwallartig geschlossene Form des Kraterrands erklärt die ungewöhnlich reiche Tierwelt. Zum einen fällt nämlich im Kraterhochland viel mehr Regen als über den benachbarten Ebenen, außerdem wird es vom Nebel befeuchtet; die Savannen werden deshalb in der Höhe von üppigen Bergwäldern abgelöst, zum andern wirkt die Caldera für das ober- und unterirdisch abfließende Wasser wie ein natürliches Sammelbecken. Auf dem Kraterboden liegt neben mehreren Tümpeln und Sümpfen ein See, der allerdings mit ungenießbarem Wasser gefüllt ist und in den Trockenzeiten beträchtlich schrumpft. Vor allem aber gibt es dort einige Süßwasserquellen, die nie versiegen.

Von alters her treiben die Masai in Dürrejahren ihr Vieh zu diesen Quellen, um es dort zu tränken. Schätzungsweise 300 000 Herdentiere weiden innerhalb und außerhalb des Ngorongoro, zertrampeln die Grasnarbe, setzen den nackten Boden der Erosion aus und verwandeln die grüne Landschaft so langsam, aber sicher in eine öde Wüste. Auf rund 40 000 ist die Zahl der Masai, die an den Rändern des Schutzgebiets leben, in den vergangenen Jahren angewachsen, mit dem Wachstum der Bevölkerung hat gleichzeitig der Bedarf an Brennholz zugenommen. Die Bergwälder auf dem Kraterrand werden abgeholzt. Weil sich die Masai allein von der Viehzucht nicht mehr ernähren können, bauen sie nun rund um die Dörfer auch Getreide an und engen auf diese Weise den natürlichen Lebensraum der Tierwelt weiter ein.

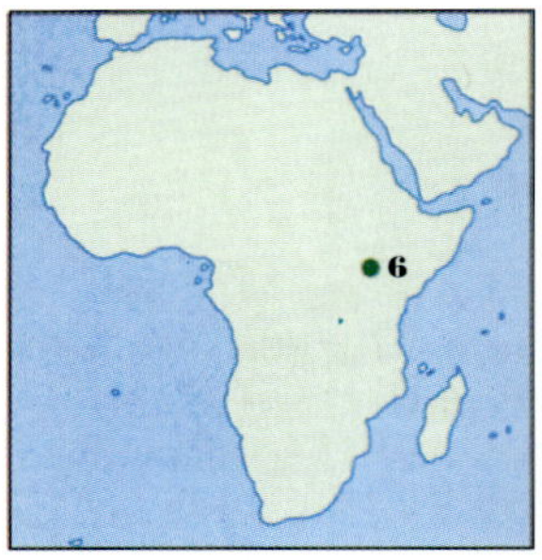

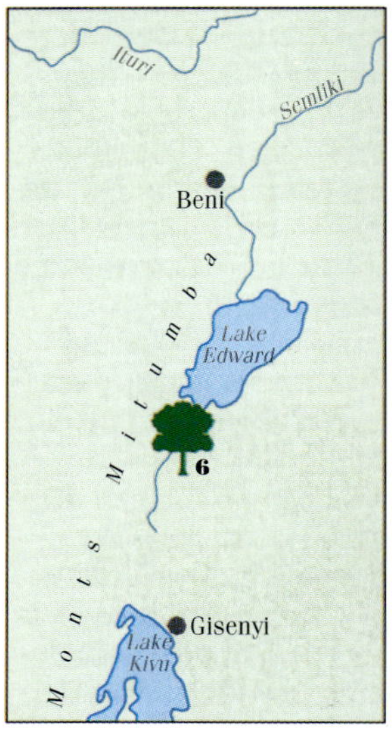

Lage: Im äußersten Nordosten des Landes, an den Grenzen zu Uganda und Ruanda, unmittelbar anschließend an zwei weitere große Schutzgebiete in den Nachbarstaaten

Naturraum: Tropische Hochgebirge, im Grenzraum zwischen der Zone des tropischen Regenklimas mit immergrünen Regenwäldern im Westen und den wechselfeuchten Tropenklimaten mit Savannen und regengrünen Wäldern im Osten

Meereshöhe: 798–5119 m

Fläche: 7900 km²

Zugang: Besuch der Gorillafamilien nur nach vorheriger Anmeldung bei der Nationalparkverwaltung in Rwindi und unter Führung von Rangern

Am Ruwenzori, dem afrikanischen „Regenmacher“, fallen im Jahresdurchschnitt bis über 4000 Liter Regen auf jeden Quadratmeter Boden – ein Wasserüberschuß, der den dichten Regenwald und zahlreiche Wildbäche nährt.

Virunga

Der Nationalpark in den kühlen, regenreichen Wäldern der zentralafrikanischen „Mondberge“ ist einer der letzten Lebensräume des Berggorillas. Schon vor über 70 Jahren, lange vor den meisten europäischen Nationalparks, wurde er zum Schutz des größten aller Menschenaffen und einer Vielzahl anderer bedrohter Tierarten gegründet, in einer Epoche, als die Kolonialherren noch frei, ohne Rücksicht auf die Interessen der einheimischen Bevölkerung entscheiden konnten. Vielleicht kommt es daher, daß die Virungas heute leider auch als Paradebeispiel für die schwierige, schier hoffnungslose Lage des Naturschutzes in den ärmsten Ländern der Dritten Welt gelten.

Am Tourismus kann es hier nicht liegen: Nur wenige Naturfreunde steigen in kleinen Gruppen in Obhut von Rangern frühmorgens durch den nässetriefenden, wolkenverhangenen Bergregenwald zu den Gebieten hinauf, wo sich die Gorillas an wildem Sellerie, Bambussprossen, Disteln und anderem Grünzeug laben. Stets von einem „Silberrückenmann“ (einem älteren Gorilla-Mann) angeführt, zeigen die Familien keine Scheu vor den Besuchern, lassen sich aus nächster Nähe bewundern und fotografieren. Die Berggorillas genießen strengen Schutz, ihre Zahl hat sich in den achtziger Jahren deshalb auch mehr als verdoppelt, die Populationen anderer Tierarten schrumpfen dagegen wegen der Wilderei von Jahr zu Jahr, beim Elefanten beispielsweise von über 3000 am Anfang der sechziger auf weniger als 500 am Ende der achtziger Jahre. Das Abschlachten der wilden Tiere geht unvermindert weiter; im September 1994 wurden bei einem illegalen Jagdcamp 115 erschossene Nashörner und „unzählbare“ tote Büffel gefunden. Im Vergleich mit den Teilen der Virungas, die in Uganda und Ruanda liegen, ist der zairische Anteil allerdings noch reich an Tieren. Flußpferde sind hier besonders häufig. In den nahezu undurchdringlichen Wäldern leben so seltene Arten wie das erst Ende des letzten Jahrhunderts entdeckte Okapi, der sagenumwobene Bongo, eine stattliche Antilope, oder die Guerezas, schwarz-weiße Affen, die sich mal hangelnd, mal im „Gleitflug“ durch das Kronendach des Regenwalds bewegen.

Der Nationalpark liegt in Höhen zwischen etwa 800 und 5000 m, eine gewaltige Höhenspanne, in der sich die heftigen Krustenbewegungen in und an den Rändern des Zentralafrikanischen Grabens widerspiegeln. Ähnlich wie beim Oberrheingraben, aus dem der vulkanische Kaiserstuhl auftaucht, erheben sich über diese Grabensenke gewaltige Vulkanbauten. Die Virunga-Vulkane sind allerdings viel höher als die schon vor Jahrmillionen erloschenen Feuerberge Südbadens. Manche speien in unregelmäßigen Abständen bis heute Lava und vulkanische Aschen aus. Besonders aktiv ist der 3470 m hohe Nyiragongo, einer der wenigen Vulkane der Erde, deren Krater zeitweise mit einem See aus glutflüssiger Lava gefüllt ist. Mindestens 30 Jahre lang brodelte im Krater des Nyiragongo die Lava, bis die großen Ausbrüche an der Jahreswende 1976/77 den Lavasee entleerten. Einen imposanten Anblick bieten auch der Karissimbi (4506 m), die „weiße Muschel“, der gelegentlich eine Schneehaube trägt, und die anderen erloschenen Vulkane der Virungas. Die vulkanischen Aschenböden sind sehr nährstoffreich und werden daher vor allem in Uganda und Ruanda bis in große Höhen für den Anbau genutzt, unter anderem einer bestimmten Art der Wucherblume, die Pyrethrum, ein Gift gegen schädliche Insekten, liefert.

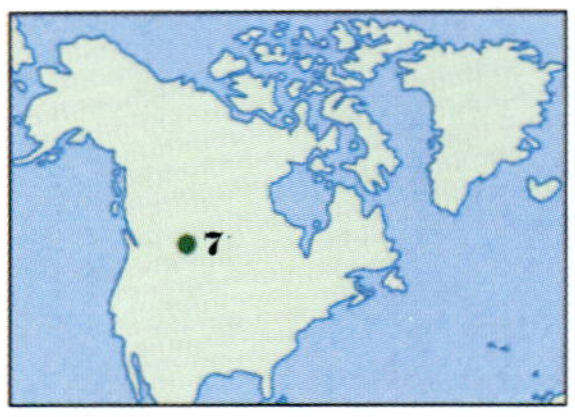

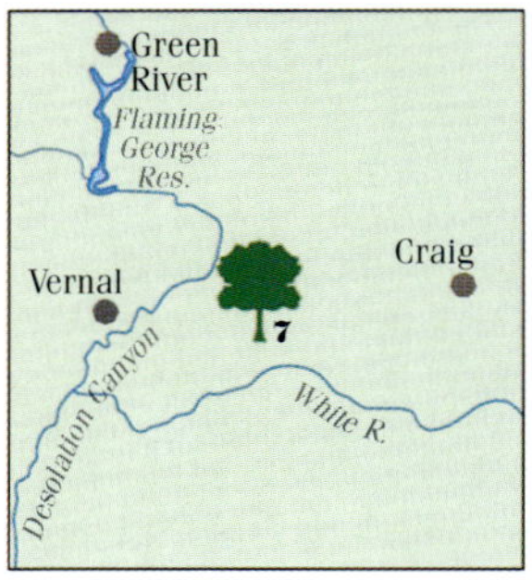

Lage: Rund 50 km nordöstlich von Brooks im Südosten der Provinz Alberta

Naturraum: Zone des winterkalten, sommerdürren Steppenklimas mit Kurzgras- und Zwergstrauchsteppen

Meereshöhe: 621–727 m

Fläche: 75 km²

Zugang: Freier Zugang auf mehreren Autorouten und Lehrpfaden (Badland Trail, Cottonwood Trail, Dinosaur Trail); umfangreiches Informationsangebot für Besucher, unter anderem in der Feldstation des Tyrell-Museums, das möglichst vor der Fahrt in den Park besucht werden sollte

Die Badlands, ein Saurierfriedhof: Die wildzerfurchte Erosionslandschaft in den kanadischen Prärien ist zwar erst viele Millionen Jahre nach dem Untergang der Urechsen entstanden, als Schauplatz für ein massenhaftes Saueriersterben jedoch geradezu drehbuchreif.

Dinosaurier Provinzpark

Keine vorgeschichtliche Tiergruppe beschäftigt die Menschheit mehr als jene faszinierenden drachenähnlichen Geschöpfe, die vor etwa 65 bis 240 Millionen Jahren die Erde bevölkerten. Dinosaurierparks gibt es heute in vielen Ländern der Erde, in Utah genauso wie in Sachsen. Der Park in der kanadischen Prärieprovinz Alberta zeigt freilich von den oft riesenhaften Reptilien keine Nachbildungen aus Plastik oder Beton, sondern umschließt eine der ergiebigsten Fundstätten. Die aus den Sand- und Tonsteinen der Oldman-Formation geborgenen Skelette sind über die führenden naturkundlichen Museen der Welt verstreut. Dazu gehört das Tyrell Museum of Palaeontology im rund 120 km nordwestlich gelegenen Städtchen Drumheller, das die größte Dinosaurier-Galerie der Erde besitzt.

Der Red Deer River, der das Gebiet durchfließt, hat den einzigartigen Reichtum an Fossilien erschlossen. Außer versteinerten Fischen, Schildkröten und zahlreichen anderen ausgestorbenen Tieren wurden Körperreste von nahezu 40 verschiedenen Saurierarten gefunden, der Tyrannosaurus, ein über 5 m hoher und 12 m langer, mit dolchartigen Zähnen bewaffneter und trotz seiner Größe sehr agiler Räuber, gehört ebenso dazu wie die Horndinosaurier oder die Nothosaurier, die in seichten Meeren Fische jagten. Vor ungefähr 75 Millionen Jahren, gegen Ende der Kreidezeit, erstreckte sich der Bärentatzen-See, dessen Küste von Sumpfwäldern gesäumt wird, quer durch das heutige Alberta. Mit Schlamm und Sand deckten Flüsse, die in das Meer mündeten, die sterblichen Überreste der Saurier zu und konservierten sie so für die Nachwelt.

Die Chancen, daß ein Besucher auf diesem riesigen Saurierfriedhof selber ein Fossil findet, sind nur gering. Doch auch ohne die Aussicht auf ein viele Millionen Jahre altes Souvenir (das man ohnehin abliefern müßte) lohnt sich der Weg zum Dinosaurier Provinzpark. Der Park besitzt neben der Fülle ausgestorbener Lebewesen eine quicklebendige Tier- und Pflanzenwelt. Maultier- und Weißwedelhirsche sind hier heimisch, ebenso der Gabelbock, unter den Säugetieren der schnellste Amerikaner, der um die Jahrhundertwende beinahe ausgerottet war, jetzt aber im Mittleren Westen der USA und in den kanadischen Prärieprovinzen wieder recht häufig ist. Über 150 Vogelarten brüten im Park oder sind dort regelmäßig zu Gast, darunter so seltene Vögel wie der Steinadler oder der Präriefalke. An den Mäanderschlingen des Red Deer River zieht sich ein Streifen mit Weidengebüsch und Pappelwäldchen entlang, der auch im trocken-heißen Sommer grün bleibt und die Tiere in Scharen anlockt. Außerhalb der Talaue prägen Kurzgras-Trockensteppen mit einzelnen Wermutsträuchern das Landschaftsbild, weite Flächen tragen jedoch überhaupt kein Pflanzenkleid und sind von zahllosen Erosionskerben durchzogen. „Badlands" nennt man in der englischsprachigen Welt derartige, von extremer Bodenerosion gezeichnete Landschaften, „schlechtes Land", das für den Ackerbau und die Viehzucht nicht taugt. Die Sturzbäche, die im Sommer bei heftigen Gewitterregen die Rinnen füllen, haben das kahle Land in ein Gewirr von scharfkantigen Graten, Mesas (niedrigen Tafelbergen), Buttes (abgerundeten Kuppen) und Hoodoos (Erdpyramiden und -säulen) zergliedert, das von fern betrachtet an die Ruinenfelder antiker Städte erinnert.

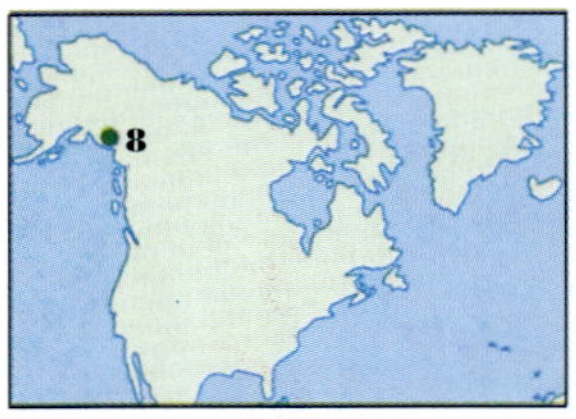

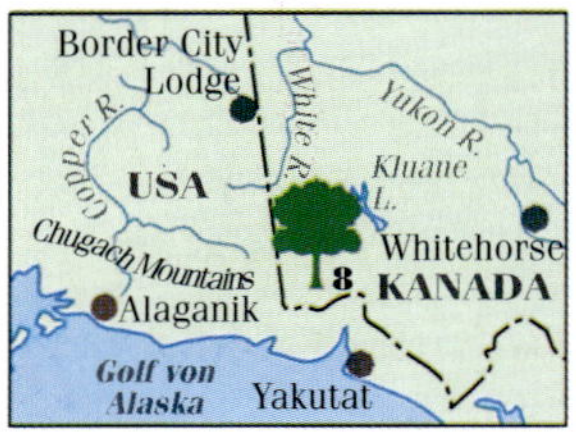

Lage: Grenzübergreifendes Schutzgebiet, das zu etwa zwei Dritteln in Alaska (USA) und zu einem Drittel im kanadischen Yukon Territory liegt

Naturraum: Kaltgemäßigte, westlich der Hauptkämme ausgeprägt ozeanische, östlich davon kontinentale Klimazone mit schneereichen Wintern und ozeanisch-feuchten Nadelwäldern auf der einen bzw. kontinentalen Nadelwäldern auf der anderen Seite

Meereshöhe: 600–5950 m

Fläche: 163 900 km²

Zugang: Zum kanadischen Anteil am besten von Whitehorse über den Alaska Highway und die Haines Road; in Alaska führen die Nabesna Road und die McCarthy Road tief in den Park hinein

Nur einer von Dutzenden großer Talgletscher an der Grenze zwischen Alaska und Yukon: Im Sommer entwickelt sich auf ihm ein dichtes Netz von Schmelzwasserbächen, die jedoch früher oder später in einer Gletscherspalte verschwinden

Kluane/ Wrangell-St. Elias

Amerika, du hast es besser!: Während Naturschützer diesseits des Atlantiks für unsere Nationalparks um jeden Hektar kämpfen müssen, mißt man in der Neuen Welt mit großzügigeren Maßstäben. Viermal so groß wie die Schweiz ist das grenzübergreifende Naturreservat in Alaska und Yukon, das als eines der ersten in die UNESCO-Liste des Welterbes aufgenommen wurde – ein würdiger Rahmen für die höchsten Berge Kanadas, das größte Eisfeld außerhalb der Arktis, die längste Gletscherzunge Nordamerikas und etliche weitere Naturrekorde, die die drei Hochgebirgsketten Kluane, Wrangell und St. Elias für sich beanspruchen dürfen.

Fast 5500 m hoch ragt der Mount St. Elias direkt hinter der Pazifikküste auf, noch höher ist der Mount Logan (6050 m), der höchste Berg Kanadas. Er steht geographisch gewissermaßen in der zweiten Reihe hinter dem Bagley Eisfeld, das als die größte außerpolare Eismasse (4275 km^2) auf der Nordhalbkugel gilt und im Malaspina-Gletscher bis an die Küste reicht. Mindestens 70 weitere Gletscher zählt man in den tiefer im Binnenland gelegenen Wrangell Mountains, darunter den Nabesna-Gletscher, der mit über 80 km Länge die längsten Alpengletscher um das Vierfache übertrifft. So gut wie das ewige Eis zwischen Pazifik und Yukon werden allerdings auch nur wenige Gletscher der Erde ernährt, in den Hochlagen fallen hier jährlich bis zu 18 oder 20 m Schnee, der sich in Firn verwandelt und die Eismassen speist. Feuchtwarme Luftmassen treiben von Südwesten her vom Ozean gegen den Kontinent, steigen an den Gebirgshängen auf und laden ihre Regen- und Schneefracht ab. Aus derselben Richtung driftet die Pazifische Platte gegen das nordamerikanische Festland, wird dabei unter die leichtere kontinentale Erdkruste hinabgezogen, im heißen Erdinnern teilweise geschmolzen und in Lava verwandelt. Über den Eisfeldern haben sich daher an verschiedenen Stellen mächtige Vulkane aufgetürmt, die zum Teil bis heute aktiv sind.

In den küstennächsten Gebirgsketten ist das Klima regenreich und verhältnismäßig mild. Nadelbäume wie die Sitka-Fichte und die Hemlock- oder Schierlingstanne bilden dichte, an Moosen, Farnen und Flechten reiche Regenwälder. Landeinwärts sind bis zur Waldgrenze um 1000 m die an trockenere Sommer und kältere Winter angepaßten nördlichen Nadelwälder aus Schwarz- und Weißfichten, Balsampappeln und Espen verbreitet. Oberhalb der Waldgrenze schließt sich hier zunächst ein Übergangssaum aus Weidengebüsch und dann die Gebirgstundra an. Ähnlich wie in der nordeuropäischen Tundra nehmen an der Grenze von Alaska und Yukon zwar auch die unscheinbaren Zwergsträucher den größten Raum ein, doch zwischen den graugrünen Zwergbirken und -weiden blühen hier im kurzen Sommer die Silberwurz, die Yukon-Aster, der Rote Steinbrech, die Lappenrose und viele andere Wildblumen in den schönsten Farben. Im Spätsommer beleben die reifen Früchte der niedrigen Sträucher, Rauschbeere, Preiselbeere, Seifenbeere, Krähenbeere, als rote oder blaue Farbtupfer die Tundra. Hier lebt der Grizzlybär, der König des amerikanischen Nordens, der sich fast ausschließlich vegetarisch ernährt. Rund 600 dieser imposanten Tiere leben im Umkreis des Mount Logan: weltweit die größte Population in einem Naturreservat.

Geschützt 1979 · USA

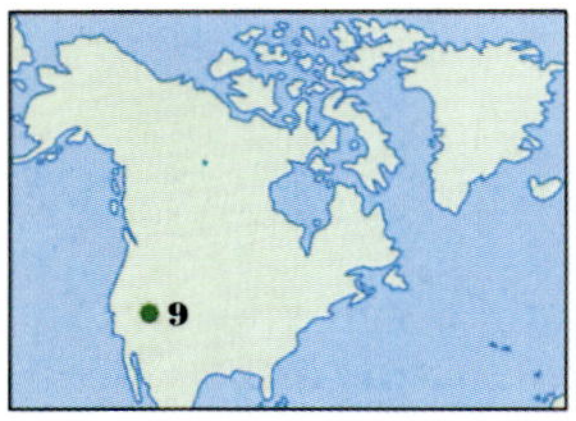

Lage: Auf dem Colorado-Plateau Nord-Arizonas

Naturraum: Grenzsaum zwischen den Gürteln der winterharten Mischwälder, der Waldsteppen und Trockensteppen

Meereshöhe: 518–2793 m

Fläche: 4931 km²

Zugang: Mit Auto, Bus, Eisenbahn und Flugzeug zu dem mit Besuchereinrichtungen gut ausgestatteten, aber durch die Schlucht scharf in zwei Teile (North Rim und South Rim) getrennten Park. Beide Canyonränder, die durch eine Buslinie miteinander verbunden werden, besitzen je ein Informationszentrum sowie verschiedene Campingplätze und Hotels. Im Unterschied zum ganzjährig zugänglichen Südrand ist der Nordrand je nach Witterung nur von Mai bis November geöffnet

Zwei markante Schichten innerhalb des viele hundert Meter dicken Schichtenstapels unter dem Colorado-Plateau: der rote Coconinosandstein, darüber der hellgraue Kaibabkalk. Beide Schichten stammen aus der letzten Periode des Erdaltertums.

Grand Canyon

Rund 450 km weit windet sich das berühmte Tal durch das trockene Colorado-Plateau im Norden Arizonas, an manchen Stellen 1600 m tief und bis zu 30 km breit. Die Zahlen allein sind schon beeindruckend, zeigen die riesigen Dimensionen des Grand Canyon. Aber diese Schlucht ist mehr als groß: Sie ist grandios – durch die überwältigende Vielfalt der Formen und Farben, den Kontrast zwischen dem nahezu ebenen Tafelland und dem jähen Abgrund. Trotz dieser Vielfalt ist die tiefste Schlucht, die der Colorado River auf seinem Lauf von den Rocky Mountains zum Golf von Kalifornien in die Erdkruste gekerbt hat, überschaubar. García López de Cárdenas, ein spanischer Konquistador, der im Herbst 1540 wohl als erster Europäer am Rand des Canyons stand, schätzte deshalb nur mit Augenmaß die Breite der Schlucht erstaunlich genau. Während andere Täler den Betrachter durch ihre komplizierte Entstehungsgeschichte verwirren, hat der Grand Canyon des Colorado einen leicht durchschaubaren Werdegang: Er ist das simple Werk eines Flusses und von der Erosion in einer (mit geologischen Maßstäben gemessen) kurzen Zeitspanne geschaffen worden.

Im Landschaftsquerschnitt gliedert sich das Tal in drei Bauelemente: die Randhöhen, an denen das Plateau mit messerscharfen Kanten abbricht, darunter eine (oder auch zwei) ausgedehnte Plattform(en), die sich zum Fluß hin in zahllose felsige Grate, Türmchen und Pfeiler auflöst, und schließlich die innere Schlucht mit ihren getreppten Steilhängen. Aus der Vogelschau betrachtet, zeigt der Canyon den unverkennbar gewundenen Lauf eines Mäandertals, der eigentlich gar nicht zu einer tiefen Schlucht paßt. Flachlandflüsse mit kleinem Gefälle und geringer Fließgeschwindigkeit haben gewöhnlich solche Schlingen, der Colorado River rauscht dagegen als Wildwasser über mehr als 100 Stromschnellen durch das Tal. Vor etwa sechs Millionen Jahren querte der Ur-Colorado noch eine Ebene, die kaum über dem Meeresspiegel lag, dann wurde die Erdkruste unter seinem Lauf gehoben, und so wie ein Sägeblatt auf einem von unten angehobenen Baumstamm seine Richtung beibehält, blieb der Fluß gewissermaßen in seinem eigenen gewundenen Bett gefangen und schnitt sich mit den Werkzeugen der Erosion immer tiefer ein. Schlamm, Sand und Geröll, mit denen das fließende Wasser den Felsuntergrund bearbeitet, führte der Colorado bis zum Bau des Glen-Canyon-Damms reichlich. Bei starkem Hochwasser spülte er mitunter an einem einzigen Tag zwei Millionen Tonnen Schlamm talabwärts. Heute lagert sich ein großer Teil der Fracht hinter dem Damm im Lake Powell ab.

Über den „vererbten" Mäandern erheben sich zahllose zerklüftete Felsformationen, die oft nach den Gottheiten alter Religionen benannt sind. Wer sich in der Götterwelt der Antike nicht auskennt, wird mit den Namen nichts anfangen können. Warum der Fluß und der Canyon den Namen Colorado, der „Gefärbte" oder „Vielfarbige" tragen, wird einem hingegen auf den ersten Blick klar: Nahezu alle Farben der Palette kommen im Landschaftsbild vor, vom dunklen Violett über Goldgelb bis zum Cremeweiß. Jeder Farbton gehört zu einer bestimmten Gesteinsschicht, zu rostroten Sandsteinen, grauen Schiefern, gelblichen Kalksteinen, die oben etwa horizontal, darunter schräg und ganz unten in der Schlucht senkrecht lagern. Über zwei Milliarden Jahre Erdgeschichte spiegelt sich in der Schichtenfolge wider, eine faszinierende Chronik aus Stein, und man versteht, warum der amerikanische Major John Wesley Powell, der Erforscher des Grand Canyon, am Abend des 18. August 1869 begeistert in sein Tagebuch notierte: „Überall um mich herum sind interessante geologische Urkunden. Das Buch liegt offen da, und ich kann es lesen, während ich gehe…".

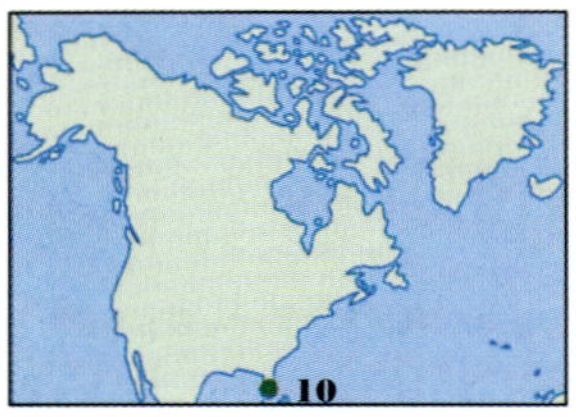

Lage: An der Südspitze der Halbinsel Florida, 70 km südwestlich von Miami

Naturraum: Zone der tropischen Feuchtklimate mit regengrünen Feuchtwäldern und feuchten Grassavannen

Meereshöhe: 0–2 m

Fläche: 5929 km²

Zugang: Von Miami auf der Staatsstraße FL-9336 bis zum Osteingang (vier weitere Besuchereingänge mit Informationszentren), von dort weiter auf der Parkstraße nach Flamingo an der Florida Bay; Naturlehrpfade; Kanutouren; vier Campingplätze sowie Motels

Bei Mangrovebäumen und Schraubenbaumgewächsen kommen Luftwurzeln vor, die am unteren Stammteil entspringen und den Baum wie Stelzen seitwärts abstützen. Die Wurzelknie bei den Sumpfzypressen verbessern dagegen die Sauerstoffversorgung.

Everglades

Zu den touristischen Attraktionen Floridas gehören neben kilometerlangen Sandstränden die berühmten Freizeitparks, allen voran Disney World und Sea World, die alljährlich Millionen von Besuchern anlocken, dazu viele kleinere wie die Cypress Gardens oder Lion Country Safari. Sie versprechen das Abenteuer, die Begegnung mit wilden Tieren, das Erlebnis einer faszinierenden Flora. Doch was ist schon ein Blick von der Zuschauertribüne auf die Akrobatenstücke der Killerwale gegen die Begegnung mit einem Alligator in der freien Natur, die Fahrt durch das Adventureland, wo fast alles aus Pappe und Plastik ist, gegen eine Kanutour auf dem Wilderness Waterway an der Südwestküste der Halbinsel. Wer einmal die echte Natur Floridas im Everglades Nationalpark oder einem der vielen anderen Naturreservate der Halbinsel kennengelernt hat, dem erscheinen (wie ein amerikanischer Botaniker treffend bemerkte) „die von Menschen geschaffenen Parks sehr künstlich und uninteressant."

Die Everglades sind Süßwassersümpfe (glades), die sich im Innern der Halbinsel vom Okeechobee-See im Norden rund 200 km weit nach Süden erstrecken und insgesamt eine Fläche von der Größe Schleswig-Holsteins bedecken. Der Everglades-Nationalpark umfaßt davon die unberührtesten Gebiete zwischen den Florida Keys, einem langgestreckten Inselbogen im Süden, und den Ten Thousand Islands, zahllosen winzigen Kalkriffen, im Westen. Er schließt auch die seichte Florida-Bai ein und ist Teil eines Biosphärenreservats, das bis zu den Dry Tortugas, einer Gruppe von Korallenriffen im Golf von Mexiko, reicht.

Der Untergrund der Halbinsel Florida besteht hauptsächlich aus Kalksteinschichten, die sich in der Erdneuzeit aus dem warmen, kalkübersättigten Meerwasser durch rein chemische Prozesse oder mit Hilfe von Lebewesen abgesetzt haben. Ein markantes Glied der Schichtenserie ist der nach der Touristenhochburg Miami benannten Miami-Oolith, ein aus kleinen Kalkkügelchen aufgebauter „Eierstein", dessen Bildung heute noch in der Florida-Bai studiert werden kann. Der Kalkstein tritt allerdings nur an wenigen Stellen, manchmal in bizarr verkarsteten Klippen zutage, meist wird er von einer 1 bis 2 m dicken Torfschicht und tonigen Schichten überlagert, die das Wasser stauen und so die weitflächige Versumpfung fördern. Ähnlich wie beim Kalkstein ist Florida auch beim Torf ein interessantes Studienfeld, denn die Halbinsel besitzt die ausgedehntesten Torfformationen der wärmeren Klimazonen, von der Art, aus der sich beispielsweise die tertiären Braunkohlenlager Deutschlands gebildet haben. Zu Beginn des Tertiärs lagen die Lufttemperaturen in unseren Breiten im Jahresdurchschnitt etwa 10 bis 12 Grad höher als jetzt, fast so hoch wie im südlichen Florida, wo heute der Durchschnitt bei 22 bis 24 °C liegt. Strenggenommen gehört die Halbinsel noch nicht zu den Tropen, doch bei Tageshöchsttemperaturen, die fast das ganze Jahr um 30 °C schwanken, äußerst seltenen Frösten und ausgeprägten Sommerregen, kann man den Süden Floridas getrost der tropischen Klimazone zurechnen. Regenreichster Monat ist der September, in dem der „Sonnenschein-Staat" hin und wieder von Hurrikanen heimgesucht wird, ab November biegt die Niederschlagskurve scharf nach unten ab, und der sommerlichen Regenzeit folgt die nicht besonders stark ausgeprägte Trockenzeit in den Wintermonaten.

Die Lage nahe der Karibik, am südlichsten Punkt der (festländischen) USA, das (fast) tropische Klima mit einem Wechsel von Regen und trockener Witterung, die flache Sumpflandschaft, in der sich etwas trockenere Stellen sofort durch eine andere Flora bemerkbar machen, beschert dem Everglades Nationalpark ein in Nordamerika einzigartiges Pflanzenkleid. Tropische Arten haben an der Flora einen Anteil von 60 bis 70 %, und wie in den Tropen zeichnet sie sich durch den Artenreichtum (rund 1000 Arten) aus. Die flache Küste der Florida-Bai und die kleinen vorgelagerten Eilande werden von breiten Mangrovegürteln gesäumt, die im wesentlichen von vier Mangrove-Arten aufgebauten Wälder gelten als die größten in der westlichen Erdhälfte. Weite Flächen sind mit bis zu 4 m hohen, an den Blatträndern scharfgezähnten Gräsern bewachsen, die „Sägegras-Prärie", wie die Amerikaner die der Überschwemmungssavanne ähnliche Pflanzengemeinschaft nennen, hat im Nationalpark wahrscheinlich ihr weltweit größtes Areal. Hammocks sind nicht, wie es im Wörterbuch steht, Hängematten, sondern kleine, etwas höher gelegene Bauminseln, die im Grasmeer verstreut liegen. Sie tragen eine üppige tropische Vegetation von Würgefeigen, Mahagoni-Bäumen, Königspalmen, oft dicht bewachsen mit Kletterpflanzen, Ananasgewächsen, Farnen und Moosen. Typisch sind auch die Sumpfzypressen, die in nährstoffreichen Senken gedeihen, oder auf niedrigen Rücken aus hartem Miami-Oolith die Elliott-Kiefernwälder mit ihrem Unterwuchs aus kleinwüchsigen Sabalpalmen.

In tropischer Vielfalt präsentiert sich auch die Tierwelt der Everglades: Nicht weniger als 275 Fischarten kommen im Nationalpark an der Südspitze der Halbinsel vor, und sogar über 400 Vogelarten, viele aus südlicheren Breiten, die hier brüten, und noch mehr aus dem Norden, die in den Sumpfmooren und geschützten Buchten überwintern, Reiher, Löffler, Pelikane, Kormorane, Schlangenhalsvögel, der Fischadler und der seltene Waldstorch, der hier die größte Brutkolonie in den USA hat. Von der Nationalparkverwaltung wurden mehrere Lehrpfade, Bohlenwege und Beobachtungsstände eingerichtet, von denen man fast immer Weißwedelhirsche, Sumpfkaninchen, Alligatoren und die bunt gefärbten Wasserschildkröten sichten kann. Zu den selteneren Tierarten gehören der Florida-Panther und das Nagel-Manati, eine Seekuh, die Unterwasserpflanzen in den verschlungenen Flußarmen und in flachen Buchten abweidet. Das bis über 4 m lange Manati ist das Sorgenkind der Naturschützer; zwar hat sich der Bestand in Florida dank strenger Gesetze in den vergangenen Jahrzehnten wieder etwas erholt, doch bei dem zunehmenden Bootsverkehr werden viele Seekühe durch die Schiffsschrauben schwer verletzt und getötet. Fremde, oft exotische Pflanzenarten aus den entferntesten Gegenden der Welt, die absichtlich oder unabsichtlich in den Park eingeschleppt werden, sich dort massenhaft ausbreiten und die einheimische Flora verdrängen, sind ebenfalls ein ernstes Problem. Mindestens 220 fremde Arten hat man im Nationalpark gezählt. Damit die Sägegras-Prärien, einer der wertvollsten Naturschätze Floridas, vital bleiben und sich verjüngen, müssen sie alle 7 bis 10 Jahre abbrennen. Wie in anderen Naturreservaten wurden allerdings Brände aus Sicherheitsgründen unterdrückt, und andere Pflanzenarten machen sich auf Kosten der Sägegräser breit. Noch größere Gefahren für das empfindliche Ökosystem gehen von den Eingriffen des Menschen in den natürlichen Wasserhaushalt aus: Durch den Bau von Dämmen und Kanälen, die Trockenlegung von Sümpfen, unkontrollierte Entnahme von Grundwasser, die vielerorts zur Versalzung der Quellen geführt hat, und nicht zuletzt durch die Verseuchung der Gewässer mit Pestiziden, Schwermetallen und anderen Schadstoffen.

Pelikane schwimmen beim Fischfang meist in kleineren oder größeren Geschwadern gegen das Ufer und schöpfen die Fische, die sich vor ihnen dorthin geflüchtet haben, mit dem großen Schnabel aus dem seichten Wasser.

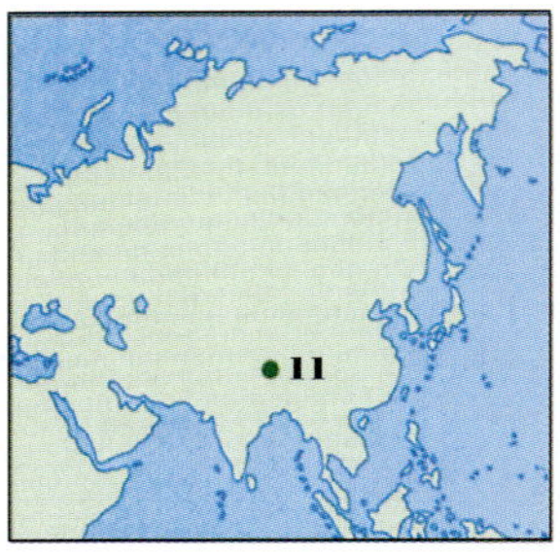

Lage: Im Khumbu-Himalaya, 150 km östlich von Kathmandu, an der Grenze zu Tibet (China)

Naturraum: Hochgebirge innerhalb der Zone der tropischen Feuchtklimate/Monsunklimate

Meereshöhe: 2845–8848 m

Fläche: 1148 km²

Zugang: Mit dem Flugzeug nach Lukla bzw. mit dem Bus/Auto nach Jiri; von dort zu Fuß in 2 bzw. 8 Tagen über Jorsale (Parkeingang; Gebühr) weiter nach Namche Bazar, dem zentralen Ort des Distrikts Solo-Khumbu; Übernachtung meist in spartanischen Hütten oder auf naturbelassenen Zeltplätzen

Mit seinen hohen Seitenmoränen hat der schuttüberfrachtete Ngozumpagletscher mehrere azurblaue Seen abgedämmt. Der kilometerlange Eisstrom wird wie die meisten Gletscher im Himalaya hauptsächlich von Lawinen ernährt.

Sagarmatha

Naturgüter, die in die Welterbeliste der UNESCO aufgenommen werden sollen, müssen bestimmten Kriterien entsprechen. Im Text der Welterbekonvention findet man in diesem Zusammenhang immer wieder die Begriffe „außergewöhnlich", „überragend" und „universell". Der Nationalpark, in dem der höchste Berg unseres Planeten aufragt, hat zweifellos eine überragende Bedeutung, ist allein schon wegen der großen Höhenspanne „aus wissenschaftlichen Gründen von außergewöhnlichem universellem Wert". Eine Naturlandschaft oder ein Naturdenkmal kann freilich auch aus völlig anderen Gründen, die in den von westlicher Denkweise geprägten Auswahlkriterien mit keinem Wort erwähnt werden, für die Menschheit von außergewöhnlichem universellem Wert sein. Die grandiose Hochgebirgslandschaft an der Grenze zwischen Nepal und Tibet ist dafür ein Musterbeispiel, denn sie hat für viele Menschen in Asien aus religiösen Gründen eine überragende Bedeutung. Sagarmatha, wie die Nepalesen den höchsten Berg der Erde nennen, heißt soviel wie Himmelskönig, die Tibeter nennen ihn Chomolungma, was Göttin-Mutter der Erde bedeutet. Für die Einheimischen sind die vereisten Gipfel heilige Berge, die man respektiert und verehrt, viele Besucher aus dem Westen messen sie dagegen nur in Metern und teilen sie in solche ein, die schon bestiegen wurden, und andere, die noch „bezwungen" werden müssen. Kein Wunder, daß bei derart unterschiedlichen Blickwinkeln Konflikte nicht ausbleiben.

Im westlichen Weltbild ragt der Nationalpark im Himalaya besonders durch die Bergriesen hervor, die hier auf engstem Raum stehen: Sagarmatha/Chomolungma, im Westen als Mount Everest bekannt, mit 8848 m (+/– einige Meter) der höchste, gleich in der Nähe der Lhotse (8501 m) und wenig weiter westlich der Cho Oyu (8153 m). Zu den drei Achttausendern kommen zahlreiche Sieben- und Sechstausender, die mitunter noch beeindruckender sind als die Rekordgipfel, etwa der Nuptse (7879 m) mit seiner fast 3000 m hohen Südwand oder der „Götterberg" Amadablam (6856 m), der über den Wolken zu schweben scheint. Die Berge stehen innerhalb und an den Rändern des obersten, wie ein Fächer geformten Einzugsgebiets des Dudh Kosi, wirken deshalb als Ensemble um so imposanter. Der „Milchfluß" hat seinen Namen von der Gletschermilch, dem milchig-weiß getrübten Schmelzwasser, das aus den Gletschern in den vier Haupttälern strömt. Mit 20 km ist der Ngozumpagletscher der längste. Er wird wie die meisten Talgletscher im Himalaya hauptsächlich von Eislawinen ernährt, die mit Gesteinsschutt vermischt zu Tal rasen. Wie ein altersgrauer Lindwurm wälzt sich der unter Schutt fast begrabene Eisstrom durch das Tal unterhalb des Cho Oyu, türmt das zerborstene Gestein an den Rändern zu hohen Wällen auf, die azurblaue Seen abdämmen. Die Südwände des Cho Oyu glänzen dagegen in makellosem Weiß; sie sind fast lückenlos mit Eispanzern überzogen.

In ungefähr 5750 m Meereshöhe verläuft im Sagarmatha-Nationalpark die klimatische Schneegrenze, oberhalb der sich „ewiges" Eis bilden kann. Die steile Südwand des Lhotse ist größtenteils eisfrei, und man erkennt an der Felswand deutlich geschichtete Sand- und Kalksteine, die einst im Meer abgelagert und im Lauf der Gebirgsbildung mehr als 8000 m gehoben wurden. Seit gut 40 Millionen Jahren prallen im Untergrund zwei Platten der Erdrinde aufeinander und drücken den Himalaya gegenwärtig um 4 bis 10 mm pro Jahr hoch. Allein seit dem Beginn des Eiszeitalters vor etwa 2,5 Millionen Jahren wurde das Massiv um mehrere Kilometer gehoben. Möglicherweise hat das aufsteigende Gebirge die weltweiten Luftströmungen umgelenkt und so die Eiszeiten mit verursacht.

An Südhängen, die im Sommer für wenige Wochen schneefrei sind, steigen verschiedene Blütenpflanzen, darunter Nelkengewächse, Kreuzblütler und Enziane, bis in Höhen von über 6000 m auf. Bodenpilze sollen am Sagarmatha

Die vereisten Felswände des Amadablam (6856 m), der als heiliger Berg nicht bestiegen werden darf – was westliche Bergsteiger trotzdem nicht daran hinderte, den Götterberg zu entweihen – oder lag vielleicht gerade darin für sie der Reiz.

noch zwischen 7600 und 8400 m vorkommen. Die Etage zwischen 5500 und 6000 m gehört den Polsterpflanzen und Zwergstauden; darunter dehnen sich auf einem Drittel der Parkfläche bis hinunter auf ungefähr 4500 m die alpinen Matten mit Steinbrechgewächsen, Primeln, Edelweiß, Zwergschwertlilie und vielen anderen schönen Wildblumen aus. Typisch für den oberen Grenzsaum des Waldes sind weiß, gelb, rot und violett blühende Rhododendren, unter die sich Wacholder, Berberitzen, Weiden und weitere Sträucher mischen. Die Wälder, die lediglich 3 % des Parks bedecken, bestehen nur im Talgrund des Dudh Kosi aus Eichen, Ahorn und Stechpalmen, zwischen 2700 und 3800 bis 4000 m vorwiegend aus Tränenkiefern, Hemlocktannen, Himalaya-Weißtannen und Himalaya-Birken.

Knapp 30 Säugetierarten sind im Nationalpark heimisch, im Vergleich mit anderen nepalesischen Naturreservaten recht wenige, für ein relativ dicht besiedeltes Hochgebirge wiederum erstaunlich viele. Unter den Huftieren ist der Himalaya-Thar, der in den Matten- und Felsregionen lebt, am häufigsten. Recht groß ist auch der Bestand an Moschushirschen. Sie gehören zu den wichtigsten Beutetieren des Schneeleoparden, der jetzt wahrscheinlich wieder am Fuß des Sagarmatha jagt. Himalaya-Schwarzbär, Wolf und Kleiner Panda kommen ebenfalls vor, dazu Himalayafüchse, Himalayawiesel und mehrere große Greifvögel wie Steinadler, Schneegeier oder Bartgeier, die Jagd auf die vielen kleinen Nager machen. Ein Geschöpf, halb Mensch, halb Tier, geistert seit den 1920er Jahren, als Bergsteiger auf einem verschneiten Paß erstmals Spuren von ihm entdeckten, durch den Himalaya und mehr noch durch Bücher und Zeitschriften in aller Welt: der Schneemensch oder Yeti. Immer wieder wird über Begegnungen mit dem langbehaarten Wesen berichtet, werden Fotos veröffentlicht, die die angeblichen Spuren des Yeti zeigen. Seine Existenz ist allerdings bis heute noch nicht nachgewiesen, und die vermeintlichen Yeti-Skalpe, die man den staunenden Touristen zeigt, stammen in Wirklichkeit vom Serau, einer Waldziegenantilope.

Für die Sherpas, die in rund 60 Siedlungen im Sagarmatha-Nationalpark leben, ist der Schneemensch kein Phantom. Sie gelten als ein sehr religiöses Volk, sind Anhänger der tibetischen Richtung des Buddhismus und zugleich ihren alten Naturgottheiten treu geblieben. Spätestens seit dem 29. Mai 1953, als der Neuseeländer Sir Edmund Hillary gemeinsam mit dem Sherpa Tensing Norkay den Gipfel des Mount Everest erklomm, sind die Sherpas als zähe, ausdauernde Lastenträger und Führer weltberühmt. Heute treffen sich mitunter 30 Bergsteiger an einem einzigen Tag auf dem höchsten Berg der Welt, und auf den Wegen in den Tälern ziehen Trekking-Gruppen mit vielköpfigen Begleitmannschaften in langen Kolonnen dahin. Der Tourismus hat das Leben vieler Sherpas grundlegend verändert und mit dem Müll zahlloser Expeditionen, verdreckten Zeltplätzen und als Brennholz verheizten Wäldern auch in der Umwelt häßliche Spuren hinterlassen. Die inzwischen weitgehend unterbundene Zerstörung der Bergwälder ist allerdings nicht erst mit dem Tourismus in die Hochgebirgswelt eingezogen. Bereits mit der Einführung der Kartoffel im vorigen Jahrhundert, der damit geschaffenen breiteren Ernährungsgrundlage und dem Wachstum der Bevölkerung hatte der Bedarf an Brenn- und Bauholz stark zugenommen. Mindestens ebenso gefährlich wie die Abholzung sind die Überweidung und das Aufsammeln der Laub- und Nadelstreu von den Hängen, denn beides schafft Angriffspunkte für die Bodenerosion.

Unter dem Druck der heftigen Höhenwinde und durch den häufigen Frostwechsel wandelt sich der lockere Neuschnee am Mount Everest rasch in Festschnee um. Festschneelawinen zerbrechen beim Abgang meist in kantige Schollen.

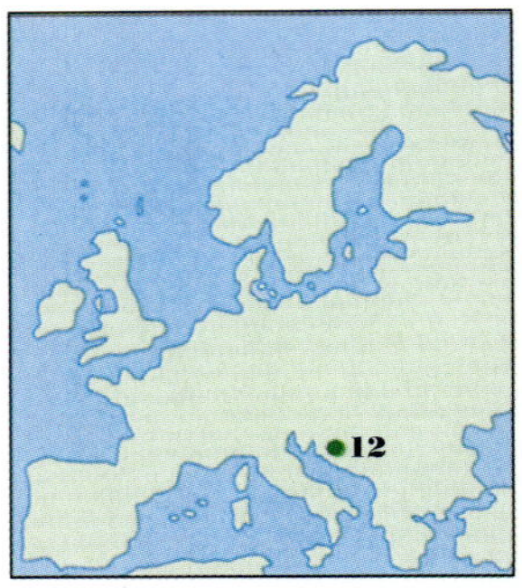

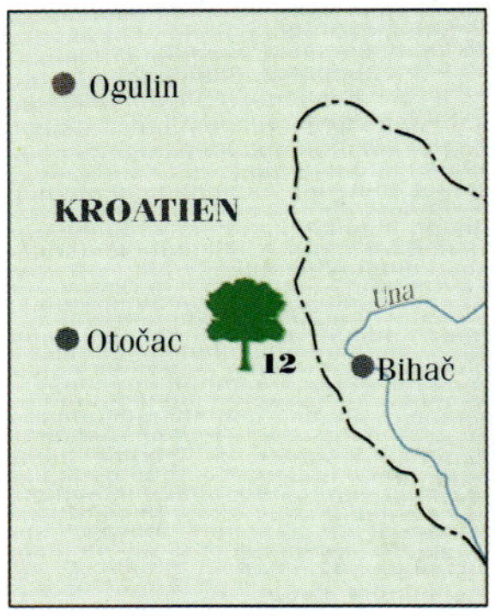

Lage: Im Dinarischen Gebirge, rund 100 km südlich von Zagreb und 50 km von der Adriaküste entfernt

Naturraum: Übergangsgebiet zwischen dem winterfeucht-sommertrockenen Mediterranklima im Westen und dem kühlgemäßigten, dauerndfeuchten mittel-südosteuropäischen Waldklima im Osten

Meereshöhe: 417–1280 m

Fläche: 192 km²

Zugang: Über die Fernstraße Zagreb-Zadar, die den Nationalpark quert; innerhalb des Parks gibt es ein engmaschiges Netz von Wanderwegen; Pferdekutschenfahrten und Bootsausflüge

Die Kaskaden zwischen den Plitvicer Seen sind Lehrbuchbeispiele für sogenannte konstruktive Wasserfälle: Bei ihnen wird die Fallstufe nicht im Lauf der Zeit durch Erosion beseitigt, sondern im Gegenteil durch Kalkausscheidung erhöht.

Seen von Plitvice

Karst – da denkt man an eine kahlerodierte, von der Sonne ausgedörrte Landschaft, und genauso sieht das Land beiderseits der kurvenreichen Straße von Karlovac nach Zadar auf weiten Strecken auch aus. Doch plötzlich tauchen vor den nackten Felsen des Kapela-Gebirges im tief eingeschnittenen schluchtartigen Tal der Korana türkisblaue Seen auf, durch weißschäumende Wasserfälle voneinander getrennt und in prächtige buchengrüne Wälder eingebettet.

Beim Anblick dieser Oase mitten im trockenen kroatischen Karst mag man an ein Wunder denken, nüchtern betrachtet genügen freilich ein paar chemische Formeln, um das wundervoll-widersprüchliche, in Europa einzigartige Landschaftsbild zu erklären: Sickerwasser, das Kohlendioxid enthält, greift Kalkstein, Dolomit und andere Karbonatgesteine an, wandelt die Karbonatminerale in leicht lösliche Substanzen um, schwemmt sie fort und erweitert so die Klüfte und Fugen im Gestein, bis schließlich beinahe das gesamte Wasser im Untergrund versickert und nach einem mehr oder weniger langen unterirdischen Weg aus irgendeiner Karstquelle sprudelt. An der Erdoberfläche, wo das Wasser vom Druck entlastet wird, sich erwärmt, in Kaskaden zerstäubt und das Kohlendioxid deshalb entweicht, Pflanzen ihm das Gas zusätzlich entziehen, scheiden sich die gelösten Substanzen dann häufig wieder als Kalksinter aus und formen im Flußbett Sinterbarrieren. Durch solche natürlichen Dämme, die im Plitvice Nationalpark jährlich um etwa 10 bis 30 Millimeter in die Höhe wachsen, werden hier 16 kleinere und größere Seen zu einer über 7 km langen Seentreppe aufgestaut. Der größte ist 2 km lang und rund 50 m tief, die zahllosen Wasserfälle an den Sinterbarrieren und am Rand des Canyons erreichen Höhen bis knapp 80 m. Im Winter, wenn die Bora, der kalte Fallwind der Balkanhalbinsel, durch das Tal tobt, erstarren die Kaskaden zu glitzerndem Eis.

Die Plitvicer Seen sind geologische Kleinode, darüber hinaus besitzt der Nationalpark eine ebenso schützenswerte Pflanzen- und Tierwelt, die allerdings in den vergangenen Jahren wie die Menschen unter dem Bürgerkrieg im zerfallenen Jugoslawien sehr gelitten hat. Bären und Wölfe kommen im Nationalpark noch recht häufig vor, wie Luchse, Wildkatzen und Fischotter. Die „schlafenden Krokodile", die scheinbar am Grund der Seen dösen, entpuppen sich bei genauerem Hinschauen dagegen als versunkene, mit weißem Kalkschlamm überzogene Baumstämme. Der Uhu ist an der Korana heimisch, genauso Auerhuhn, Wanderfalke, Schlangenadler, Felsentaube, Eisvogel und weit über 100 andere Vogelarten.

Außerhalb der Nationalparkgrenzen erinnert meist nur noch das Schibljak-Gebüsch, eine Art Macchie, an die natürliche Vielfalt der Wälder im Übergangsbereich zwischen der südosteuropäischen Laubmischwald-Region, den mediterranen immergrünen Hartlaubwäldern und dem von Nadelbäumen geprägten Wald der Alpen. Im Park trägt der Kalkboden bis heute zu etwa drei Vierteln sein ursprüngliches Waldkleid, in den tiefsten Lagen und an südseitigen Steilhängen mit wärmeliebenden Gehölzen wie der Hopfenbuche, der Baumhasel oder der Blumen-Esche, sonst überwiegend aus Rotbuchen, zu denen in den bis über 1000 m hohen Gebirgen im Westen des Parks Weißtannen und Fichten kommen. Viele seltene Blumen blühen in den lichten Wäldern und auf den sonnigen Bergwiesen: der Frauenschuh und die Türkenbundlilie, Schlüsselblumen und Christrosen…

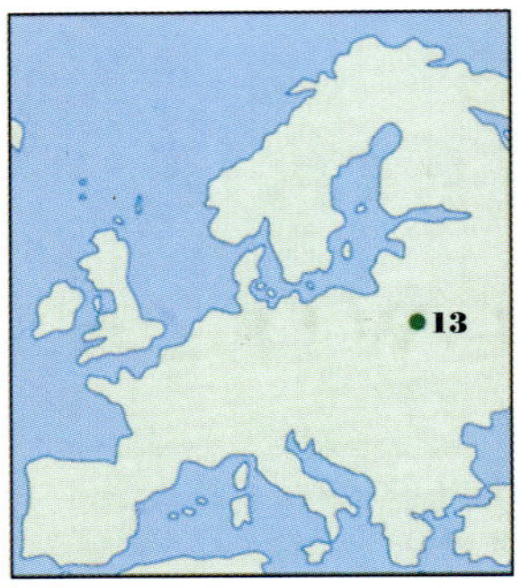

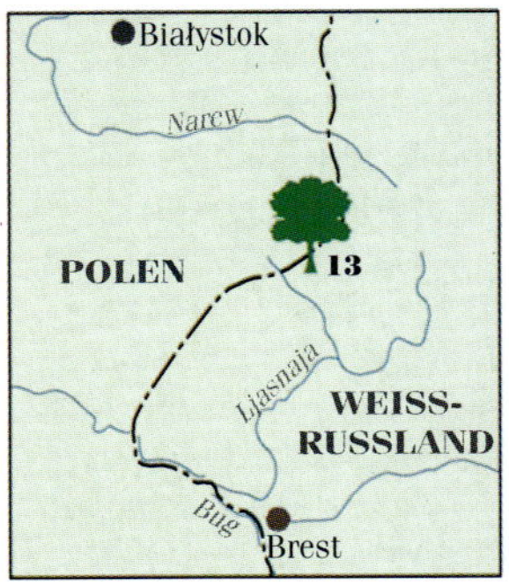

Lage: Beiderseits der polnisch-weißrussischen Grenze, knapp 200 km nordöstlich von Warschau bzw. 270 km südwestlich von Minsk

Naturraum: Osteuropäische Laub-Nadel-Mischwaldregion innerhalb der kühlgemäßigten Klimazone mit kalten Wintern und mäßig warmen Sommern

Meereshöhe: 147–172 m

Fläche: 986 km²

Zugang: Zur Kernzone nur im Rahmen von Führungen; während der Schneeschmelze und bei starken Niederschlägen geschlossen; vielseitiges Informationsangebot (Naturkundliches Museum; Wildgehege)

Über die Ähnlichkeit des Namens hinaus gibt es zwischen dem europäischen Wisent und dem nordamerikanischen Bison enge verwandtschaftliche Beziehungen: Beide asiatische Urrinder stammen von einer fossilen Rinderart ab.

Belovezhskaya Pushcha/Bialowieza

Die Weißrussen nennen die nahezu menschenleere Landschaft auf der Wasserscheide zwischen Ostsee und Schwarzem Meer Pushcha, die Polen Puszcza. Beide Namen klingen für deutsche Ohren sehr nach Pußta, nach baumloser, staubiger Steppe. Doch sie sind irreführend, genauso wie der deutsche Landschaftsname Bialowiezer Heide. In Wirklichkeit erstreckt sich hier beiderseits der weißrussisch-polnischen Grenze ein riesiges geschlossenes Waldgebiet mit Sümpfen, Mooren und einzelnen kleinen Lichtungen: einer der letzten Urwälder zwischen Ostsee und Karpaten, die Arche Noah der europäischen Tierwelt.

Die Eiszeitgletscher haben die Landschaft geformt und beim Rückzug das übliche Chaos von Moränenkuppen, abflußlosen Senken, Schmelzwasserrinnen, Seen und Tümpeln hinterlassen. Als Acker- oder Weideland eignen sich die meist ausgelaugten Sand- und durchnäßten Torfböden kaum. So blieben die unermeßlichen Wälder beinahe unversehrt erhalten. In ihnen wurden Bäume geschlagen, vor allem die bis über 50 m hohen Fichten, die als Mastbäume für Schiffe begehrt waren. Im hohen Mittelalter rodete man auch kleinere Flächen. Die Waldbienenzucht war früher weit verbreitet. In den Kriegen gingen die Wälder in Flammen auf, doch niemals verschwanden sie ganz. Das verhinderten schon die Landesherren, die sich um ihre wildreichen Jagdreviere sorgten.

Die Landesherren wechselten häufig, denn die Wälder lagen im Grenzgebiet von Polen, Rußland und Litauen. Auch in der Naturlandschaft grenzen hier verschiedene Klimaregionen, Florenprovinzen und Stromgebiete aneinander. Wegen der Grenzlage und der rasch wechselnden Bodenarten ist die Pflanzenwelt für eine Gegend, in der die Temperaturen im Winter auf eisige –40 °C fallen und durchschnittlich 90 Tage lang eine dicke Schneedecke liegt, erstaunlich artenreich. Allein etwa ein Dutzend Orchideenarten kommen vor, und bei den Pilzen hat man sogar rund 3000 Arten gezählt. Nur im polnischen Nationalpark unterscheiden Experten in den Wäldern mindestens 20 Pflanzengemeinschaften, die sich im Überblick zu sechs Waldtypen zusammenfassen lassen: Linden-Eichen-Hainbuchenwald, Fichtenwald, Fichten-Kiefernwald, Kiefernwald, Erlen-Eschenwald und Schwarzerlenwald. Im streng geschützten Kernbereich des Parks haben sie ihren Urwaldcharakter erhalten. Dort findet man auch einige der höchsten Bäume Europas: Fichten, die 55 m und Eschen, die gut 40 m aufragen. Zu solchen Baumriesen paßt „das edelste und gewaltigste Hochwild Europas", der Wisent, der in den Urwäldern von Bialowieza noch (oder genauer gesagt: wieder) heimisch ist. In dem entlegenen Waldgebiet hatte sich bis in die Zeit nach dem Ersten Weltkrieg ein kleiner Restbestand der in Mitteleuropa schon vor Jahrhunderten ausgerotteten Wildrinder gehalten. Dann erschoß ein Wilderer den letzten freien Wisent der Bialowiezer Heide. Die größte Wildart Europas wäre wahrscheinlich endgültig ausgestorben, wenn sich in den 1920er Jahren eine Gruppe von Wisentexperten und -begeisterten nicht zur „Internationalen Gesellschaft zur Erhaltung des Wisents" zusammengeschlossen und mit den wenigen, in zoologischen Gärten und privaten Wildgattern gehaltenen Tieren neue Bestände gezüchtet hätten. So aber entstand eine kleine Herde, die 1952 in die Freiheit der Bialowiezer Urwälder entlassen wurde. Mittlerweile leben allein im polnischen Anteil des grenzüberschreitenden Naturreservats mehr als 240 Wisente, dazu viele andere Tierarten, die im dicht besiedelten Mitteleuropa längst ausgerottet oder sehr selten geworden sind, wie der Elch, der Luchs oder der Biber. Gelegentlich taucht sogar ein Braunbär oder Wolf im Bialowieza Nationalpark auf.

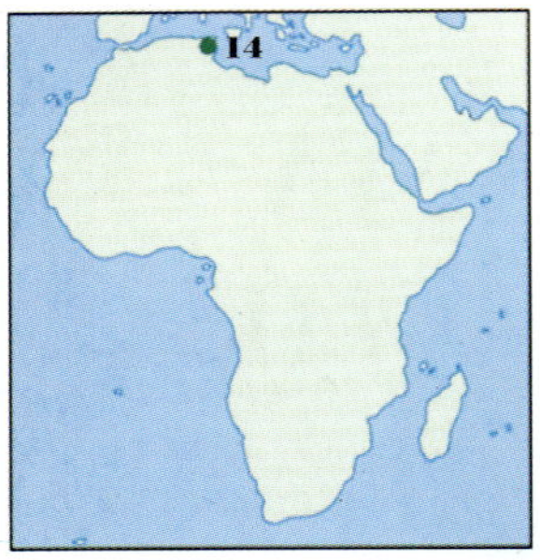

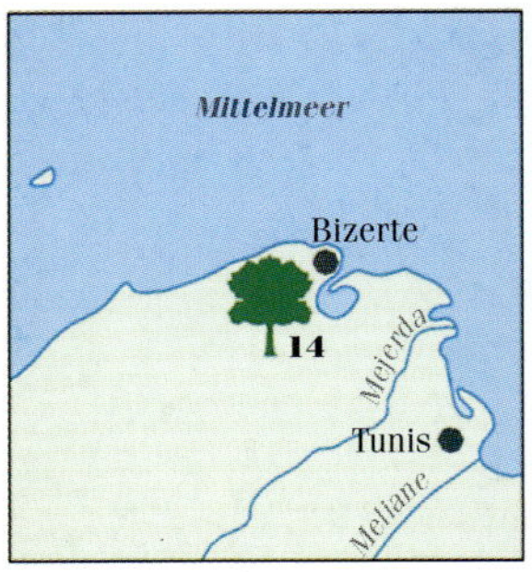

Lage: 25 km südwestlich von Bizerte in der Ebene von Mateur

Naturraum: Zone des winterfeucht-sommertrockenen Mediterranklimas mit natürlicher Hartlaubvegetation

Meereshöhe: 0–511 m

Fläche: 126 km²

Zugang: Freier Zugang über die Straße, die von Bizerte zum Eingang des Parks führt. An den Hängen des Djebel Ichkeul gibt es ein Informationszentrum mit Museum und kleiner Bibliothek. Die besten Jahreszeiten zur Beobachtung der Vogelwelt sind der Spätherbst und Winter

Abgesehen vom Djebel Ichkeul, der zum Teil noch von mediterraner Macchie bedeckt ist, wird das Umland des Ichkeul-Sees als eine der wichtigsten Kornkammern Tunesiens seit der französischen Kolonisierung landwirtschaftlich intensiv genutzt.

Ichkeul

Drei Flüsse haben die Naturoase im dicht besiedelten Hinterland der Bucht von Bizerte im Lauf von Jahrhunderttausenden geschaffen und speisen sie (noch) regelmäßig mit Wasser. Ursprünglich erstreckte sich der Golf etwa 30 km weiter ins Binnenland hinein. Doch die Flüsse füllten die Senke allmählich mit ihren Sedimenten auf und verwandelten sie in eine Schwemmlandebene, in der zwei Brackwasserseen, der Bizerte-See und die Garaet Ichkeul, als Überbleibsel der ehemaligen Bucht liegen. Der Nationalpark umschließt den seichten, meist nur ein bis zwei Meter tiefen Ichkeul-See und den benachbarten Bergrücken Djebel Ichkeul, einst eine Insel, die nun landfest geworden ist und sich mit weißen Marmorfelsen etwa 500 m über die als fruchtbares Acker- und Gartenland genutzte Ebene erhebt.

Im Norden Tunesiens herrscht ein typisch mediterranes Klima, bei dem milde, regnerische Winter und heiße, trockene Sommer wechseln. Wegen der Regengüsse im Einzugsgebiet der Garaet und der geringeren Verdunstung steigt der Seespiegel in den Wintermonaten an, Wasser strömt durch eine schmale Rinne in den nahegelegenen Bizerte-See und von dort weiter ins Meer. In der heißen Jahreszeit, wenn die Flüsse versiegen und das Wasser im See rasch verdunstet, sinkt der Seespiegel, und die Lagune erhält jetzt in umgekehrter Richtung Zufluß vom Meer. Im Wechsel der Jahreszeiten schwankt deshalb auch der Salzgehalt des Seewassers von weniger als 2 im Herbst und Winter auf über 38 Gramm pro Liter im Hochsommer. Derart starke Schwankungen können nur wenige Lebewesen vertragen. Diejenigen aber, die dagegen unempfindlich sind, gedeihen von lästiger Konkurrenz befreit umso üppiger. In den Laichkraut-Wiesen und Schilfdickichten an den Ufern des Sees tummelt sich daher eine reiche Kleintierwelt, Krebse, Würmer, Muscheln und andere Leckerbissen für Vögel. In gewaltigen Schwärmen fallen die gefiederten Gäste aus dem Norden im Herbst auf dem See ein und überwintern hier. 300 000 bis 400 000 Vögel an einem einzigen Tag wurden gezählt, Zahlen, die den Wert des Ichkeul-Sees als Feuchtgebiet von internationaler Bedeutung und eines der letzten Vogelparadiese im Mittelmeerraum unterstreichen. In den Listen der Vogelkundler sind über 185 Arten verzeichnet: weit verbreitete wie das Bläßhuhn oder die Graugans, sowie seltenere wie die Weißkopf-Ruderente, der Zwergadler, der Habichtsadler und andere Greifvögel, die unter der Vergiftung der Umwelt durch Agrarchemikalien besonders stark leiden. Von den Fischern, die im fischreichen See (legal oder illegal) ihre Netze auswerfen, ist der Fischotter nicht gern gesehen: Vielleicht noch zehn dieser schnellen Unterwasserjäger jagen im Nationalpark. Eine andere Spezies, die das Wasser ebenso liebt, aber aus dem fernen Asien stammt, war in den fünfziger Jahren beinahe ausgerottet, wurde aber im Nationalpark mit Erfolg wieder eingebürgert: der Wasserbüffel. Wie diese tropischen Haustiere nach Tunesien gelangten, ist bis heute unter den Gelehrten umstritten. Für die einen sind sie die Nachkommen der Wasserbüffel, die bereits in karthagischer Zeit nach Nordafrika eingeführt wurden, für die anderen stammen sie von Herden ab, die ein Husseiniden-Herrscher um die Mitte des vorigen Jahrhunderts aus Italien nach Tunesien holte. Wie dem auch sei – genügend Wasser brauchen alle Lebewesen im Nationalpark, und die Versorgung mit diesem wichtigsten Lebenselexier ist nach dem Bau von Staudämmen an den wichtigsten Zuflüssen des Sees nicht mehr gesichert. Der Salzgehalt des Seewassers nimmt allmählich zu, die Laichkraut-Wiesen mit ihrer Fauna als wichtigste Nahrungsquelle schrumpfen. Vielleicht sitzen die Tiere bald buchstäblich auf dem Trockenen.

An den Rändern des Kahuzi-Biega-Nationalparks wird intensiver Anbau (vor allem von Tee) betrieben; auch innerhalb des Parks sind die Spuren des Wanderfeldbaus unübersehbar.

Geschützt 1980 · Zaire

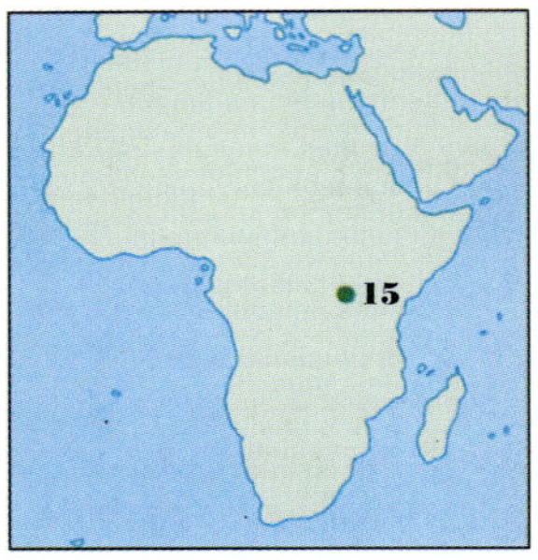

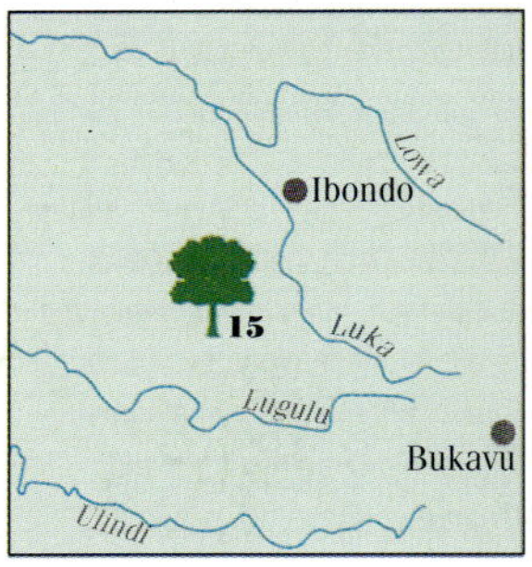

Lage: Rund 50 km nordwestlich von Bukavu

Naturraum: Tropische Hochgebirge

Meereshöhe: 1800–3400 m

Fläche: 6000 km²

Geschützt 1980 · Zaire

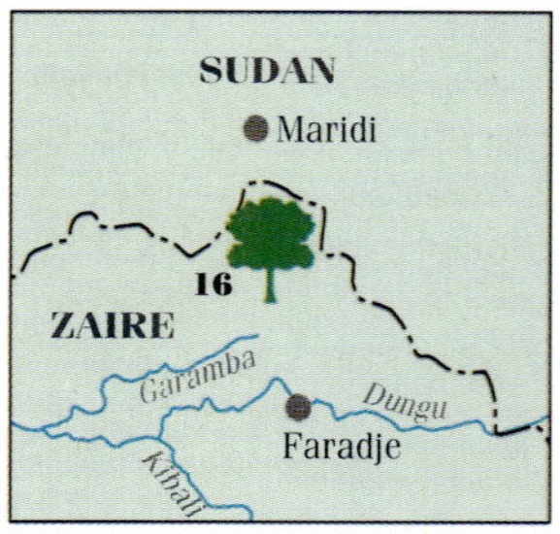

Lage: Im Distrikt Uele

Naturraum: Zone der tropischen Regenklimate

Meereshöhe: 710–1061 m

Fläche: 4920 km²

Das natürliche Verbreitungsgebiet der Savannengiraffen reichte einst vom Sahel im Norden bis zum Kapland im Süden. Im äußersten Norden und Süden sind die langhalsigen Tiere längst ausgerottet. Der Garamba-Nationalpark beherbergt noch

In den Gorillafamilien herrscht eine strenge soziale Rangordnung. Den Patriarchen erkennt man am silbergrauen Rückenfell.

Kahuzi-Biega

Zwei erloschene Vulkane beherrschen das Schutzgebiet im Zentralafrikanischen Hochland, das hier im Mount Kahuzi bis auf 3400 m Meereshöhe ansteigt. Über die Hälfte der Nationalparkfläche ist noch vom immergrünen Bergregenwald bedeckt, besonders in den mittleren Höhen, wo im Jahresdurchschnitt mehr als 1800 Liter Regen auf jeden Quadratmeter Boden fallen und die Temperaturen täglich zwischen 10 und 18 °C schwanken. Häufig sind Bambusdickichte in den Urwald eingestreut, in feuchten Senken findet man Papyrussümpfe und Moore, die Gipfellagen sind offenes Strauch- und Grasland. Die Vielfalt von Pflanzengemeinschaften und das reiche Nahrungsangebot machen das vulkanische Bergland zum idealen Terrain für den Berggorilla. 200 bis 300 der riesigen Menschenaffen leben im Nationalpark, hauptsächlich in der Waldetage zwischen 2100 und 2400 m. Vier Großfamilien dieser Spezies haben sich an den Anblick von Touristen gewöhnt und lassen sich aus nächster Nähe beobachten. Ein enger Verwandter des Gorilla, der Schimpanse, zählt ebenfalls zu den Bewohnern des Parks, genauso wie verschiedene Meerkatzen und Stummelaffen, die ihren Namen von den „verstümmelten" (rückgebildeten) Daumen haben und wegen ihrer schönen, oft rot oder schwarz-weiß gefärbten Felle früher gnadenlos gejagt wurden. Eher unansehnlich, doch dafür um so tapferer ist das Riesenwaldschwein, das am Kahuzi meist in den undurchdringlichsten Dickichten lebt und deshalb auch erst zu Beginn dieses Jahrhunderts entdeckt wurde. Mit vereinten Kräften stürzen sich die bis fünf Zentner schweren Schweine auf jeden Angreifer und schlagen selbst große Raubkatzen in die Flucht. Ihre Vorliebe für unzugängliche Reviere schützt die Riesenwaldschweine vor den Wilderern, die im Nationalpark ihr Unwesen treiben und den Wildbestand vor allem in der Umgebung der Dörfer stark dezimiert haben.

Garamba

Wir haben keine Minderwertigkeitsgefühle, weil wir unseren Besuchern keine Kathedralen und keine anderen alten Baudenkmäler zeigen können. Denn das Erbe, das unsere Vorfahren uns hinterlassen haben, ist die natürliche Schönheit unseres Landes. Es sind unsere Ströme, unsere Flüsse, unsere Wälder, unsere Berge, unsere Tiere, unsere Vulkane und unsere Ebenen".

Leider ist das kostbare Naturerbe, das Staatspräsident Mobutu 1973 in einer Rede pries, in Zaire inzwischen vielerorts verschwendet worden, und der Raubbau an der Natur hat auch im entlegenen Garamba Nationalpark tiefe Spuren hinterlassen. Anfang der sechziger Jahre zählte man dort über 1000 Breitlippennashörner, dreißig Jahre später gab es, optimistisch geschätzt, noch drei Dutzend dieser geselligen Dickhäuter. Kaum besser erging es den Elefanten. Ihre Zahl ist in drei Jahrzehnten durch Wilderei auf etwa 4000 Tiere, ein Viertel der Population von 1960, gesunken. Nashorn und Elfenbein sind besonders in den Ländern Ostasiens nach wie vor begehrt, vielleicht gelingt es dem jetzt besser gerüsteten Parkpersonal jedoch, die letzten Schätze für künftige Generationen zu bewahren. Die grenznahe Lage des Nationalparks zum Sudan (wo seit Jahrzehnten Bürgerkrieg herrscht) ist ein Nachteil, seine Lage im Übergangssaum zwischen den von einzelnen Inselbergen überragten Savannenebenen und dem gebirgigen Waldland Zentralafrikas dagegen günstig. Nahezu alle Varianten der Feuchtsavanne sind anzutreffen: offenes Grasland mit zum Teil bis 5 m hohen Gräsern, Baumsavanne und Galeriewald, der sich bandartig an den Flüssen entlangzieht. Entsprechend vielseitig ist die Fauna, und die Tierarten, die nicht so stark unter der Wilderei leiden wie Elefanten und Nashörner, kommen noch in stattlichen Beständen vor, etwa die Kaffernbüffel, von denen man 40 000 gezählt hat, die Kuhantilopen, Giraffen, Flußpferde...

einen ansehnlichen Bestand der Kongo-Giraffe, einer Unterart.

Geschützt 1980 · USA

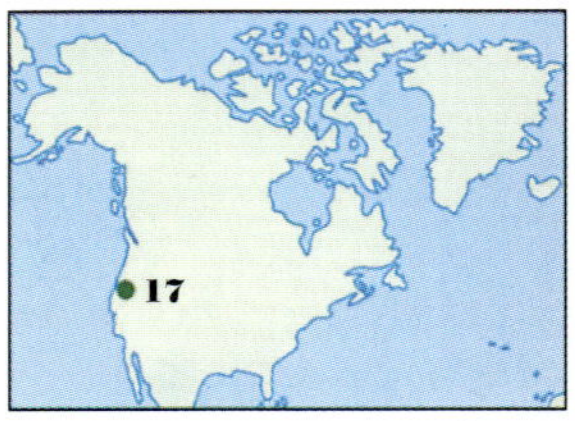

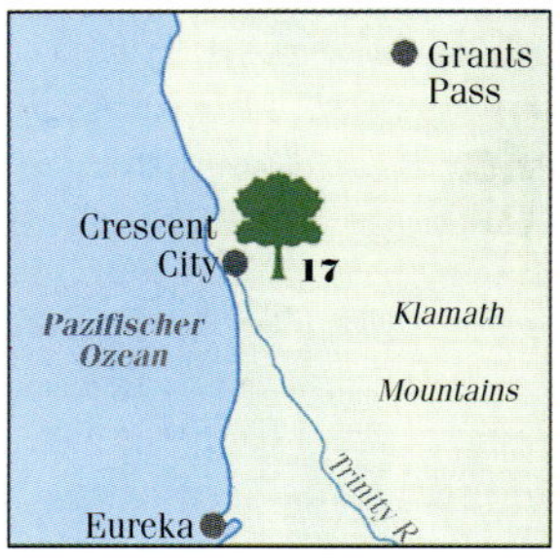

Lage: An der Pazifikküste, rund 500 km nördlich von San Francisco, als fast 80 km langer und bis 14 km breiter Streifen zwischen Crescent City im Norden und Orick im Süden

Naturraum: Hochozeanische Waldklimate innerhalb der kühlgemäßigten Zone

Meereshöhe: 0–950 m

Fläche: 569 km²

Zugang: Auf der Küstenstraße US-101, die den Park in nord-südlicher Richtung quert; Besucherzentren in Crescent City und Orick; im Park mehrere Campingplätze

Der Riesenmammutbaum besitzt eine bis zu 60 cm dicke Rinde, die einen wirksamen Schutz gegen Waldbrände bietet. Andererseits brauchen die Baumgiganten das Feuer zur regelmäßigen Verjüngung der Bestände; Brände werden daher jetzt in den National-

parks nicht mehr so konsequent bekämpft wie früher.

Redwood

Das Redwood Empire, das „Reich des Rotholzes", ist seit der Mitte des vorigen Jahrhunderts auf winzige Flecken zusammengeschrumpft. Ehemals zogen sich die Mammutbaumwälder in einem rund 700 km langen, selten aber mehr als 20 km breiten Streifen vom nordwestlichen Kalifornien bis nach Oregon hinein, bedeckten in den Gebirgsketten an der Pazifikküste etwa 8000 km² – ein Naturschatz, mit dem die Indianer sorgsam umgingen, den die weißen Siedler, Goldgräber, Brüder der Missionsstationen und Holzfäller jedoch rücksichtslos ausbeuteten. Heute ist nur noch ein Zwanzigstel der ehemals bewaldeten Fläche erhalten, verteilt auf mehrere Nationalparks sowie Forstgebiete. Nachdem die Baumgiganten und -methusalems schon vor Jahrzehnten abgesägt wurden, fährt die Holzindustrie von dem begehrten rötlichen Holz jetzt die „zweite Ernte" ein.

Von Natur gehört der Immergrüne Mammutbaum, wie sein lateinischer Name *Sequoia sempervirens* verrät, zu den sehr langlebigen Baumarten. Mit seinen Vettern, den Riesenmammutbäumen an den Hängen der kalifornischen Sierra Nevada, die 3000, 4000 oder gar 5000 Jahre alt und im Lauf dieser Zeit bis über 10 m dick werden, kann er sich in punkto Langlebigkeit zwar nicht messen (er wird „nur" etwa 1500 Jahre alt), doch in der Höhe übertrifft er sie: Im Redwood Nationalpark steht der höchste lebende Baum der Welt, 111,25 m hoch und rund 600 Jahre alt. Noch höher als die Immergrünen Mammutbäume wachsen wahrscheinlich nur Eukalyptusbäume in Australien. Am Ende des vorigen Jahrhunderts soll es dort Baumriesen von mehr als 130 m Höhe gegeben haben.

Die heute verwendete wissenschaftliche Bezeichnung für die Mammutbäume, die in der Kreidezeit und im Tertiär über die gesamte Nordhalbkugel der Erde verbreitet waren und zu den wichtigsten Gehölzen der urzeitlichen Braunkohlewälder Deutschlands gehörten, leitet sich vom Namen des Indianers Se-Quo-Yah ab. Küstensequoien werden die Immergrünen Mammutbäume auch genannt, weil sie seit einigen Millionen Jahren einzig und allein noch an der nordamerikanischen Pazifikküste vorkommen, nicht ohne Grund, denn das Klima ist dort einzigartig: relativ mild, aber mit jährlich über 2500 Liter Regen pro Quadratmeter Boden sehr niederschlagsreich und zugleich mit ungewöhnlich vielen Nebeltagen, vor allem im Sommer. Die Dauerfeuchtigkeit behagt den Mammutbäumen. Andererseits quellen ihre Zapfen in der feuchten Luft und schließen so dicht, daß sie die Samen nicht entlassen können. Natürliche, durch Blitzschlag entstandene Feuer sind für die Verjüngung der Wälder wichtig. In der Hitze des Feuers öffnen sich die Zapfen, außerdem hinterlassen die Waldbrände lichte Flächen, auf denen die Samen in dem durch die Asche gedüngten Boden keimen können. Da die Holzfäller das kostbare Rotholz nicht einfach verbrennen lassen wollen, bekämpfen sie die Waldbrände, verhindern so jedoch die Naturverjüngung und begünstigen gleichzeitig die Ausbreitung fremder Arten, die bisher durch das Feuer ausgemerzt wurden. Künstlich entfachte Brände sollen daher in den Nationalparks mithelfen, das natürliche Ökosystem und die gefährdeten Mammutbaumwälder als Naturerbe der Menschheit zu erhalten.

Ungefähr 700 einheimische Pflanzenarten kommen im Nationalpark vor, dazu etwa 150 fremde. Roosevelt-Hirsche, die amerikanischen Verwandten unserer Rothirsche, Schwarzbären, Luchse, auch stark bedrohte Arten wie der Fischmarder (der seine Beute übrigens weniger im Wasser als auf den Bäumen jagt), streifen durch die Mammutbaumwälder, doch allzu viele Säugetiere kann der Wald nicht ernähren. Reich ist dagegen die Vogelwelt – über 400 Arten wurden gezählt – besonders an den Stränden. In den Strandseen und Marschen im Küstenstreifen, der zum Nationalpark gehört, und in den Küstengewässern kann man auch Grauwale und Seelöwen beobachten.

Innerhalb der kahlen, zerklüfteten Felslandschaft des montenegrinischen Karsts rund um den Durmitor gibt es nur hier und dort ein Stückchen ebenen, lehmigen oder tonigen Boden: ein Polje, ein „Feld“, auf dem wenig Ackerbau betrieben werden kann.

Geschützt 1980 · Jugoslawien

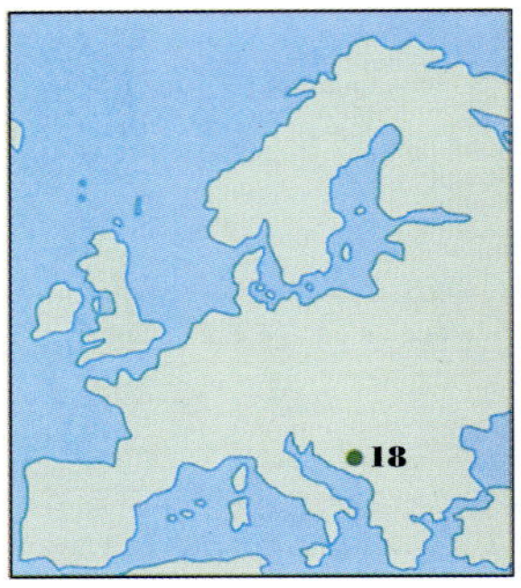

Lage: Etwa 30 km südwestlich von Pljevlja

Naturraum: Südosteuropäische Laubmischwaldregion

Meereshöhe: 450–2523 m

Fläche: 320 km²

Geschützt 1981 · Elfenbeinküste/Guinea

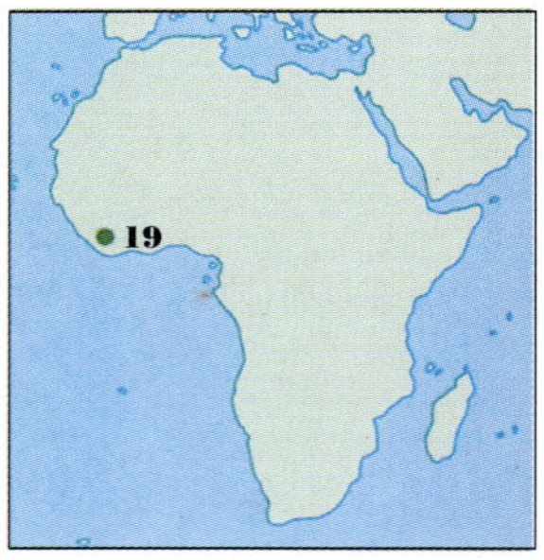

Lage: Rund 600 km nordwestlich von Abidjan

Naturraum: Zone der tropischen Feuchtklimate

Meereshöhe: 450–1752 m

Fläche: 180 km²

Eine muntere Ginsterkatze am hellen Tag ist ein seltener Anblick. Meist verschlafen die eleganten Schleichkatzen den Tag und werden erst am Abend aktiv. Mit ihren großen Nachttieraugen können sie sich auch bei Dunkelheit sehr gut orientieren.

Durmitor

Der höchste Gipfel des Dinarischen Gebirges und die tiefste Schlucht, kalkweiße Bergstöcke und grasgrüne Matten, ausgetrocknete Täler und stille Seen, mediterranes Klima und Sommerskilauf – der Nationalpark rund um den 2522 m hohen Felsklotz Bobotov Kuk ist voller Gegensätze.

„Land der kleinen Seen" nennen die Montenegriner das verkarstete Plateau. 16 tiefblaue Seen liegen über die von den Gletschern geformte Hochebene verstreut, darunter der in dunkle Nadelwälder eingebettete „schwarze See" Crno jezero, an dessen Grund Schlucklöcher das Wasser aufnehmen und unterirdisch ableiten. Ein Teil des Wassers strömt der Tara zu, einem der letzten Wildflüsse der Balkanhalbinsel, der hier einen wilden Canyon mit oft 1000 m und höher, nahezu lotrecht aufragenden Felswänden in das Gebirge gekerbt hat. Im Talgrund herrscht das sommerheiße Ölbaumklima der Mittelmeerländer. Eine ausgeprägte Dürrezeit fehlt jedoch, und so können sich die Buchen von den Kalkbuchenwäldern der mittleren Gebirgsetagen über Buchen-Tannenwälder bis zu den Bergahorn-Buchenwäldern und Legbuchengehölzen in den Gipfellagen behaupten, wo bis in den Sommer hinein metertief der Schnee liegt. Die Fauna gleicht deshalb auch der mitteleuropäischer Hochgebirge, mit Gemse, Auer- und Birkhuhn, Wildkatze. Aber auch Wolf und Braunbär sind im Durmitorgebirge noch zu Hause. In den Jahren vor dem Bürgerkrieg im zerfallenen Jugoslawien hatte sich das Gebirge zum beliebten Wintersportgebiet entwickelt, durch Schlepplifts und Pisten bereits Schaden genommen. Größere Gefahren drohen der Natur jedoch durch die giftigen Abwässer einer Bleihütte am Oberlauf der Tara, die nach dem Willen der Behörden einfach in den Fluß gelassen werden sollen.

Nimbaberge

Über 2000 Pflanzenarten wachsen in den Nimbabergen am Dreiländereck von Guinea, Liberia und Côte d'Ivoire (Elfenbeinküste), Zoologen entdeckten hier mehr als 500 unbekannte Tierarten, davon allein etwa 200, die weltweit nur in dem grenzüberschreitenden Naturreservat beheimatet sind – eine Schatzkammer, die bestimmt noch manche unentdeckte Kostbarkeit birgt. Viel wichtiger als der Reichtum der Flora und Fauna sind jedoch offenbar die Bodenschätze der Nimbaberge, hochwertige Eisenerze, die im liberianischen Teil des Berglands bereits im großen Stil abgebaut wurden und dort inzwischen ausgebeutet sind. Von Baggern zerwühlte Landschaften und durch Schwermetalle verseuchte Flüsse erinnern noch daran. Jetzt droht der Natur auch im guineischen Teil des Naturreservats das gleiche Schicksal.

Das Eisenerz ist in Quarzitschichten enthalten, sehr harten Gesteinen, die der Abtragung zähen Widerstand leisten und deshalb als zerklüftete Felsen oder scharfe Grate über den sanft gewellten Fußflächen auf weicherem Gestein aufragen. Die Landschaftsformen wechseln rasch, Gesteine und Böden sind die Fundamente, auf denen der Artenreichtum der Nimbaberge aufbaut. Dazu kommen die Grenzlage im Übergangsbereich zwischen der Feuchtsavanne und dem tropischen Regenwald sowie ein Klima, das sintflutartige Regengüsse und heiße Staubstürme aus der Sahara kennt. Typisch für diesen Grenzsaum sind die hasen- bis rehgroßen Ducker, Wald- und Savannenbewohner, die im Naturreservat in mehreren Arten vorkommen, oder die hier ebenfalls beheimateten Ginsterkatzen. Das bemerkenswerteste Geschöpf ist freilich eine erst in den 1940er Jahren am Mount Nimba entdeckte Kröte, die dort in einem nur wenige Quadratkilometer großen Gebiet lebt und im Gegensatz zu fast allen anderen Kröten lebende Junge zur Welt bringt.

Geschützt 1981 · Senegal

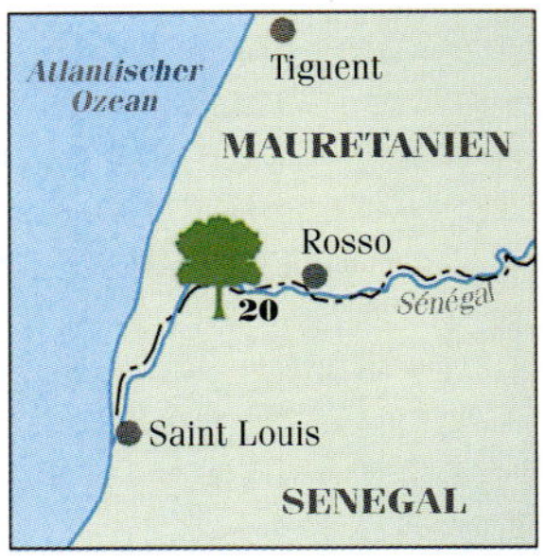

Lage: An der Grenze zu Mauretanien

Naturraum: Tropische Trockenklimate mit Dornwäldern und -savannen

Meereshöhe: 0–20 m

Fläche: 160 km²

Vor Beginn der Brutzeit schließen sich bei den Flamingos Weibchen und Männchen zu kleineren Gruppen zusammen, strecken und putzen sich gemeinsam in stets gleichbleibender Reihenfolge.

Geschützt 1981 · Senegal

Lage: 500 km südöstlich von Dakar

Naturraum: Tropenklimate

Meereshöhe: 16–311 m

Fläche: 9130 km²

Ähnlich wie unsere Laubwälder werfen die Wälder in den wechselfeuchten Tropen im Winter das Laub ganz oder teilweise ab, hier wie dort als Schutz gegen zu große Wasserverluste durch Austrocknung oder Frosttrocknis.

Mit lauten, durchdringenden Pfiffen warnt die Witwenente ihre Artgenossen vor Feinden und Störenfrieden.

Djoudj

Nach dem Flug über die Sahara, einer mindestens 2000 km langen Durststrecke, erwartet die Zugvögel aus dem hohen Norden im Delta des Senegal ein ausgedehntes Feuchtgebiet, in dem sie rasten und überwintern können. Über drei Millionen Vögel steuern alljährlich dieses in Westafrika einmalige Vogelparadies an, das der erste Dauerfluß südlich der Sahara geschaffen hat.

Der Senegal quert hier die Sahelzone. Das alte Flußdelta zwischen dem Hauptstrom und dem Senegalzufluß Gorom ist eine ebene, meist mit kurzen Gräsern und Salzpflanzen bewachsene, nur hier und dort von Akazien- und Tamariskengebüsch durchsetzte Landschaft. Von Juli bis September überschwemmt der Strom weithin seine Ufer und bildet eine Flußoase. In der Trockenzeit verwandelt sich das Delta in eine staubige Steppe, in der außer dem wasserarmen Strom und dem dann stark geschrumpften Djoudj-See lediglich einzelne Altarme und Tümpel Wasser führen. Und an ihnen drängen sich die Vögel: häufige, auch an unseren Küsten und Gewässern heimische Arten, etwa der Kampfläufer oder die Uferschnepfe, dazu sehr seltene exotische wie die Witwenente mit ihrem auffallend weißen Kopf, die sich nordwärts höchstens bis nach Spanien verirrt, oder die Arabische Trappe in imposanter Größe. Häufig sind Flamingos, Kormorane und verschiedene Reiherarten wie der Nachtreiher und der Purpurreiher. Zu Tausenden nistet der Rosapelikan im Nationalpark.

Die Zukunft dieses einzigartigen Vogelparadieses sieht allerdings gar nicht rosig aus, denn im Sahel ist die Wüste auf dem Vormarsch, die Dürrejahre häufen sich und das lebensnotwendige Süßwasser fließt aus dem Einzugsgebiet des Senegal immer spärlicher. Neue Deiche sollen verhindern, daß das Delta völlig austrocknet.

Der menschenähnlichste aller Menschenaffen bewohnt in Afrika die unterschiedlichsten Lebensräume.

Niokolo-Koba

Fern von der Küste, dort wo das weite senegambische Tiefland an die Berge der Guinea-Schwelle grenzt, liegt der vom Gambia und seinem rechten Zufluß Niokolo-Koba in endlosen Mäandern durchflossene Nationalpark, der größte der Republik und einer der bedeutendsten Westafrikas. Die Ebenen sind überwiegend offenes Savannenland, bewachsen mit hohen Bartgräsern, Büschen und einzelnen Bäumen. Am Fuß der stärker beregneten Berge verdichten sich die über das flache Land verstreuten Bäume zu Waldinseln und Galeriewäldern, die sich an den Flußläufen entlangziehen. Hunderte von Baum- und Straucharten kommen vor. Zu den bemerkenswertesten gehören der Khaya-Baum, dessen Holz unter der Bezeichnung Afrikanisches Mahagoni gehandelt wird, und der Kapokbaum, der wegen seiner Fasern in vielen tropischen Ländern angepflanzt wurde und die imposante Höhe von 60 m erreicht. Bambusdickichte bereichern das Bild der Vegetation. In den von Tümpeln durchsetzten und von natürlichen Uferdämmen durchzogenen Stromauen wechseln sich die verschiedensten Pflanzengemeinschaften ab. Ein solch buntes Mosaik von Lebensräumen ist die Existenzgrundlage für eine Vielzahl von Tierarten. Besucher, die am besten im trockenen Winterhalbjahr auf Fotosafari gehen, begegnen fast allen prominenten Wildtieren Afrikas, vom Elefanten über das Flußpferd bis zum Löwen, dazu noch mehr unbekannteren wie dem Gambia-Sonnenhörnchen oder dem Senegal-Galago. Die Schimpansen, die im Umland des Inselbergs Mont Assinik leben, erreichen hier die nordwestliche Grenze ihres Verbreitungsgebiets. Für die Giraffe ist der Nationalpark die letzte Zuflucht in Senegal. Wer die einst weit verbreiteten und jetzt in dichter besiedelten Gebieten praktisch ausgerotteten Roans (Pferdeantilopen) und Westsudan-Riesenelens (Elenantilopen) in freier Wildbahn beobachten möchte, wird am Niokolo-Koba fündig werden.

Geschützt 1981 · Tansania

Lage: 130 km nordwestlich von Arusha im Grenzsaum zwischen dem Viktoria-See-Becken und dem Krater-hochland

Naturraum: Zone der wechselfeuchten Tropenklimate mit regengrünen Trockenwäldern und Trockensavannen

Meereshöhe: 920–1850 m

Fläche: 14 763 km^2

Zugang: Auf dem Landweg über sechs Straßen, überwiegend vom Ngorongoro-Krater her; mehrere Landepisten für Kleinflugzeuge; verschiedene mehr oder weniger komfortable Lodges und Campingplätze in und außerhalb des Parks, etwa in Seronera und Lobo

Allianz nennen die Ökologen das Zusammenleben von zwei oder mehreren Tierarten in einer Herde; gemeinsam können die Tiere Feinde besser erkennen: Zebras besitzen einen guten Geruchssinn, Giraffen dank der langen Hälsen den besseren Überblick.

Serengeti

Afrika, genauso wie man es sich vorstellt: endlose Weiten, unberührte Natur, wilde Tiere, ein Garten Eden, eine riesige Naturlandschaft von der Größe Schleswig-Holsteins, mit Savannen, die sich bretteben bis zum Horizont erstrekken, Akazienwälder, deren unverwechselbare Umrisse sich nach Sonnenuntergang wie schwarze Scherenschnitte vor dem roten Himmel abzeichnen, vor allem aber gewaltige Herden von Huftieren, in Kopfzahlen, wie sie in keiner anderen Gegend der Erde mehr vorkommen, seit Menschengedenken im Rhythmus der Jahreszeiten auf Wanderung, ein ständiger Kreislauf von Werden und Vergehen.

Wasser ist knapp in der Serengeti, die zwar ziemlich genau unter dem Äquator liegt, doch im Vergleich zur eigentlichen äquatorialen Klimazone nur wenig Regen erhält: durchschnittlich 1000 Liter pro Quadratmeter Boden und Jahr, eine beachtliche Menge, von der allerdings bei den tropisch-warmen Temperaturen die Verdunstung einen großen Teil aufzehrt. Die Regenfälle sind nicht gleichmäßig über das Jahr verteilt, von Mai/Juni bis Oktober/November regnet es kaum, der Boden trocknet aus und die Vegetation verdorrt. Außerdem können die Niederschlagsmengen von Jahr zu Jahr extrem schwanken. Meist wird der April seinem Ruf als Regenzeit-Monat gerecht und bringt mehr als 200 mm, im darauffolgenden Jahr kann aber im selben Monat durchaus nur ein Viertel oder bloß ein Zehntel dieser Menge fallen.

Dem sogenannten wechselfeuchten tropischen Klima mit mehr als fünf trockenen Monaten entsprechen Savannen und Trockenwälder als typische Pflanzengemeinschaften. Die Trockenwälder, hier vor allem aus verschiedenen Akazienarten, sind mit zu Dornen verkümmerten Blättern an die Trockenheit angepaßt, verlieren in den niederschlagsarmen Jahreszeiten zum Teil ihr Laub und drosseln so den Wasserverbrauch. Immergrün oder wenigstens halbimmergrün sind nur die Galeriewälder, die aus den Grundwasservorräten schöpfen und sich in den Tälern bandartig in das offene Grasland hineinziehen. Im Westen, der etwas stärker beregnet wird, kommen bis 3 oder 4 m hohe Hochgräser vor, die eine geschlossene Schicht formen; in den Trockensavannen im Osten ist die Grasflur dagegen nur 1 bis 2 m hoch, besteht aus hartblättrigen Horsten, die getrennt wachsen und keine geschlossenen Rasen bilden. In Dürrezeiten lichten sich die Grasfluren weiter und gleichen dann fast Halbwüsten.

Hinter dem (auch von der Artenzahl her) meist kargen Bild der Savannen verbirgt sich eine bemerkenswerte Produktivität; sie erzeugen pro Jahr und Quadratmeter Boden mitunter so viel organische Substanz wie hochwüchsige Wälder und legen damit ein breites Fundament der Nahrungspyramide, das den Tierreichtum der tropischen Grasländer erklärt. In der Serengeti gedeihen die Gräser und Kräuter besonders gut, weil die Vulkane an den Rändern des Ostafrikanischen Grabens im Tertiär Aschen über den älteren Sockel aus Granit, Gneis, Quarzit und anderen nährstoffarmen Gesteinsarten ausgebreitet und auf diese Weise die Bodenqualität vor allem im Osten entscheidend verbessert haben.

Nach Westen hin reicht der Nationalpark in einem Korridor fast bis an den Viktoria-See. Dort ist ein tiefgründiger, dunkler Boden verbreitet, der durch den Gehalt an quellfähigen Tonmineralen bei Nässe sehr stark quillt und in der Trockenzeit ebenso stark schrumpft. Die bis 2 m tiefen Schrumpfungsrisse, die sich im ausgedörrten Boden auftun, sind schon manchem Tier zum Verhängnis geworden.

Die Tiefengesteinsmassive sind von den Wassermassen, die nach den Regengüssen oft in fußhohen Schichtfluten weitflächig abfließen, erodiert worden. Ebene Flächen über tiefgründig verwittertem Gestein prägen das Landschaftsbild der Serengeti, der feste Granit oder Quarzit tritt nur hier und dort inselartig zutage, formt Inselberge aus riesigen Gesteinsblöcken und kompaktem Fels. Kopjes nennt man die isolierten Berge, die im ebenen Gelände als Landmarken weithin sichtbar und meist auch von einigen höheren Bäumen umgeben sind. Die Gol-Kopjes, Barafu-Kopjes und anderen Kuppen der Serengeti bieten einen herrlichen Ausblick auf die von Millionen von Großtieren bevölkerten Ebenen. Nahezu alle charakteristischen Tiere der ostafrikanischen Savanne kann man hier beobachten, vom Warzenschwein über den Elefanten bis zur Giraffe, vom Wildhund über den Geparden bis zum Löwen, Nilkrokodile und Flußpferde, Strauße, Geier, Kraniche und über 350 weitere Vogelarten. Weißbartgnus sind am häufigsten, auf weit über eine Million Tiere wird ihre Population geschätzt. Damit hätte sich ihre Zahl seit den 1950er Jahren verfünffacht. Rund 200 000 Zebras dürfte es im Nationalpark geben, fast ebenso viele Thomsongazellen, einige zigtausend Impalas, Topis und Büffel. Die Bestände der in Rudeln oder einzeln jagenden Raubtiere sind naturgemäß kleiner, mit etwa 2000 Löwen, 500 bis 1000 Leoparden oder rund 4000 Tüpfelhyänen aber noch immer beeindruckend groß.

Trotzdem kommt es immer wieder vor, daß eilige Besucher bei einem Besuch vom Tierreichtum der Serengeti kaum etwas sehen. Zum einen verteilt sich dieser Reichtum auf viele tausend Quadratkilometer, und zum anderen wechseln viele Tiere ihren Standort von Stunde zu Stunde, Tag zu Tag, Woche zu Woche, sind ständig in Bewegung. Gnus, Zebras und Gazellen führen die weitesten Wanderungen durch, folgen den Regenfällen, die frisches Gras sprießen lassen, und kehren in einem riesigen Kreisverkehr jeweils nach etwa einem Jahr an den Ausgangspunkt ihrer Wanderungen zurück, voran die Zebras in kleineren Herden, dann die Gnus in kilometerlangen Kolonnen und schließlich die Gazellen wieder in kleineren Pulks, begleitet von Raubtieren, die auf eine günstige Gelegenheit warten. Nur in wenigen Gegenden Afrikas können Großtiere solche Wanderungen noch ungestört unternehmen, denn meist sind die Schutzgebiete zu knapp bemessen.

Der Serengeti-Nationalpark einschließlich der benachbarten Reservate umfaßt ein Areal von über 23 000 km². Dazu gehört auch das Ngorongoro-Schutzgebiet, in dem unter einer schlichten Steinpyramide der legendäre Bernhard Grzimek neben seinem bei Untersuchungen in der Serengeti verunglückten Sohn Michael begraben liegt. Mit dem Appell „Serengeti darf nicht sterben“ hatte der berühmte Zoologe seit den 1950er Jahren als erster die Weltöffentlichkeit auf die Gefahren aufmerksam gemacht, die dem ostafrikanischen Naturparadies drohen. Seither sind die Schutzmaßnahmen für die bedrohte Tierwelt verbessert worden. Endgültig ist die Gefahr jedoch nicht gebannt. Die Wilderei stellt noch immer ein ernstes Problem dar. Schätzungsweise 200 000 Tiere werden Jahr für Jahr in der Serengeti umgebracht, und an den Grenzen des Nationalparks lauern schießwütige „Großwildjäger“, um die Tiere abzuschießen, die bei ihren Wanderungen die Grenzen überschreiten. Und damit die Strekke möglichst groß wird, schrecken manche Jäger auch nicht davor zurück, mit Maschinengewehren in die Herden hineinzufeuern. Das rasche Bevölkerungswachstum, der Landhunger, die Nachfrage nach Fleisch, der Bedarf an Brennholz und schließlich der Übergang von der Viehzucht zum Ackerbau, der bei der einheimischen Bevölkerung in den letzten Jahren zu beobachten ist, haben den Druck auf die Serengeti zusätzlich verstärkt.

Die Bäume in den regengrünen Trockenwäldern Ostafrikas haben oft weit ausladende Schirmkronen, wie die typischen Schirmakazien hier als Akazien-Trockengehölz im Bereich der Dornsavannen, wo in acht bis zehn Monaten des Jahres Dürre herrscht.

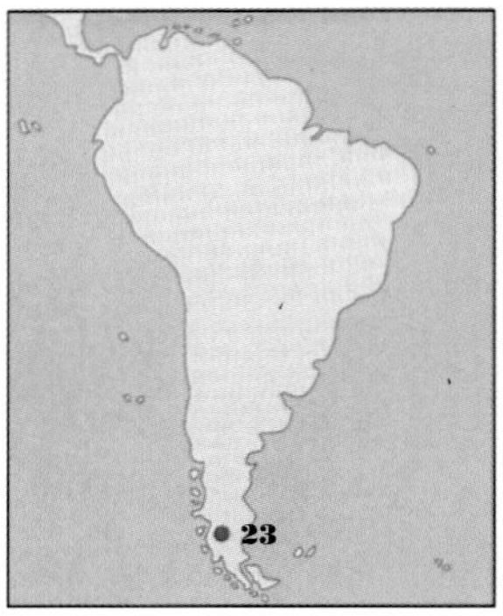

Lage: Im Süden der patagonischen Anden, an der Grenze der Provinz Santa Cruz zu Chile

Naturraum: Hochgebirge im Grenzsaum zwischen den hochozeanischen Waldklimaten im Westen und den Trockensteppenklimaten im Osten

Meereshöhe: 200–3375 m

Fläche: 4459 km²

Zugang: Vom Städtchen El Calafate (Flugplatz, Hotels) auf der Nationalstraße 40 und Stichstraßen zu den Gletschern und Seen; Unterkünfte (Hotels, Bergsteigerherbergen, Zeltplätze) unter anderem in El Chalten und in Lago Viedma

Das Nährgebiet des Spegazzini-Gletschers, der in den Lago Argentino mündet, liegt jenseits der argentinisch-chilenischen Grenze im Südpatagonischen Eisfeld. Von dort erhält der von Brüchen zerrissene Auslaßgletscher reichlich Nachschub.

Los Glaciares

Nomen est omen: Wenn ein Nationalpark Los Glaciares, „die Gletscher" heißt, dann weiß man, was einen dort erwartet. Aber ein Gletscher-Nationalpark in Südamerika? – Das paßt überhaupt nicht ins gängige Bild vom Süden der Neuen Welt. Es drängt sich der Verdacht auf, ein paar Flecken Ewiges Eis könnten als bestaunenswerte Raritäten einer ganzen Landschaft den Namen gegeben haben. Hier täuscht man sich freilich, denn mehr als 50 % der Fläche dieses Nationalparks in den südamerikanischen Kordilleren sind von Eis bedeckt.

Die Eismassen gehören zum Hielo Patagónico Sud, einer gewaltigen Eiskappe, die sich über rund 400 km in nord-südlicher Richtung erstreckt und fast 14 000 km^2, ungefähr die halbe Landesfläche von Brandenburg, bedeckt. Vier Dutzend größere Gletscherzungen entsendet das Südpatagonische Eisfeld in alle Himmelsrichtungen, darunter Kolosse wie den Upsála-Gletscher oder den Viedma-Gletscher, die mit jeweils fast 600 km^2 Eisfläche unsere größten Alpengletscher zu Zwergen degradieren. Hinzu kommen über 200 kleinere Gletscher, die nicht mit dem Eisfeld in Verbindung stehen. Sie liegen in Mulden am Fuß unglaublich steiler Granitzacken wie des Fitzroy oder des Cerro Torre, die fast ständig in Wolken gehüllt, mit Schnee überschüttet und von Orkanen gepeitscht werden. Immer wieder brechen Schnee- und Eismassen von den Graten ab und stürzen als donnernde Lawinen 1000 bis 2000 m in die Tiefe. Mit viel Getöse ist auch die Geburt neuer Eisberge im Argentino-See verbunden, in den der Moreno-Gletscher nach über 50 km langer Wegstrecke kalbt. Eisblaue Klötze, so groß wie Wohnblocks, brechen von der Stirn des Gletschers ab und krachen in den See. Das atemberaubende Schauspiel findet vor der grünen Kulisse des Guindo statt, des immergrünen Magellanischen Regenwalds, der von verschiedenen Südbuchen (Nothofagus) gebildet und hin und wieder auch einmal von einer Gletscherzunge niedergewalzt wird. Vor allem zum Schutz dieser einzigartigen, doch durch rücksichtslosen Holzeinschlag gefährdeten Wälder wurde der Nationalpark eingerichtet. Die als Bauholz geschätzten Bäume dürfen nicht mehr gefällt werden. Es kommt allerdings häufig zu verheerenden Waldbränden, die ganze Bestände vernichten. Im östlichen Vorland der Kordilleren, wo im Regenschatten des Gebirges nur noch etwa halb so viel Niederschlag fällt und der Boden durch Föhnwinde zusätzlich ausgetrocknet wird, prägen harte, sparrige Büschelgräser das Bild der ostpatagonischen Tussocksteppe. Hier ist die angestammte Heimat des Darwin-Nandus, der kleinsten Art einer Gruppe von Laufvögeln, die im Aussehen und in der Lebensweise den afrikanischen Straußen ähneln und deswegen auch Pampastrauße genannt werden. Das Hochgebirge meiden die typischen Steppenvögel. Dort leben neben etlichen anderen zwei bemerkenswerte Vertreter der südamerikanischen Vogelwelt: die Wildbach-Ente, eine Schwimmente, die in den reißenden Andenbächen lebt und geschickter als jeder Wildwasserfahrer die gefährlichsten Stromschnellen bewältigt, sowie der Anden-Kondor, mit einer Flügelspannweite von bis zu 3 m der größte lebende und einer der am stärksten durch Ausrottung bedrohte Flugvogel der Erde. Der majestätische Geier ernährt sich wie seine Verwandten in Europa hauptsächlich von Tierleichen, etwa einem verendeten Guanako, das im Nationalpark ebenfalls beheimatet ist. Mitunter vergreift er sich jedoch auch an einem Schaf oder Kalb, und das sehen die Viehzüchter begreiflicherweise nicht gern. Außerhalb des Nationalparks wird ihm nachgestellt, über den Gletschern kann er sich sicher fühlen.

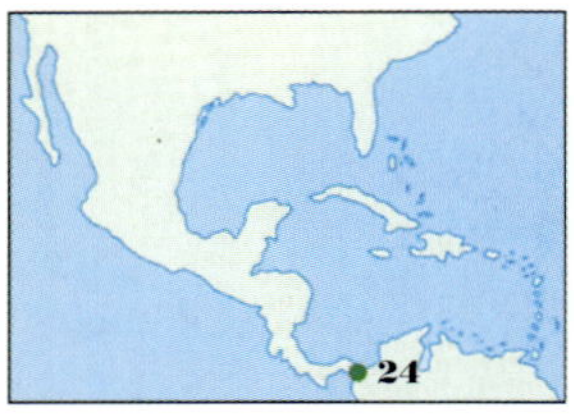

Lage: Im Südosten der Republik, rund 250 km südöstlich von Panamá-Stadt, zwischen der Serrania del Darién an der atlantischen und der Serrania del Sapo an der pazifischen Seite der Landbrücke

Naturraum: Zone der tropischen Regenklimate mit immergrünen tropischen Regenwäldern

Meereshöhe: 0–1875 m

Fläche: 5970 km²

Zugang: Auf der Carretera Interamerica (Panamericana) bis Yaviza, von dort weiter auf Pisten oder mit dem Boot auf den Urwaldflüssen

Vor allem von der kolumbianischen Seite her dringen immer mehr illegale Siedler in den Nationalpark ein, roden ein paar Hektar Regenwald und ziehen weiter, sobald der Boden ausgelaugt ist – jedesmal geht ein Stück Natur unwiederbringlich verloren.

Darién

Panamá ist das klassische Brükkenland der Neuen Welt. Die mittelamerikanische Landbrücke, die den Atlantischen vom Pazifischen Ozean trennt, mißt hier an der schmalsten Stelle nur rund 50 km, ein Nadelöhr, das seit dem Bau des Panamá-Kanals für den Seeverkehr zwischen West und Ost geöffnet ist. Für den Landverkehr in nord-südlicher Richtung bilden die unzugänglichen und bis heute weithin unerschlossenen Bergländer im Osten des Kanals allerdings ein schwieriges Hindernis. Noch immer klafft dort im Panamerican Highway, der berühmten Fernstraße, die Amerika durchzieht, eine große Lücke: der Darién gap.

Darién, wie die mittelamerikanische Landbrücke östlich des Panamá-Kanals genannt wird, ist aus mehreren Gründen ein äußerst dünn besiedeltes, durch Verkehrswege kaum erschlossenes Land geblieben: Ausgedehnte, malariaverseuchte Sumpfgebiete, der breite Rio Tuira, der etwa doppelt so viel Wasser wie der Rhein an der deutsch-niederländischen Grenze führt, und andere wasserreiche Flüsse, extrem hohe Gezeitenwellen (bis über 6 m), steile Talhänge, an denen es nach heftigen Regengüssen oder bei Erdbeben zu großen Erdrutschen kommt, treiben die Kosten beim Straßenbau in die Höhe, schrecken die Straßenbauer ab und erschweren auch die Erschließung vom Meer her. Für die Natur, für eines der vielfältigsten Ökosysteme des tropischen Amerika, ist die Unzugänglichkeit freilich ein Segen. Fern der Zivilisation konnten auch noch ein paar hundert Indianer ihre traditionelle Lebensweise bewahren.

Der größte erhaltene Tieflandsregenwald an der pazifischen Küste Mittelamerikas ist hier an der Nahtstelle zwischen den Erdteilen besonders reich an Arten, umschließt häufig kleine Savannengebiete, Palmensümpfe und an der Küste Mangrovendickichte. Zwei Baumarten beherrschen die Gehölzflora: der Cativo, ein tropischer Riese, der die Flußläufe säumt und ein begehrtes Bauholz liefert, sowie der Cuipo, dessen Holz noch leichter als Balsaholz ist. Mit zunehmender Meereshöhe gehen die Tieflandsregenwälder in die Wolken- und Nebelwälder der bis etwa 1800 m hohen Gebirgsketten über, die das Land von Nordwest nach Südost queren.

Bunt gemischt ist die Tierwelt mit vielen bemerkenswerten Arten, deren Verbreitungsareale sich im Nationalpark überlappen. „Trapezkünstler", „Schreihälse" und „Nachtschwärmer" sind unter den Affen zu finden: die Klammeraffen, die sich wie Zirkusartisten von einem Ast zum andern durch das Kronendach des Regenwalds schwingen, die Brüllaffen, deren Geschrei im Urwald kilometerweit zu hören ist, und die Nachtaffen, die die Natur mit riesigen Augen, wahren Nachtsichtgeräten, ausgestattet hat und deshalb nachts auf Beutejagd gehen und tagsüber in Baumhöhlen schlafen. Die Sümpfe und Wasserläufe sind das Revier des Capybara, auch Wasserschwein genannt, aber als größtes aller heute lebenden Nagetiere nicht mit den Schweinen, sondern eng mit den Meerschweinchen verwandt. Als größtes Säugetier der amerikanischen Tropen gilt der bis über sechs Zentner schwere Mittelamerikanische Tapir. Er ist im Nationalpark ebenfalls stets in der Nähe der Gewässer zu finden, genauso wie der Waldhund, der sich im Wasser fast so elegant wie ein Fischotter bewegt. Trockeneres Terrain bevorzugt hingegen der Große Ameisenbär, eines der urtümlichsten Geschöpfe der Neuen Welt, denn in trockenen Böden leben Ameisen und Termiten, seine Lieblingsspeise. Mit den scharfen Krallen schlägt er den oft steinhart verkrusteten Savannenboden auf, die lange, klebrige Zunge befördert die Kerbtiere aus ihren Bauten blitzschnell in den Mund, bis zu 30 000 an einem Tag.

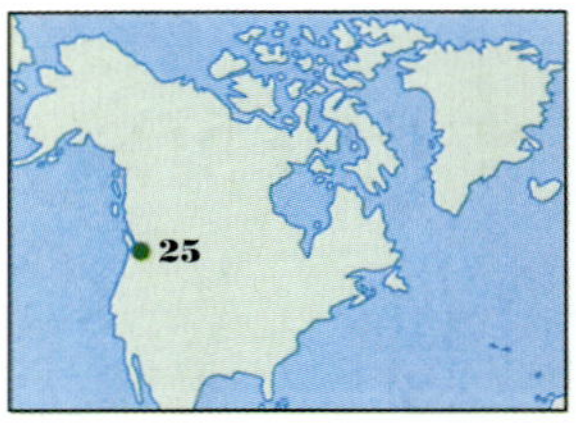

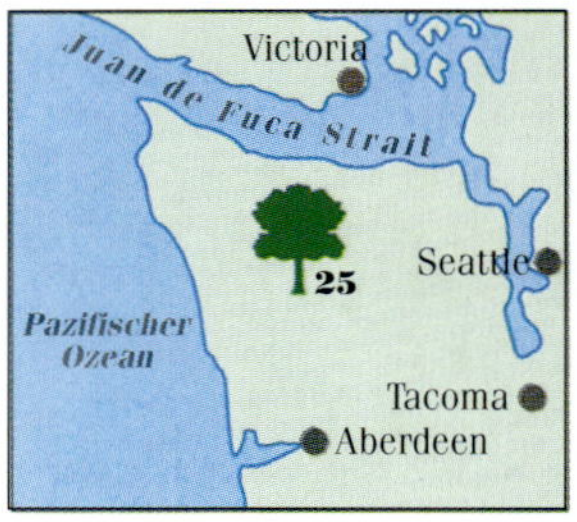

Lage: Auf der Olympic Halbinsel zwischen dem Pazifischen Ozean, der Juan de Fuca-Straße und dem Puget Sund

Naturraum: Hochozeanische bis ozeanische Waldklimate innerhalb der kühlgemäßigten Zone

Meereshöhe: 0–2428 m

Fläche: 3697 km² (davon 173 km² als separater Block an der Pazifikküste)

Zugang: Auf der US-101 die die Halbinsel ringförmig erschließt, sowie auf mehreren Stichstraßen; Zufahrten etwa von Edmonds, Port Angeles (Parkhauptquartier mit Besucherzentren) oder Aberdeen; fast 1000 km Wanderwege; Unterkünfte (Campingplätze, Lodges) auch im Park

Der Wapiti unterscheidet sich von seinem Vetter, dem Europäischen Rothirsch, durch die Größe (es gibt in Nordamerika neben Zwergformen die größten Rothirsche der Erde) sowie durch das sehr starke, ebenmäßige Geweih mit langen Enden,

Olympic Mountains

An diesem amerikanischen Olymp hätte Zeus, der „Wolkenballer“ oder „Dunkelwolkige“, bestimmt seine helle Freude: An den meisten Tagen des Jahres hüllen dicke Wolken das gletscherreiche Gebirgsland auf der Olympischen Halbinsel im äußersten Nordwesten der USA ein, überschütten es mit Regen und Schnee, lassen an der mit jährlich über 4000 Liter Niederschlag pro Quadratmeter Boden besonders stark beregneten Westflanke den größten geschlossenen, nahezu unberührten Regenwald der gemäßigten Klimazone gedeihen.

Im Kern der im Westen vom Pazifik, im Norden von der Juan-de-Fuca-Straße und im Osten vom Pugetsund umspülten Halbinsel ragen die von den Gletschern des Eiszeitalters geformten Gipfel weit über die Waldgrenze bis nahe 2500 m Meereshöhe auf. Noch heute liegen in den Karen und Trogtälern rund um den 2428 m hohen Mount Olympus 60 kleinere Gletscher, knapp 40 km von der Küste entfernt, an der die Lufttemperaturen auch im Winter nur selten einmal unter den Gefrierpunkt sinken. Noch krasser sind die Gegensätze beim Niederschlag: Während auf dem Mount Olympus im Jahresdurchschnitt 5000 mm und mehr fallen, verzeichnen die Klimastationen an der 50 km entfernten Nordostseite der Halbinsel, im Regenschatten des Hochgebirges, nur etwa 300 mm – so stark nehmen die Niederschläge in keiner anderen Gegend innerhalb der gemäßigten Klimazonen ab.

In drei großen Tälern, die sich nach Westen, zum Ozean hin öffnen, herrscht dagegen ein feuchtes, regenreiches, nebliges und recht mildes Klima. Strengen Frost oder längere Dürre gibt es hier nicht. Wie in den tropischen Regenwäldern wuchern die Pflanzen. Moose und Flechten hängen in dicken Girlanden von den Bäumen herab. Ein Dickicht aus Farnen überzieht den Waldboden. Im Unterschied zu den Regenwäldern am Äquator werden die Wälder am Hoh, Queets und Quinault allerdings von Nadelhölzern, hauptsächlich Sitka-Fichten, Hemlock-Tannen, Douglasien und Riesenlebensbäumen, gebildet. Vom enormen Artenreichtum der Tropen sind diese Urwälder weit entfernt. Rund 500 Arten höherer Pflanzen kommen auf der Olympischen Halbinsel vor, doch dazu gehören auch die Pflanzen, die oberhalb der Regenwaldzone in den Bergwäldern, auf den alpinen Matten und im Felsschutt am Rand der Gletscher wachsen. Erstaunlich groß ist der Anteil von endemischen Pflanzenarten, also von Arten, die weltweit nur hier vorkommen. Ein gutes Dutzend sind bekannt: Glockenblumen, Veilchen, Greiskräuter... Echte Kinder des Olymp, die in der Artenbezeichnung den Titel olympus oder olympicus führen, gibt es auch unter den Tieren, etwa ein Murmeltier, ein Wiesel, verschiedene Lachse. Eine auf der Halbinsel beheimatete Unterart des Wolfs, lateinisch der „Wolken-Wolf“ genannt, wurde bereits vor der Gründung des Nationalparks ausgerottet. Die breiten Meeresarme, welche die Halbinsel vom Festland trennen, haben die Entwicklung endemischer Arten begünstigt, sie verhinderten gleichzeitig die Besiedlung und Zerstörung dieser Wildnis durch den Menschen. Große Rudel von Roosevelt-Hirschen, auch als Wapitis bekannt, ziehen durch den Nationalpark. Der Puma hat hier noch sein Revier, genauso wie der Kojote. Zum Park gehört außer dem Bergland im Zentrum der Halbinsel ein etwa 90 km langer Streifen am Pazifik. Dort wechseln Sandstrände mit Felsklippen, Lagunen und Schären – ein Paradies für Seehunde und Seelöwen, Dutzende von See- und Watvogelarten wie den pinguinähnlichen Trottellummen, die bei uns an den Buntsandsteinklippen von Helgoland nisten.

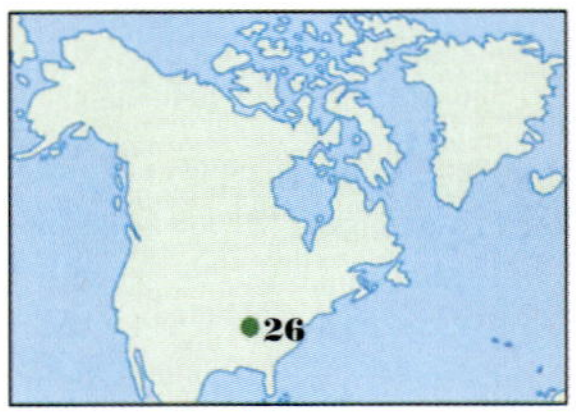

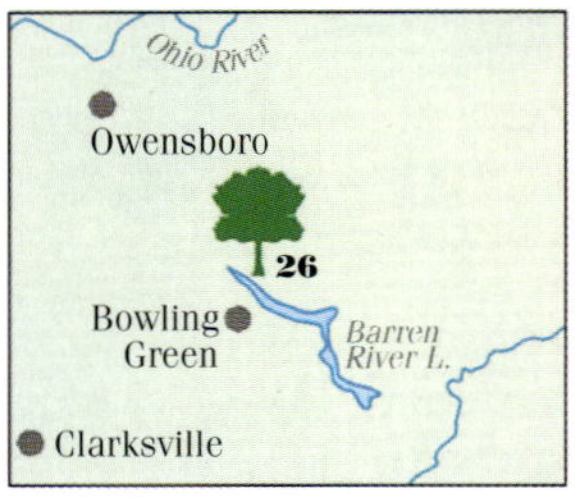

Lage: Nahe Park City, im Mammoth Cave Plateau, 130 km südwestlich von Louisville

Naturraum: Kühlgemäßigte Klimazone mit sommerwarmen, ständig feuchten Waldklimaten (wärmeliebende Falllaub- und Mischwälder)

Meereshöhe: 180–231 m

Fläche: 212 km²

Zugang: Auf der I-65 Louisville-Nashville bis zum Besucherzentrum am historischen Eingang des Höhlensystems; Besichtigung auf verschiedenen von Parkrangern geführten Höhlentouren; Hotels, Campingplätze und Ferienhäuser in der Pufferzone des Nationalparks

In dem riesigen Labyrinth unter dem Boden Kentuckys braucht man schon einen orts- und sachkundigen Führer.

Die Nationalparkranger kennen sich in den über 500 km langen Gängen des größten irdischen Höhlengebiets perfekt aus.

Mammuthöhlen

Mehr als zwei Millionen Touristen reisen alljährlich in das Karstgebiet im Südwesten Kentuckys, um an einer Führung durch das längste bekannte Höhlensystem der Erde teilzunehmen. Acht Kilometer werden auf der anstrengendsten Tour zurückgelegt, eine weite Strecke, bei der sich die Teilnehmer bald wieder nach dem Tageslicht zurücksehnen, aber nur ein winziger Ausschnitt des riesigen unterirdischen Labyrinths, das nach den gewaltigen Steppenelefanten des Eiszeitalters benannt ist. Auf insgesamt über 550 km Länge wurde das Höhlensystem bisher vermessen, eine Strecke so weit wie von Braunschweig bis nach Regensburg. Noch ist kein Ende abzusehen, Jahr für Jahr entdecken die Höhlenforscher neue Gänge.

In fünf oder sechs Stockwerken liegen die mal engen, mal hallenartig erweiterten Galerien und Passagen übereinander. Typisch für die Mammuthöhlen sind bis 60 m tiefe und 10 m breite Schlünde, welche die verschiedenen Etagen wie Fahrstuhlschächte miteinander verbinden. Am Grund eines solchen Schachts liegt der mit kristallklarem Wasser gefüllte Kristallsee. Zwei unterirdische Flüsse queren das Höhlensystem, und es gibt auch die „Gefrorenen Niagara-Wasserfälle". Sie bestehen freilich aus Tropfstein. Bei ständig 12 °C Temperatur innerhalb der Höhle würde eingesickertes Wasser ohnehin nicht zu Eis erstarren. Zu den besonderen Attraktionen zählen die sonderbaren Gebilde aus Gips, der in der Höhle durch Verwitterungsvorgänge aus Schwefeleisen und Kalkstein entsteht und als Gipsrosetten, -blüten und -schneebälle die Wände und Decken ziert. Über 200 Tierarten bevölkern die finsteren Gänge und unterirdischen Gewässer – ein Artenreichtum, der die riesigen Dimensionen des Höhlensystems und sein vergleichsweise hohes Alter von mehreren Millionen Jahren widerspiegelt. Fledermäuse benutzen die Höhlen als Unterschlupf, ständige Bewohner sind die Blindfische, deren Augen völlig verkümmert sind und die sich durch den Geruchssinn und besondere Strömungssinnorgane in der Finsternis orientieren. Über Tage, in dem urwüchsigen Eichen-Hickory-Wald, der das Kalksteinplateau noch auf großen Flächen überzieht, leben unter anderem Hirsche, Biber und das Wildtruthuhn.

Nicht ohne Grund erstreckt sich das größte irdische Höhlengebiet im sogenannten Caveland Corridor Kentuckys, dort herrschen ideale Bedingungen zur Entstehung von Karsthöhlen: Reiche Niederschläge von mehr als 1000 mm im Jahresdurchschnitt liefern genügend Sickerwasser und ein dichtes Pflanzenkleid die für die intensive Verkarstung notwendige Kohlensäure; über dem leicht löslichen Karbonkalk, den die Höhlen durchziehen, lagert ein zerklüfteter Quarzsandstein, durch den das Wasser rasch versickert, darunter ein wasserundurchlässiger Mergel, der die Wasseradern zum konzentrierten Angriff auf das Kalkgestein bündelt und zum tief eingeschnittenen Tal des Green River leitet, wo Karstquellen die Fluten wieder ausspeien.

Lage: Vor der Nordostküste von Queensland, im Süden etwa beginnend bei Bundaberg, im Norden über die Torres-Straße hinaus in die Küstengewässer Neuguineas reichend

Naturraum: Überwiegend Zone der tropischen Feuchtklimate mit regengrünen Wäldern und feuchten Grassavannen

Meereshöhe: Unter dem Meeresspiegel bis 40 m

Fläche: 348 700 km²

Zugang: Tages- und Mehrtagesausflüge mit dem Boot von Cairns, Townsville und anderen Hafenstädten; Anreise zu den Tourist Resorts (Ferienzentren) auf den Inseln mit dem Schiff, Flugzeug und Wasserflugzeug; 99,8 % des Parks sind für Touristen zugänglich

Das größte Riff der Erde besteht aus mehr als 3400 einzelnen Riffen, die von den Capricorninseln nahe der Fraser Insel bis zum Warriorriff vor der Küste Neuguineas reichen.

Grosses Barriere-Riff

Das, was in Reiseprospekten, Zeitschriften und Büchern über das größte Riff der Erde zu lesen ist, klingt meist vielversprechend bis überschwenglich: Traum in Blau, faszinierender Regenwald unter Wasser, größtes von der Natur geschaffenes Bauwerk unseres Planeten, artenreichstes Meeresökosystem der Welt... Der erste Bericht eines Europäers über die Riffzone, die sich mehr als 2000 km weit an der Nordostküste des Fünften Kontinents entlangzieht, ist dagegen eher eine Leidensgeschichte. Die Namen, die Captain James Cook bei der ersten Durchquerung des Rifflabyrinths im Sommer des Jahres 1770 auf der Seekarte eingetragen hat, sprechen für sich: „Kap der Drangsal", „Mühselige Bucht", „Inseln der Hoffnung"... Cook hatte die Endeavour Anfang Mai in den Riffgürtel gesteuert, der sich nach Norden hin wie eine riesige Reuse von 260 km auf gut 30 km verengt. Entsprechend schmaler werden die Fahrwasser zwischen den Riffen. Es war nur eine Frage der Zeit, bis das Forschungsschiff auf einer Untiefe strandete. In der Nacht vom 11. zum 12. Juni 1770 geschah es dann: Die Endeavour lief auf ein Korallenriff, konnte in den nächsten Tagen nur mit Mühe flottgemacht und zu einem sicheren Ankerplatz an der Küste gelotst werden, dorthin wo heute die Stadt Cooktown liegt. Erst acht Wochen später setzte der britische Seefahrer seine Entdeckungsreise durch die Südsee fort.

Über 3000 einzelne Riffe liegen in den Gewässern vor Australien zwischen dem Wendekreis des Steinbocks und dem 10. Breitenkreis südlicher Breite verstreut, dazu fast 1000 Inseln – ein nasser Irrgarten, in dem zahllose Schiffe untergingen; mindestens 30 Wracks von historischer Bedeutung sind bekannt, darunter das der Pandora, die zwei Jahrzehnte nach Cooks Fahrt vor der Küste von Queensland unterging. Messerscharfe Korallenstöcke hatten den Rumpf des Schiffs aufgeschlitzt. Die Stöcke bilden hier eine ganze Reihe verschiedener Rifftypen, die von der einfachen Riffplattform über Saumriffe in Größen zwischen wenigen hundert Quadratmetern und vielen hundert Quadratkilometern bis zu langgestreckten Riffwällen reichen. Bei den Inseln werden die niedrigen Cays (Korallensandinseln) und die aus Gesteinen der festländischen Erdkruste aufgebauten kontinentalen Inseln unterschieden. Im Unterschied zu den meisten anderen Korallenriffen krönen die Formationen hier nicht untermeerische Vulkane, sondern sitzen als relativ dünner Schleier auf dem australischen Schelf, der unter den Riffen aus lockerem Sand oder festem Gestein besteht. Oft liegt das Fundament der Riffe in Tiefen um 100 bis 120 m – in demselben Niveau, bis zu dem der Meeresspiegel während der kältesten Perioden der jüngsten Eiszeit gesunken ist. Als dann gegen Ende der Eiszeit und in der Nacheiszeit die Gletscher auf den Kontinenten schmolzen, die Wassermassen zurück in die Ozeanbecken strömten, stieg der Meeresspiegel wieder langsam an und mit ihm wuchsen die Korallenstöcke allmählich in die Höhe. Sicherlich stecken in dem riesigen Riffkomplex, der eine Fläche von der Größe Deutschlands bedeckt, noch ältere Riffgenerationen aus den Zwischeneiszeiten, vielleicht sogar aus dem mittleren Tertiär, als der australische Kontinent in wärmere Klimazonen driftete und erstmals in der Erdneuzeit an seinen Küsten Korallen wachsen konnten.

Die Korallen werden zu den „Blumentieren" gerechnet, von denen es in den Meeren der Erde gut 6500 Arten gibt. Allein im Großen Barriere-Riff hat man über 400 Korallenarten gezählt. Nicht alle bauen Riffe auf, Baumeister der Korallenriffe sind vor allem die Steinkorallen oder Riffkorallen. Sie brauchen warmes, salz-, kalk- wie sauerstoffreiches und klares Meerwasser, dazu einen festen, noch von der Sonne beleuchteten Untergrund, auf dem sich die anspruchsvollen Lebewesen ansiedeln können. Vor der Nordostküste Australiens finden

Korallen optimale Lebensbedingungen: Die Temperaturen in den von der tropischen Sonne erwärmten Gewässern schwanken das ganze Jahr über um 25 °C. Größere Flüsse, die Schlamm und Süßwasser heranführen, fehlen fast ganz. Die von April bis Dezember beständig wehenden Passate lassen nährstoffreiches Tiefenwasser aufquellen. Starke Gezeitenströmungen sorgen für den raschen Austausch der Wassermassen.

Die Korallenriffe vor der Küste von Queensland und die tropischen Regenwälder auf dem Festland (→ Wet Tropical Rainforests) sind auf den ersten Blick gesehen sehr unterschiedliche Lebensräume, haben jedoch in zweifacher Hinsicht viel Ähnlichkeit miteinander: Zum einen bieten Regenwälder wie Riffe den Organismen sehr gleichmäßige Lebensbedingungen. Temperaturen und Luftfeuchtigkeit oder Salz- und Sauerstoffgehalt sind über das Jahr hinweg praktisch konstant. Zum andern sind Regenwälder und Riffe durch ihren vielschichtigen Aufbau in sehr viele Nischen, ökologische und räumliche, gegliedert, können also auf engstem Raum eine Vielzahl hochspezialisierter Lebewesen beherbergen. Rund 1500 Fischarten (beinahe zehnmal so viele wie in allen deutschen Gewässern) bevölkern das Große Barriere-Riff, 4000 Arten von Muscheln und Schnecken kommen vor, ungezählt sind die Schwämme, Würmer, Krebstiere, Seewalzen und Seesterne. Eine Seesternspezies, der bis 60 cm große Dornkronenseestern, brachte die Riffe in den 1960er und 1970er Jahren bis an den Rand des Ruins. Der mit Giftstacheln bewehrte Seestern ernährt sich von den Korallenpolypen, weidet wie eine Kuh die Korallenstöcke ab, zersetzt mit den Magensäften den Weichkörper des Polypen und scheidet das unverdauliche Kalkskelett wieder aus. Ein einziger Dornkronenseestern kann pro Jahr den Korallenbestand auf einer Fläche von 6 m^2 vernichten. Die wichtigsten natürlichen Feinde der gefräßigen Seesterne sind die Tritonshörner, schön geformte, große Meeresschnecken, die früher im Großen Barriere-Riff tonnenweise gesammelt und als Souvenirs an Touristen verkauft wurden. Der Dornkronenseestern konnte sich deshalb massenhaft vermehren, entwickelte sich zur Gefahr für das gesamte Ökosystem. Heute sind die Tritonshörner geschützt, und der Bestand der Seesterne pendelt sich wieder auf dem normalen Niveau ein. Es wird freilich noch Jahrzehnte oder gar Jahrhunderte dauern, bis sich die verwüsteten Korallenriffe wieder erholt haben werden.

Wer ohne Taucherausrüstung zum Großen Barriere-Riff reist, dem bleibt die faszinierende Unterwasserwelt weitgehend verborgen. Die Dugongs (Gabelschwanz-Seekühe), die in den Seegraswiesen zwischen den Riffen weiden, lassen sich wenigstens kurz einmal an der Meeresoberfläche blicken, ebenso die Wale und Delphine. In manchen Nächten kommen Meeresschildkröten auf die Inseln, um ihre Eier in den warmen Sand zu legen. Berühmt ist die mit über 240 Arten vielfältige Vogelwelt des Barriere-Riffs. Tausende von Seevögeln brüten auf Michaelmas Cay, Lady Elliot Island, Heron Island und den vielen anderen Eilanden: Sturmtaucher, Brauntölpel, Rußseeschwalben, Weißkopfnoddis… Auf den niedrigen Korallensandinseln mit ihrem unfruchtbaren Boden und der recht eintönigen Vegetation aus Schraubenpalmen, Pisonia-Bäumen und Kasuarinen, den „Känguruhbäumen", sind die Kolonien oft riesig groß, die höheren Inseln tragen dagegen hinter dem Mangrovegürtel dichte Regen- und Trockenwälder, in denen mit der Zahl der Pflanzenarten auch die Artenfülle der Vogelwelt zunimmt.

Weichkorallen besitzen kein kompaktes Kalkskelett, sondern werden nur durch Kalknadeln gestützt, die im Körper verteilt sind.

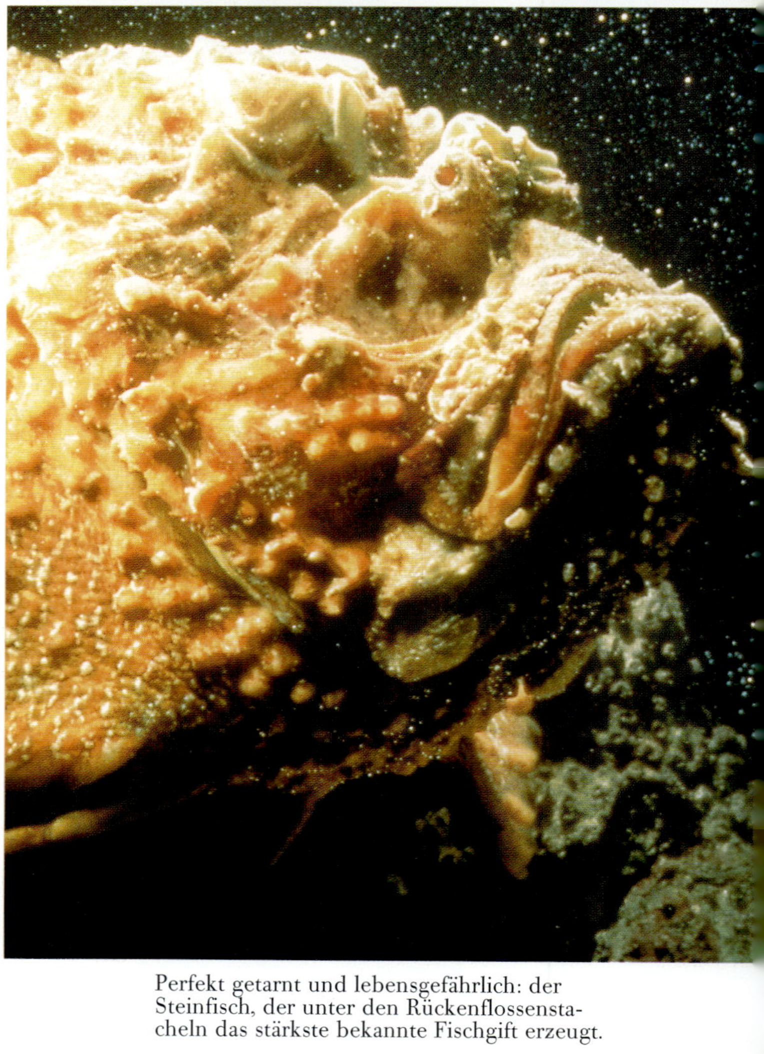

Perfekt getarnt und lebensgefährlich: der Steinfisch, der unter den Rückenflossenstacheln das stärkste bekannte Fischgift erzeugt.

Farben über Farben: Bunt gefärbte Kalkpartikel, die zwischen der Außenhaut und der Innenhaut der Seefedern eingelagert sind, verleihen den Kolonien der Hohltiere die gelben bis purpurroten Farbtöne.

Geschützt 1982 · Elfenbeinküste

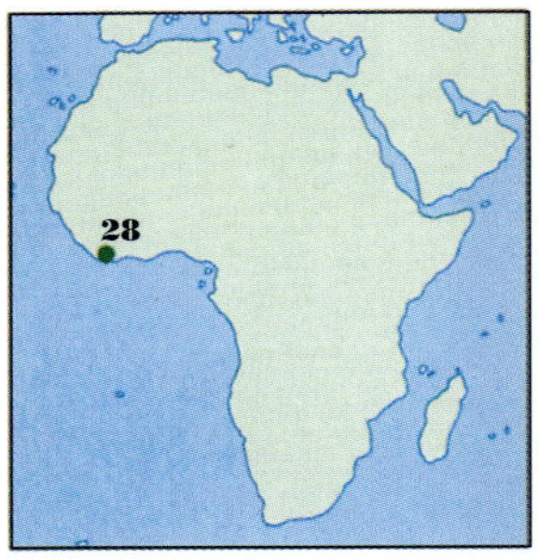

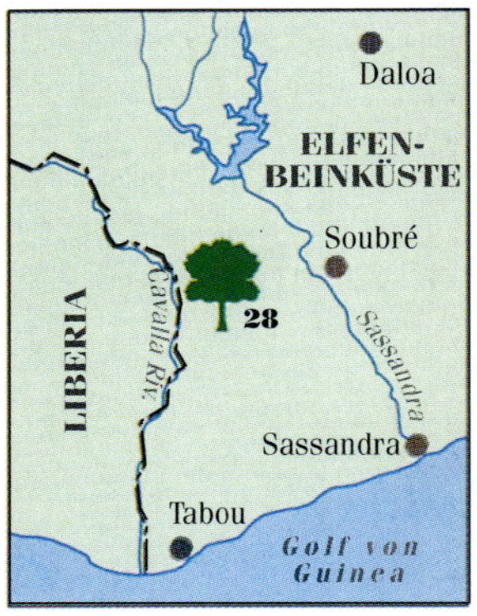

Lage: Rund 350 km westlich von Abidjan, zwischen dem Sassandra River und dem Cavalla River, der die Grenze zu Liberia bildet

Naturraum: Zone der tropischen Regenklimate mit immergrünen tropischen Regenwäldern

Meereshöhe: 80–623 m

Fläche: 3500 km^2

Zugang: Für Touristen nur in die Randgebiete bei Djiroutou, wo der Regenwald durch frühere Landnutzung stark verändert worden ist

Die Schneckennattern ernähren sich fast ausschließlich von Schnecken – daher der Name. Sie bevorzugen Gehäuseschnecken, die nicht so viel Schleim absondern wie die Nacktschnecken und die mit den verlängerten Vorderzähnen aus ihrer Schale gezogen werden.

Taï Nationalpark

Elfenbeinküste, Goldküste, Sklavenküste – die verschiedenen Abschnitte der Guineaküste tragen bezeichnende Namen. Wie kaum eine andere Region der Dritten Welt wurde dieser Teil Afrikas jahrhundertelang von den Kolonialmächten ausgeplündert, seiner natürlichen Schätze beraubt und die Bevölkerung wurde versklavt. Der Raubbau an der Natur geht auch in den heute unabhängigen Staaten weiter: Elfenbein ist nach wie vor gefragt, dafür mußten allein im Taï Nationalpark in den beiden letzten Jahrzehnten Hunderte von Elefanten ihr Leben lassen. Ihre Zahl schrumpfte von etwa 1800 im Jahr 1979 auf heute schätzungsweise 100. Im gleichen Zeitraum hat sich die Waldfläche in einigen Ländern Westafrikas um mehr als 50 % verringert. Die Côte d'Ivoire (Elfenbeinküste) ist inzwischen fast völlig abgeholzt. Und die Verwüstung der Natur rächt sich durch Bodenerosion, verheerende Überschwemmungen und wahrscheinlich durch den Rückgang der Niederschläge um 30 %, den die Elfenbeinküste Mitte der achtziger Jahre erleben mußte.

Im äußersten Südwesten der Republik, an der Grenze zu Liberia, ist zwischen den Flüssen Cavalla und Sassandra ein Überbleibsel des breiten Waldstreifens erhalten geblieben, der sich einst an der Guineaküste entlangzog, die größte Waldinsel in Westafrika. Die Wälder, die eine flachwellige, durch einzelne Inselberge gegliederte Peneplain („Fastebene") bedecken, bieten besonders im südlichen Drittel noch das Bild eines unberührten tropischen Regenwalds. 40 bis 60 m hohe, mit Epiphyten besetzte und durch Lianen miteinander verwobene Bäume bilden ein geschlossenes Kronendach, unter dem in den verschiedenen Waldetagen auf engstem Raum Hunderte von Pflanzenarten gedeihen. Insgesamt etwa 1300 Arten höherer Pflanzen haben die Botaniker im Park gezählt, vom Sternapfel über Ebenholzbäume bis zu einem sonderbaren Aronstabgewächs, das lediglich aus der Vorzeit bekannt war und dann als „lebendes Fossil" im Taï Nationalpark entdeckt wurde. Über die Hälfte der beschriebenen Arten kommt weltweit nur in den Ländern an der Guineaküste vor, ein sehr hoher Anteil endemischer Pflanzenarten, der vermutlich ein Ergebnis der Klimaschwankungen im Eiszeitalter ist. Damals schoben sich in den trockeneren Epochen wiederholt Savannen- und Steppenausläufer in den Waldgürtel vor, zergliederten ihn wie Meeresarme in isolierte Inseln, auf denen sich jeweils neue Arten entwickelten.

Eine breite Ringstraße sollte die Grenzen des Nationalparks deutlich markieren und Siedler, Holzfäller und Goldwäscher davon abhalten, in das Schutzgebiet einzudringen. Leider hat die Straße das Gegenteil bewirkt: Durch die Verkehrserschließung hat der Druck auf die Urwaldbestände zugenommen. Und unter diesem Druck leidet auch die Tierwelt. Zu den größten Kostbarkeiten der Fauna gehört die letzte lebensfähige Population des Zwergflußpferdes an der Elfenbeinküste. Der scheue Waldbewohner flüchtet bei der geringsten Störung sofort in den nächsten Fluß oder Sumpf, ist aber auch dort vor Wilderern nicht sicher. Er wird wie viele Affen und Antilopen zur Fleischgewinnung gejagt. Bei den Krokodilen und Leoparden haben es die Wilderer auf die Häute und Felle abgesehen. Bessere Überlebenschancen haben die Vögel, die im Zwischenstromland zwischen Cavalla und Sassandra in über 230 verschiedenen Arten heimisch sind, kleine fliegende Edelsteine wie die Weißkehlbülbüls und der Nimba-Schwarzschnäpper oder die am Waldboden lebenden Weißbrustperlhühner, die sich mit auffallend weißem Brust- und rotem Kopfgefieder schmücken.

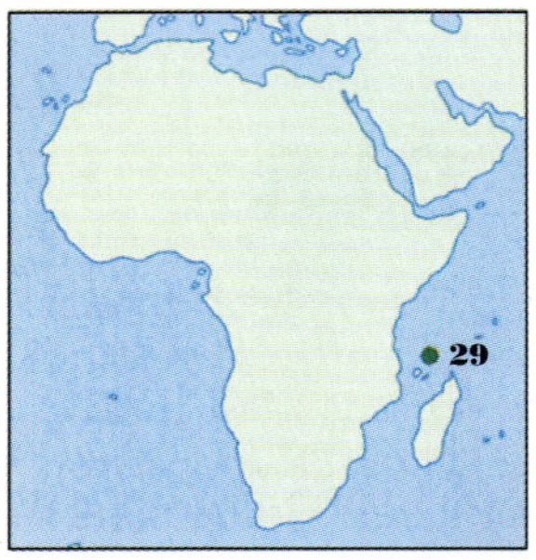

Lage: Rund 400 km nordwestlich der nördlichsten Landspitze von Madagaskar bzw. 700 km vor dem ostafrikanischen Festland

Naturraum: Zone der tropischen Feuchtklimate mit regengrünen Feuchtwäldern und feuchten Grassavannen

Meereshöhe: 0-8 m

Fläche: 350 km² (davon 188 km² Landflächen)

Zugang: Nur mit besonderer Genehmigung der Seychelles Islands Foundation

Gehobene Korallenriffe sind oft extrem stark verkarstet: Karstbrunnen, in denen sich ein wenig Süßwasser sammelt, wechseln mit bizarren Felsspitzen. Wahrscheinlich beschleunigen die mit der Brandungsgischt herangewehten Salze die Verkarstung.

Aldabra Atoll

Gewiß keine Südsee-Idylle: reißende Gezeitenströmungen, die die Fahrt durch die Riffkanäle zu einem lebensgefährlichen Abenteuer machen, bizarr verkarstete Kalksteintafeln, dorniges, schier undurchdringliches Gestrüpp, ein Klima, bei dem von sintflutartigen Regengüssen begleitete Wirbelstürme mit monatelangen Dürrezeiten wechseln. Aldabra gehört für Menschen zu den unwirtlichsten Eilanden im Indischen Ozean. Der Name taucht in keinem Reiseprospekt auf. Aldabra ist ein Atoll, aufgebaut aus Korallenkalk, doch kein geschlossener Riffkranz, der von weißen Sandstränden gesäumt wird, sondern vier größere und ungezählte kleinere im Oval angeordnete Inseln, die nach der Bildung vor mehr als 125 000 Jahren durch Kräfte aus dem Erdinnern einige Meter über den Meeresspiegel gehoben und damit der Verwitterung ausgesetzt wurden. Das abrinnende Regenwasser hat tiefe Rinnen und Höhlen in den leicht löslichen Kalk geätzt und ein Gewirr messerscharfer Felsgrate geschaffen, das nahezu unpassierbar ist. An der Küste ziehen sich Mangrovedickichte entlang. Das Innere der Inseln ist meist von Dornsträuchern bedeckt, innerhalb der Lagune, die während der Ebbe größtenteils trockenfällt, erstrecken sich ausgedehnte Seegraswiesen.

Die botanischen Kleinode des Atolls entdeckt man erst bei genauerem Hinschauen: Schönmalven mit blutroten Blütenkelchen, die Spinnenpflanze Cleome, die purpurn blüht, der intensiv duftende Aldabra-Jasmin mit seinen weißen Blüten, die orangerote Aldabra-Lilie...
Das Prädikat „Aldabra“ zeichnet jene Pflanzenarten aus, die auf dem Atoll ihre angestammte Heimat haben und in der Regel nur hier vorkommen. Ungefähr ein Fünftel der rund 180 Blütenpflanzen sind Endemiten. Ein eng begrenztes Verbreitungsgebiet haben auch viele andere Insulaner, wie der Aldabra-Nektarvogel, der Aldabra-Flughund oder der Aldabra-Webervogel. Hinzu kommen weit verbreitete Seevögel, die auf dem entlegenen, ungastlichen Atoll ungestört brüten können, etwa verschiedene Tölpel-Arten, Tropikvögel oder Fregattvögel, die Piraten der Lüfte, die über die Eier und den Nachwuchs anderer Seevögel herfallen oder ihnen im Flug die Beute abjagen. Aldabras berühmtester Vogel ist unbestritten die Cuvier-Ralle, Mitglied einer uralten Vogelfamilie, die sich im Schutz entlegenener Inseln vielfach zu flugunfähigen, am Erdboden lebenden Arten entwickelt hat, aber vom Menschen eingeschleppten Feinden oft nicht gewachsen war und daher ausgerottet wurde.

Auf zwei kleinen Inseln des Aldabra-Atolls konnte sich der letzte flugunfähige Vogel des Indischen Ozeans erfolgreich gegen die Ratten zur Wehr setzen und hat jetzt wieder eine Population von schätzungsweise 5000 Tieren. Ungefähr 1500 Aldabra-Drongos, ebenfalls eine stark bedrohte endemische Art, leben als Baumvögel in den Gebüschen und Mangrovedickichten der Inseln. Die Aldabra-Grasmücke, von der man zuletzt noch fünf Vögel zählte, dürfte dagegen inzwischen ausgestorben sein. Für den kleinen Singvogel wurde wohl die Zerstörung seiner Lebensräume durch die gefräßigen Ziegen zum Verhängnis. Ende der siebziger Jahre hatten sie sich geradezu explosionsartig vermehrt und waren zu einer ernsten Gefahr für das gesamte Ökosystem geworden. In mehreren Feldzügen konnte das Parkpersonal die Plage vermindern und so die Lebensgrundlage der Riesenschildkröten bewahren, die sich wie die Ziegen hauptsächlich von Pflanzen ernähren. Rund 152 000 dieser gepanzerten Reptilien bevölkern heute wieder das Atoll. Aldabra besitzt damit die weltweit stärkste Population.

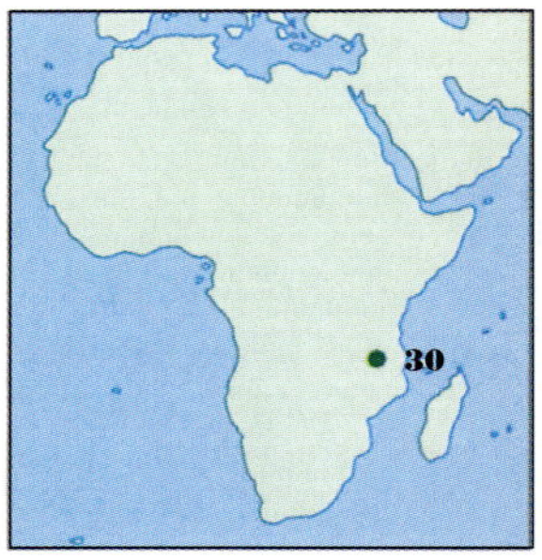

Lage: Rund 400 km südwestlich von Daressalam, überwiegend in der Region Morogoro

Naturraum: Zone der wechselfeuchten Tropenklimate mit regengrünen Trockenwäldern und Trockensavannen

Meereshöhe: 100–1200 m

Fläche: 50 000 km²

Zugang: Mit Kleinflugzeugen von Daressalam, nur sehr zeitraubend und beschwerlich auf dem Landweg mit Geländewagen. Während der Regenzeit im November bis März/April sind die Pisten im Park oft unpassierbar. Für Besucher gibt es drei Camps und ein Hotel

In der Trockenzeit werden die Flüsse im Selous zu wahren Lebensadern, an denen sich die durstigen und hungrigen Wildtiere drängen. Giraffen können sich auch weiter von den Flüssen entfernen, denn sie müssen nicht jeden Tag trinken.

Selous

Die Natur geht oft seltsame Wege; so gehören ausgerechnet die als Überträger der für Mensch und Vieh tödlichen Schlafkrankheit oder Nagana-Seuche gefürchteten Tsetse-Fliegen in Afrika zu den erfolgreichsten „Naturschützern". Gegenden, in denen diese gefährlichen Insekten vorkommen, werden von den Viehzüchtern gemieden, bleiben daher (falls nicht kostspielige Vernichtungsaktionen gestartet werden) meist in ihrem natürlichen Zustand erhalten – so wie bei dem riesigen Naturreservat im Südosten Tansanias, das im Kern bereits während der deutschen Kolonialherrschaft unter Schutz gestellt und inzwischen zum zweitgrößten Naturschutzgebiet Afrikas erweitert wurde. Es umfaßt ein Areal größer als die Schweiz, ist jedoch im Unterschied zur Eidgenossenschaft überwiegend flaches Land ohne markante Höhenzüge. Zahlreiche Flüsse und Flußarme, darunter der Rufiji als wichtigster Wasserlauf, suchen sich in den seichten Mulden der Rumpfflächen ihren Weg zum Meer, bilden mitunter Wasserfälle und haben streckenweise Schluchten in das Gestein gekerbt, wie die Stiegler's Gorge, die man auf Boot-Safaris entdecken kann.

Die Flüsse, die in der Trockenzeit von Juni bis August meist zu schmalen Rinnsalen schrumpfen, werden von immergrünen Galeriewäldern und Beständen der majestätischen Borassuspalme gesäumt. Ungefähr ein Viertel der Fläche ist locker mit Bäumen bestandene Savanne. Ihr Bild wird von einem Baum aus der in den Tropen weit verbreiteten Familie der Sandmandelgewächse mit breiten, schirmartigen Kronen geprägt. Breitkronige Schirmbäume gehören auch zum Miombowald, der drei Viertel der Fläche bedeckt, häufiger sind jedoch regengrüne Hülsenfrüchtler-Bäume mit gefiedertem Laub. Die Miombowälder, die in Ostafrika den Übergang von den Savannen zu den tropischen Regenwäldern bilden, zeigen sich nach der Regenzeit für einige Tage oder Wochen in aller Farbenpracht. Zunächst sind die jungen Blätter violett oder rot, dann nehmen sie braune und gelbe Farbtöne an, bis das Laub durch die Einlagerung von Chlorophyll schließlich grün wird – ein Wechsel der Farben wie in unseren herbstlichen Wäldern, nur in der entgegengesetzten Richtung.

Der Miombowald ist der Lebensraum einer Reihe von Huftieren, beispielsweise der Lichtensteins Kuhantilopen oder der Rappenantilopen, vor allem aber der Elefanten, von denen man Anfang der 1980er Jahre im Selous noch etwa 100 000 zählte. Mittlerweile ist die Population zwar drastisch geschrumpft, insbesondere durch die Wilderei. Das Wildreservat besitzt jedoch bis heute weitaus mehr Elefanten als jedes andere Naturschutzgebiet der Erde. Ungewöhnlich zahlreich sind auch Krokodile und Flußpferde, Gnus und Büffel, Zebras und Impalas, jeweils einige -zigtausend Tiere. Weniger häufig kommen Leoparden, Wildhunde und Schmallippennashörner vor. Doch im Vergleich mit anderen Schutzgebieten südlich der Sahara ist die Fauna noch immer reich. Dieser Tierreichtum beruht hauptsächlich auf der Größe des Reservats, das den Tieren die artgemäßen weiträumigen Wanderungen im Wechsel der Jahreszeiten gestattet. In Zukunft könnten die uralten Wege durch ein künstliches Gewässer zerschnitten und die Natur des Selous tiefgreifend verändert werden. Man plant nämlich, den Rufiji innerhalb der Stiegler-Schlucht durch einen hohen Damm zu einem See aufzustauen. 440 km^2 nahezu unberührte Wildnis würden überflutet, ungezählte Lebewesen ertränkt und ein in Jahrmillionen gewachsenes Ökosystem in wenigen Wochen endgültig zerstört werden.

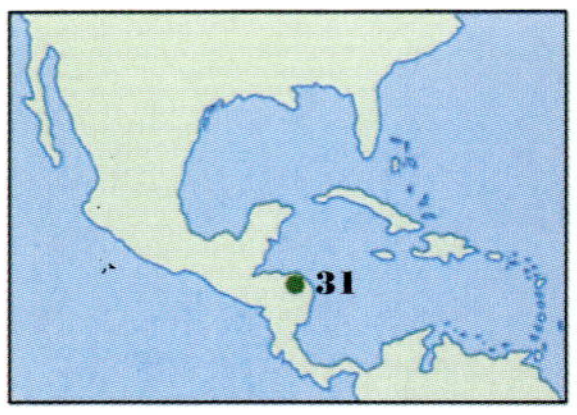

Lage: Im Nordosten der Republik, ein bis 15 km breiter Landstreifen am Rió Plátano, der von der Karibikküste etwa 150 km nach Süden ins Gebirge reicht

Naturraum: Zone der tropischen Regenklimate mit immergrünen Regenwäldern

Meereshöhe: 0–1326 m

Fläche: 5000 km²

Zugang: Nur auf dem Luft- oder Wasserweg; innerhalb des Parks gibt es weder Straßen noch Besuchereinrichtungen

Aras (hier ein Hellroter Ara) sind die größten und mit ihrem farbenprächtigen Gefieder wohl auch schönsten Papageien – ein lebensgefährlicher Schmuck, denn wegen der bunten Federn wurden sie früher viel gejagt, und manche Arten wurden sogar ausgerottet.

Río Plátano

In dieser ganzen Zeit landete ich in keinem Hafen, weder wollte ich, noch ließ mich der Sturm landen, mit seinem Wasser vom Himmel, Wirbelwinden mit Blitzen ohne Unterlaß, daß das Ende der Welt gekommen schien..." – Dieses „Ende der Welt", das Christoph Kolumbus im September 1502 auf seiner vierten Entdeckungsreise in die Neue Welt kennenlernte, ist die Mosquito-Küste, eine flache Küstenlandschaft im nordöstlichen Honduras und östlichen Nicaragua. Fast 500 Jahre sind seither vergangen, und bis heute ist die Gegend eine der unzugänglichsten Wildnisse Mittelamerikas geblieben, mit den größten nahezu unberührten tropischen Regenwäldern in Honduras, mit Kiefernsavannen, Galeriewäldern, Palmensümpfen, Mangrovedickichten, weiten Lagunen, Flüssen, die häufig über die Ufer treten und ganze Landstriche überfluten. Und noch immer herrscht in der fast unbewohnten, kaum erschlossenen Mosquitía das schwülheiße, dabei jedoch sehr wechselhafte tropische Klima mit stürmischem oder ruhigem, trockenem oder nassem Wetter, das zusätzlich durch Hurrikane gewürzt wird.

Klimatisch sind die Voraussetzungen für die Besiedlung durch Menschen also denkbar schlecht, die Überlebenschancen bedrohter Tier- und Pflanzenarten dafür um so besser. Das Schutzgebiet, das als Biosphärenreservat auch die traditionelle Kultur der in seinen Grenzen lebenden Indianer bewahren soll, erstreckt sich am „Bananen-Fluß" entlang von der Küste bis zu den etwa 1300 m hohen, wolkenverhangenen Bergen im Binnenland. Die Gebirge, die etwa zwei Drittel des Parks ausmachen, tragen noch den *Monte virgén*, den jungfräulichen Regenwald. In der nächsttieferen Etage schließt sich der *Monte* an, ein durch Brandrodung bereits stark angegriffener Sekundärwald. In der Küstenebene wechselt der *Ocotal*, die Kiefernsavanne auf den niedrigen Höhenrücken, mit der *Sabana*, der Gras-Savanne, und dem *Swampu*, dem Überschwemmungssumpf. Die gesamte Ebene ist mit den Altarmen der stark mäandrierenden Flüsse, mit Tümpeln und an der Küste mit Strandseen übersät.

Tropische Sümpfe und Seen sind ideale Brutstätten für Stechmücken. Entsprechend schlimm ist die Insektenplage in der Mosquitía. Der Landschaftsname hat freilich nichts mit Moskitos zu tun. Taufpaten waren vielmehr die Mískito-Indianer. In der Fauna des Nationalparks spielen die fliegenden Tiere trotzdem die führende Rolle: Nicht weniger als 377 Vogelarten kommen hier vor, darunter die sagenumwobene Harpyie, einer der mächtigsten Greifvögel der Erde, der in den Waldgebieten zwischen Mexiko und Argentinien zu Hause ist. In diesen Regionen leben auch viele Aras, die größten aller Papageien, etwa der Hellrote Ara oder der Soldaten-Ara in seiner prächtigen grün-rot-blauen Uniform. Meist ein glänzendschwarzes Gefieder mit roten, gelben oder weißen Accessoires tragen die Hokkos, die als Baumvögel den Regenwald bevölkern und sich mit lautem Geschrei gegenseitig vor ihren Feinden warnen. Fünf Raubkatzenarten stellen ihnen nach, werden aber selbst auch vom Menschen gejagt und haben im Nationalpark eines ihrer letzten Refugien in freier Wildbahn gefunden: Jaguar, Ozelot und Puma kennt man auch bei uns, zumindest vom Namen her. Weniger bekannt sind die Langschwanzkatze, die fast wie ein Ozelot aussieht und in ihren Kletterkünsten unübertroffen ist, oder die Jaguarundis, wie die Wieselkatzen mit dunklem Fell in Lateinamerika genannt werden.

Ökologisch unterscheidet man bei den Inseln im Stillen Ozean mindestens 17 verschiedene Typen, von den Seeleuten werden dagegen traditionell nur zwei Typen unterschieden: die niedrigen Inseln, zu denen unter anderem die Atolle gehören,

Geschützt 1982 · Australien

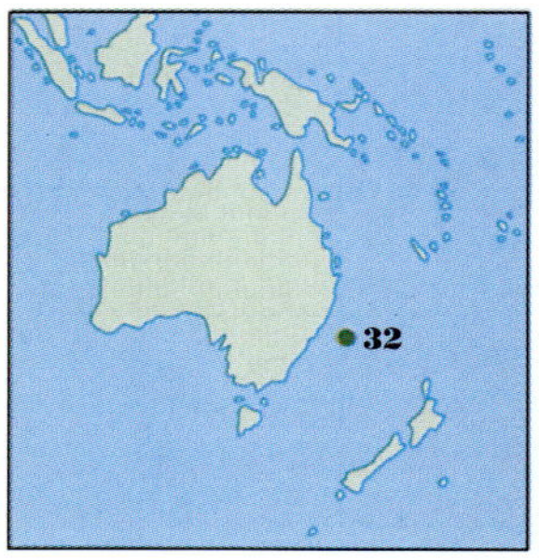

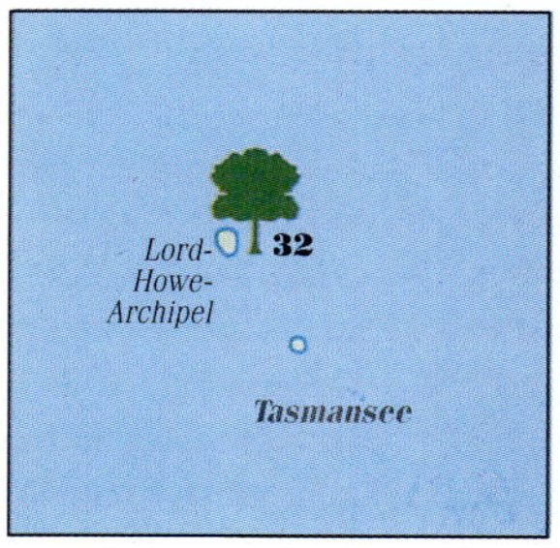

Lage: Rund 700 km nordöstlich von Sydney

Naturraum: Warmgemäßigte Subtropenzone

Meereshöhe: 0–875 m

Fläche: 15 km²

Geschützt 1983
Elfenbeinküste

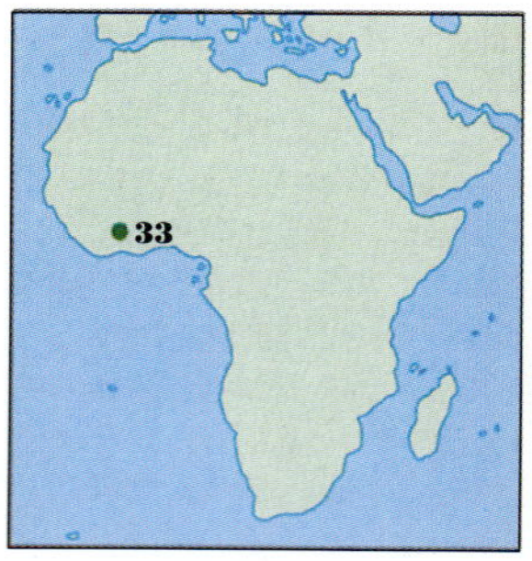

Lage: 400 km nördlich von Abidjan

Naturraum: Zone der tropischen Feuchtklimate

Meereshöhe: 119–658 m

Fläche: 11 492 km²

Rund 70 Arten von Chamäleons (hier *Chamaeleo senegalensis*) sind in Afrika heimisch, in den verschiedensten Lebensräumen von der Wüste bis zum tropischen Regenwald. Die meisten leben jedoch als ausgesprochene Baumtiere in den Waldlandschaften.

und die hohen Inseln, für die die Eilande des Lord-Howe-Archipels Lehrbuchbeispiele sind.

Lord-Howe-Archipel

Als britische Seeleute im Jahr 1788 die weit vor der Küste Australiens gelegene Inselgruppe entdeckten, waren die Eilande unbesiedelt, auch heute leben auf ihnen nur 250 bis 300 Menschen, dafür aber um so mehr seltene Tier- und Pflanzenarten, die den Archipel zu einem biologischen Schatzkästchen machen.

Die Inselgruppe besteht aus den Überresten eines riesigen Schildvulkans. Er stieg vor etwa 7 Millionen Jahren aus dem Meer auf und wurde seither vor allem durch die Brandungserosion bis auf seine Wurzeln aus hartem Gestein zerstört. Diese ragen als Inseln mit steilen Hängen und hohen Kliffs aus der blauen Tasmansee. Die höchsten Gipfel erreichen fast 900 m, hoch genug für das Stockwerk des Wolkenwaldes, das nur sehr wenige pazifische Inseln berühren. Darunter wechseln auf den Eilanden Regenwälder, Palmenhaine, niedrige Gebüsche und offene Grasländer, die reich an endemischen Arten sind. Am Fuß der schwarzen Basaltklippen liegen Korallenriffe, wahrscheinlich die südlichsten der Welt. In Lavahöhlen suchen Breitflügel-Fledermäuse Unterschlupf. Vor der Besiedlung waren Fledermäuse die einzigen heimischen Säugetiere des Archipels. Die Schweine, Ziegen, Mäuse und Ratten wurden von den ersten Siedlern mitgebracht und richteten in der Tierwelt großen Schaden an. Neun von den fünfzehn Landvogelarten, die es auf dem Archipel zur Zeit der Entdeckung gab, sind inzwischen ausgerottet. Die großen Seevogelkolonien haben ebenfalls stark gelitten. Noch aber können sich die Inseln mit einigen Naturrekorden schmücken: Nirgends gibt es mehr Rotschwanz-Tropikvögel, an keinem anderen Ort der Erde nisten mehr Blaßfußsturmtaucher. Und für den Providence-Sturmtaucher ist die Lord-Howe-Insel weltweit der einzige Brutplatz geblieben.

Comoé Nationalpark

Wie bei etlichen anderen afrikanischen Nationalparks ist ein Fluß die Lebensader und der Taufpate dieses weitläufigen Schutzgebiets im Grenzsaum zwischen der Savanne und dem tropischen Regenwald. Der Comoé, der auf seinem rund 800 km Lauf beinahe alle Klimazonen zwischen dem trockenen Sahel und der feuchtheißen Elfenbeinküste quert, führt sehr unterschiedlich stark Wasser, ist aber trotzdem die von der Natur geschaffene „Wasserleitung". Viele Tier- und Pflanzenarten, die in den feuchten Tropen beheimatet sind, kommen daher noch im Park vor. Weite, in Jahrmillionen geformte Abtragungsebenen, überragt von einzelnen Inselbergen aus Granit prägen das Bild seiner Landschaften. Afzelia, Bauhinia, Blighia, Burkea…, Bäume und Sträucher mit oft farbenprächtigen Blüten und eßbaren Früchten, sind vorherrschend in den Galeriewäldern entlang der Flüsse und in den Trockenwäldern auf den Wasserscheiden. Sie nehmen allerdings nur etwa ein Zehntel der Fläche ein, der weitaus größte Teil ist Feucht- und Trockensavanne. Der Gelbrückenducker, eine etwa rehgroße Antilope, gehört noch zu den typischen Waldbewohnern. Der lateinische Zusatz *sylvicultor* in ihrem wissenschaftlichen Namen und auch der deutsche Name verraten den Lebensraum und die „geduckte" Art der Fortbewegung im Urwalddikkicht. Gleichfalls in den Wäldern West- und Zentralafrikas ist der Bongo beheimatet, den die Zoologen zu den Waldböcken rechnen. Die Oribis oder Buschböckchen bevorzugen dagegen lockeren Buschwald oder das offene Grasland. Vor allem die größeren Tiere am Comoé, vom Elefanten bis zum Kaffernbüffel, werden von Wilderern verfolgt. Das Abschlachten hält sich allerdings in Grenzen, weil die Nationalparkverwaltung konsequent gegen die Banden vorgeht und die Natur selbst einen Riegel vorgeschoben hat: Der Park liegt im Verbreitungsgebiet einer Mückenart, die ein Augenleiden, die Flußblindheit, überträgt.

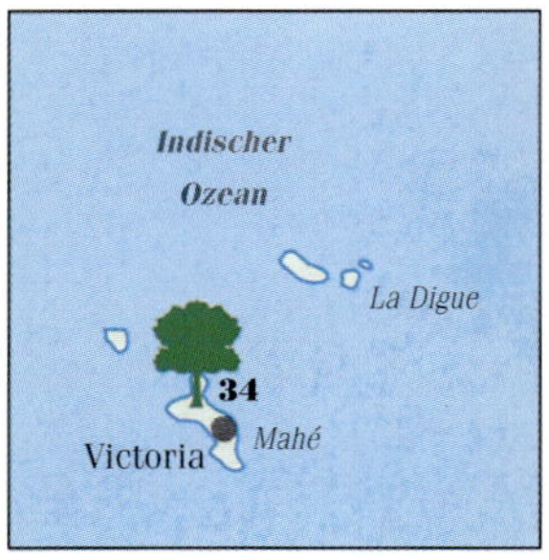

Lage: Im Zentrum der etwa 50 km nordöstlich von Mahé gelegenen Insel Praslin

Naturraum: Zone der tropischen Regenklimate mit immergrünen tropischen Regenwäldern

Meereshöhe: 160–200 m

Fläche: 0,2 km^2

Zugang: Über die Straße Grande Anse-Baie Ste. Anne direkt bis zum Eingang des Naturschutzgebietes (Parkplatz, Besucherzentrum) und weiter auf markierten Wanderwegen durch den Palmenwald

Die Seychellennußpalme kann bis zu 30 m hoch werden. Ihre Früchte, die größten aller Palmenfrüchte, sind etwa dreimal größer als eine Kokosnuß und erinnern in der Form an zwei miteinander verwachsene, längliche Kokosnüsse.

Vallée de Mai

Ein Südseeparadies wie im Bilderbuch, umspült vom tiefblauen Ozean und türkisgrünen Lagunen, gesäumt von weißen Sandstränden, dahinter lichte Palmenhaine, dichte Urwälder und Berge, die wie grüne Hüte im Innern des Eilands aufragen: Praslin, die zweitgrößte Insel der Seychellen und eine der schönsten im Indischen Ozean. Vor ihrer Nordküste erstreckt sich der Curieuse-Marine-Nationalpark mit herrlichen Korallenriffen, im Zentrum der Insel liegt der Praslin Nationalpark, der wiederum das Vallée de Mai, eine wahre Schatzkammer der Natur, umschließt. Die Schätze sind seltenste Pflanzen und Tiere, die weltweit nur auf den Seychellen und zum Teil sogar nur noch auf dieser Insel vorkommen.

Die größte Kostbarkeit ist jedoch die legendäre Coco-de-mer, die früher buchstäblich in Gold aufgewogen wurde und nur den Reichen und Mächtigen der Welt vorbehalten blieb. Zweieinhalb Zentner Gold bot einst ein deutscher Kaiser für ein aus einer „Meereskokosnuß" geschnitztes Trinkgefäß – vergeblich. Der Sultan auf den Malediven besaß das Handelsmonopol auf die als Rohstoff für Liebestränke und Medizin gegen allerlei Krankheiten geschätzten Früchte der Seychellennußpalme. Ihr botanischer Name Lodoicea maldivica erinnert an die Atolle im Indischen Ozean, sie wächst aber nicht auf den Malediven, die Früchte werden dort nur hin und wieder angeschwemmt, können allerdings nicht keimen, da nur unfruchtbare Nüsse (mit 10 bis 18 kg und mehr übrigens die größten Samen im Pflanzenreich) schwimmfähig sind. Von Natur kommen die Seychellennußpalmen daher lediglich auf den Inseln Praslin und Curieuse des Seychellenarchipels vor. Im Vallée de Mai gibt es noch einen größeren Bestand dieser bis 30 m hohen Fächerpalmen. Zwischen ihnen wachsen fünf weitere ebenfalls endemische Palmenarten sowie verschiedene Schraubenbäume, die mit ihren zahlreichen hellen Stelzwurzeln am Stammfuß oft eine hohe zeltartige Wurzelhaube bilden. Auf den Hügeln am Rand des Tals, wo der ursprüngliche Wald gerodet und der Boden vielerorts stark erodiert ist, findet man etliche fremde Pflanzenarten, beispielsweise die Kokospflaume, ein kleiner Baum, auf dem rote oder blaue pflaumenähnliche Früchte reifen, das Zitronengras, aus dem ätherische Öle gewonnen werden, oder der wegen seines widerstandsfähigen Holzes eingeführte Tabebuia-Baum.

Die Tierwelt der Insel ist ebenso reich an seltenen, nur auf den Seychellen beheimateten Arten, vom Seychellen-Flughund, der tagsüber im Palmenwald ruht, über die Seychellen-Wolfszahnnatter und die Seychellen-Mabuye, eine Glattechse, bis hin zu verschiedenen Vogelarten wie dem Seychellen-Nektarvogel oder dem Seychellen-Turmfalken. Zu den Raritäten gehört der Rabenpapagei, der im Unterschied zu seinen meist buntgefiederten Verwandten ein schlichtes dunkelgraues Federkleid trägt und sich fast immer im Kronendach des Palmenwaldes verbirgt. Nur noch etwa 100 dieser von der Ausrottung bedrohten Vögel nisten im Vallée de Mai. Vor allem Ratten und Hauskatzen stellen den Rabenpapageien nach. Um ihren Nachwuchs vor den vom Menschen eingebürgerten oder eingeschleppten Feinden zu schützen, hat man besondere Nistkästen entwickelt. Eine große Gefahr für die Schatzkammer stellen außerdem Waldbrände dar. Anfang der neunziger Jahre wurde ein benachbarter Palmenwald vom Feuer vernichtet.

Der Diebstahl von Seychellennüssen ist bis heute an der Tagesordnung. Die als Symbole der Fruchtbarkeit oder einfach als exotisches Souvenir begehrten Steinfrüchte haben nichts von ihrer Attraktivität verloren, und mancher Insulaner erliegt der Versuchung, sich hinter dem Rücken des Wachpersonals im Garten Eden zu bedienen.

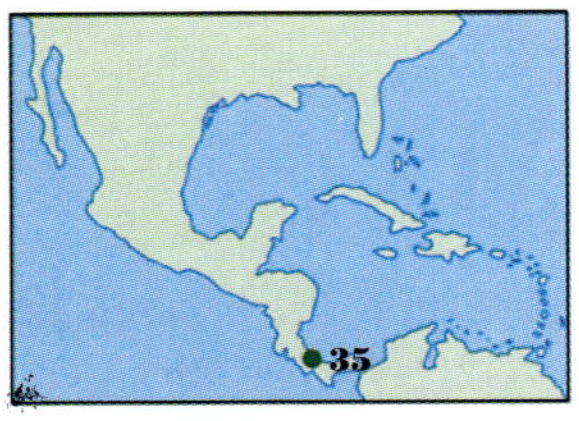

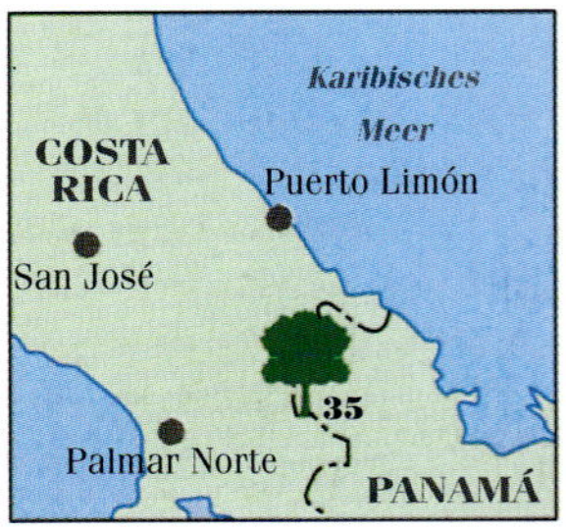

Lage: Im Grenzgebiet von Costa Rica und Panamá, rund 120 km südöstlich von San José bzw. 360 km westlich von Panamá-Stadt

Naturraum: Tropische Hochgebirge im Grenzsaum zwischen den tropischen Regenklimaten im Nordosten und den tropischen Feuchtklimaten im Südwesten mit ausgeprägter Höhenstufung der Lebensräume von der Tierra caliente bis zur Tierra helada

Meereshöhe: 50–3820 m

Fläche: 5654 km²

Zugang: Am einfachsten in Costa Rica, wo von der Nationalstraße 10 bei Puerto Limón mehrere Stichstraßen in den Park abzweigen; der panamaische Anteil ist noch weitgehend unerschlossen

Über die Flüsse dringt die Landnutzung in die tropischen Wildnisgebiete ein: auf den Terrassen, die den Fluß begleiten, sind die Regenwälder breits weitflächig abgeholzt, und wenn der Boden dort erschöpft ist, dann werden auch die Bergwälder gerodet.

La Amistad

Diese grenzübergreifende Welterbestätte trägt einen beziehungsreichen Namen: Freundschaft, hier in erster Linie zu verstehen als Freundschaft zwischen zwei benachbarten Nationen, aber auch als Freundschaft zwischen Mensch und Natur. Das Naturreservat, das sich annähernd mit einem Biosphärenreservat deckt, besteht aus einer Anzahl der verschiedensten Schutzgebiete, die etwa zu zwei Dritteln in Costa Rica und zum restlichen Drittel in Panamá liegen. Unter den Naturerbestätten gehört Talamanca Range-La Amistad/La Amistad Nationalpark, wie der offizielle Name lautet, von der Fläche her zum Mittelfeld, doch in der Vielfalt des Lebens steht es wohl an der Spitze: Auf etwa 0,004 % der Landoberfläche der Erde beherbergt es schätzungsweise 4 % aller irdischen Landlebewesen.

Die Cordillera de Talamanca ist der passende Rahmen für diese schier unglaubliche Artenvielfalt: ein Kettengebirge, das im Cerro Chirripo (3820 m), dem höchsten Berg im südlichen Zentralamerika, gipfelt. Es besteht aus den unterschiedlichsten Gesteinen, von jungen, lockeren Geröllmassen am Rand bis zu uralten Tiefengesteinen im mehr als 4000 m gehobenen Kern. Wegen seiner Höhe trägt es als einziges Gebirge in der Südhälfte der zentralamerikanischen Landbrücke in den obersten Stockwerken die Spuren eiszeitlicher Vergletscherung. Dazu kommt das mit der Höhe und der Lage zu den vorherrschenden regenbringenden Winden rasch wechselnde Klima. Die Durchschnittstemperaturen sinken von tropisch-warmen 25 °C in den Fußhügeln auf frostige 0 °C in der Höhe. Die Jahresniederschläge schnellen von 2000 Litern am Rand auf über 6000 Liter Regen (und Schnee) pro Quadratmeter Bodenoberfläche im Kern der Kordillere an. Die Höhenstockwerke der Vegetation reichen deshalb von der Tierra caliente, dem „heißen Land" mit tropischen Tieflandsregenwäldern, über die Tierra templada („gemäßigt-warmes Land"), die von üppigen Bergwäldern mit vielen Orchideen, Farnen, Moosen und Flechten eingenommen wird, durch die Tierra fría („kühles Land") bis über die Waldgrenze um 3000 m Meereshöhe in die Tierra helada, das „eisige Land", hinein, in dem dicht behaarte Stauden, Zwergschopfbäume und andere sonderbare Gewächse der tropischen Páramo-Vegetation das Bild prägen. Rund 9000 Arten von Blütenpflanzen hat man gezählt, dazu über 900 Flechten und ungefähr 1000 Farne, davon annähernd 30 % bis 40 %, die ausschließlich in den beiden Ländern oder sogar nur in der Cordillera de Talamanca beheimatet sind.

Ähnlich bunt und vielfältig ist die Tierwelt im Umkreis des Cerro Chirripo: Alle in Zentralamerika beheimateten Wildkatzen, vom Puma über den Jaguar bis zum Tigrillo, der Tigerkatze, gehen hier auf Jagd. Der Flachlandtapir und der Mittelamerikanische Tapir kommen vor, außerdem eine schön gefärbte Schlange aus der berühmt-berüchtigten Gattung der Lanzenottern und die nicht weniger farbenprächtigen und giftigen Baumsteigerfrösche, die „wahren Giftmörder" unter den Fröschen. Sie klettern – wie ihr Name verrät – mit dem Nachwuchs auf dem Rücken im Geäst herum. Juwelen findet man auch in der Vogelwelt, die im Schutzgebiet rund 600 Arten umfaßt: besonders viele Kolibris, die die nässetriefenden Nebelwälder bevölkern, die als Schmuckvögel bekannten Glocken- und Schirmvögel und nicht zuletzt der legendäre Quetzal, der von den Indianern als göttliches Geschöpf verehrt wurde. Auch für die Indios selbst ist seit der rücksichtslosen Kolonisierung der Neuen Welt die schwer zugängliche Cordillera de Talamanca ein Zufluchtsort geblieben. Ungefähr 10 000 Indianer leben hier noch in kleinen Dörfern und bewahren ihre althergebrachte Kultur.

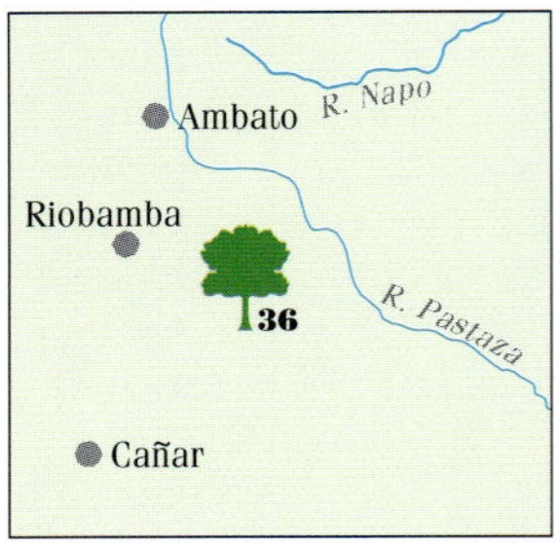

Lage: Ungefähr 160 km südlich von Quito in der Cordillera Oriental der Hochanden

Naturraum: Hochgebirge innerhalb der Zone der tropischen Regenklimate

Meereshöhe: 1000–5140 m

Fläche: 2720 km² (nur etwa die Hälfte des Sangay-Nationalparks)

Zugang: Von Ambato (Flughafen) nach Baños am Fuß des Vulkans Tungurahua (geführte Bergtouren); zum Zentrum des Nationalparks von Riobamba-Aloa bzw. von Guamote über die noch im Bau befindliche Autopista 102; Besucherzentrum in Macas

Lange Zeit galt der Chimborazo (6287 m), höchster Gipfel Ecuadors und eisgekrönter König der „Straße der Vulkane“, als höchster Berg der Erde. Alexander von Humboldt bestieg den Vulkankegel noch in diesem Glauben – und war zutiefst enttäuscht,

als im Himalaya noch höhere Berge entdeckt wurden.

Sangay

Straße der Vulkane" heißt seit Alexander von Humboldts berühmter Forschungsreise im Sommer 1802 die Straße, die in Ecuador der Andenlängssenke in nord-südlicher Richtung folgt und auf beiden Seiten von prachtvollen Vulkankegeln begleitet wird. Eng reihen sich rund 30 junge Feuerberge aneinander, markante Gestalten wie der Cotopaxi, Antisana, Chimborazo, Cayambe, Pichincha ..., ein halbes Dutzend davon gelten als aktiv, doch die Unterscheidung von erloschenen und tätigen Vulkanen hat in den nördlichen Anden wenig Sinn, denn manche angeblich erloschenen sammeln bloß Kräfte für eine neue Eruption, die nach langen Ruhepausen dann meist um so verheerender ausfällt.

Die höchsten und bekanntesten Vulkane der ecuadorianischen Sierra, des Andenhochlands, krönen die Cordillera Oriental, die östliche der beiden über 600 km langen Hauptketten. Sie besteht aus einem Sockel von Tiefengesteinen und kristallinen Schiefern, auf dem die bis über 6000 m hohen Vulkanbauten sitzen. Die klimatische Schneegrenze verläuft hier in Höhen um 4800 m, Gletscher und Firnfelder reichen jedoch mitunter bis zur 4000 m-Höhenlinie hinunter und sorgen für eine äußerst brisante Mischung von Feuer und Eis, denn wenn es unter den vereisten Kratern zu einer Eruption kommt, schmelzen die Eismassen am Kontakt mit der glutflüssigen Lava in kürzester Zeit, lösen gewaltige Schlammströme aus, die Dörfer und Städte unter sich begraben.

In den kältesten Epochen des Eiszeitalters lag die Schneegrenze in den Anden um etwa 500 bis 1000 m tiefer als heute. Die Cordillera Oriental trägt deshalb oberhalb der 3000 m-Höhenlinie typische Gletscherspuren: Trogtäler, Kare, Seen und Hängetäler, aus denen sich Wasserfälle ergießen. Die einst nicht vergletscherte Gebirgsetage zwischen 2000 und 3000 m ist durch Kerbtäler tief zerschnitten, darunter schließen sich an der Ostflanke niedrigere Fußhügel aus Schichtgesteinen der Kreidezeit und zuunterst breite Schwemmfächer an, die zum Amazonastiefland überleiten.

Der Sangay, der dem Nationalpark in der östlichen Kordillere den Namen gegeben hat, erwachte im Jahr 1728 nach langer Ruhe wieder zu neuem Leben und war bis in unser Jahrhundert hinein durch seine rege Aktivität bekannt. Im Unterschied zu den katastrophalen plinianischen Eruptionen der meisten Andenvulkane, vergleichbar dem Ausbruch des Vesuv anno 79, der von Plinius dem Jüngeren ausführlich beschrieben wurde, war der Sangay jahrzehntelang wie der legendäre Stromboli auf den Äolischen Inseln tätig, spie in kurzen Abständen Asche und Lava aus, manchmal mehr als 10 km hohe Aschenwolken im 10-Minuten-Takt, verbunden mit einem überlaufenden Lavasee und Lavaströmen, die sich durch Schnee und Eis tiefe Gassen bahnten.

Schnee und Eis gibt es in der Cordillera Oriental erst in größeren Höhen und dort vor allem an der Ostflanke, wo im Jahresdurchschnitt zwischen 4000 und 5000 mm Niederschlag fallen. Im Regenschatten der Hauptkämme sinkt der Niederschlag an der Westseite weit unter 1000 mm. Die Schneegrenze verläuft am Sangay etwa bei 4800 m Meereshöhe oder 3800 m über dem tiefsten Punkt des Nationalparks. Innerhalb dieser riesigen Höhenspanne ordnen sich mindestens acht Vegetationsgürtel stockwerkartig an, jeder mit einer charakteristischen Tierwelt. Die Vielfalt der natürlichen Lebensräume macht den Park zu einem der artenreichsten in den tropischen Hochgebirgen. Er beherbergt allein schätzungsweise 400 bis 500 Vogelarten, die Zahl der höheren Pflanzenarten dürfte mehr als doppelt so groß sein.

Bis auf etwa 2000 m Meereshöhe reicht der tropische Gebirgsregenwald herauf, eine vielschichtig aufgebaute Pflanzengemeinschaft mit bis zu 40 m Kronenhöhe, die hier vor allem aus verschiedenen Lorbeer- und Maulbeerbaumgewächsen sowie Palmen besteht. Der Höhen- oder Nebelwald füllt das Stockwerk, das fast ständig in Wolken gehüllt ist, mit hoher Luftfeuchtigkeit und häufigem Nieselregen ideale Lebensbedingungen für Farne und Gewächse bietet, die sich als sogenannte Epiphyten auf den Stämmen, Ästen und mitunter auch Blättern anderer Pflanzen ansiedeln und in der Wasser- und Nährstoffversorgung fast ausschließlich auf den Regen angewiesen sind. Dazu gehören am Sangay neben zahllosen unscheinbaren Gewächsen viele farbenprächtig blühende Orchideen und Ananasgewächse. An der feuchteren Ostflanke des Gebirges endet der Wald bei 3750 m, im trockeneren Westen dagegen oft schon im 3000 m-Höhenniveau und macht einer abwechslungsreichen Strauchvegetation Platz. Neben Steineiben, die sich aus dem Nebelwald bis in die Kampfzone heraufwagen, kommen viele Myrtengewächse, Rosen- und Heidekrautgewächse, Fuchsien, Lupinen, Berberitzen sowie Korbblütler hier noch vor. Oft sind kleine Bambusbestände in die Gebüsche nahe der Waldgrenze eingestreut.

Das Gebirgsstockwerk zwischen der Waldgrenze und der klimatischen Schneegrenze trägt in den Anden je nach der Feuchtigkeit verschiedene Namen: Im Páramo herrscht ein relativ feuchtes Klima ohne längere Trockenzeiten, die Puna ist trocken, die Jalca, die sich vom mittleren Ecuador bis in den Norden Perús erstreckt und den Sangay Nationalpark umfaßt, nimmt einen Mittelplatz ein. Oft ist das Pflanzenkleid der Jalca mit Grasfluren aus hohen Büschelgräsern sehr eintönig, lediglich einige Kräuter, die zwischen den hohen Büscheln blühen, setzen optische und botanische Farbtupfer in das grau-grüne Einerlei, beispielsweise Pantoffelblumen mit leuchtend gelben oder roten Blüten, blau blühende Salbeiarten oder auch ein Hahnenfußgewächs mit großen weißen Blüten. Auf Felsen, die Wind und Wetter stark ausgesetzt sind, wachsen Wollkerzenpflanzen, die sich mit einem dichten Haarfilz vor dem Frost in der Nacht und der stechenden Sonne am Tag schützen. Bei etwa 4500 m Meereshöhe zerreißt die Pflanzendecke in kleinere Inseln aus Gewächsen, die Polster und Rosetten bilden, sich eng an den Erdboden anschmiegen, wie der Andensteinbrech, der Tragant oder das Felsenblümchen.

Nahe der Schneegrenze sind die Pflanzen oft winzig, blühen dafür jedoch meist auffallend in den schönsten Farben. Mit seinem prächtigen orangeroten Gefieder ist auch der Rote Felsenhahn nicht zu übersehen. Der taubengroße Vogel lebt allerdings in den tieferen Etagen des Nationalparks, vorzugsweise auf Felsklippen über Wildbächen. Wegen seines herrlichen Federschmucks wird er gejagt oder gefangen und ist deshalb selten geworden. Durch die Jagd sind auch bei anderen Tierarten die Bestände drastisch geschrumpft, etwa die des Pudus, des kleinsten der heute lebenden Hirsche, der sich in Höhen von 3000 bis 4000 m zurückgezogen hat, oder die Bergtapire, deren Spuren sich bis auf die Schneefelder verfolgen lassen. Unter der Jagd, Überweidung, Abholzung hat die Natur im Sangay Nationalpark in den vergangenen Jahren stark gelitten. 1992 setzte man ihn auf die Liste des bedrohten Welterbes, denn durch den Süden des Parks wurde eine Straße gebaut. Die Straße berührt den Park zwar nur auf wenigen Kilometern. Die direkten Umweltschäden durch den Straßenbau hielten sich in Grenzen. Doch erfahrungsgemäß dringen Siedler, Holzfäller und Wilderer auf neuen Straßen in bisher unberührte Gebiete ein.

Die Flüsse am Andenrand sind durch die mitgeführten Schwebstoffe lehmgelb gefärbt und werden daher zu den tropischen Weißwasserflüssen gezählt. Auf ihren nährstoffreichen Ablagerungen gedeiht eine besonders üppige Vegetation.

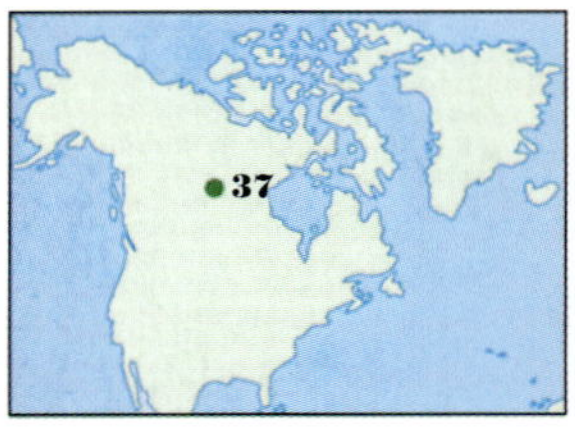

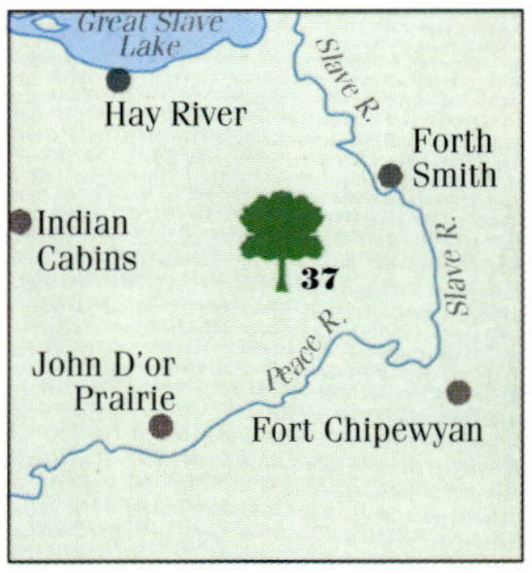

Lage: Zwischen dem Großen Sklavensee im Nordwesten und dem Athabasca-See im Südosten, im Grenzgebiet zwischen den Northwest Territories und der Provinz Alberta

Naturraum: Gürtel der trockenen borealen Nadelwälder innerhalb der kaltgemäßigten Klimazone mit sehr langen, extrem kalten und trockenen Wintern, aber relativ warmen Sommern

Meereshöhe: 217–945 m

Fläche: 44 800 km²

Zugang: Von der Stadt Fort Smith, wo es ein Besucherzentrum sowie einen Campingplatz und ein Motel gibt; innerhalb des Parks kann man beim Pine Lake und an den Rainbow Lakes zelten

Die Waldtundra bietet den Bisons das ganze Jahr über eine solide Ernährungsgrundlage: im Sommer Gräser und Kräuter, dazu die frischen Blätter und Triebe der Bäume, im Winter, wenn der Schnee den Boden meterhoch bedeckt, Flechten, Moose und Rinde.

Wood Buffalo

Genaugenommen leben in dem Wildnisgebiet am Rand der Arktis keine Waldbisons, sondern eine Rasse des mächtigsten Säugetiers Amerikas, die aus der Kreuzung von Waldbisons und Präriebisons hervorgegangen ist. Die Tiere sind, genauso wie die Bisons, strenggenommen keine Büffel, sondern Wildrinder. Doch abgesehen von solchen akademischen Feinheiten stellen die rund 2500 Tiere die letzte größere wildlebende Bisonherde der Neuen Welt dar, ein winziger Rest von etwa 60 Millionen Bisons, die einst durch die Prärien und Wälder im östlichen Vorland der Rocky Mountains streiften und dann im vorigen Jahrhundert mit der Eroberung des Wilden Westens durch den weißen Mann planmäßig abgeschlachtet wurden. Um ein Haar wären auch die allerletzten Waldbisons in dem eigens für sie geschaffenen Reservat im Norden Kanadas ausgestorben. Die Präriebisons, die man dorthin übersiedelte, schleppten Krankheiten ein, denen ihre Vettern erlagen. Inzwischen steht der Bestand auf einer stabilen Grundlage, hat sich in Abhängigkeit vom Nahrungsangebot, dem Verlust durch Krankheiten und durch die Wölfe, den wichtigsten natürlichen Feinden der Bisons, eingependelt.

Erst als der Nationalpark bereits geschaffen war, entdeckten die Naturschützer, daß er auch einer anderen, noch stärker bedrohten Tierart Schutz bietet: den Schreikranichen, von denen es Mitte der 60er Jahre in ganz Amerika nur noch etwa vier Dutzend gab und die heute in den Flußniederungen zwischen dem Sklavensee und dem Athabasca-See sicher und ungestört brüten können. Das von den drei großen Flüssen im Park, Slave River, Athabasca River und Peace River, aufgeschüttete Schwemmland, eine Art Delta mit zahllosen verwilderten Wasserläufen, Altwassern, Sümpfen und seichten Seen, gehört zu den Vogelparadiesen im Innern des Kontinents und genießt als Feuchtgebiet von internationaler Bedeutung strengen Schutz.

Geologisch und landschaftlich bildet die breite Niederung des Slave River eine markante Grenze: Östlich des Flusses treten die uralten, von den Eiszeitgletschern zu Felsbuckeln geschliffenen kristallinen Gesteine des Kanadischen Schilds zutage, westlich davon lagern Schichtgesteine aus dem Erdaltertum und dem Erdmittelalter. Der Schichtenstapel enthält leicht lösliche Gesteine wie Gips und Kalk-stein, in denen sich eine faszinierende Karstlandschaft mit Dolinen, Höhlen, Flußschwinden und Karstquellen entwickelt hat. Das Quellwasser enthält häufig gelöste Salze, die sich unter dem trockenen Klima im Boden anreichern und ähnlich wie in den Hitzewüsten der Erde flache mit salzigem Ton gefüllte Senken hinterlassen – ausgesprochene Raritäten in der kaltgemäßigten Klimazone des Nordens, in der der Boden vielfach ständig bis in große Tiefen gefroren ist und im kurzen Sommer nur in einer dünnen Oberflächenschicht auftaut. Unter dem trockenen Klima ist auch die Gefahr von Waldbränden sehr groß. Im Durchschnitt wird jährlich ein Prozent der Nadelmischwälder aus Weißfichten, Schwarzfichten, Bankskiefern, Balsampappeln und Tamaracks, den amerikanischen Lärchen, durch Feuer vernichtet. Seit dem Bau von Staudämmen im Einzugsgebiet der Flüsse macht sich der Wassermangel selbst in der amphibischen Welt des Binnendeltas zunehmend bemerkbar. Der Grundwasserspiegel sinkt, Seen und Wasserläufe trocknen aus, das Nahrungsangebot schrumpft und Räuber, die früher abgehalten wurden, können jetzt zu den Brutkolonien gelangen. Außerdem verschlechtert sich die Wasserqualität durch die Abwässer von Papierfabriken am Oberlauf der Flüsse.

Geschützt 1983 · USA

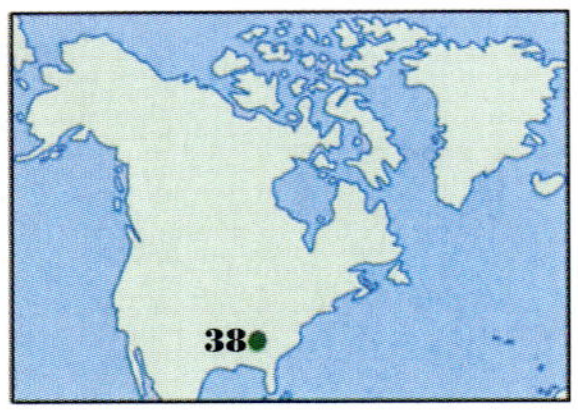

Lage: Am südlichen Ende der Appalachen im östlichen Tennessee und westlichen North Carolina, rund 200 km nördlich von Atlanta

Naturraum: Grenzsaum der warmgemäßigten Subtropenzone mit ständig feuchtem, sommerheißem Klima und der kühlgemäßigten Zone mit sommerwarmem, dauerndfeuchtem Klima

Meereshöhe: 259–2025 m

Fläche: 2090 km²

Zugang: Auf der US-441, die den Park quert, oder auf dem Blue Ridge Parkway, weiter auf rund 450 km Straßen und über 1440 km Wanderwegen innerhalb des Parks; drei Besucherzentren, breitgefächertes Angebot an Unterkünften

Die Great Smoky Mountains: wie unsere Waldgebirge ein Wanderparadies. Wer genügend Zeit und Ehrgeiz hat, kann den Appalachian National Scenic Trail, den längsten durchgehenden Wanderweg (3452 km) der Welt, in voller Länge durchwandern.

Great Smoky Mountains

„Waldwoge steht hinter Waldwoge, bis eine die letzte ist und den Himmel schneidet..." – Adalbert Stifter beschreibt ein deutsches Mittelgebirge, doch das mit wenigen Worte skizzierte Landschaftsbild läßt sich auch auf die Great Smoky Mountains in den südlichen Ausläufern der Appalachen übertragen: ein Mittelgebirge mit den höchsten Gipfeln um 2000 m, dicht bewaldet und in ein wellenförmiges Landschaftsmuster aus parallel verlaufenden Bergkämmen und Tälern gegliedert, das die Amerikaner kurz „Appalachisches Relief" nennen. Auch „Smokies" nennen sie das aus gefalteten und vielfach zerstückelten Gesteinsschichten aufgebaute Gebirge, und in diesem Namen steckt unübersehbar das Wörtchen „smoke". Wie bläulicher Rauch liegt an heißen Sommertagen ein feuchter Dunst über den Bergrücken. Früher bestand der Dunst ausschließlich aus Wassertröpfchen und flüchtigen Pflanzenölen, die in der heißen Luft verdunsten. Seit einigen Jahrzehnten nimmt jedoch der Gehalt an Abgasen zu, die der Wind aus den benachbarten Industrierevieren und Großstädten herweht. Vielleicht müssen die „Smokies" deshalb in nicht allzu ferner Zukunft in „Smoggies" umgetauft werden. Die Sichtweite über dem Gebirge ist jedenfalls seit 1950 bereits um etwa 30 % geschrumpft, und der Gehalt der Luft an Schwefeldioxid, Ozon und anderen Schadstoffen hat inzwischen ähnlich wie in unseren Mittelgebirgen alarmierend hohe Werte erreicht. Die Waldschäden halten sich in diesem Teil Nordamerikas allerdings bislang noch in Grenzen, und die abgestorbenen Bäume sind auch weniger dem Sauren Regen als Pilzen, Läusen und anderen Schädlingen zum Opfer gefallen, die seit der Mitte des vorigen Jahrhunderts aus anderen Teilen der Erde eingeschleppt wurden.

Die eingeschleppten Pflanzen und Tiere bedrohen eines der größten geschlossenen Waldgebiete im Osten der USA, Wälder, die innerhalb des Nationalparks auf einem Fünftel bis Drittel der Fläche noch echte Urwälder sind und durch ihren Artenreichtum faszinieren. Über 1500 Arten von Blütenpflanzen kommen im Park vor, etwa die Hälfte der gesamten deutschen Flora. Die Zahl der Baumarten ist mit 130 mindestens doppelt so groß wie in ganz Mitteleuropa. Gelbbirke, Zuckerahorn, Tulpenbaum, Schneeglöckchenbaum, Kastanie, Rotfichte, Hemlock-Tanne: Die Liste der Arten ist lang und buntgemischt. Wie bunt, erkennt man am besten im Herbst, zur Zeit des „Indian Summer", wenn sich das Laub in überwältigender Farbenpracht zeigt. Schon im Frühjahr und Sommer setzen verschiedene Rhododendron-Arten Farbtupfer in das Grün der Wälder. Ab Mai überziehen sich die Bergwiesen mit den rötlich-weißen Blüten des Berglorbeers. Die Fauna ist nicht weniger artenreich. Bison und Wapiti wurden zwar schon vor fast 200 Jahren ausgerottet, aber Schwarzbären, Wölfe, Füchse, Luchse, Waschbären sind noch in größerer Zahl im Park beheimatet, dazu eine Vielzahl kleinerer Tiere wie Waldmurmeltiere, Opossums, dazu über 200 Vogelarten sowie zwei Arten von Flughörnchen, die auf ihren ausgebreiteten Flughäuten 30 bis 50 m weit durch die Luft segeln können. Vor allem der Artenreichtum hat daneben aber noch eine simple Ursache: den annähernd von Nordost nach Südwest gerichteten Verlauf der Bergketten. Im Unterschied zu Mitteleuropa, wo sich die Pflanzen und Tiere im Eiszeitalter vor den aus Norden vorrückenden Gletschern nicht über die Alpen hinweg in wärmere Regionen zurückziehen konnten und mit jeder Eiszeit die Artenzahl drastisch schrumpfte, waren die Appalachen in dieser Epoche eine Art biologischer Verschiebebahnhof, in dem sich die Lebewesen im Rhythmus der Klimaschwankungen von Norden nach Süden und dann wieder zurück nach Norden bewegten.

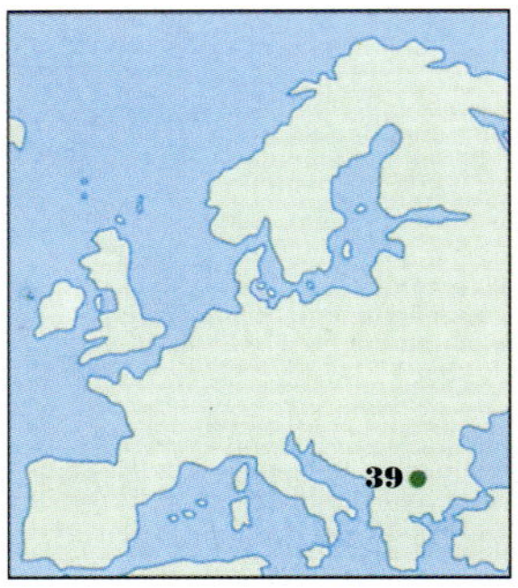

Lage: Im gleichnamigen Hochgebirgsmassiv zwischen den Tälern der Mesta und Struma, rund 100 km südlich von Sofia

Naturraum: Südosteuropäische Laubmischwaldregion innerhalb der Zone des kühlgemäßigten Waldklimas mit vorherrschenden Herbst- bis Sommerniederschlägen

Meereshöhe: 1000–2915 m

Fläche: 401 km²

Zugang: Auf den Straßen Sofia-Blagoevgrad-Kulata und Bansko-Goze-Deltschev; innerhalb des Parks gibt es einige Zeltplätze und Berghütten; ein naturkundliches Informationszentrum befindet sich im Aufbau

Die Balkanhalbinsel von einer unbekannten Seite: ein Hochgebirge mit Schutthalden, Moränen und Latschenfeldern, doch in den Tälern unterhalb dieser alpinen Szenerie begegnen sich mediterrane Pflanzenarten und Steppengewächse.

Pirin

Balkanisierung“ ist ein Schlagwort, das in den letzten Jahren im Zusammenhang mit der politischen Zerstückelung der Balkanhalbinsel wieder häufiger verwendet wird. Geologisch, klimatisch und landschaftlich, in der Fauna und Flora ist dieser Teil Europas noch stärker „balkanisiert“. Doch gerade das macht seinen besonderen Reiz aus. In der Pflanzenwelt treffen sich hier Gewächse der verschiedensten Lebensräume und Florenprovinzen auf engstem Raum. Ein Beispiel ist der Pirin Nationalpark, der dank seiner Lage, großen Höhenspanne von beinahe 2000 m und rasch wechselnden Bodenarten eine außergewöhnlich vielfältige Flora aus mitteleuropäischen, alpinen, submediterranen und zentralbalkanischen Pflanzenarten besitzt. Die alpinen Matten oberhalb der Waldgrenze bei 2200–2300 m sind deshalb im kurzen, warmen Sommer wahre Blumen-gärten, in denen Glockenblumen, Enziane, Primeln, Flockenblumen, Veilchen, Alpenglöckchen, Fingerkräuter, aber auch viele seltene Pflanzen wie das Herzknabenkraut, das Schwarze Kohlröschen, das Edelweiß, die Gemswurz oder die Scharlachnelkenwurz blühen. Im Grenzsaum zwischen den Matten und Wäldern bedecken Latschenkiefern und Zwergwacholder als niedrige Dickichte den Boden. Doch darunter ist dann wieder Licht für botanische Edelsteine, für die Bulgarische Lilie, die Goldakelei, den Pirin-Mohn, den Samtkrokus oder den Balkan-Thymian.

Bei aller Bewunderung für die prachtvollen Wildblumen sollte man sich aber auch die lichten Kiefernwälder anschauen, in denen sie blühen. Rotbuchen, Weißtannen, Rotfichten und Dutzende anderer Bäume und Sträucher gedeihen im Pirin-Gebirge. Am bemerkenswertesten sind jedoch die Kiefern, die hier zum Teil als endemische Arten und als uralte Baumveteranen vorkommen. 250 bis 300 Jahre sind die Molikakiefern alt, die auf Marmorgestein die Waldgrenze bilden. Unter den Panzerkiefern auf Gneis und Granit gibt es sogar manche, die seit über 500 Jahren den kalten, schneereichen Wintern trotzen. Die schlanke Molikakiefer und die gedrungene Panzerkiefer füllen die ökologischen Nischen, die in den Alpen von der Zirbelkiefer und der Schwarzkiefer eingenommen werden. In der Fauna sind dagegen kaum deutliche Unterschiede gegenüber der Tierwelt der Alpen zu erkennen, freilich mit dem Unterschied, daß hier auch noch Platz für den in unseren Breiten ausgerotteten Braunbär und Wolf ist. Rothirsche, Rehe, Wildschweine, Dachse und Füchse bevölkern die urwüchsigen Wälder. Das Stockwerk der Matten und Felsfluren ist der Lebensraum der Gemse und der Schneemaus. Steinadler, Alpensegler, Alpenkrähen und Alpendohlen kreisen über der herben Hochgebirgslandschaft. Und in den Latschengehölzen nahe der Waldgrenze trifft man auf das Auerhuhn, das Haselhuhn und das Alpenschneehuhn. Der Schnee bleibt in Mulden bis tief in den Sommer hinein liegen, hält sich an schattigen Stellen auch das ganze Jahr über. Zur Gletscherbildung reicht der Nachschub allerdings nicht aus. In den kältesten Perioden des Eiszeitalters, als die klimatische Schneegrenze etwa auf Höhe der heutigen Waldgrenze verlief, war der aus den Gesteinen der uralten Thrakischen Masse aufgebaute Gebirgsstock stark vergletschert. Gezackte, frostverwitterte Felsgrate, tief ausgehöhlte Trogtäler, Gletschertöpfe, Kare und Wasserfälle an Felsriegeln erinnern an die Epoche, in der der Pirin seinen letzten Schliff durch Eis, Frost und Schmelzwasser erhielt. Zum Erbe der Eiszeiten gehören auch die weit über 100 schönen Bergseen, die rund um den fast 3000 m hohen Vihren im Kern des Massivs verstreut liegen.

Das eigentliche Verbreitungsgebiet des Höckerschwans liegt im mittleren Europa; der nach dem auffälligen Höcker auf dem Schnabel benannte Vogel kommt aber auch auf der Balkanhalbinsel vor. Bei Störungen droht er mit erhobenen Flügeln.

Geschützt 1983 · Bulgarien

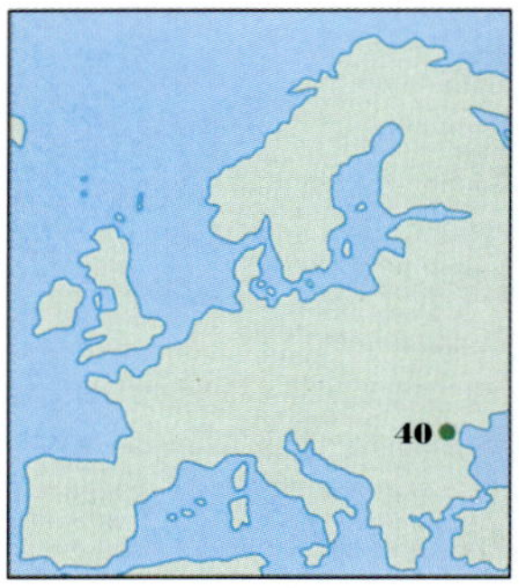

Lage: 120 km nordwestlich von Varna

Naturraum: Kühlgemäßigte Zone

Meereshöhe: 100 m

Fläche: 6 km²

Geschützt 1983
Frankreich

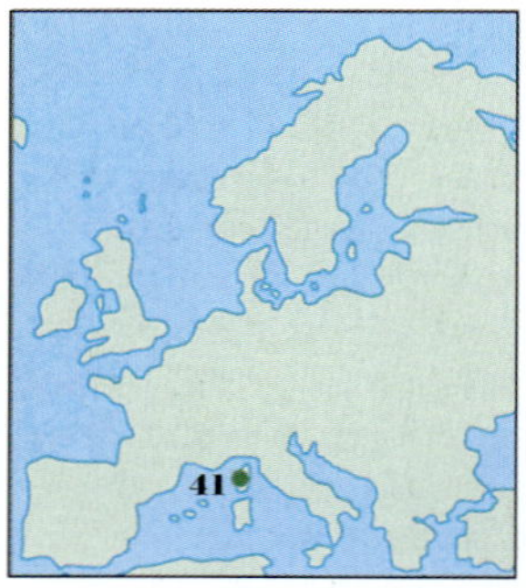

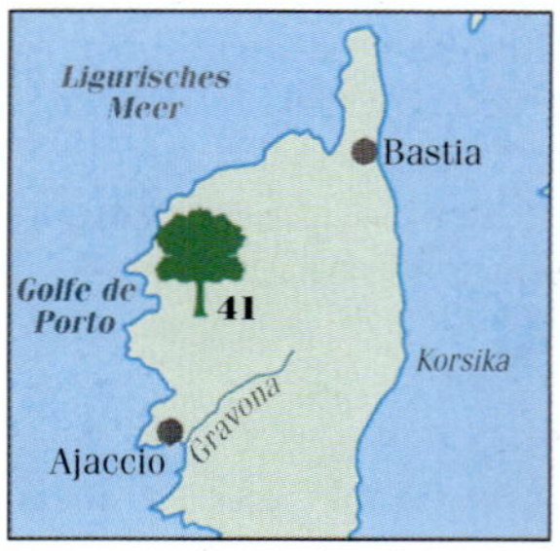

Lage: Nördlich von Porto

Naturraum: Mediterrane Hartlaubwaldregion

Meereshöhe: 0–560 m

Fläche: 120 km²

An den Kliffs von Girolata treten die verschiedensten vulkanischen Gesteine zutage, darunter purpurrote Porphyre, die der Verwitterung zähen Widerstand entgegensetzen und hohe Felsklippen und -eilande bilden.

Die unverwechselbaren löffelförmigen Schnäbel bescherten den Löfflern ihren Namen.

Srebarna

Landschaftlich ist der kleine, seichte See in der Stromaue der Donau nicht eben eine Drei-Sterne-Sehenswürdigkeit. Er verbirgt sich auch fast ganz hinter einem dichten Schilfgürtel. Doch für fast 180 Vogelarten, annähernd die Hälfte der bulgarischen Vogelwelt, ist er eine Attraktion: Rund 100 Arten brüten an seinen Ufern mehr oder weniger regelmäßig, die übrigen legen hier eine Rast ein. Berühmt ist die hundertjährige Brutkolonie der Krauskopfpelikane am Srebarna; die großen Wasservögel mit ihrer beeindruckenden Flügelspanne von über 1,5 m stoßen heisere Warnrufe aus, wenn sich Feinde und Störenfriede ihren Nestern nähern. Diese Rufe sind immer häufiger zu hören, denn auf dem See haben sich treibende Schilfinseln gebildet, über die Füchse, Wildschweine und andere hungrige Tiere zur Kolonie der Pelikane gelangen können. Seltener zu hören sind dagegen die Stimmen der vom Aussterben bedrohten Trauerseeschwalben, die zwischen Ostsee und Schwarzem Meer an diesem See in den Donauauen ihren Lieblingsplatz haben. Zwei von drei dieser meist dunkelgefiederten Seeschwalben treffen sich aus ganz Europa hier. Die Zwergscharbe aus der Familie der Kormorane, Löffler und Braunsichler, die gern im Schilf brüten, Höckerschwäne, die als Wildvögel nur noch auf entlegenen Seen vorkommen, die eleganten Silberreiher, Enten, Gänse sowie andere Wasservögel geben sich im Naturschutzgebiet ein Stelldichein. Der Treffpunkt ist freilich nicht unproblematisch, denn durch die allgemeine Umweltverschmutzung und Eingriffe in den Naturhaushalt hat Srebarna als Feuchtgebiet viel von seiner einstigen Bedeutung verloren. Besonders nachteilig wirkt sich rasche Verlandung des Gewässers aus, eine Folge des gesunkenen Wasserspiegels. Schon heute gilt Srebarna als Weltnaturerbe in Gefahr.

Scandola

Die Natur muß man mit allen Sinnen erleben, und manche Naturlandschaften erkennt man schon an ihrem eigenen unverwechselbaren Duft, besonders die mediterranen Küsten, an denen sich an heißen Sommertagen der Harzgeruch der Pinienwälder mit dem betäubenden Duft von Lavendel, Salbei, Thymian und anderen Kräutern und Sträuchern mischt. „Mit geschlossenen Augen würde ich mein Korsika allein am Duft wiedererkennen", soll Napoleon, der große Sohn der Mittelmeerinsel, gesagt haben. Doch man sollte die „Insel der Schönheit" besser mit offenen Augen erleben. Eine ihrer schönsten Ecken liegt in der Mitte ihrer Westküste, wo purpurrote Felsklippen jäh ins azurblaue Meer abfallen, hinter sandgelben Stränden von dunkelgrünen Buschwäldern bedeckte Berghänge ansteigen. Dort befindet sich auch das bedeutendste Naturschutzgebiet der Insel, das die von zwei Vorgebirgen umrahmte Bucht umschließt. Hier sind die für die Mittelmeerländer typischen Macchien auf größeren Flächen erhalten. In diese Buschwälder aus dem Wilden Ölbaum, dem Pistazienstrauch und einer Vielzahl anderer Gehölze ist hier und dort noch ein Stück des ursprünglichen Waldkleids aus Steineichen eingestreut. Das Reservat wurde allerdings vor allem zum Schutz der Vogelwelt eingerichtet, die rund um die Bucht von Elpa Nera eine ganze Reihe seltener Arten beherbergt. In Felshöhlen nistet der Bartgeier, der Wanderfalke und sein Vetter, der Eleonorenfalke, kreisen über den Klippen. Der Fischadler taucht mit den Füßen voran in das kristallklare Wasser. Am Strand sucht sich die Korallenmöwe, die weltweit seltenste Möwenart, ihre Nahrung. Noch seltener ist die Mittelmeer-Mönchsrobbe, von der es an der Scandola-Halbinsel vor ein paar Jahren noch eine kleine Population gab. Seit den 1970er Jahren ist die Zahl der Robben dramatisch zurückgegangen. Im trockenheißen Sommer brechen immer wieder Wald- und Buschbrände aus.

Aus Südafrika stammen die Mittagsblumen, die oft als verwilderte Arten in die freie Natur vorgedrungen sind.

Lage: Auf der Nankumba-Halbinsel und einem Dutzend vorgelagerter kleiner Inseln am südlichen Ende des Sees

Naturraum: Zone der wechselfeuchten Tropenklimate mit regengrünen Trockenwäldern und Trockensavannen; der See gilt als eigenständige biogeographische Provinz

Meereshöhe: 464–1140 m

Fläche: 94 km²

Zugang: Von der Landeshauptstadt Lilongwe auf den Nationalstraßen M 14, M 5 und M 10 bis Cape Maclear, wo es mehrere einfache Hotels und Campingplätze gibt

Der nährstoffarme Boden auf der Halbinsel im Malawi-See bringt nur karge Ernten. Die Einwohner der Dörfer am Rand des Nationalparks sind deshalb auf die Fischerei als Existenzgrundlage angewiesen. Der Tourismus ist bisher noch kaum entwickelt.

Malawi-See

Der drittgrößte See Afrikas trägt mehrere Namen: Als „Marawi" war er schon im 16./17. Jahrhundert den Portugiesen bekannt, geriet dann aber in Vergessenheit und wurde am 16. September 1859 von dem Schotten David Livingstone wiederentdeckt. Seine erste Begegnung mit dem „Njassasee" war wenig einladend: Ein Sturm tobte über dem Gewässer. Rauchschwaden brennender Grasmassen trübten die Sicht. Livingstone begnügte sich deshalb mit einem kurzen Aufenthalt, kehrte jedoch in den folgenden Jahren immer wieder an den langgestreckten See, das Herzstück seiner Entdeckungen in Afrika, zurück. Im Tagebuch der letzten großen Forschungsreise liest man am 6. August 1866: „Mir war zu Mute, als wäre ich in eine alte geliebte Heimat zurückgekehrt... Welcher Genuß, wieder in dem köstlichen Wasser zu baden, das Brausen des Sees zu hören und sich in die Brandungswellen zu werfen".

Die Brandung an den meist steilen Ufern des Sees, mit rund 24 000 km² Wasserfläche, knapp 600 km Länge und bis 80 km Breite beinahe ein kleines Meer, kann jedoch lebensgefährlich sein. Fallwinde von den über 2000 m hohen Gebirgen an seinen Rändern wühlen ihn häufig auf. Mit 785 m maximaler Tiefe übertrifft der See so manches Binnenmeer. Sein Grund reicht sogar 300 m unter den Spiegel der Ozeane hinab. Die enormen Höhenunterschiede sind das Ergebnis kräftiger Verschiebungen der Erdkruste, durch die der Ostafrikanische Graben und die tektonischen Seen, die ihn füllen, im Lauf der Erdneuzeit geschaffen wurden. Tektonische Seen weisen oft ein sehr hohes Alter auf: Beim Malawi-See sind es mindestens ein bis zwei Millionen Jahre. Im Unterschied dazu verschwinden die meisten anderen stehenden Gewässer der Erde, die mit geologischen Zeitmaßstäben gemessen bloß „Eintagsfliegen" sind, durch die natürliche Verlandung oft rasch wieder von der Landkarte. Und wenn Seen solch lange Zeiträume der Erdgeschichte überdauern, können sich in ihnen zahlreiche neue Arten von Wasserlebewesen entwickeln. Der Malawi-See ist dafür *das* Lehrbuchbeispiel. Er beherbergt von allen Seen unseres Planeten die meisten Fischarten, wahrscheinlich über 500 aus zehn verschiedenen Familien. Schätzungsweise 90 % dieser Arten sind endemisch, kommen also weltweit nur in seinen klaren Gewässern vor. Die weitaus größte Gruppe bilden die Buntbarsche. Mehr als 400 Arten dieser wegen ihrer bunten Färbung und leichten Pflege auch bei uns in Aquarien häufigen Fische hat man beobachtet, lediglich fünf Arten sind auch in anderen Gewässern heimisch. Mbuna nennen die Einheimischen die bunten Fische, die in großer Zahl an Aquarienfreunde im Ausland verkauft werden. Mindestens 40 000 Tonnen Speisefisch liefert der See alljährlich für die lokalen Märkte.

Der großen wissenschaftlichen und wirtschaftlichen Bedeutung des Sees steht nur ein winziges geschütztes Areal gegenüber, denn der Nationalpark, der den Namen des Sees trägt, besteht zu weniger als einem Zehntel aus Wasserflächen. Insgesamt stehen lediglich 0,04 % der Seefläche unter Naturschutz. Bei der für die tiefen Grabenseen im tropischen Ostafrika typischen stabilen Schichtung von warmen, leichteren über kühlen, schwereren Wassermassen und der deswegen trägen Durchmischung würde eine stärkere Verschmutzung des Sees katastrophale Folgen haben. 1700 Jahre, so schätzen Experten, könnte es dauern, bis sich das Wasser vollständig erneuert hat. Bis dahin wäre jedoch die gesamte Tierwelt des Sees vernichtet, nicht nur die Kleinlebewesen und die weltweit einzigartige Vielfalt der Fische, sondern auch die Flußpferde, Krokodile, die Nilwarane, die Fischadler, die Kormorane und die vielen anderen Vogelarten, die an den Ufern des Sees nisten.

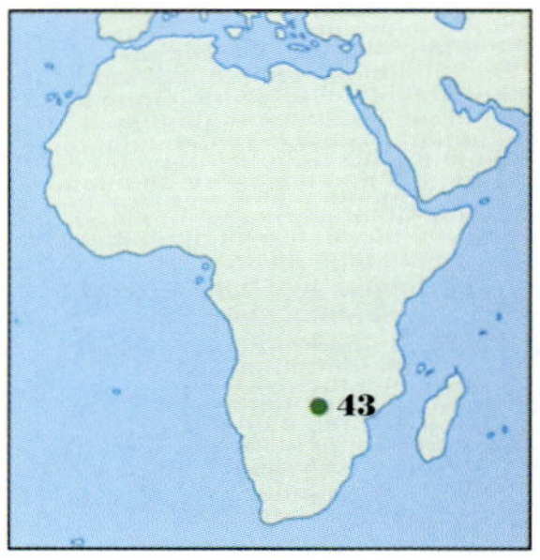

Lage: Knapp 300 km nordwestlich von Harare, zwischen dem südlichen Ufer des Sambesi (der dort die Grenze zu Sambia bildet) und dem Sambesi-Escarpment

Naturraum: Zone der wechselfeuchten Tropenklimate mit Trockenwäldern und Trockensavannen

Meereshöhe: 360–1244 m

Fläche: 6766 km²

Zugang: Nur nach rechtzeitiger Buchung in den Büros der Nationalparkverwaltung in Harare oder Bulawayo; Besucherzentrum sowie Lodges und Campingplatz am Nyamepi Camp; von November bis April ist der Park geschlossen

Nach dem Bad im kühlen Flußwasser müssen sich die Nilkrokodile am Ufer sonnen, um Wärmeenergie für einen neuen Beutezug zu tanken. Wie alle wechselwarmen Tiere können sie ihre Körpertemperatur nicht auf einem konstanten Wert halten.

Mana-Pools

Am Sambesi, der Lebensader des südlichen Afrika, liegt eines der ursprünglichsten Natur- und Wildreservate des Schwarzen Kontinents. Sein Name bedeutet soviel wie „Vier Teiche". Gemeint sind die Altwasser, abgetrennte Flußarme in der Niederung südlich des Stroms, die bis zum Ende der Trockenzeit in der ausgedörrten Savanne noch Wasser enthalten. Aus weitem Umkreis kommen dann Wildtiere zu den waldgesäumten Gewässern, um an ihnen und am mächtigen Strom zu trinken. Außer seinem Wildreichtum bietet der Nationalpark entdeckungs- und abenteuerlustigen Naturfreunden eine weitere Attraktion: Während in den meisten anderen großen Parks im Süden Afrikas Wanderungen nur in Begleitung eines Führers unternommen werden dürfen, kann der Besucher hier bestimmte Teile des Reservats auf eigene Faust erkunden.

Nahezu unberührte Wildnis und vom Menschen einschneidend veränderte Natur liegen am Mittellauf des Sambesi dicht beieinander. Stromaufwärts von Mana Pools dämmt in der Kariba-Schlucht eine hohe Staumauer den Strom zu einem der größten Stauseen der Welt ab. Stromabwärts folgt jenseits der Grenze zu Mosambik in einer Engtalstrecke mit Cabora Bassa ein anderer riesiger Stausee. Zwischen den Engtäler weitet sich das Tal im Bereich eines geologischen Grabens zu einer breiten Senke, die mit jungen sandigen bis lehmigen Flußablagerungen gefüllt ist. Rund 50 km vom Strom entfernt steigt jäh das Sambesi Escarpment mit schroffen Felswänden aus Gneis über der Ebene auf. Ein Teil der bis über 1000 m hohen Landstufe gehört noch zum Nationalpark.

In den Höhenlagen kann im Winter der Südhalbkugel (Juli/August) Frost auftreten, die Temperaturen in der Stromniederung erreichen dagegen das ganze Jahr über frühlingshafte bis hochsommerliche Temperaturen. Rund 90 % der Niederschläge fallen von November bis März. Regenreichste Monate sind der Januar und Februar. Von April bis Oktober herrscht trockenes Wetter, hin und wieder unterbrochen durch einen leichten Nieselregen. Dann setzt wieder der tropische Starkregen ein, es kühlt sich merklich ab, Gewitter und Stürme peitschen das Land.

Klimatisch und landschaftlich gehört die Senke am mittleren Sambesi zum sogenannten Lowveld Simbabwes, den tiefgelegenen Stromebenen mit den höchsten Temperaturen und den geringsten Niederschlägen. Sie eignen sich nur schlecht als Acker- und Weideland, sind gewissermaßen Grenzstandorte mit einem ursprünglichen Pflanzenkleid, das hier vor allem aus Trokkenwäldern und Trockensavannen besteht. Das Sambesi Escarpment ist noch von einer Pflanzengemeinschaft bedeckt, die in den Bantusprachen Miombo genannt wird: lichte Wälder, hauptsächlich aus verschiedenen Johannisbrotgewächsen, die in der Trockenzeit ihr Laub verlieren und zu Beginn der Regenzeit wieder blühen und ergrünen. Da die Bäume kein geschlossenes Kronendach bilden, gelangt viel Sonnenlicht bis zum Erdboden und erweckt gemeinsam mit dem Regen zahlreiche Kräuter und Sträucher zu neuem Leben, etwa den Korallenstrauch mit seinen feuerroten Blütenkerzen, die Blutblume oder die Gewürzlilie. Miombowälder stellen keine großen Ansprüche an den Boden, sind unempfindlich gegenüber Feuer und deshalb im Savannengürtel Südafrikas weit verbreitet. Der Trockenwald in den Ebenen rund um die Mana Pools wird von einer Baumart beherrscht, die durch ihren knorrigen Wuchs und die graue Borke äußerlich unseren europäischen Eichen ähnelt. In Afrika nennt man sie Mopane („Schmetterling"), weil sie die großen frischgrünen Blätter mittags zum Schutz vor der Sonne wie ein rastender Schmetterling zusammenklappt. Auf armen sandigen Böden bildet der gelbblühende Jessebusch höchstens 10 m hohe Dickichte, der fette Auenlehm an den Ufern des Stroms und am Rand der Pools trägt eine üppige artenreichere Vegetation aus verschiedenen Feigenbäumen, Palmen, Tamarisken, Akazien und dem Kap- oder Natal-Mahagoni. Die besten, nährstoffreichsten Böden beansprucht der Baobab für sich, der Affenbrotbaum, von dessen Früchten nicht nur die Affen naschen. Außer den Tränken zieht nämlich auch das reiche Nahrungsangebot des Lowvelds die Tiere in der Trockenzeit an. Elefanten schätzen vor allem die Samen des Baobabs, ein wahres Kraftfutter, das bis zu 15 % Fett enthält. Die Samenschoten der Anabäume sind dagegen besonders eiweißreich, ebenso die Blätter des Mopane, die von den Antilopen auch noch als dürres Laub verzehrt werden. Wurstförmige Früchte, aus denen in der traditionellen afrikanischen Medizin verschiedene Heilmittel hergestellt werden, trägt der Leberwurstbaum. Aus den Früchten des Marula-Baums brauen die Einheimischen ein Getränk, dessen berauschende Wirkung offenbar auch die Elefanten schätzen: Sie verzehren die Früchte in großen Mengen, lassen sie im Magen mit Wasser gären und werden dadurch regelrecht betrunken.

Bei der Suche nach Nahrung und Wasser sind die Elefanten nicht zu bremsen. Sie verzehren nicht nur tonnenweise schmackhafte Samen der Anabäume, sondern schälen auch die Rinde der hochwüchsigen Akazien in langen Streifen ab. Es bleiben kaum noch Samen, die keimen können. Die Schößlinge werden von den Rüsseltieren zertrampelt. Erwachsene Bäume sehen aus wie kahlgerupfte Hühner. Viele sterben ab. Noch rücksichtsloser gehen die Elefanten mit den Baobabs um, bohren ihre Stoßzähne in die dicken Stämme, um an das Wasser zu gelangen, das in dem schwammartigen Holz der Affenbrotbäume gespeichert ist. Selbst die stämmigsten Baumkolosse überstehen auf Dauer solche Torturen nicht. Die Elefanten zerstören die Trockenwälder, wichtigste Nahrungsquelle vieler Tierarten, einen ganzen Lebensraum. Auf der anderen Seite werden sie selbst Opfer von Wilderern, die über den Fluß aus Sambia kommen und mit dem erbeuteten Elfenbein wieder dorthin verschwinden. Die Spitzlippennashörner, von denen es einst im Nationalpark einen stattlichen Bestand von mehr als 500 Tieren gab, wurden von den Wilderern inzwischen fast ausgerottet. Ende 1994 brachte man die letzten zehn Nashörner in ein sichereres Gebiet im Landesinnern von Simbabwe.

Viele Charaktertiere der afrikanischen Savanne kommen rund um die Mana Pools noch in größerer Zahl vor, etwa Nilkrokodile und Flußpferde, besonders aber Antilopen, die gemischte Herden bilden: die schlanken Kudus, zu erkennen an den gedrehten Hörnern, die zotteligen Nyalas, zierlichen Impalas, glänzendschwarzen Rappenantilopen, großen Elenantilopen... Fast 400 Arten zählt die Vogelwelt. Und im Sambesi schwimmen die verschiedensten Fische, darunter der Kundu, der einen Zentner schwer werden kann, oder der mit messerscharfen Zähnen bewaffnete Tigerfisch. Der Lebensraum der Wassertiere könnte beträchtlich wachsen (der der Landtiere dagegen genauso schrumpfen), wenn die Pläne zum Bau eines weiteren Staudamms in der Mupata-Schlucht unterhalb von Mana Pools verwirklicht werden sollten. Nur zu gut erinnern sich die Naturschützer noch an die schrecklichen Szenen, die sich nach dem Bau des Kariba-Staudamms abspielten: Zu Tausenden ertranken Wildtiere in dem Stausee, der sich langsam mit Wasser füllte. Durch die „Operation Noah“ konnte damals nur ein kleiner Teil der Tierwelt gerettet werden.

Viel Licht, reichlich Wasser und genügend Nährstoffe lassen die Vegetation in den tropischen Flußauen besonders üppig gedeihen. Da sich die Pflanzenarten auf den Flüssen mit der Strömung rasch verbreiten, ist die Flora der Auenwälder auch ungewöhnlich artenreich.

Lage: Rund 700 km nordöstlich von Kinshasa innerhalb des zentralen Äquatorialbeckens; gegliedert in die beiden Teile Nord-Salonga und Süd-Salonga, die durch einen etwa 45 km breiten Streifen getrennt werden

Naturraum: Zone der tropischen Regenklimate mit immergrünen tropischen Regenwäldern

Meereshöhe: 350–700 m

Fläche: 36 000 km²

Zugang: Auf der Nationalstraße 8 und Pisten nur bis zum Rand des nördlichen Parkblocks; innerhalb des Parks gibt es keinerlei Straßen, Unterkünfte und Besuchereinrichtungen

Bonobo-Mutter mit Kind: Zwei bis drei Jahre lang ist der Zwergschimpanse ein Säugling, hängt am Fell der Mutter und läßt sich umhertragen, unternimmt ab etwa einem halben Jahr aber auch schon kleine Ausflüge und spielt mit seinen Altersgenossen.

Salonga

Ein Gebiet von der Größe Baden-Württembergs, mit der Bevölkerung eines 1500-Seelen-Dorfs und zu 99,5 % bewaldet: der größte Regenwald-Nationalpark der Erde im Zentrum des Zaire-Beckens, noch weitgehend unberührt und auch wissenschaftlich bis heute größtenteils ein weißer Fleck auf der Landkarte. Auf Schlammpisten gelangt man bis zum Rand des zweigeteilten Nationalparks, dann enden alle Wege, und das Boot ist das einzige Verkehrsmittel.

Bei einer Bootsfahrt über die durch Humusstoffe dunkel gefärbten Schwarzwasserflüsse dieser zentralafrikanischen Wildnis bietet sich das Bild, das schon die ersten Entdecker beschrieben haben: ein chaotisches Gewirr aus Bäumen, Sträuchern, Kräutern, verflochten durch Schlingpflanzen und scheinbar undurchdringlich. Doch hinter ihrer abschreckenden Fassade sieht die „Grüne Hölle“ ganz anders aus, zwar nicht so aufgeräumt wie ein deutscher Buchenwald, aber viel lichter und passierbarer. Die immergrünen Tieflandregenwälder von Salonga sind auch nicht so artenreich wie man es von anderen tropischen Urwäldern her kennt: Eine Baumart, deren Holz unter dem Namen Ditshipi gehandelt wird, bildet auf Tausenden von Quadratkilometern relativ einheitliche Bestände. Das Kronendach befindet sich dabei etwa 25 bis 30 m über dem Erdboden. Darunter ist wie so oft in tropischen Wäldern bei 5 bis 7 m noch eine niedrigere Kronenschicht entwickelt. Bunter, vielfältiger, „dschungelartiger“ ist die Flora der Sumpf- und Auenwälder an den Ufern der großen Flüsse, die sich im Norden in eleganten Mäandern durch das Tiefland winden, im Süden jedoch enge Canyons in die Sand- und Kalksteinplateaus gekerbt haben. Hier und dort liegen kleinere Grasflächen im Wald verstreut, von den Einheimischen Esobe oder „Elefantenbäder“ genannt, weil man auf ihnen besonders häufig Waldelefanten trifft.

Der Waldelefant ist wie andere typische Bewohner des tropischen Regenwalds deutlich kleiner als seine Vettern, die in den Savannen leben, ebenso der Waldbüffel, ein Verwandter des massigen Kaffernbüffels. Nur kaninchengroß sind die Afrikanischen Hirschferkel, die im Nationalpark ebenfalls vereinzelt vorkommen. Das seltenste Säugetier ist jedoch der Zwergschimpanse; in der nördlichen Hälfte des Parks wurde er in den letzten Jahren nicht mehr beobachtet, und in der südlichen Hälfte zieht sich der Bonobo, wie der zierliche Menschenaffe auch genannt wird, vor menschlichen Eindringlingen immer tiefer in die entlegensten Regionen zurück. Die Tierwelt des Reservats ist ohnehin nur bruchstückhaft bekannt, eine systematische Untersuchung wurde bislang nicht durchgeführt. Noch hat der Regenwald nicht alle seine Geheimnisse preisgegeben. Vielleicht gelingt den Wissenschaftlern bald wieder eine sensationelle Entdeckung wie die des Kongopfauen, von dem die westliche Welt erst 1913 erfuhr, wahrscheinlich weil der haushuhngroße Vogel mit seinem blauschwarzen Gefieder sich im Schatten des Waldes verborgen hält und nur selten einmal auf Lichtungen erscheint. Viel Zeit für neue Entdeckungen bleibt freilich nicht mehr, denn trotz der entlegenen Gegend und dünnen Besiedlung wächst der Druck auf das Naturparadies. Neben der Brandrodung, dem Holzeinschlag, der Fischerei und der Jagd ist im Salonga der Fang von Graupapageien ein besonderes Problem. Die „sprachgewandten“ Papageien sind begehrt, werden von den Einheimischen deshalb zu Hunderten gefangen und an Händler verkauft. Vielleicht gelingt es, durch die geplante Einrichtung einer Papageienfarm den Vogelfang zu unterbinden und den Bewohnern der Dörfer am Rand des Parks auf diese Weise ein kleines Zusatzeinkommen zu sichern.

Lage: An der Grenze zwischen dem brasilianischen Bundesstaat Paraná und der argentinischen Provinz Misiones

Naturraum: Zone der ständig feuchten, sommerheißen Subtropen mit subtropischen Regenwäldern

Meereshöhe: 150–740 m

Fläche: 550 km² auf argentinischer und 1700 km² auf brasilianischer Seite

Zugang: Von Foz do Iguaçu (Paraná) bzw. Puerto Iguazú (Misiones) direkt bis zu den Fällen; breitgefächertes Angebot von Besuchereinrichtungen (Besucherzentrum, Museum, Panoramawege, Lehrpfade, Hubschrauberrundflüge, Bootsfahrten)

Abhängig von den Regenfällen schwankt der Abfluß sehr stark: Im relativ trockenen Winter stürzen mitunter „nur" 300 Kubikmeter Wasser pro Sekunde über die Fallkanten, während der Regenzeiten im Herbst und Frühjahr dagegen bis 6500 Kubikmeter.

Iguazú/Iguaçu

„Großes Wasser" nannten die indianischen Ureinwohner die mächtigen Kaskaden, die sich an der heutigen Grenze zwischen Brasilien und Argentinien von beiden Seiten her in einen dunklen, tiefen Canyon ergießen. Sie gehören zu den größten Wasserfällen der Erde, von der Fallhöhe (durchschnittlich 72 m) zwar eher bescheiden, doch von der Wasserführung gewaltig, beispielsweise etwa zehnmal größer als der Rheinfall bei Schaffhausen. Einzigartig ist das Farbenspiel, das die Fälle des Rio Iguaçu in die sattgrünen Regenwälder zaubern: rötlichbraunes Wasser, das unterhalb der Fallkanten zu weißer Gischt zerstiebt und im Sonnenlicht in allen Farben des Regenbogens aufleuchtet.

Wenige hundert Meter flußaufwärts deutet außer dem lauten Tosen und den Gischtschwaden über dem Abgrund noch nichts auf die Kaskaden hin. Der 600 bis 700 m breite Fluß nähert sich hier gemächlich einer nach Norden offenen Mäanderschlinge, spaltet sich dann jedoch zwischen zahllosen kleinen Inseln in Wasserläufe auf und stürzt ungefähr im Scheitel der Schlinge in einen Canyon, der am Südende Garganta do Diabo genannt wird und recht geradlinig nach Norden verläuft. In diesen „Teufelsschlund" stürzt der größte Teil der Wassermassen; die „Drei Musketiere", „Adam und Eva", „Benjamin" und die bei hohem Wasserstand rund 270 weiteren Einzelfälle erhalten mehr oder weniger Wasser. Am südlichen Ende der Schlucht ergießt sich das Wasser quasi in einem Rutsch über eine Felswand, flußabwärts schwenkt dagegen die obere Fallkante zurück und gibt eine Plattform etwa in halber Tiefe des Canyons frei, die an der Vorderseite eine zweite Wasserfallstufe bildet.

Fallmacher sind harte Basaltlagen, dünne Decken innerhalb einer über 1000 m mächtigen Serie vulkanischer Gesteine, die sich vor etwa 125 Millionen Jahren als dünnflüssige Flutbasalte über ein riesiges Areal in den Paraná ergossen haben. Die härteren Basalte formen allerdings nur Details im Bild der Kaskaden, der eigentliche Ansatzpunkt für die Entstehung der Iguaçufälle war eine annähernd von Nord nach Süd verlaufende Zone, in der das Gestein dicht zerklüftet und daher leichter zu erodieren ist. Ihr folgt jetzt der Canyon, dessen Ende vor rund 20 000 Jahren noch knapp 30 km weiter flußabwärts lag und seither wegen der starken Abtragung durch den Hauptwasserfall an seinen heutigen Ort gewandert ist. Ein bis zwei Meter im Jahresdurchschnitt dürfte sich der Fall jetzt noch weiter flußaufwärts verlagern.

Die Kaskaden sind die touristischen Attraktionen in den beiden Nationalparks auf argentinischer und brasilianischer Seite, Biologen beeindruckt allerdings mehr die Fülle der Pflanzen- und Tierarten beiderseits des Rio Iguaçu. Ein üppiger subtropischer Regenwald mit vielen Baumfarnen, Lianen und Epiphyten (Pflanzen, die auf anderen Pflanzen wachsen) bedeckt noch neun Zehntel der Fläche, mehr als 2000 Pflanzenarten kommen in den beiden Nationalparks vor. Die Liste der Tierarten ist mit Sicherheit noch weit umfangreicher, doch bisher sind nur einzelne Tiergruppen wie Schmetterlinge, Vögel oder Säugetiere genauer untersucht worden. Dem Ameisenbär, Jaguar, Tapir oder Waldhund wird der Besucher höchstwahrscheinlich nicht begegnen. Die Urwaldgebiete abseits der Kaskaden dürfen ohnehin nur von geführten Gruppen betreten werden. Eine Spezies tummelt sich allerdings auch auf vielbegangenen Wegen und plündert die Abfallkörbe: der niedliche Südamerikanische Nasenbär, der wie andere Tiere in den Nationalparks der Welt die Scheu vor dem Menschen verloren hat und zu einer Plage geworden ist, weil er sich zuweilen auch an den Taschen der Besucher vergreift.

Geschützt 1984 · Kanada

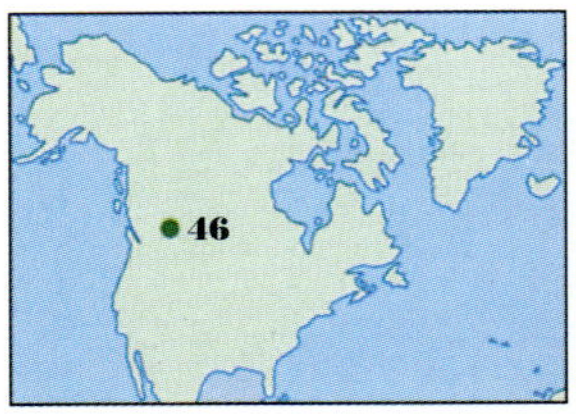

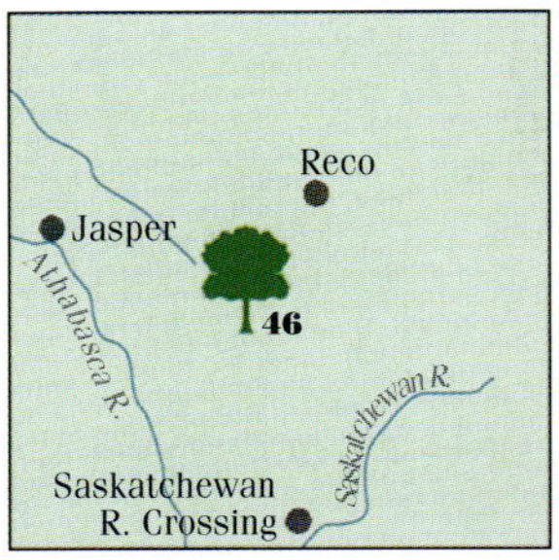

Lage: Beiderseits der Grenze zwischen den Provinzen Alberta und British Columbia

Naturraum: Kontinentale Borealklimate innerhalb der kaltgemäßigten Zone mit langen, sehr kalten und schneereichen Wintern, aber kurzen, relativ warmen Sommern

Meereshöhe: 1036–3954 m

Fläche: 23 069 km²

Zugang: Auf mehreren Highways (Trans-Canada, Yellowhead, David Thompson, Highway 93) oder mit der Eisenbahn; Besucherzentren in den Orten Jasper, Banff und Field sowie am Lake Louise und am Columbian Icefield; auch innerhalb der Parks zahlreiche Unterkünfte

Lake Moraine im Tal der zehn Gipfel trägt seinen Namen zu Unrecht, denn er wird nicht durch eine Moräne, sondern von einer Bergsturzmasse aufgestaut – doch das kann seinen Ruhm als Kanadas schönster See nicht schmälern.

Kanadische Rocky Mountains

Mehr als 3200 km weit erstreckt sich das „Felsengebirge“ durch Nordamerika, bildet die kontinentale Wasserscheide zwischen den Flußgebieten des Atlantik und des Pazifik, trennt mit seinen grauen Felsgraten und grünen Nadelwäldern die weizengelben Great Plains im Osten vom steppenbraunen Great Basin im Westen. Die höchsten Gipfel ragen in den südlichen Rockies auf (Mount Elbert 4399 m), die großartigsten Hochgebirgslandschaften findet man jedoch am nördlichen Ende der Rockies, in den kanadischen Provinzen Alberta und British Columbia, wo die Kämme enger aneinander und näher zur Küste rücken, von den Westwinden mehr Niederschlag erhalten und deshalb stärker vergletschert sind. Dort wurde vor über 100 Jahren Kanadas erster Nationalpark gegründet, historische Keimzelle einer ganzen Reihe von Parks und Naturschutzgebieten, die heute gemeinsam eine Welterbestätte bilden.

Der Kern besteht aus den vier Nationalparks Banff, Jasper, Kootenay und Yoho, der Creme der kanadischen Parks, deren Naturschätze und -schönheiten gegen Ende des vorigen Jahrhunderts entdeckt wurden und die seither zu den klassischen Reisezielen des internationalen Naturtourismus gehören. Das gesamte Areal der Welterbestätte ist mehr als dreimal größer als der Kanton Graubünden. Wie der flächengrößte Kanton der Schweiz besteht das Gebiet aus Hochgebirgslandschaften. Im Unterschied zu Graubünden, das fast 200 000 Einwohner hat, sind die Parks in den kanadischen Rockies nahezu unbesiedelt. Während die untersten Stockwerke der Graubündener Alpen in der gemäßigten Klimazone (in manchen Tälern sogar mit einem mediterranen Einschlag) liegen, fußen die nördlichen Rocky Mountains im kalten borealen Klimagürtel. Entsprechend rauher ist das Klima.

Als das Matterhorn Kanadas wird der 3618 m hohe Mount Assiniboine in dem gleichnamigen Provinzpark bezeichnet, eine majestätische Bergpyramide, die an allen Seiten von eiszeitlichen Kargletschern angenagt wurde. Talgletscher hobelten die tiefen Trogtäler aus, dämmten Seen durch Moränen ab und sägten mit ihren Schmelzwässern wilde Canyons in Felsriegel. Noch vor 10 000 Jahren wälzten sich mehrere hundert Meter dicke Eisströme durch die Täler und gaben dem in der Kreidezeit und im älteren Tertiär aufgefalteten Gebirge den letzten Schliff. Das „ewige Eis von heute“ nimmt im Vergleich mit der eiszeitlichen Vergletscherung nur noch kleine Flecken ein. Allerdings gehören dazu noch immer Gletscherriesen wie das Columbia-Eisfeld, das mit einer Fläche von 337 km^2 die größten Alpengletscher (Aletschgletscher: weniger als 130 km^2; Gornergletscher: weniger als 67 km^2) weit in den Schatten stellt. Insgesamt sind in den kanadischen Rockies über 12000 km^2 unter Eis begraben.

Zwischen der vereisten Gipfelflur (bei 3600 m) und der Waldgrenze um 2200 m Meereshöhe bleibt noch genügend Platz für alpine Matten, die sich mit Steinbrech und Silberwurz, Weidenröschen und Himmelsherold, Akelei und Anenome im kurzen Sommer in Blütenträume verwandeln. Felsengebirgstannen und Engelmannsfichten, zunächst als niedrige, von Wind, Schnee und Eis gezeichnete Gebüsche, dann in ihren eigentlichen Wuchsformen, leiten talwärts zum Gebirgswald über. Die Wälder in den Tälern setzen sich aus Balsamtannen, Espen, Drehkiefern, Douglasien und Weißkiefern zusammen, in den Sumpfgebieten, von denen es nicht wenige gibt, kommen Weiden, Erlen, Birken und Pappeln hinzu.

Der Sumpf ist der angestammte Lebensraum des Elchs, der wie die Wapitis, die Maultier- und die Weißwedelhirsche die Täler auch in warmen Sommern nur selten einmal verläßt. Auf der anderen Seite

Im Winter sind die Tage in den kanadischen Rocky Mountains kurz, oft ist es nur sieben bis acht Stunden hell, doch dafür scheint die Sonne im Sommer um so länger.

ziehen sich die Dickhornschafe nur im Hochwinter in die schützenden Wälder zurück. Die robusten Schneeziegen bleiben trotz Schnee, Frost und eisiger Stürme das ganze Jahr über im Hochgebirge. Die großen Räuber – Grizzly, Schwarzbär, Kojote, Wolf und Vielfraß – pendeln je nach Jahreszeit in verschiedenen Höhenlagen.

Mit ihren jähen Felswänden und ausgedehnten Schutthalden gleichen die im wesentlichen aus drei parallel verlaufenden Gebirgsketten aufgebauten kanadischen Rockies den Kalkalpen, geologisch sind sie jedoch viel älter als die Randketten des mitteleuropäischen Hochgebirges. Ein großer Teil der gefalteten und durch Brüche zerstückelten Schichtenstapel besteht aus Kalksteinen des Erdaltertums. Und dem Kalk verdanken die Seen auch die herrlichen lindgrünen bis türkisblauen Farben; winzige Kalksteinpartikel im Wasser brechen und reflektieren die Strahlen des Sonnenlichts. Intensiv ocker- oder rotbraun sind dagegen die Quelltöpfe mancher heißer Quellen gefärbt, etwa die Paint Pots im Kootenay Nationalpark, aus denen die Indianer die Farben für ihre Kriegsbemalung gewannen. Unscheinbar schiefergrau ist das Gestein am Burgess-Paß und Mount Stephen im Yoho-Nationalpark. Doch hinter der schlichten Fassade verbirgt sich eine der wertvollsten Schatzkammern der Erdgeschichte, bis an den Rand gefüllt mit ausgezeichnet erhaltenen Fossilien. Neben zahlreichen anderen versteinerten Lebewesen wie Würmern oder Seegurken sind vor allem die Trilobiten („Dreilappkrebse") im Burgess-Schiefer berühmt geworden. „Nordamerikas Solnhofen" hat man die im Sommer 1909 entdeckte Fossilfundstätte genannt – für die Gruben in der Fränkischen Alb ein schmeichelhafter Vergleich, denn die fossile Tierwelt des Burgess-Schiefer ist sehr viel älter und als Dokument der Erd- und Lebensgeschichte bedeutender als die der Solnhofer Plattenkalke. Während sich die rund 150 Millionen Jahre alten Funde von Solnhofen mit älteren Entwicklungsstadien verknüpfen lassen, tauchte im Burgess-Schiefer vor gut 530 Millionen Jahren eine vielfältige Tierwelt plötzlich, gewissermaßen wie aus dem Nichts auf.

Im Gelände sieht man davon freilich kaum etwas, und den Laien beeindrucken die Hoodoos im Yoho-Nationalpark als geologische Erscheinungen viel mehr, auch wenn sie allenfalls ein paar tausend Jahre alt sind. In den deutschsprachigen Ländern werden die bizarren Gebilde aus Kies, Lehm und großen Gesteinsblöcken nüchtern Erdpyramiden genannt, in Frankreich vergleicht man sie mit verschleierten Frauen, und die Amerikaner denken bei ihrem Anblick an verhexte Menschen oder böse Dämonen.

Acht bis zehn Millionen Besucher zählt man alljährlich in den vier Nationalparks – eine wahre Touristenflut, die vor allem im Sommer in wenigen Wochen über die kanadischen Rockies schwappt und eine erhebliche Belastung der natürlichen Umwelt darstellt. Immer mehr Wildtiere werden Opfer des Straßenverkehrs. Allein auf dem Yellowhead Highway wurden in einem Jahrzehnt über 1000 Tiere bei Unfällen getötet; in der Umgebung der Wintersportorte werden die Tiere im Winter häufig gestört, verschwenden auf der Flucht vor den Menschen kostbare Energie, sterben an Erschöpfung. Andererseits ist für manche Wildtiere der Abfall, den die zweibeinigen Besucher hinterlassen, eine willkommene Bereicherung der Speisenkarte. Besonders die Bären durchstöbern die Mülltonnen, verschrecken und verletzen mitunter Touristen, die ihren Abfall vorschriftsmäßig entsorgen wollen, und werden so allmählich zur Plage.

Dickhornschafe gehören zu den häufigsten Säugetieren in den Rocky Mountains. Sie wanderten im Eiszeitalter aus Asien ein und entwickelten sich in ihrer neuen Heimat zu mehreren Unterarten oder Rassen.

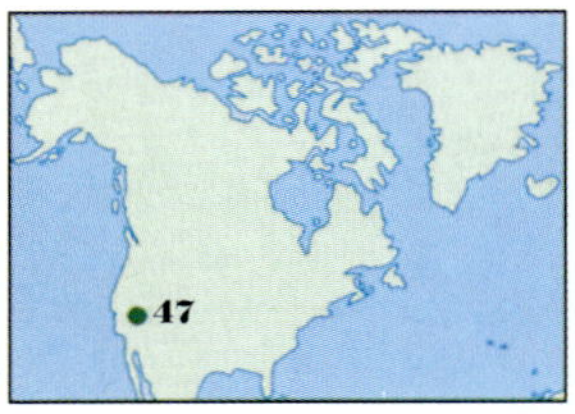

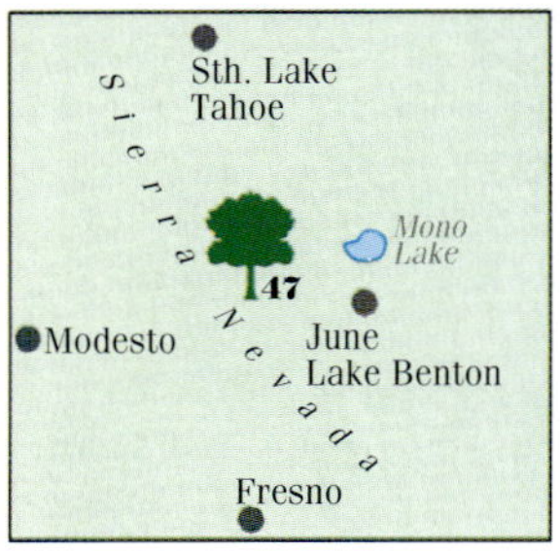

Lage: Am Westhang der kalifornischen Sierra Nevada, gut 200 km östlich von San Francisco

Naturraum: Subtropische Hochgebirge innerhalb der Zone der winterfeucht-sommertrockenen Mediterranklimate

Meereshöhe: 671–3998 m

Fläche: 3083 km^2

Zugang: Vom Westen (Modesto, Merced), Osten (Lee Vining) und Süden (Fresno) auf Staatsstraßen (auch regelmäßige Busverbindungen); innerhalb des Parks besteht ein Busdienst, der die interessantesten Punkte anfährt; mehrere Panoramastraßen sowie ein ausgedehntes Netz von Rad- und Wanderwegen

Im oberen Yosemite-Tal wird der Granit von fast senkrechten Klüften durchzogen, an denen die eiszeitlichen Gletscher angreifen und jäh aufsteigende Felswände formen konnten. Das nicht vom Eis berührte Gelände hat dagegen mehr abgerundete Landschaftsformen.

Yosemite

Deutschlands ältestes Naturschutzgebiet (1836) ist ein kleines Gebirge: das Siebengebirge mit dem Drachenfels. In Amerika wurde hingegen im Jahr 1864 von Präsident Abraham Lincoln zuerst ein Tal zum Naturschutzgebiet erklärt: die 11 km lange, fast 1000 m tiefe Kerbe, die der Merced River zusammen mit eiszeitlichen Gletschern in die kalifornische Sierra Nevada erodiert hat. An der Besucherzahl gemessen (jährlich über 4 Millionen) steht das Yosemite-Tal, das seit 1890 das Prunkstück eines großen Nationalparks bildet, mit dem diesseits des Atlantik bekannteren Grand Canyon auf einer Stufe, beide Täler sind vor allem geologisch interessant, vom Gesteinsaufbau, der Entstehungsgeschichte und den Landschaftsformen her jedoch grundverschieden.

Während das Colorado-Plateau aus annähernd waagrecht gelagerten Schichtgesteinen besteht, ist der Kern der Sierra Nevada ein stark gehobenes Granitmassiv. Beim Granit setzt die Verwitterung und Abtragung hauptsächlich an den Klüften an, die das massige, kompakte Gestein in verschiedenen Richtungen durchziehen. Besonders deutlich erkennt man das an den Granitdomen des Yosemite-Tal: Hier folgt die Verwitterung den zwiebelschalenförmig angeordneten Klüften, die durch die Druckentlastung des Gesteins entstanden sind, und formt abgerundete Felsberge, wie den Half Dome, den höchsten der Gipfel direkt über dem Yosemite-Tal. Der 2695 m hohe kahle Berg ist nur ein „Halb-Dom“, seine dem Talgrund zugewandte Flanke fällt nahezu lotrecht ab. Man könnte meinen, ein riesiges Felsstück wäre mit einem Messer abgeschnitten worden. Truncated spurs („abgeschnittene Bergsporne“) nennen die angelsächsischen Geologen solche Landschaftsformen, die vor allem an den Flanken der Trogtäler früher oder bis heute vergletscherter Gebirge zu finden sind. Heute gibt es in der kalifornischen Sierra Nevada, dem „verschneiten Gebirge“, zwar nur noch einige Dutzend kleinerer Gletscher, in den kältesten Perioden des Eiszeitalters war das Massiv jedoch stark vereist. Mächtige, bis 700 m dicke Eisströme hobelten das bis dahin kerbenförmige Yosemite-Tal zu einem lehrbuchreifen Trogtal aus. Die Gletscher in den Nebentälern waren dünner, der Schmelzwasserabfluß und die Gletschererosion entsprechend geringer als im Haupttal. Wegen der geringeren Erosionskraft enden die Nebentäler heute als sogenannte Hängetäler mitunter in mehreren hundert Metern Höhe über der Sohle des Yosemite-Tals, und die Bäche stürzen über die Mündungsstufen in malerischen Wasserfällen zu Tal. Mit insgesamt 740 m Fallhöhe ist der in zwei Stufen gegliederte Yosemite-Fall der höchste Wasserfall Nordamerikas, etwa zwölfmal höher als die berühmten Niagara-Fälle.

Zu solchen Riesen passen die Riesen-Mammutbäume, die innerhalb des Nationalparks in drei kleineren Beständen gedeihen. Noch steht der Grizzly Giant, vielleicht schon seit über 2700 Jahren, ein 63 m hoher Mammutbaum mit 7 m Stammdurchmesser an der Basis, doch der „Riesen-Nachwuchs“ bereitet den Naturschützern Sorgen. Mammutbäume brauchen zum optimalen Gedeihen hin und wieder einen Waldbrand, der die grüne Konkurrenz vernichtet, Brände wurden seit der Gründung des Nationalparks allerdings bekämpft, und die Existenzbedingungen der Baumriesen verschlechterten sich. Seit dem Ende der 1980er Jahre werden nun wieder kontrollierte Brände gelegt, auch wenn dadurch manche Teile des Parks sicherheitshalber für Besucher gesperrt werden müssen. Den Grizzly-Bären, nach dem das Tal in der Sprache der Miwok-Indianer benannt ist, müssen Besucher des Yosemite nicht mehr fürchten, denn er war hier bereits zu Beginn des 20. Jahrhunderts in den ewigen Jagdgründen verschwunden. Schwarzbären sind indes noch häufig und längst an die Besucherströme gewöhnt, ebenso wie die Hörnchen und Waschbären.

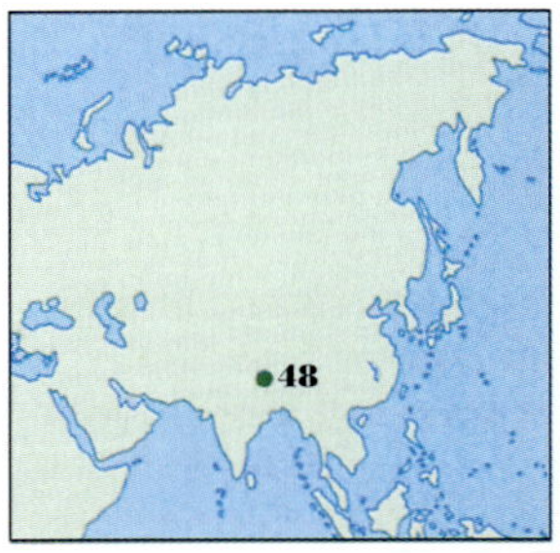

Lage: Im Süden des Königreichs, an der Grenze zu Indien und innerhalb einer breiten Senke zwischen den drei Flüssen Rapti, Reu und Narayani

Naturraum: Zone der tropischen Feuchtklimate mit regengrünen Feuchtwäldern und feuchten Grassavannen

Meereshöhe: 150–815 m

Fläche: 932 km²

Zugang: Nur zu Fuß, im Boot oder auf dem Elefantenrücken und stets in Begleitung eines offiziellen Führers; Informationszentrum in Sauraha, Aufzuchtstationen für bedrohte Tierarten; große Auswahl zwischen einfachen bis luxuriösen Unterkünften

Von den etwa 40 Säugetierarten im Nationalpark ist das indische Panzernashorn das wohl interessanteste. Auf weniger als 100 Tiere war sein Bestand in Nepal zusammengeschmolzen, heute gibt es allein im Chitwan wieder schätzungsweise 400.

Chitwan

Bei Nepal denkt man zuerst an die Bergriesen des Himalaya. Doch das kleine Königreich umfaßt nicht nur Hochgebirgslandschaften, sondern reicht im Süden ein gutes Stück in das subtropisch-heiße Tiefland des Ganges und seiner Zuflüsse hinein. Dort liegt der Royal Chitwan Nationalpark, der älteste nepalesische Nationalpark, eine Wildnis aus Urwäldern und Grasdschungeln, die bis in die 50er Jahre unseres Jahrhunderts malariaverseucht war und als beliebtes Jagdrevier der Rana-Herrscher nur extensiv genutzt werden durfte. Seit der Einrichtung des Parks im Jahr 1973 hat sich der Chitwan zu einem der meistbesuchten Touristenziele des Landes entwickelt. Viele Bergwanderer besteigen nach den anstrengenden Touren im Hochgebirge einen Elefanten, um gewissermaßen von hoher Warte aus die faszinierende Pflanzen- und Tierwelt am Fuß des Himalaya zu bewundern.

Kernstück des Parks ist eine von breiten Flüssen durchzogene Senke, die im Norden und Süden durch die Randketten des höchsten Gebirges der Welt umschlossen wird.
Im Herbst und Winter, wenn der Nordostmonsun aus dem Innern des Kontinents weht, regnet es hier kaum, dafür bringt der Südwestmonsun von Juni bis September vom Indischen Ozean her wahre Sintfluten: 90 % der insgesamt etwa 2400 Liter Regen pro Quadratmeter Bodenoberfläche und Jahr fallen in dieser Zeit. Regengrüne Monsunwälder nehmen ungefähr drei Viertel der Fläche ein, mit dem Salbaum, der Roxburg-Kiefer, dem Rosenapfelbaum und der „Flamme des Waldes“, dem prachtvoll in orangeroten Farbtönen blühenden Palash-Baum, als den charakteristischen Baumarten. An den Flüssen ziehen sich immergrüne Auen- und Sumpfwälder entlang, im Rest des Parks prägen Grasländer das Landschaftsbild. „Elefantengräser“ nennt man die verschiedenen hochwüchsigen Grasarten, die oft eine Höhe von mehr als 6 m erreichen und dann selbst vom Elefantenrücken aus nicht mehr zu überblicken sind.
Sie werden von den Einwohnern der umliegenden Orte alljährlich im Winter geschnitten und ähnlich wie in Norddeutschland das „Reet“ zum Decken der Hausdächer verwendet. Für die Pflanzenesser unter den Tieren, wie die Sambar- und Axishirsche, die Muntjakhirsche und Schweinshirsche, sind die üppig sprießenden Gräser eine schier unerschöpfliche Nahrungsquelle.
In keiner anderen Gegend des indischen Subkontinents ist deshalb die Biomasse der wildlebenden Huftiere größer als im Chitwan: rund 18 600 kg pro km^2 (zum Vergleich: in einem artenreichen mitteleuropäischen Laubmischwald ist die Biomasse sämtlicher Säugetiere allenfalls 500 kg/km^2).

Von und in den Grasdschungeln leben auch die Panzernashörner, für die das erste Schutzgebiet im Chitwan eingerichtet wurde. Ein bis zwei Zentner Gras verzehrt ein erwachsenes Panzernashorn jeden Tag und trinkt dazu 80 bis 100 Liter Wasser. Mit pflanzlicher Kost lassen sich zwei andere seltene Bewohner des königlichen Nationalparks jedoch nicht abspeisen: der Tiger, von dem es Anfang der 1980er Jahre noch über 100 innerhalb des Parks gab, der dann aber zu Dutzenden verschwand, und der Ganges-Gavial, ein Krokodil mit einer auffallend langen Schnauze, das sich ausschließlich von Fischen und Fröschen ernährt. Eine Brutstation am Haupteingang zum Nationalpark sorgt seit einigen Jahren für Gavial-Nachwuchs, der dann in der Wildnis ausgesetzt wird. Die Gaviale sind trotz ihrer imposanten Länge von bis zu 7 m für den Menschen ungefährlich, was man von den Tigern und Panzernashörnern nicht behaupten kann. Drei bis fünf Menschen kommen alljährlich bei Unfällen um. Außerdem reißen die Tiger Vieh (bis zu 30 % der Herden). Wildtiere richten großen Schaden auf den Feldern an. Von den Einnahmen aus dem Tourismus profitiert die einheimische Bevölkerung nicht, sie muß aber die höheren Preise für Lebensmittel bezahlen und verarmt zusehens. Als ein kleines Trostpflaster für die Nachteile des Nationalparks dürfen die Anwohner weiterhin Gras ernten und so ihr Einkommen ein wenig aufbessern.

Lage: Rund 300 km nördlich von Lima innerhalb der Cordillera Blanca, rund um den Nevado Huascarán, den höchsten Berg Perús

Naturraum: Tropische Hochgebirge innerhalb der Zone der wechselfeuchten Tropenklimate

Meereshöhe: 2500–6768 m (Nevado Huascarán)

Fläche: 3400 km²

Zugang: Von Huaraz (Flughafen, Hotels, Nationalparkverwaltung) im Tal des Río Santa zum Parkeingang Querochoa mit kleinem Besucherzentrum, Bergsteigerherberge und Campingplatz

Nur eine einzige Baumart gedeiht im Punagrasland: die berühmte Puya raimondii, ein Ananasgewächs, von dem es in ganz Perú nur 20 Fundorte gibt. Noch seltener ist die Riesen-Puya, deren Blütenkerzen eine Höhe von 15 m erreichen.

In der feuchteren Páramo-Region fehlen Kakteen völlig, in der trockeneren Puna sind sie dagegen häufig zu finden.

Ohne das Lama, das schwere Lasten trägt, Fleisch und Wolle liefert, hätten die Anden nicht besiedelt werden können.

Huascarán

Der Kamm der Welle hatte eine Locke wie ein großer Brecher in der Meeresbrandung. Sie war mindestens 80 m hoch. Ich konnte beobachten, wie Hunderte von Menschen in Yungay vor ihr flüchteten. Viele rannten zu dem Hügel, auf dem der Friedhof liegt...", aber nur wenige erreichten ihn, wie der Augenzeuge, der die verheerende Lawinenkatastrophe am 31. Mai 1970 zu Füßen des Huascarán überlebte. Zwei Städte mit 50 000 bis 70 000 Einwohnern wurden damals von einem riesigen Strom aus Eis und Gesteinsschutt zermalmt. Bereits acht Jahre zuvor hatte sich dort eine ähnliche Katastrophe ereignet. Die Cordillera Blanca, Rückgrat der peruanischen Westkordillere, gehört mit ihren weißvergletscherten Gipfeln, von denen 27 die 6000 m-Marke überragen, zu den schönsten Gebirgen der Erde – schön, aber gefährlich. Oberhalb von etwa 5000 m überziehen Schnee, Firn und Eis die jäh aufragenden Granit- und Hornfelswände. Immer wieder kommt es vor, daß die eisige Last abbricht und donnernd in die Tiefe stürzt. Verheerende Ausmaße nehmen die Eislawinen an, wenn das Gebirge durch Erdbeben erschüttert wird, wie im Mai 1970.

Dichte Bergwälder, die Lawinen abhalten oder wenigstens bremsen könnten, gibt es in der recht trockenen „Weißen Kordillere" nicht. In den untersten Stockwerken des Huascarán-Nationalparks bedecken hier und dort noch immergrüne Gebüsche die Berghänge, soweit sie nicht abgeholzt oder vom Vieh abgefressen sind. Die Gebirgsetage zwischen 3200 und 3900 m ist mit niedrigen, krüppeligen Sträuchern bewachsen, Berberitzen, Johannisbeersträuchern, strauchig wachsenden Korbblütengewächsen und vor allem dem Rosengewächs Polylepis, das in tieferen Lagen bis 6 m hohe Bäumchen bilden kann. Darüber folgt bis zur Schneegrenze die Puna, ein eintöniges gelbgraues bis gelbgrünes Hochgebirgsgrasland, das meist aus hüfthohen harten Gräsern besteht. Botanisches Juwel dieser kargen Landschaft ist die Puya raimondii, ein 10 bis 12 m hoher Schopfbaum, der zuerst 80 bis 150 Jahre wächst ohne zu blühen, dann einen 6 bis 8 m langen Blütenstand mit Tausenden von Blüten entwickelt und nach der Fruchtreife abstirbt. Am höchsten wagen sich Pflanzen hinauf, die im Hochgebirge einen polsterförmigen Wuchs haben und sich im Innern der Polster ein günstigeres Mikroklima schaffen, darunter viele Nelkengewächse, Baldriangewächse, Korb- und Doldenblütler sowie polsterförmige Veilchen und Enziane.

Von diesen Pflanzen ernährt sich das Vikunja, die kleinere wildlebende Schwester des Lamas, die im Andenhochland bis in Höhen um 5500 m vorkommt und durch eine besondere Blutsorte, die Sauerstoff stark binden kann, für das Leben in der sauerstoffarmen Gebirgsluft gut gerüstet ist. Tiefere Lagen bevorzugen die im Nationalpark ebenfalls beheimateten Weißwedelhirsche und Nordandenhirsche. Sie werden vom Puma gejagt, der in Südamerika nahezu alle natürlichen Lebensräume vom tropischen Regenwald bis zu den Hochanden erobert hat, während der Brillenbär sich eher an pflanzliche Kost (Früchte, frische Blätter und Palmsprossen) hält. Dieser typische Hochgebirgsbär gehört zu den kleineren in der Familie der Großbären. In der Vogelwelt der Cordillera Blanca gibt es dagegen mehrere Riesen: an erster Stelle einen Vogel, dem die Wissenschaftler den unglücklichen Namen Riesengnom gegeben haben. Gemeint ist der größte Kolibri auf Erden. Ein Riesenbläßhuhn lebt auch am Huascarán, und der Anden-Kondor, der nach Geierart Ausschau nach verendeten Tieren hält, gilt als der schwerste Greifvogel zwischen Kap Hoorn und der Karibik.

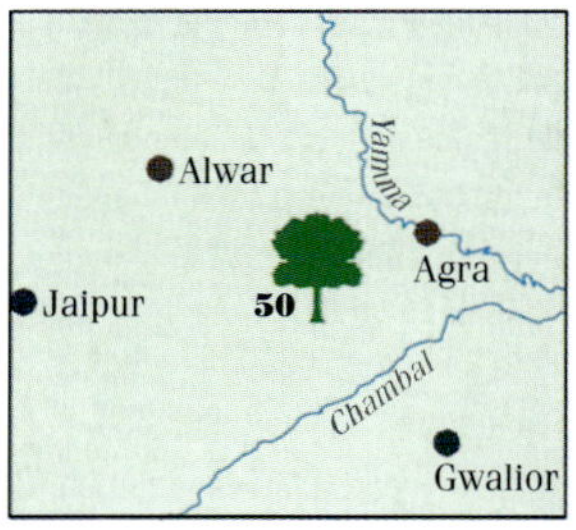

Lage: Im Bundesstaat Ra-jasthan, rund 50 km westlich von Agra, am Rand der Stadt Bharatpur

Naturraum: Zone der tropischen Trockenklimate (7–10 trockene Monate) mit trockenen Monsunwäldern und Dornstrauchsavannen

Meereshöhe: 174 m

Fläche: 29 km²

Zugang: Von Bharatpur (Bahnstation an der Strecke Delhi-Bombay) mit dem Taxi oder der Fahrradrikscha bis zum Haupteingang; innerhalb des Parks weiter mit dem Fahrrad (Verleih) oder zu Fuß; neues Informationszentrum am Rand des Parks; zwei komfortable Lodges sowie einfachere Unterkünfte an den Zufahrtsstraßen

Eine feuchte Oase im trockenen Rajasthan, die wie ein Magnet die Vögel anzieht, vor allem während des Wintermonsuns, der trockene Luft aus dem Innern Asiens heranführt und die Temperaturen bis nahe an den Gefrierpunkt absinken läßt.

KEOLADEO

Manche Naturschutzgebiete sind ursprünglich zu einem ganz anderen Zweck eingerichtet worden: um Tiere in großer Zahl umzubringen. Die „Vogelkojen" auf den Nordfriesischen Inseln waren beispielsweise nicht, wie man vielleicht meinen könnte, sichere Schlafplätze für die Vogelwelt, sondern im Gegenteil raffinierte Fallen, in denen früher vor allem Enten zu Tausenden gefangen und getötet wurden. Heute dienen die kleinen Teiche dem Schutz der Vögel. Eine ähnliche bemerkenswerte Wandlung, gewissermaßen vom Saulus zum Paulus, hat das ausgedehnte Teich- und Sumpfgebiet vor den Toren der nordindischen Stadt Bharatpur durchgemacht. Von den 1850er Jahren bis zur Mitte dieses Jahrhunderts war es das bevorzugte Jagdrevier der Maharadschas von Bharatpur, in dem nicht selten mehrere tausend Wasservögel pro Tag geschossen wurden, seit 1964 ist es ein Zufluchtsort für die Vogelwelt, ein Mekka der Ornithologen, in dem nicht weniger als 364 verschiedene Vogelarten nisten und überwintern. Eine flache Senke im Ganges-Indus-Tiefland, in dem sich bei den Monsunregen von Mitte Juni bis September das Wasser sammelte, wurde ab 1850 durch Bewässerungskanäle, Deiche und Schleusen zu einem Feuchtgebiet erweitert, das wegen der geregelten Wasserzufuhr bis zur Regenzeit im folgenden Sommer niemals ganz austrocknete. Es ist in ein Mosaik von niedrigen Wäldern, Gebüschen und Grasländern eingebettet, das die Einheimischen Ghana (Dickicht) nennen. Die Trockenwälder im Nordosten des Parks bestehen hauptsächlich aus dem Babul-Baum, einer Akazienart, und dem Rosenapfelbaum. Bei den Dornbuschsavannen sind der Ber-Strauch, der Kapernstrauch und der Zahnbürstenbaum (so genannt, weil die ausgefransten Zweige früher zum Reinigen der Zähne benutzt wurden) die häufigsten Gehölzarten.

Im Frühjahr, wenn die Quecksilbersäule auf mehr als 40 °C klettert, beginnen die Brutvögel mit dem Bau ihrer Nester, vorzugsweise auf den Akazien. Einige Arten, wie der Wiedehopf, der Graureiher oder der Triel, sind auch in unseren Breiten heimisch, die meisten leben jedoch in den warmen Zonen der Erde und verirren sich höchstens einmal nach Mitteleuropa: Purpurnektarvogel und Buntstorch, Kupferschmied und Goldschnepfe, Schlangenhalsvögel und Schwarzhalsibisse. Im Oktober treffen dann die ersten gefiederten Wintergäste aus Afghanistan, Turkmenistan, China und Sibirien ein, darunter viele Greifvögel wie die Steppenweihe und der Wanderfalke. 8000 km muß der Nonnenkranich von den sibirischen Tundren bis zum Ganges-Indus-Tiefland fliegen, ein weiter Weg, den die Kraniche in den letzten Jahren nur noch selten unbeschadet überstehen. Mitte der 1980er Jahre überwinterten gut 40 Nonnenkraniche im ehemaligen Jagdrevier der Maharadschas, zehn Jahre später kam keiner mehr an. Jetzt haben Naturschutzorganisationen in internationaler Zusammenarbeit wieder einige dieser seltenen Kranichvögel im Keoladeo-Nationalpark eingebürgert.

Auch wenn sich die Besucher aus aller Welt in erster Linie für die Vogelwelt interessieren, lohnt sich der Blick auf andere Geschöpfe, auf Schildkröten, Sambarhirsche oder Schlangen, von denen sich am Python Point die großen Tigerpythons im wärmenden Sonnenlicht zeigen. Wer genauer hinschaut, wird in dem Naturparadies von Menschenhand allerdings auch die Folgen von Umweltsünden erkennen und nicht selten buchstäblich hautnah erleben: Durch die Einspülung von Nährstoffen aus dem landwirtschaftlich intensiv genutzten Umland sind die Gewässer zu überquellenden Brutstätten stechender Insekten geworden. Die eingespülten Pestizide und Schwermetalle vergiften aber auch viele Lebewesen. Vor allem bei den Wasservögeln beobachtet man zunehmend Vergiftungserscheinungen. Dutzende toter Vögel werden Jahr für Jahr im Park gefunden.

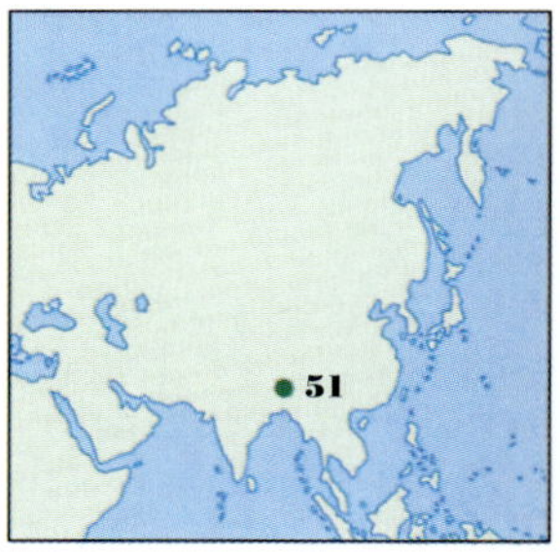

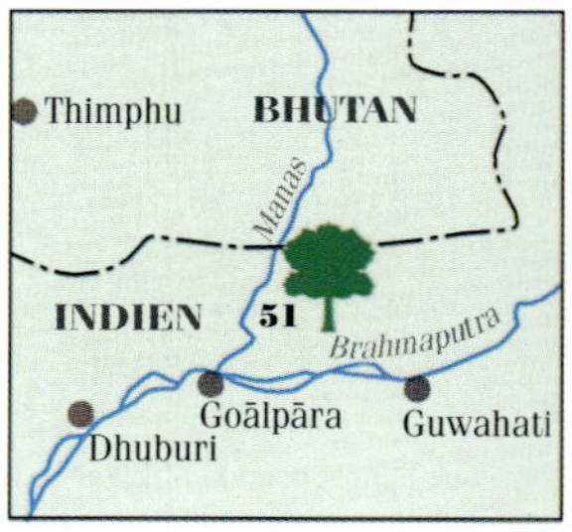

Lage: In den Himalaya-Vorbergen an der Grenze zwischen Assam und Bhutan, rund 40 km nördlich von Barpeta Road

Naturraum: Zone der tropischen Feuchtklimate mit regengrünen Feuchtwäldern oder Monsunwäldern und feuchten Grassavannen

Meereshöhe: 40–150 m

Fläche: 500 km²

Zugang: Wegen der Unruhen ist der Park seit 1989 für Touristen gesperrt, in Ausnahmefällen wird ausländischen Besuchern die Genehmigung erteilt, dann Zufahrt von Barpeta Road, wo sich auch die Nationalparkverwaltung befindet, bis zum südlichen Parkeingang bei Basbari; Unterkünfte innerhalb des Parks vor allem in Mothanguri

Wenn der Tag im Vorland des Himalaya mit prächtigem Farbenspiel zu Ende geht, werden manche Tierarten erst richtig munter, etwa die mit großen Augen für das Nachtleben gerüsteten Schleichkatzen oder auch viele Schlangen.

MANAS

Manasa, der indischen Schlangengöttin, ist einer der interessantesten Nationalparks Indiens gewidmet. Natürlich beherbergt er auch Schlangen, etwa eine peitschendünne Peitschennatter, die Goldschlange, die zu den „fliegenden" Schlangen gezählt wird, weil sie sich ein paar Meter durch's Geäst schleudern kann, oder den schwarzgelb-gebänderten Krait, dem man besser aus dem Weg gehen sollte, vor allem nachts. Weitaus größer ist aber die Zahl der Vogelarten: Über 450 sind bekannt, darunter mehrere Hornvögel und die äußerst seltenen Barttrappen, die im Frühjahr mit hohen Balzsprüngen imponieren. Der kostbarste Schatz ist jedoch der Bestand an bedrohten Säugetieren: Von den in der indischen „Roten Liste" verzeichneten Arten sind 20 im Park vertreten, wie der Tiger, der hier seine zweitgrößte Population (30 Tiere) auf indischem Boden hat und auch in dem umgebenden, knapp fünfmal größeren Tigerreservat unter Schutz steht (wenigstens nach dem Gesetz). Erfreulich groß ist gleichfalls die Zahl der Elefanten (rund 3000) und die der Panzernashörner (etwa 80). Leoparden gehen im Park auf Jagd, Goldkatzen, Bengalkatzen, Marmorkatzen, Fischkatzen, Nebelparder und die eigenartigen Binturongs, Schleichkatzen, die früher Marderbären genannt wurden.

An die wilden Wasserbüffel, von denen es im Manas Nationalpark den wahrscheinlich letzten reinblütigen Bestand zwischen dem Himalaya und dem Indischen Ozean gibt, wagen sich die kleineren Raubkatzen nicht heran, und selbst der Tiger hat vor ihren riesigen Hörnern Respekt. Zu den seltensten Tieren Südasiens überhaupt gehören die Goldlanguren, grazile Affen, die bis in die 1950er Jahre hinein im Westen für legendäre Geschöpfe der indischen Mythologie gehalten, dann aber doch im Manas und im benachbarten Bhutan gesichtet wurden. Noch seltener ist das früher weit verbreitete Borstenkaninchen. Das fußhohe Zwergwildschwein galt bereits als ausgestorben, bevor man dieses wehrhafte „Spielzeugschweinchen" Anfang der 1970er Jahre im Manas wiederentdeckte.

Die ungewöhnliche Artenfülle hat verschiedene Ursachen. Zum einen liegt der Nationalpark im Grenzsaum zwischen Tiefland und Hochgebirge, an der Nahtstelle zwischen der südasiatischen und der südostasiatischen Provinz des Tierreichs und nicht zuletzt in einer Region, die klimatisch zwar durch den jahreszeitlichen Wechsel von trockenem und regenbringendem Monsun geprägt, in den Niederschlagsmengen jedoch eher ein Teil der Regenwaldzone ist. Bis zu 4500 Liter Regen gehen von Mai bis September auf jeden Quadratmeter Bodenoberfläche nieder, im Quellgebiet des Manas-Flusses, der an der Nahtstelle zwischen Gebirge und Tiefland „verwildert", sich in mehrere rasch verlagernde Arme aufspaltet, noch mehr. An den Flußufern erstrecken sich feuchte Savannen, über die einzelne Bäume verstreut sind, vorwiegend Indischer Rosenapfel, von dessen säuerlichen Früchten auch die Elefanten gern naschen, sowie der Indische Seidenwollbaum, der im Winter seine großen scharlachroten Blüten an den dann noch kahlen Zweigen entfaltet. Die andere Hälfte des Parks wird von regengrünen Wäldern eingenommen, die nach Norden hin in halbimmergrüne oder immergrüne Wälder übergehen. Fast 200 verschiedene Baumarten kommen in ihnen vor, darunter viele, die als Nahrungs-, Holz- und Faserpflanzen wichtig sind und seit alters her von der einheimischen Bevölkerung genutzt werden. Auf die Schätze der Natur wollen die Dorfbewohner auch nach der Einrichtung des Nationalparks nicht verzichten. Es kam daher in den vergangenen Jahren immer wieder zu blutigen Konflikten zwischen Einheimischen und Wildhütern. Nachdem 1989 mehr als ein Dutzend Wildhüter getötet worden waren, zog die Nationalparkverwaltung ihre Männer aus dem Park ab und überließ das Feld Wilderern und Schmugglern. Die Folgen sind verheerend: Allein im Jahr 1993 wurde ein Drittel der verbliebenen Panzernashörner abgeschlachtet, und mindestens vier Tiger fielen den Wilderern zum Opfer.

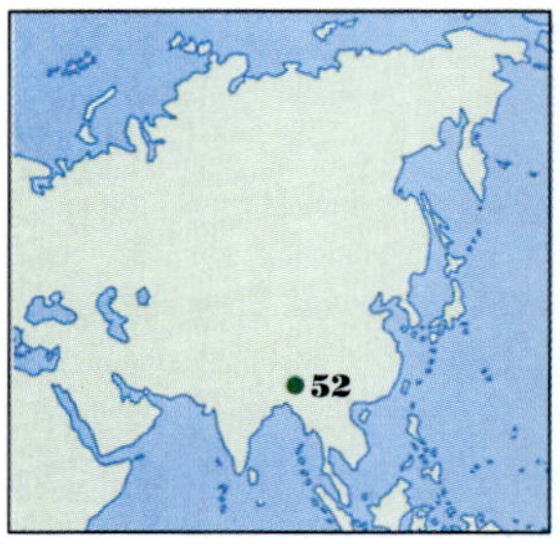

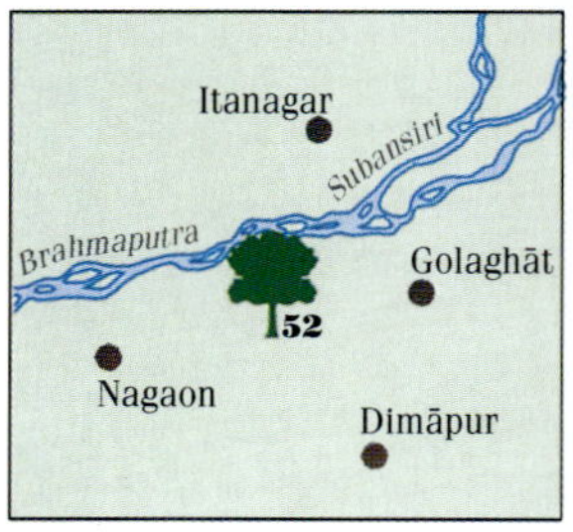

Lage: Im Bundesstaat Assam, rund 700 km nordöstlich von Kalkutta, in der Stromniederung des Brahmaputra

Naturraum: Zone der tropischen Feuchtklimate mit regengrünen Feuchtwäldern/Monsunwäldern und feuchten Grassavannen

Meereshöhe: 40–80 m

Fläche: 430 km^2

Zugang: Für ausländische Touristen nur mit einer zeitlich befristeten Sondergenehmigung des indischen Innenministeriums; während der Regenzeit (Mitte April – Mitte Oktober) ist der Park geschlossen; Anfahrt von Guwahati (Flughafen; Hotels) über den National Highway 37; Unterkünfte im Kaziranga-Touristenzentrum

Der wasserreiche Nationalpark beherbergt ungefähr 700 wilde Wasserbüffel (Arni), die sich niemals weit vom Strom entfernen und stets von Kuhreihern begleitet werden, die die von Büffeln aufgescheuchten Insekten vertilgen.

Kaziranga

Der „Sohn des Brahma" ist ein launischer, ungezähmter Sprößling. Immer wieder verlegt der Brahmaputra, der in Assam, mehr als 1000 km von seiner Mündung entfernt, selbst in der Trockenzeit noch breiter als der Niederrhein ist, seinen Lauf, nagt an den Ufern und gräbt sich nach Belieben ein neues Bett. Der Kaziranga Nationalpark, der sich zwischen dem südlichen Ufer des Stroms und einer vielbefahrenen Fernstraße erstreckt, hat auf diese Weise innerhalb von zwei Jahrzehnten rund 50 km^2 verloren. Im nordindischen Winter und Frühling, wenn der trockene Nordostmonsun aus dem Innern Asiens weht, plätschert Brahmas Sohn in vielen Rinnsalen harmlos dahin, doch wenn Mitte bis Ende April der Südwestmonsun mit sintflutartigen Regengüssen Assam erreicht, verwandelt er sich in ein reißendes Wildwasser. Der im Regenschatten der Gebirge im Süden gelegene Nationalpark erhält mit 2200 mm pro Jahr für nordostindische Verhältnisse recht wenig Niederschlag. Aber in den benachbarten Bergländern von Assam gießt es von April bis September wie aus Kübeln: In den Khasi-Jaintia-Bergen südlich von Guwahati fallen in diesen Monaten durchschnittlich 10 000 mm Regen – eine 10 m hohe Wassersäule oder 10 000 Liter auf jeden Quadratmeter! Der Brahmaputra, der die riesigen Wassermassen abführen muß, schwillt dann gewaltig an, überflutet die Stromniederung 3 bis 5 m hoch und setzt einen kilometerbreiten Landstreifen unter Wasser.

Im Kaziranga werden alljährlich fast drei Viertel der Fläche überschwemmt, das Gebiet ist dann nur mit dem Boot zu durchqueren. Erst Wochen später fällt die Stromaue wieder trocken. Doch auch in der winterlichen Trockenzeit bleibt im Nationalpark noch genügend Wasser für die Pflanzen- und Tierwelt zurück: in den zahllosen, verästelten Flußarmen, in den Bheels, seichten Seen, die der Strom ausgekolkt hat, in den sumpfigen Wäldern und feuchten Grasfluren. Der Brahmaputra verhindert also durch seine verheerenden Fluten eine dauerhafte Besiedlung und Nutzung der Niederung durch den Menschen und sorgt gleichzeitig für die Wasserreserven, mit denen Pflanzen und Tiere die Trockenzeit überstehen. Wenn der Pegel zu schnell ansteigt, können sich viele Tiere nicht mehr retten und ertrinken im lehmbraunen Wasser. Bei der letzten großen Flutkatastrophe im Sommer 1988, die den bisher höchsten Pegelstand brachte, starben auf diese Weise allein über 1000 Hirsche. In normalen Jahren können die Tiere jedoch ausweichen und in die im Süden gelegenen Bergländer abwandern.

Die ortsgebundene Vegetation hat sich an die häufigen Überschwemmungen angepaßt. Viel stärker als durch das nasse Element ist sie allerdings durch das Feuer geprägt. Im Lauf von Jahrtausenden wurden die natürlichen Monsunwälder durch Brände vernichtet und durch Grasländer ersetzt, die heute über die Hälfte der Nationalparkfläche einnehmen. Auf den höheren Auenterrassen wächst das Elefantengras, ein Gemisch aus Seidengras, wildem Zuckerrohr, Schilf und anderen hochwüchsigen Grasarten. In die bis 5 m hohe Grasflur sind einzelne Bäume, vor allem Kapokbäume und Rosenapfelbäume, eingestreut. Der halbimmergrüne Wald, der etwa ein Zehntel der Fläche bedeckt und je nach Baumart in der Trockenzeit einen Teil des Laubs verliert, besitzt eine ganze Reihe reich blühender Bäume, darunter die „Rose von Indien", einen der schönsten Blütenbäume Südasiens, dessen Krone oft wochenlang dicht mit rosaroten Blütenrispen bedeckt ist. Unter den Bäumen des immergrünen tropischen Regenwalds, der nur noch in kleinen Resten erhalten ist, gibt es dagegen viele, die mit einem aromatischen Geruch auf sich aufmerksam machen, etwa enge Verwandte des Gewürznelkenbaums oder des Zimtbaums.

Wo laute, rauhe Rufe aus dem von Rotangpalmen durchwucherten Dschungel zu hören sind, ist meist das Sumpffrankolin nicht weit. Der rebhuhnähnliche Vogel gehört zu den über 200 Vogelarten, die an den

Ufern des Brahmaputra brüten, ebenso wie die seltene Barttrappe oder der Graupelikan. Hinzu kommen mehr als 100 Zugvogelarten, die oft eine weite Reise aus dem hohen Norden Asiens hinter sich haben. Die Vogelwelt ist deshalb eine bunte Mixtur aus Arten der verschiedensten Klimazonen, von der Rostgans und dem Schwarzstorch über den Graukopf-Seeadler und den Graukopf-Kiebitz bis zum Schwarzkehlchen und Rosapelikan. Wildschweine und Schweinshirsche kommen zu Tausenden im Nationalpark vor; die Chancen, beim Ausritt vom Elefantenrücken einen Zackenhirsch (der hier Sumpfhirsch genannt wird), einen Sambarhirsch oder Wilden Wasserbüffel zu erspähen, sind gut. Mit Glück und Geduld kann man sogar den Tiger, Leoparden, Lippenbär oder Gaur beobachten. Sehr selten sind der Bindenwaran und der Ganges-Delphin, ebenso Begegnungen mit der Königskobra, der größten Giftschlange der Welt, die selbst einem Elefanten gefährlich werden kann.

Auf über 500 wird der Bestand der freilebenden Indischen Elefanten im Kaziranga Nationalpark geschätzt. Sie sind mit einer Körperhöhe von bis zu 3 m und einem Gewicht bis zu 5 Tonnen die größten und schwersten Bewohner des Parks, gefolgt vom Indischen Panzernashorn, für das das Schutzgebiet in erster Linie eingerichtet wurde. 1908, als die britische Kolonialverwaltung hier erstmals ein Jagdverbot verhängte, gab es im Kaziranga nur noch ein paar Dutzend Nashörner. Inzwischen hat sich der Bestand kräftig erholt und pendelt um 1000 Tiere, was etwa 70 % des Weltbestands dieser seltenen Nashornart entspricht. Jährlich werden ungefähr 25 bis 50 Nashörner im Nationalpark von Wilderern getötet, die es auf das in der ostasiatischen Medizin als Rohstoff für allerlei Heil- und Stärkungsmittel begehrte Horn abgesehen haben. Trotz dieser Verluste verändert sich der Bestand nicht, weil sie offenbar durch Geburten ausgeglichen werden. Allerdings sorgen auch fast 100 bewaffnete Wildhüter dafür, daß die Wilderei nicht überhandnimmt.

Die Tiere im Kaziranga sind freilich nicht nur von Wilderern bedroht. Beim „Jahrhunderthochwasser“ im Sommer 1988 starben mindestens 28 Nashörner. Angesichts der fortschreitenden Entwaldung im Einzugsgebiet des Brahmaputra muß man befürchten, daß sich solche katastrophalen Hochwässer in der Zukunft häufiger ereignen. Der Rückzug aus dem Überschwemmungsgebiet ist für die Tiere immer mit Gefahren verbunden, denn nicht wenige werden auf der Fernstraße am Rand des Nationalparks überfahren oder von Bauern, die sich um ihre Ernten sorgen, erschossen. Zwischen dem Nationalpark und dem Ausweichquartier im Bergland gibt es nur noch wenige freie Korridore, durch die die Tiere wandern können. Dichtbesiedeltes Agrarland und große Teeplantagen bilden bei den jahreszeitlichen Wanderungen hohe Barrieren; der Bau einer Eisenbahnlinie, die die natürlichen Wanderwege völlig zerschnitten hätte, konnte nach Protesten der Naturschützer vorerst verhindert werden. Ob die dringend notwendige Erweiterung des Nationalparks bis ins Bergland hinein überhaupt noch vorgenommen werden kann, ist allerdings mehr als fraglich.

Barasinghas oder Nordindische Zackenhirsche sind mit ihrem wasserabstoßenden Haar und den weit spreizbaren Klauen perfekt an das Leben in der sumpfigen, regelmäßig überschwemmten Stromniederung des Brahmaputra angepaßt.

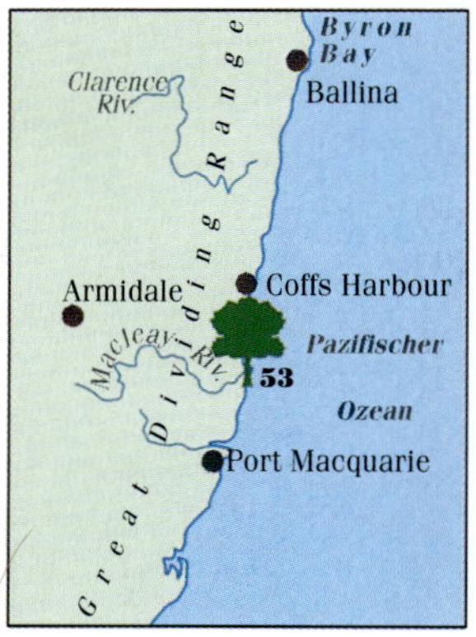

Lage: Zwischen dem 28. und dem 37. Breitenkreis, in den Bundesstaaten Queensland und New South Wales

Naturraum: Warmgemäßigte Subtropenzone; nahe der Küste ständig feuchtes, sommerheißes Klima mit subtropischen Feucht- und Regenwäldern; im Landesinnern sommerfeucht, wintertrockenes Klima mit Hartlaubwäldern

Meereshöhe: 0–1600 m

Fläche: 2654 km²

Zugang: Von Sydney oder Brisbane auf dem Pacific Highway sowie auf teilweise asphaltierten Pisten

Die Border Ranges, die sich von Queensland bis in den benachbarten Bundesstaat New South Wales hineinziehen, sind größtenteils noch von üppigen subtropischen Regenwäldern bedeckt.

Im Innern des Regenwaldes gibt es nur sehr geringe Schwankungen der Luftfeuchtigkeit und -temperatur.

Brettwurzeln dienen als Stützen, denn im nährstoffarmen Boden wurzeln die Bäume nur in den obersten Schichten.

Central Eastern Rainforest Reserves

Von allen Kontinenten ist Australien der flachste; fast drei Viertel des alten „Südlands" werden vom australischen Tafelland mit einer Durchschnittshöhe von etwa 330 m eingenommen. Höhere Gebirgszüge, an denen es zu Steigungsregen kommen kann, sind selten. Mit Ausnahme der Great Dividing Range, des 3000 km langen Mittelgebirges an der Ostküste, erhält fast das gesamte Gebiet südlich des 20. Breitenkreises im Jahresdurchschnitt weniger als 500 mm Niederschlag, besteht aus Trockenbusch, Savanne, Steppe und Wüste mit einer kargen Flora. Australien ist daher neben dem vergletscherten Antarktika auch der waldärmste aller Kontinente. Durch Holzeinschlag und Überweidung hat das dünn besiedelte Land seit der europäischen Kolonisation zudem große Waldflächen verloren. Erst in den letzten Jahrzehnten wurden nach der Devise „Retten, was noch zu retten ist" zahlreiche Nationalparks zum Schutz der Wälder in den stärker beregneten Gebirgsketten im Osten eingerichtet, darunter die Central Eastern Rainforests Reserves, die seit 1986 zum Weltnaturerbe gehören. Meist sind diese Regenwaldreservate für australische Verhältnisse klein, im Durchschnitt entfallen etwa 45 km^2 auf ein Reservat. Klein, aber fein, mit einer überwältigenden Fülle von Tier- und Pflanzenarten. Allein rund 110 Reptilien und 270 Vögel hat man bisher beobachtet. Unter den Pflanzen gibt es nicht wenige, die mit verwandten Arten auch in Südamerika oder Afrika vorkommen und zur Flora des vor rund 200 Millionen Jahren zerbrochenen Gondwanalands gehören, wie die Südbuchen und Araukarien. Regenwälder, subtropische und gemäßigte, haben der Naturerbestätte den Namen gegeben. Mit ihrem Reichtum an Orchideen, Lianen, epiphytischen Farnen, Moosen, Flechten, den Würgefeigen, die andere Bäume mit ihren Wurzeln umschließen, sie quasi „erwürgen" und absterben lassen, den Brettwurzeln, die den flachwurzelnden Bäumen mehr Standsicherheit verleihen, zählen sie zu den urwüchsigsten und schönsten der Welt. Außertropische Regenwälder, die sich vor allem durch ihre geringere Höhe und den einfacheren inneren Aufbau von den tropischen unterscheiden, sind allerdings keineswegs die einzigen oder beherrschenden Pflanzengemeinschaften dieser australischen Naturerbestätte. Das Spektrum reicht vielmehr von Dünenheiden über Hartlaubwälder bis zu Schnee-Eukalypten-Wäldern und Mooren in den höchsten Lagen.

Im bunten Mosaik der Flora spiegelt sich der Klimawandel vom Meeresniveau bis auf etwa 1600 m und zum trockeneren Binnenland hin wider. Es ist aber auch das Spiegelbild der rasch wechselnden Gesteinsarten und Böden im Bereich des Great Escarpment, der markanten Geländestufe, mit der die Great Dividing Range oft mehr als 1000 m tief zum Pazifik abbricht. Zu den geologischen Besonderheiten dieser Region Australiens zählen die Basaltdecken, Schildvulkane, Propfenberge und anderen vulkanischen Landschaftsformen. Sie stammen im wesentlichen aus dem älteren Tertiär, sind aber oft noch bemerkenswert gut erhalten. In jener Zeit vor etwa 24 bis 65 Millionen Jahren spalteten sich die Eierleger und die Beutelsäuger in zahlreiche Entwicklungslinien auf. Heute sind die bekanntesten Vertreter dieser urtümlichsten und für den Fünften Kontinent charakteristischen Gruppen der Säugetiere in den Waldreservaten an der zentralen Ostküste heimisch: der niedliche Koala, der ausschließlich Eukalyptusblätter verspeist und deshalb die Hartlaubwälder in der trockeneren Region bevorzugt; dort trifft man auch den Riesengleitbeutler, ein Beuteltier, das ohne weiteres 100 m im Gleitflug überwinden kann, in den Wildbächen des Regenwalds lebt dagegen das Schnabeltier, das wohl seltsamste Geschöpf im Tierreich.

191 m mißt der Stack an Arnim nahe der Insel Boreray und ist damit der höchste Brandungsturm der Britischen Inseln. Die Felsen bestehen vor allem aus dunklen magmatischen Gesteinen wie Basalt oder dem verwandten Tiefengestein Gabbro.

Geschützt 1986 · Großbritannien

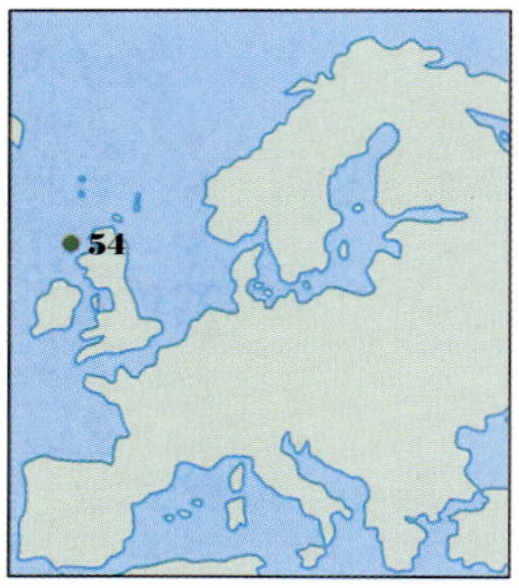

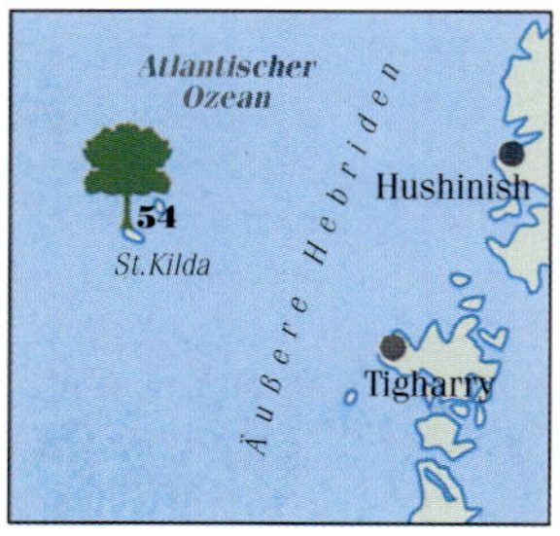

Lage: Rund 70 km vor den Äußeren Hebriden

Naturraum: Hochozeanisches Klima

Meereshöhe: 0–430 m

Fläche: 8,5 km²

Geschützt 1986
Großbritannien

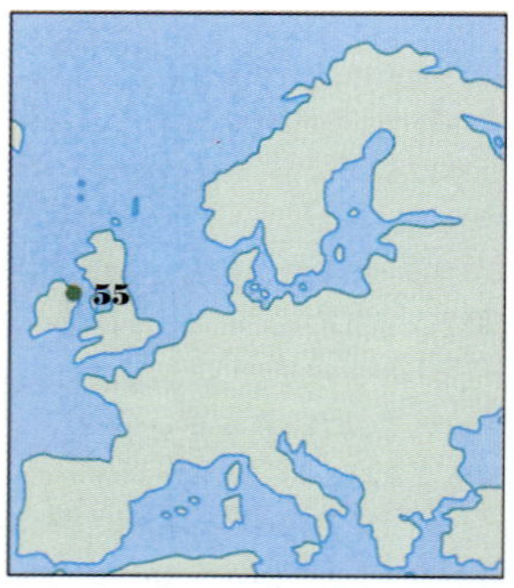

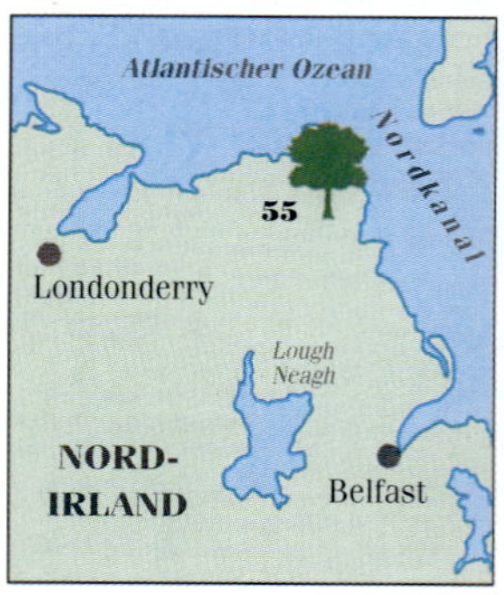

Lage: Knapp 80 km nördlich von Belfast

Naturraum: Ozeanische Klimate innerhalb der kühlgemäßigten Zone

Meereshöhe: 0–100 m

Fläche: 0,7 km²

Der Damm des Riesen mit seinen rund 40 000 Basaltsäulen ist gewissermaßen nur die Spitze des Eisbergs, denn unter dem benachbarten Plateau von Antrim sind weitere Millionen und Milliarden der harten Säulen verborgen.

St. Kilda Inselgruppe

Der Eissturmvogel hat auf dem einsamsten Archipel Großbritanniens seine älteste und größte Brutkolonie. Rund 30 000 Paare dieser großen grau-weiß-gefiederten Seevögel, die nur zur Brutzeit das Land besuchen, nisten auf den dunklen Basaltfelsen und begrüßen Störenfriede mit einem heiseren Gackern. Mindestens 300 000 Paare zählt die Kolonie der Papageitaucher, die im Sommer in der Vogelwelt wohl die schönsten Schnäbel tragen. Für die gänsegroßen weißen Baßtölpel ist die Inselgruppe am stürmischen Rand Europas mit 60 000 Paaren sogar der weltweit wichtigste Brutplatz. Die St. Kilda-Inseln sind ein faszinierendes Vogelparadies, aber nicht nur deswegen in der UNESCO-Liste des Weltnaturerbes verzeichnet. Bei der Suche nach Superlativen, nach Einzigartigem, wird man auch in anderen Bereichen der Natur schnell fündig. So besitzt der Archipel den höchsten Stack der Britischen Inseln, fast 200 m hoch ragt der Brandungsturm aus der aufgewühlten See vor dem Eiland Boreray auf (dagegen ist die Lange Anna vor den Nordklippen Helgolands eher kurz geraten). Extrem tief verläuft hingegen die Waldgrenze hier im atlantischen Nordwesten Europas: Während die ungefähr auf demselben Breitenkreis gelegenen Berge Südnorwegens stellenweise bis über die 1000 m-Höhenlinie hinaus bewaldet sind, senkt sich die Waldgrenze schon an der schottischen Westküste auf 200 m, und auf den St. Kilda-Inseln gibt es überhaupt keine Bäume mehr – eine Folge der kühlen Sommer und der heftigen Stürme, die salzige Gischt über die Inseln treiben und die Pflanzen regelrecht scheren. Magere Rasen, Moore, die als Deckenmoore die Landschaft weitflächig überziehen, Zwergstrauchheiden und Moosdecken nehmen die arktische Tundra schon vorweg.

In der Sprühzone der Brandung formt die Verwitterung auf den Endflächen der Basaltprismen flache Felsschalen.

Damm des Riesen

Der „Damm des Riesen" endet heute schon nach etwa 150 m vor der wildzerklüfteten Küste von Antrim wie eine Sackgasse im Meer. Wenn man der Sage glauben darf, dann zog er sich einst 120 km weit durch den Atlantischen Ozean bis zur Hebrideninsel Staffa. Der irische Riese Finn MacCool soll den steinernen Wall in grauer Vorzeit von Nordirland hinüber zu den Hebriden gebaut haben, um Finn Gall, seinen schottischen Erzfeind, bei Nacht und Nebel zu attackieren. Doch der durchschaute die Kriegslist und zerstörte den Damm bis auf einen winzigen Rest an der nordirischen Küste. Das Besondere an diesem sagenhaften Damm ist das Baumaterial, aus dem er besteht: fünf- oder sechseckige, 6 bis 12 m lange Basaltsäulen, die fast fugenlos, dicht gedrängt wie Orgelpfeifen nebeneinander stehen und an der Oberfläche des Damms ein regelmäßiges Muster bilden, das an ein Straßenpflaster erinnert. Säulenförmige Absonderung der erstarrten Lava ist in Basaltströmen häufig, aber nur selten so perfekt entwickelt wie beim Giant's Causeway. Für die Sage mußte das felsige Vorgebirge das Werk eines Riesen sein. Auch die Wissenschaft deutete das merkwürdige Naturgebilde zunächst falsch, für manche Geologen war es ein versteinerter Bambuswald, andere hielten die Säulen für riesige Kristalle, die sich im Meerwasser, in Neptuns Reich, gebildet hätten. Für die Plutonisten wiederum stammten die Säulen aus den tieferen heißen Stockwerken der Erdrinde, wo Pluto, der Gott der Unterwelt, regierte. Die Plutonisten haben den Gelehrtenstreit inzwischen längst für sich entschieden, und die vulkanische Geschichte des Giant's Causeway enthüllt. Danach gehört der legendäre Damm zu einer Folge von Basaltströmen, die sich vor 50 bis 60 Millionen Jahren über Nordirland ergossen haben und später an den Rändern durch die Brandung angenagt wurden. So gesehen hatte bei der Entstehung dieses weltberühmten Naturwunders Neptun also doch seine nasse Hand im Spiel.

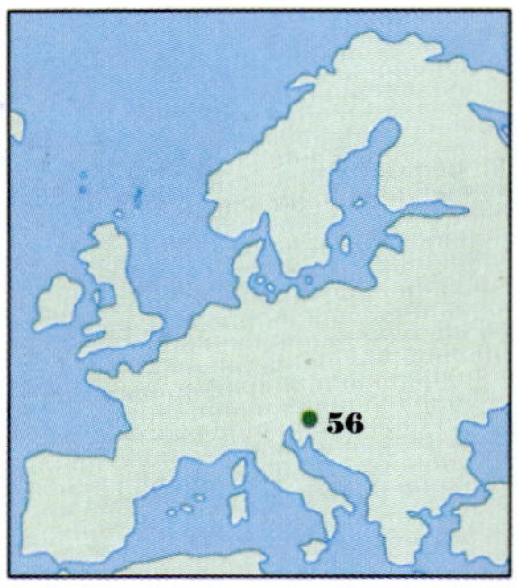

Lage: In Matavun bei Škocjan, etwa 17 km östlich von Triest

Naturraum: Triestiner Karst; mediterrane Hartlaubwaldregion

Meereshöhe: 390–450 m (Erdoberfläche)

Fläche: 4 km²

Zugang: Durch einen künstlichen Stollen, der in der Doline von Globočak beginnt; Dauer der Besichtigung ca. 2 Stunden

Schöne Tropfsteine und andere Sintergebilde schmücken die Teile der Höhle, die nicht mehr ausgespült werden. Typisch sind riesige treppenförmig angeordnete Sinterbecken, wie in der Brunnengrotte.

Höhlen von Škocjan

Slowenien ist reich an Höhlen, mehr als 3500 sind bekannt. Zwei Höhlensysteme gehören zu den größten und eindrucksvollsten in Europa: die Höhlen von Postojna, auch als Adelsberger Grotten bekannt, und die rund 20 km weiter südwestlich gelegenen Höhlen von Škocjan (St. Kanzian). Beide Grotten sind als Karsthöhlen hauptsächlich durch Lösungsvorgänge im Kalkstein entstanden, in ihrer Atmosphäre jedoch sehr unterschiedlich.
In den Adelsberger Höhlen werden die Besucher von der Pracht und Formenfülle der Tropfsteine geblendet, erleben eine unterirdische Schatzkammer. Die Höhlen von Škocjan sind dagegen eher unheimlich, eine gespenstische Unterwelt, und mancher Besucher ist froh, wenn er nach dem Rundgang durch die spärlich beleuchteten unterirdischen Schluchten, an deren Grund ein wilder Fluß tost, endlich das Tageslicht wieder sieht.

Der wilde Fluß ist die Reka, die ihren Lauf zunächst ganz normal als oberirdischer Wasserlauf im gebirgigen Hinterland der Adriaküste beginnt, dann jedoch unter der Kirche von Škocjan durch ein Felsentor im Untergrund verschwindet, um nahe der Küste in starken Quellen wieder an der Erdoberfläche aufzutauchen und unter dem Namen Timavo ins Meer zu münden. Durchschnittlich acht Tage braucht das Wasser für die in der Luftlinie knapp 40 km lange Strecke. Schon im Altertum vermutete man die Verbindung zwischen der Flußschwinde und den Karstquellen. Den Nachweis erbrachten jedoch erst Höhlenforscher besonderer Art: markierte Aale. Im oberirdischen Einzugsgebiet der Reka treten vorwiegend wasserundurchlässige Gesteine zutage. Bei der Schneeschmelze und nach Starkregen kommen daher erhebliche Abflußmengen zusammen. Auf über 300 Kubikmeter pro Sekunde kann der Abfluß bei Škocjan anschwellen, so viel wie die Donau bei Ingolstadt oder die Mosel bei Cochem durchschnittlich führen. Dann steigt der Fluß in seinem unterirdischen, bis 148 m hohen und 100 m breiten Canyon innerhalb kürzester Zeit rapide an, im Jahr 1826 um über 70 m. Doch auch bei trockener Witterung bietet der Fluß mit 25 Kaskaden und einem 163 m hohen Wasserfall ein in Europa einzigartiges Bild.

An mehreren Stellen ist die Decke des Canyons eingestürzt, und man kann unterhalb von Škocjan am Grund der vier tiefen Karstschächte den Fluß erkennen, bevor er wieder in einer finsteren Passage verschwindet. Insgesamt sind die vermessenen Gänge des Höhlensystems rund 5000 m lang, die bekannten Gänge aller Höhlen in Slowenien messen über 150 km. Die Passagen, die gegenwärtig noch vom fließenden Wasser erodiert werden, enthalten nur kargen Tropfsteinschmuck, höhere Gänge, die jetzt trocken liegen, „verkalken" dagegen zusehens, werden allmählich mit Sinter ausgefüllt. Eine Besonderheit der Höhlen von Škocjan sind die Sinterterrassen. Sie entstehen dort, wo kalkreiches Wasser über das Gestein hinunterrieselt.

Die Abgründe haben ihr eigenes Klima und daher auch eine besondere Flora, in der Pflanzenarten verschiedener Provinzen zusammentreffen. Neben typischen Gewächsen des mediterranen Ölbaumklimas, wie dem Stechwacholder oder dem Frühlings-Alpenveilchen, die an sonnigen Stellen wachsen, findet man im kühlen Schatten mehrere Hochgebirgspflanzen, etwa das Zweiblütige Veilchen oder die Alpen-Aurikel. Ein Charaktertier der Alpen, die Schneemaus, ist ebenfalls in den Karstschächten heimisch. Im Herbst quartieren sich die Alpenfledermaus, die Mopsfledermaus, das Große Mausohr und andere Fledermäuse in dem unterirdischen Labyrinth ein.

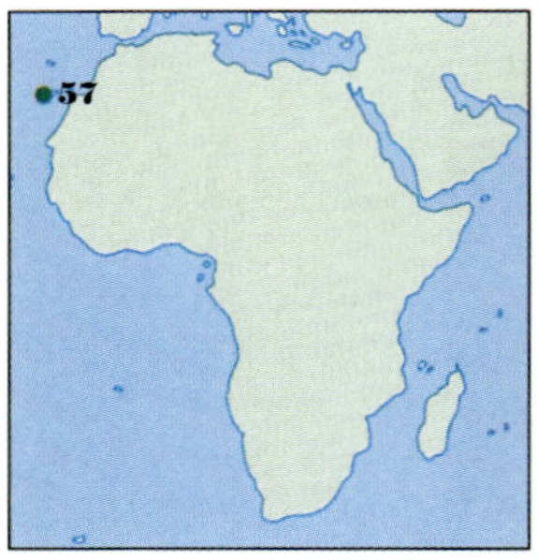

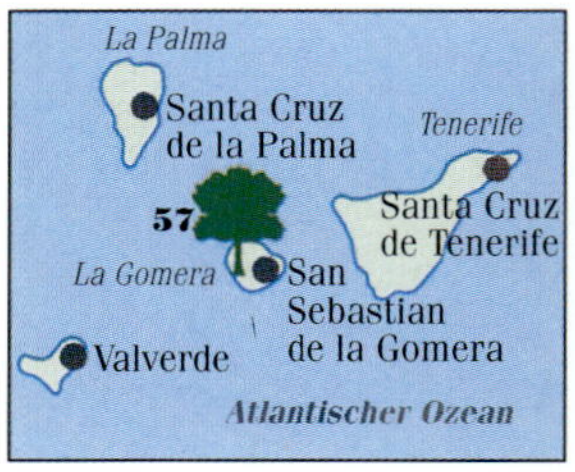

Lage: Im Zentrum der Insel La Gomera, rund um den gleichnamigen höchsten Berg

Naturraum: Wolkenreiches, feuchtes Gebirgsstockwerk der warmgemäßigten Subtropenzone

Meereshöhe: 750–1487 m

Fläche: 40 km²

Zugang: Auf schmalen Straßen von der Inselhauptstadt San Sebastián bis zum Rand des Parks bei Juego de Bolas mit ökologischem Museum und kleinem botanischen Garten

Im Unterwuchs des Lorbeerwalds fallen besonders die Farne auf, die sich zum Teil auf den Bäumen ansiedeln. Die feuchte Wolkenluft läßt auch die Moose üppig gedeihen. Fast täglich sind die Nord- und Nordosthänge in dichte Wolken gehüllt.

Garajonay

Keine andere Inselgruppe der Erde trägt so viele verlockende Beinamen wie die Kanarischen Inseln: Inseln der Glückseligen hat man sie genannt, Verzauberte Inseln, Elysische Gefilde oder auch Gärten der Hesperiden. Wer diese Namen für bare Münze nimmt und auf Teneriffa, Fuerteventura und den übrigen fünf Inseln ein unberührtes Naturparadies erwartet, wird freilich enttäuscht sein: Von der ursprünglichen Natur ist außer dem vulkanischen Gestein und dem subtropischen Klima vielerorts nichts übrig geblieben. Wo früher grüne Wälder wuchsen, erstrecken sich heute oft graubraune Halbwüsten. La Gomera, die zweitkleinste Kanareninsel, hat in den letzten 100 Jahren etwa zwei Drittel ihrer Wälder verloren, ist im Vergleich mit den anderen Inseln aber noch immer recht dicht bewaldet. Sie birgt in ihrem Kern einen der letzten ursprünglichen Waldbestände des Archipels: einen üppigen Lorbeerwald, fast die Hälfte des verbliebenen Areals dieser urwaldartigen Pflanzengemeinschaft auf den Kanarischen Inseln. Im Tertiär waren Lorbeerwälder, die ökologisch zwischen Regenwäldern und Hartlaubwäldern stehen, noch über weite Gebiete Nordafrikas und Südosteuropas verbreitet. Die klimatischen Wechselbäder des Eiszeitalters und später die Menschen haben sie bis auf winzige Reste vernichtet. Das Gestein, auf dem sie rund um den Garajonay wachsen, ist etwa ebenso alt. Horizontal gelagerte Basalt- und Aschenschichten, die vor 5 bis 15 Millionen Jahren aus Vulkanschloten gefördert und anschließend von kompakten Lavamassen durchdrungen wurden.
An den Rändern der sanft ansteigenden Zentralkuppe der Insel ragen die grauverwitterten Lavapropfen als Roques (Felsen) aus dem Boden, gleich daneben fällt das Gelände steil zu den tiefen Barrancos (Schluchten) ab, die sich von der Küste her bis zum Kern des Eilands eingekerbt haben. Ungefähr drei Viertel der Kuppen sind bewaldet.
An den trockeneren Südwest- bis Südostflanken besteht der Wald vor allem aus dem Gagelbaum und der Baumheide, die hier bis 20 m hoch werden kann. Die eigentlichen Lorbeerwälder findet man an den nach Norden und Nordosten gerichteten Bergflanken, an denen sich die von den Passatwinden herangewehten Wolken stauen und ihre Feuchtigkeit als Nieselregen und nässenden Nebel abgeben. Vier Baumarten, meist mit großen, festen, glänzend dunkelgrünen Blättern, prägen ihr Bild, oft sind die Stämme mit Moosen, Farnen und Flechten überzogen. Wo am Waldboden genügend Licht für Blütenpflanzen ist, wachsen schöne Wildblumen: die „Königin der Berge“ mit zahlreichen gelben Blüten, das rotblütige Greiskraut, weiße Zistrosen, orange blühende Glockenblumen, gelbe Gänsedisteln… insgesamt über 450 Pflanzenarten, von denen acht ausschließlich im Nationalpark beheimatet sind. Auch in der Tierwelt gibt es nicht wenige endemische Arten, beispielsweise die Kanarentaube oder die scheue Lorbeertaube, die sich in den meist wolkenverhangenen Wäldern nur durch ihr Gurren bemerkbar macht. Gesetze zum Schutz der vielfältigen kanarischen Vogelwelt wurden bereits lange vor der Gründung des Nationalparks im März 1981 erlassen. Der Schutz der Natur wird von den Insulanern allerdings nicht ganz uneigennützig betrieben, denn zum einen stellt der Nationalpark eine bedeutende touristische Attraktion dar (mehr als 450 000 Besucher zählt man jährlich), und zum andern bewahren die geschützten Wälder gleichzeitig die natürlichen Lebensgrundlagen der Menschen. Ohne den Wald, der den Erdboden vor Erosion bewahrt, die Wassertröpfchen aus den Nebelschwaden filtert, sie dem Boden und den Trinkwasservorräten zuführt, wäre La Gomera um ein gutes Stück unwirtlicher.

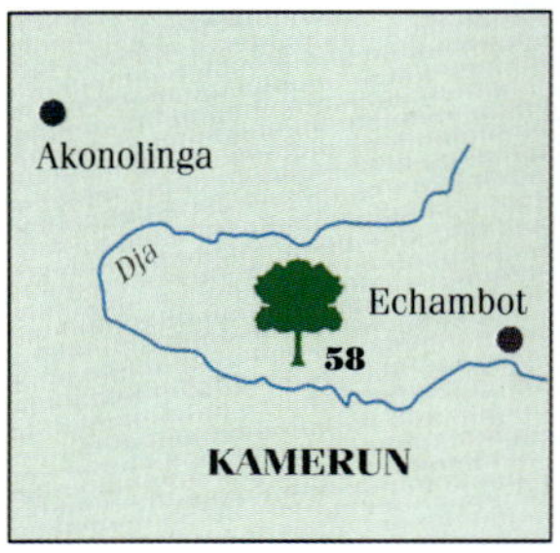

Lage: 200 km südöstlich von Yaoundé innerhalb einer weiten Schleife des Flusses Dja

Naturraum: Zone der tropischen Regenklimate mit immergrünen Regenwäldern

Meereshöhe: 400–800 m

Fläche: 5260 km²

Zugang: Nur für Wissenschaftler mit spezieller Genehmigung; keinerlei Besuchereinrichtungen

Nebelschwaden hüllen in den frühen Morgenstunden den Regenwald ein. Doch mit steigender Sonne lösen sie sich am Vormittag rasch auf, die mit Feuchtigkeit beladene Luft steigt empor, kondensiert in der Höhe zu mächtigen Wolkentürmen, aus denen

sich am Nachmittag und abend schwere Gewitter entladen.

Tierreservat Dja

Der Zaïre oder Kongo ist der größte Fluß Zentralafrikas und nach dem Amazonas der wasserreichste unseres Planeten. Rund 40 000 Kubikmeter Wasser pro Sekunde führt er durchschnittlich am Unterlauf, etwa die zwanzigfache Abflußmenge des Rheins an der deutsch-niederländischen Grenze. Im Unterschied zu den Strömen Mitteleuropas spielt Nzadi, der „große Fluß", als Wasserstraße allerdings nur eine geringe Rolle, denn immer wieder wird sein Lauf von Stromschnellen und felsigen Engtalstrekken unterbrochen. Das starke, unregelmäßige Gefälle ist ein gemeinsames Merkmal vieler Flüsse der feuchten tropischen Klimazone. Dazu gehört auch der Dja, der dem Zaïre auf weiten Umwegen über den Sangha zufließt. Vom Quellgebiet strömt er zunächst nach Westen, macht dann jedoch kehrt, wendet sich nach Osten und bildet so eine Art Halbinsel, die vor allem im Süden durch felsige Flußufer und einen tiefen Canyon begrenzt wird. An den Felswänden treten uralte Gesteine zutage, Gneise, Quarzite und Glimmerschiefer, die von zahlreichen Brüchen durchzogen werden. Der Fluß folgt diesen Bruchlinien, an denen das Gestein zermürbt und deshalb leichter zu erodieren ist.

Von dem natürlichen Wassergraben geschützt, blieb innerhalb der Flußhalbinsel einer der ursprünglichsten tropischen Regenwälder Zentralafrikas erhalten. Während in den Gegenden, in denen seit alters her Brandrodungsfeldbau betrieben wird, der Regenwald zu einem relativ artenarmen und niedrigen Sekundärwald verkümmert ist, zeigt er sich hier als tropischer Urwald mit bis zu 60 m hohen Baumriesen. Das Hauptkronendach in 30 bis 40 m Höhe über dem Erdboden besteht aus drei bis vier Dutzend Baumarten, darunter liegt meist noch ein zweites Stockwerk aus niedrigeren Bäumen und Sträuchern. Nur Spezialisten können die Gehölzarten unterscheiden und benennen. Einige kennt aber auch der Laie, wenigstens vom Namen her, weil ihre Hölzer, Fasern und Früchte in die Industrieländer exportiert werden, z. B. den Limbaholzbaum, den Kapokbaum oder den Kolabaum.

In der Tierwelt des weitläufigen Naturreservats am Dja gibt es neben bekannten Arten wie Gorilla, Schimpanse, Elefant oder Leopard ebenfalls viele Geschöpfe, deren Namen nicht so geläufig sind – oder wer hat im Biologieunterricht schon etwas vom Potto, Galago oder Drill gehört? Die drei genannten Tierarten oder -gattungen werden zu den Primaten gezählt, und von diesen „Herrentieren" beherbergt die vom Dja umschlossene Halbinsel im Regenwald ungewöhnlich viele. Der Potto, ein Halbaffe, wird von den Afrikanern „Softly-softly" genannt, was soviel wie „Immer mit der Ruhe" bedeutet, denn das etwa katzengroße Tier bewegt sich sehr langsam und vorsichtig. Die großäugigen, niedlichen Galagos, seit der Fernsehserie Bernhard Grzimeks dem Zuschauer als „Buschbabies" bekannt, bewegen sich dagegen wieselflink durch das Kronendach. Und der Drill, ein großer Pavian, lebt tagsüber am Waldboden.

Zu den Bewohnern des Naturreservats im Regenwald gehört auch ein bedrohtes Menschenvolk: Pygmäen. Die kleinwüchsigen Jäger und Sammler genießen Sonderrechte, dürfen auf althergebrachte Weise jagen und fischen. Allerdings haben die passionierten Jäger inzwischen die Vorteile moderner Schußwaffen gegenüber Pfeil und Bogen erkannt, erlegen damit mehr Tiere und gefährden so die Bestände. Dazu kommt, daß die Pygmäen heute mehr und mehr zu einer seßhaften Lebensweise übergehen. Der Druck auf die natürliche Umwelt, der sich beim Nomadenleben früher auf ein großes Areal verteilte, konzentriert sich jetzt auf eng umgrenzte Bereiche und hinterläßt dementsprechend tiefere Spuren.

Lage: 280 km nordwestlich von Mombasa zwischen der Stadt Moshi und der kenianischen Grenze

Naturraum: Hochgebirge innerhalb der Zone der wechselfeuchten Tropenklimate mit regengrünen Trockenwäldern und Trockensavannen

Meereshöhe: 1830–5895 m (Kibo)

Fläche: 754 km²

Zugang: Von Arusha oder Moshi bis zum Parkeingang bei Marangu (Hotel, Campingplatz) und weiter mit lizensiertem Führer (meist auf dem Marangu-Trail) zur Gipfelregion; drei Berghüttensiedlungen am Kibo, in Horombo und Mandara

Büßerschnee ist eine typische Erscheinung der subtropischen und tropischen Hochgebirge. Die bizarren Schneeformen erinnern in ihrer Gestalt an Büßer in weißen Hemden – daher der Name.

Unter dem Frostwechselklima in den Gipfellagen des Kilimandscharo kommt es zur Bildung von Einebnungsflächen.

Kilimandscharo

„Ein in seiner Schönheit und ästhetischen Bedeutung einmaliges Naturphänomen", so wie es die Welterbekonvention für die Elite der Naturgüter fordert, ist Afrikas höchster Berg zweifellos. Mehr noch als durch seine absolute Höhe (5895 m über dem Spiegel des Indischen Ozeans) imponiert das Wahrzeichen des Schwarzen Kontinents durch seine riesige Grundfläche (3885 km^2) und den enormen Höhenunterschied von fast 4900 m zu den flachwelligen Savannenplateaus, über die sich das 60 km lange Massiv erhebt. Der Schwabe Johann Ludwig Krapf, der gemeinsam mit seinem Landsmann Johannes Rebmann den Kilimandscharo im Sommer 1848 für die westliche Welt entdeckte, war begeistert von dem Berg, „welcher über alle seine Nachbarn hervorragt, wie ein Riese über kleine Kinder".

Mit drei Gipfeln ragt dieser Riese als einer der höchsten freistehenden Berge der Erde auf: Kibo (5895 m), der Hauptgipfel, Mawenzi (5149 m) und Shira (3962 m). Die drei Berge sind erloschene oder wenigstens ruhende Vulkane. Gemeinsam bauen sie das Vulkangebirge aus Laven und Aschen über einem Gneissockel auf. Als ältester gilt der Shira, der bis vor vielleicht 500 000 Jahren Lava und Asche förderte, seither jedoch stark abgetragen wurde. Dann folgt der zerklüftete Mawenzi, ebenfalls nur noch eine Vulkanruine. Und schließlich der recht gut erhaltene Kibo, der zwei ineinandergeschachtelte Krater mit einem zentralen Aschenkegel besitzt. Die Ausbrüche hielten über mehrere Eiszeiten hinweg an. Häufig sind Gletschersedimente in die vulkanischen Gesteinsserien eingelagert. Spätestens gegen Ende der jüngsten Eiszeit dürfte der Kibo sich jedoch zur Ruhe gesetzt haben. Heute erinnern nur noch ein paar Fumarolen an die feurige Vergangenheit des Kilimandscharo. Die Dampfquellen sind in den letzten Jahrzehnten aktiver geworden, was manche Wissenschaftler als Vorzeichen künftiger Eruptionen ansehen.

Berge vom Format des Kilimandscharo haben oft ein eigenes Klima, das sich deutlich von dem der umgebenden Ebenen unterscheidet. Die Vulkanhochgebirge Ostafrikas bilden beispielsweise innerhalb der Zone der wechselfeuchten Tropenklimate feuchtere Inseln, in denen der Niederschlag reichlicher und auch gleichmäßiger über das Jahr verteilt fällt. Der mittlere Jahresniederschlag in den tieferen Lagen des benachbarten Arusha-Nationalparks beträgt 600 bis 1300 mm, an den Flanken des Kilimandscharo fallen am Parkeingang bei Marangu in 1830 m Meereshöhe dagegen im Jahresdurchschnitt rund 2300 mm. Im Bergwaldgürtel dürften die Niederschläge auf über 3000 mm ansteigen, allerdings nur an den südlichen Hängen. Die Nord- und Westflanken des Massivs erhalten nur etwa halb so viel Regen. Neben der Lage des Ortes zur vorherrschenden Windrichtung spielt auch die Höhenlage eine entscheidende Rolle, denn zu den Gipfeln hin nehmen die Niederschläge nach dem Maximum in den mittleren Lagen wieder ab: Am Kraterrand des Kibo fallen im Jahresdurchschnitt nur noch rund 100 mm, weniger als in Khartum oder anderen Orten des nordafrikanischen Wüstengürtels.

Oberhalb von etwa 3000 m Meereshöhe kann es am Kilimandscharo in klaren Nächten Frost geben. Auf dem 4400 m hohen Bergsattel zwischen Kibo und Mawenzi sind Temperaturen von –10 °C keine Seltenheit. Der Niederschlag fällt in diesen Höhen überwiegend als Schnee und beschert dem Bergstock so den Namen „Weißer Berg". Zuweilen wird der Name Kilimandscharo aber auch mit „Berg der Pracht" übersetzt. Wie dem auch sei: Die weiße Pracht auf Afrikas höchstem Berg ist recht bescheiden. Während der Ruwenzori eine vergletscherte Fläche von gut 10 km^2 besitzt, bedecken die wenigen Kar- und Kegelberggletscher rund um den Kibo allenfalls 1 km^2. Als der deutsche Geograph Hans Meyer und der Tiroler Alpinist Ludwig Purtscheller im Oktober 1889 den Gipfel erstmals bezwangen und den höchsten Punkt Afrikas „Kaiser-Wilhelm-Spitze" tauften, reichten die Gletscherzungen noch bis ungefähr 4000 m. Seither sind die Eismassen

Mehrere Meter hohe Schopfbäume mit rosettenförmigem Blattschopf sind charakteristisch für die afro-alpine Stufe.

wie in vielen anderen Hochgebirgen beträchtlich geschrumpft.

Im Vergleich mit dem Ruwenzori, dem „Regenmacher", verläuft die klimatische Schneegrenze am trockeneren Kilimandscharo beinahe 1000 m höher. Dadurch müßte in den Höhen eigentlich mehr Platz für eine vielseitige Flora sein. Doch das niederschlagsarme, frostige und stürmische Klima verwandelt die obersten Etagen des Bergstocks ab etwa 4500 m größtenteils in eine öde Hochgebirgswüste. Nur zögernd siedeln sich hangabwärts sehr niedrige Sträucher, hauptsächlich gelbblühende Korbblüten- und Kreuzkrautgewächse, sowie steife Horstgräser an, bedecken die Bodenoberfläche meist aber nur zur Hälfte. Auf der anderen ist der Boden im Wechsel von Gefrieren und Auftauen ständig in Bewegung, formt Fließerdeterrassen und Frostmusterböden. Oberhalb der Waldgrenze bei 2700 bis 3000 m, die (abgesehen von sechs Korridoren im Bergwald) zugleich die Grenze des Nationalparks bildet, schwanken die Temperaturen zwischen Tag und Nacht sehr stark, tagsüber dörren Sonne und Wind den Boden aus, nachts gibt es regelmäßig Bodenfrost.

Vor diesen Wechselbädern der Witterung, zu denen häufig noch durch Blitzschlag ausgelöste oder vom Menschen gelegte Brände kommen, müssen sich die Pflanzen schützen. So sind zum Beispiel die mitunter bizarren Wuchsformen der tropischen Hochgebirgsflora eine Anpassung an Feuer und Frost. Die Rosettenpflanzen biegen die Randblätter schützend über die Knospe und bewahren sie so vor dem Frost, den Bränden und der Austrocknung durch die Sonne. Die gleiche Aufgabe haben auch die abgestorbenen Blätter, die nicht abfallen, sondern wie ein Lendenschurz den Stamm umhüllen, oder die starke weiße Behaarung der Wollkerzenpflanzen. Kleinere Tiere wie die oberhalb der Waldgrenze häufigen Ohrenratten und Mäuse suchen bei schlechter Witterung Unterschlupf in ihren Bauen. Regelmäßige Gäste sind aber auch Ducker, Elenantilopen, Buschböcke, hin und wieder taucht sogar ein Kaffernbüffel jenseits der Waldgrenze auf, während schätzungsweise 220 Elefanten in den schwer zugänglichen Bergwäldern am Kilimandscharo einen relativ sicheren Zufluchtsort gefunden haben.

In den Savannen am Fuß des Massivs, die von der wachsenden Bevölkerung mehr und mehr in Acker- und Gartenland umgewandelt werden, verschlechtern sich die Überlebenschancen der Dickhäuter von Jahr zu Jahr. Der Bevölkerungsdruck ist auch im Nationalpark zu spüren; Sorgen bereiten dort vor allem die unkontrollierten Brände, die durch Viehhirten gelegt werden und von den Savannen auf die Bergwälder übergreifen. Wald- und Grasbrände entstehen ebenfalls beim Sammeln von Wildhonig, wenn die Bienennester ausgeräuchert werden. Den wachsenden Tourismus beobachtet die Nationalparkverwaltung mit einem weinenden und einem lachenden Auge: Einerseits richten die mittlerweile über 10 000 Bergtouristen, die alljährlich Afrikas höchsten Berg besteigen, Umweltschäden an, andererseits reichen die Einnahmen aus dem Tourismus schon seit einigen Jahren aus, um sämtliche Kosten des Nationalparks zu decken. Naturschutz ist hier kein Zuschußgeschäft mehr.

Im „Schneeschatten" des Kibo gibt es auf dem 5149 m hohen Mawenzi kaum Schnee- und Eisfelder, er ist außerdem weitgehend vegetationsfrei bis auf Flechten, Moose und andere niedere Pflanzen, die sich zwischen dem Lavaschutt ansiedeln.

Geschützt 1987 · Kanada

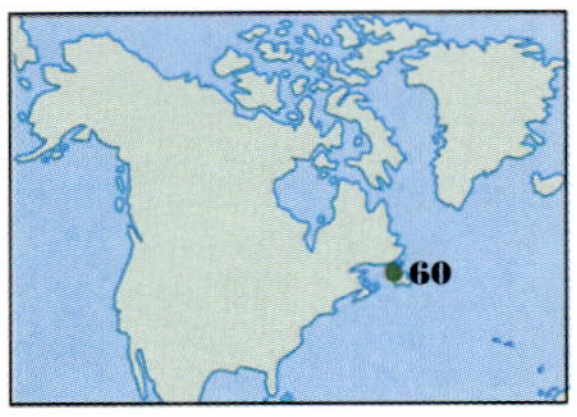

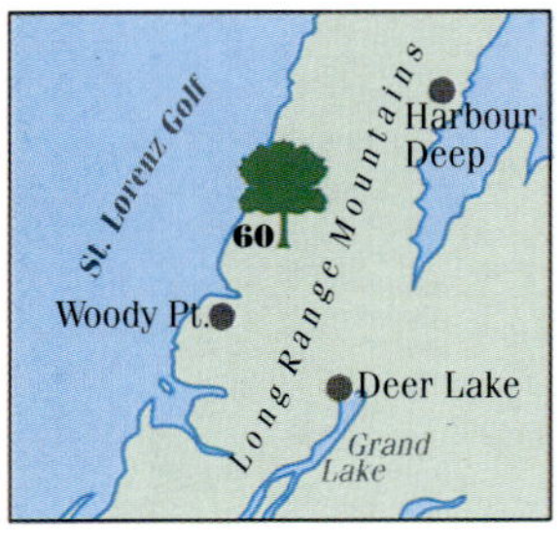

Lage: An der Nordwestküste der Insel Neufundland

Naturraum: Gürtel der immergrünen borealen Nadelwälder

Meereshöhe: 0–806 m

Fläche: 1805 km²

Jahrhundertelang wurden an Kanadas Küsten Robben, vor allem die weiß gefärbten Jungtiere der Sattelrobben, mit Knüppeln brutal erschlagen und den oft nur betäubten Tieren buchstäblich das Fell bei lebendigem Leib über die Ohren gezogen.

Geschützt 1987 · Mexiko

Lage: An der Ostküste der Halbinsel Yucatán

Naturraum: Zone des tropischen Feuchtklimas

Meereshöhe: 0–10 m

Fläche: 5280 km²

Der Weiße Sichler, ein Ibisvogel, ist hauptsächlich in Mittelamerika heimisch. Er nistet dort oft in mehr oder weniger großen Kolonien an der Küste in Mangrovedickichten, aber auch im Binnenland in Sumpfgebieten.

Gros Morne

Der nach dem höchsten Berg Neufundlands (806 m) benannte Nationalpark liegt in dem Landstreifen zwischen dem 49. und 50. Breitengrad nördlicher Breite, genauso wie diesseits des Atlantik der Rheingau oder die Pfälzer Weinstraße. Wer allein auf die mathematische Geographie vertraut und in dieser Ecke der Neuen Welt ein ebenso mildes Klima und Weinberge erwartet, täuscht sich jedoch gründlich: Neufundland liegt in den Zonen der Taiga und Tundra. Die Temperatur an der Nordwestküste der Insel schwankt im Jahresdurchschnitt um 3 °C, etwa so viel wie im norwegischen Tromsö. Wenn der gefallene Schnee nicht zwischendurch immer wieder abtauen würde, käme jährlich eine Schneedecke von mehr als 32 m Höhe zustande. Klimatisch, landschaftlich, von der Pflanzen- und Tierwelt her ist der Nationalpark mit seinen Fjorden, Moränenhügelländern, von eiszeitlichen Gletschern geschliffenen Plateaus, den borealen Nadelwäldern in den tieferen und den Tundren in den höheren Lagen mit Nordnorwegen zu vergleichen. Alpenschneehuhn und Schneeschuhhase, Elch (hier allerdings eingebürgert) und Karibu, das nordamerikanische Ren, sind in der nordischen Wildnis beheimatet. An der Küste kann man Pilotwale, Sattelrobben und die verschiedensten Seevögel, von der auffällig gemusterten Kragenente über die Küstenseeschwalbe bis zum Steinwälzer beobachten. Der Beiname „Galápagos der Geologen" verrät, daß die Landschaft rund um den Gros Morne auch geologisch sehr abwechslungsreich ist. Vor allem die dunklen, schwermetallreichen Gesteinsmassen, Reste ozeanischer Kruste, die vor rund 500 Millionen Jahren bei der Kollision verschiedener Platten der festen Erdrinde aufgepreßt wurden, sind für die Forscher im wahrsten Sinne des Wortes aufschlußreich.

Sian Ka'an

Yucatán, die Halbinsel an der karibischen Küste Mexikos, ist ein flaches Land, das sich unter dem Meeresspiegel als breite Untiefe in den Golf von Mexiko hinein fortsetzt. Es besteht aus einer Kalksteinplatte, die erst in den letzten Epochen der Erdgeschichte aus dem Meer auftauchte und seither unter dem feuchtwarmen tropischen Klima verkarstet. Nahezu der gesamte Regen, der hier ohnehin nicht allzu reichlich fällt, versickert im klüftigen Gestein. Es gibt daher auf der ganzen Halbinsel nur einen einzigen oberirdischen Fluß, dafür aber ungezählte unterirdische Wasserläufe, die Höhlen ausspülen. In der Trockenzeit im Winter wird das Wasser an der Oberfläche noch knapper, doch nach den starken Regen im Sommer und Spätherbst verwandeln sich die Schlucklöcher in Gegenden mit hohem Grundwasserspiegel in Speilöcher und setzen weite Gebiete unter Wasser. Im Sian Ka'an Nationalpark sind dann drei Viertel der Landflächen überflutet. Die klimatischen Wechselbäder von Regenzeit und Trockenheit sowie der allgemeine Wassermangel prägen die Natur Yucatáns und haben auch die Kultur der Maya, hier in ihrem klassischen Gebiet, beeinflußt. Zwei Dutzend Mayastätten liegen allein innerhalb der Grenzen des Nationalparks, meist in der Nähe von schachtartigen Senken, die über Höhlen eingebrochen und in der Trockenzeit am Grund noch mit Wasser gefüllt sind. Diese *Cenotes*, die die Kalktafeln von Sian Ka'an durchlöchern, galten als heilige Orte; dort brachten die Maya ihrem Wasser- und Regengott Menschenopfer dar. In der Vegetation spiegelt sich der jahreszeitliche Wassermangel in den halb-immergrünen Wäldern wider, die als vorherrschende Pflanzengemeinschaft neben Palmensavannen und Mangrovesümpfen, Seemarschen und Küstendünen den größten Teil des Parks bedekken. Und vor dem „Anfang des Himmels", wie man Sian Ka'an übersetzen könnte, erstreckt sich im warmen Karibischen Meer eines der größten Barriereriffe der Erde.

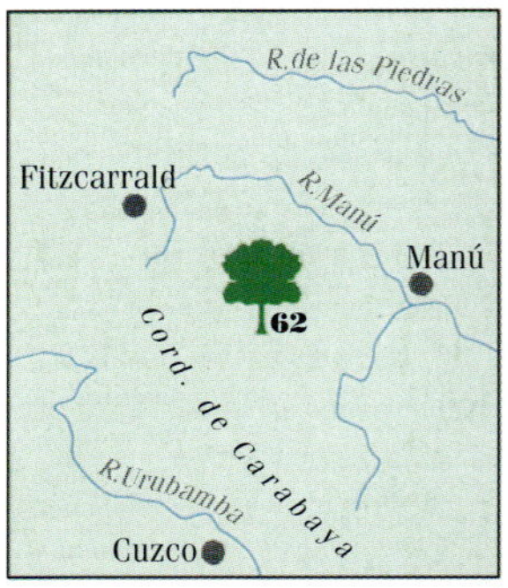

Lage: Rund 100 km nördlich von Cuzco an den östlichen Flanken und im Vorland der Cordillera de Carabaya

Naturraum: Zone der tropischen Regenklimate mit immergrünen tropischen Regenwäldern; im Gebirgsanteil tropische Hochgebirgsvegetation

Meereshöhe: 365–4000 m

Fläche: 15 328 km²

Zugang: Auf einer Schotterpiste von Cuzco bis Salvación (wo sich die Nationalparkverwaltung befindet) und weiter mit dem Boot flußaufwärts

Die Steilufer der Flüsse bieten einen Einblick in die typischen Böden des Regenwaldgürtels: oft mehr als zehn Meter tief verwitterte Erden und Lehme, die wegen der Auswaschung der Minerale durch das Sickerwasser meist gebleicht und unfruchtbar sind.

Manú

Oriente (der Osten), Yungas (heißes Land) oder Montaña (bewaldetes Bergland) nennen die Bewohner der mittleren Anden die feucht-heißen Waldländer am östlichen Rand des Gebirges. Und dort im Grenzsaum zwischen den Anden und Amazonien liegt eines der reichsten Naturparadiese der Neuen Welt. Die ersten genaueren wissenschaftlichen Untersuchungen wurden in den 1970er Jahren durchgeführt. Seither werden fast jedes Jahr die Ergebnisse neuer Forschungen veröffentlicht, die die Artenfülle noch vergrößern. Mehr als 850 Vogelarten, ungefähr ein Zehntel aller Vogelarten der Welt, wurden in dem Nationalpark am Manú-Fluß beobachtet. Allein über 100 Fledermausarten kommen vor. Die Zahl von Gliederfüßer-Arten, zu denen unter anderem die Insekten, Krebstiere und Tausendfüßer gehören, wird gar auf rund 500 000 geschätzt. Die Flora ist ebenfalls sehr artenreich: Auf einem Hektar zählten die Forscher über 200 Baumarten, auf fünf Quadratkilometern insgesamt mehr als 1000 Pflanzenarten.

Die faszinierende Vielfalt des Lebens hat verschiedene Ursachen, die wohl entscheidende ist die große Höhenspanne und damit verbunden große klimatische Spannbreite. Im Gebirgsvorland herrscht ein feucht-heißes Klima mit über 2000 mm Regen pro Jahr, zur Höhe hin nehmen die Niederschläge an den stärker beregneten Ostflanken der Kordillere auf mehr als 4000 mm zu, im Regenschatten der Hauptkämme dagegen ab, während die Temperatur allmählich sinkt und auf dem rund 4000 m hohen Cerro Huascar wohl fast jede Nacht unter den Gefrierpunkt fällt. Selva-Ceja-Puna ist, auf eine kurze Formel gebracht, die Stockwerksgliederung der Pflanzengemeinschaften, die zu diesen Klimaetagen paßt. Die Selva ist der immergrüne tropische Regenwald, der bei etwa 1200 m in den tropischen Bergwald und nochmals 1200 m höher in die Ceja de la Montaña, die „Augenbraue des Berglands", wie die Südamerikaner den üppigen Nebelwald nennen, übergeht. Oberhalb der Waldgrenze erstreckt sich in Höhen zwischen 3200 und 3800 m die Puna, mal in einer feuchteren Variante als Hochgebirgssteppe mit Büschelgräsern, mal in einer trockeneren, die von Dornsträuchern und Polsterpflanzen bestimmt wird.

Die Puna und die Gebüsche nahe der Waldgrenze sind der Lebensraum des Nordandenhirschs, der in den Anden den Steinbock vertritt und ähnlich wie die alpine Wildziege sehr selten geworden ist. Ein dichtes, weiches, wolliges Fell schützt den Wollaffen vor dem kühlnassen Klima der Nebelwälder, in die er vom Tiefland hinaufsteigt. In den Regenwäldern ist der ebenso seltene Kaiserschnurrbarttamarin zu Haus, ein graziles Äffchen, das mit seinem majestätischen Artennamen und dem riesigen Schnurrbart übrigens an den deutschen Kaiser Wilhelm II. erinnert. Riesenwuchs zeichnet auch den Riesenotter aus, der im langsam strömenden Río Manú jagt, genauso wie der fast 5 m lange Mohrenkaiman, dem die erste wissenschaftliche Arbeit im Nationalpark gewidmet war.

Wahrscheinlich würde die perúanische Montaña noch immer im tiefsten Dornröschenschlaf liegen, wenn es in den Sedimentschichten am Rand des Amazonasbeckens nicht Erdöl- und Erdgasvorkommen gäbe. Bei der Suche nach den begehrten Bodenschätzen wurde das bis in die 1970er Jahre ausschließlich von vier Waldindianerstämmen besiedelte Einzugsgebiet des Manú-Flusses erstmals durch Straßen erschlossen. Von der Erdöl-Exploration und dem Straßenbau geht bis heute die größte Gefahr für die Wildnis am Fuß der Anden aus. Zu oft hat man nämlich schon erlebt, wie auf den Trassen der Ölsucher Holzfäller und Siedler in den Wald vorgedrungen sind und die Natur in kürzester Zeit ruiniert haben.

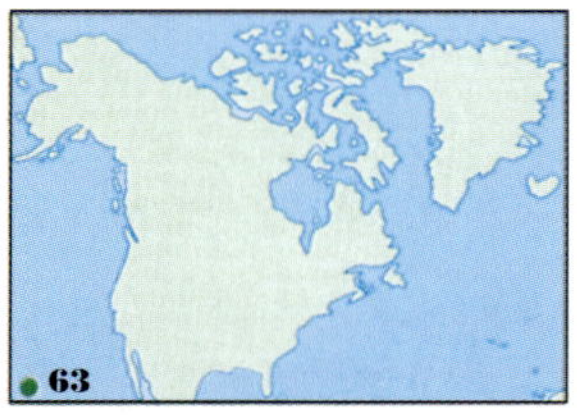

Lage: Im Südosten der Hauptinsel Hawaii, rund 60 km südwestlich von Hilo

Naturraum: Hochgebirge innerhalb der Zone der tropischen Regenklimate/Feuchtklimate

Meereshöhe: 0–4170 m

Fläche: 929 km²

Zugang: Von Hilo auf der Staatsstraße Nr. 11 bis zum Parkeingang; Panoramastraßen Crater Rim Drive und Chain of Craters Road; Besucherzentrum Waha'ula; traditionsreiches Hotel Volcano House, zwei Campingplätze

Der Name des 4205 m hohen Mauna Kea, des höchsten Gipfels von Hawaii, bedeutet Weißer Berg, denn er trägt zuweilen eine Schneedecke. In der kalten, klaren Höhenluft ist der Sternenhimmel besonders gut zu beobachten. Ende der 1960er Jahre

wurde deshalb hier das Mauna Kea Observatorium gegründet, das von verschiedenen Staaten finanziell unterstüzt wird.

Vulkane von Hawaii

Ein dumpfes Grollen im Erdinnern, dann reißen urplötzlich kilometerlange Spalten auf, die sich schnell bis zum Rand mit rotglühender Schmelze füllen, wenig später wahre Lavafluten ausspeien und hohe Fontänen aus geschmolzenem Gestein in den von Rauchschwaden verfinsterten Himmel jagen – eine Szene wie in einem Katastrophenfilm aus den Studios von Hollywood. Doch die Eruptionen sind feurige Realität, und die Natur führt dabei selbst Regie. Schauplatz des Feuerzaubers, der sich in den letzten 100 Jahren mindestens zwanzig- bis dreißigmal wiederholt hat, ist die größte und östlichste Insel des Hawaii-Archipels, die etwa bis zur Höhe des Matterhorns steil aus dem Stillen Ozean aufsteigt. Sie besitzt zwei der aktivsten Feuerberge unseres Planeten, Kernstücke eines Nationalparks, in dem man mehr über Vulkane erfahren kann als an irgendeinem anderen Ort der Erde.

Hawaii, die Hauptinsel des gleichnamigen Archipels, besteht aus fünf Vulkanen, von denen gegenwärtig noch zwei tätig sind. Der Kohala, Hualalai und der Mauna Kea, mit 4205 m höchster Berg der Insel und der gesamten Inselgruppe, gelten als erloschen, zeigen keinerlei Aktivität mehr. Zwei Vulkane an der Südostflanke Hawaiis machen dagegen mit spektakulären Eruptionen Schlagzeilen: der Mauna Loa (4170 m), kaum niedriger als der oft schneebedeckte Hauptgipfel, sowie der benachbarte viel kleinere Kilauea (1247 m). Beide liegen so dicht beeinander, daß man früher annahm, der Kilauea sei ein Nebenkrater des Mauna Loa. Doch spätestens seit den Eruptionen von 1982 oder 1992, bei denen der niedrigere Feuerberg unabhängig vom höheren ausbrach, gilt er als eigenständiger Vulkan.

Im Stil der Eruptionen unterscheiden sich die beiden Vulkane kaum voneinander: Beide fördern nur einen sehr geringen Anteil von Aschen (allenfalls 5 %), dafür fast ausschließlich dünnflüssige basaltische Lava, die meist aus langgestreckten Spalten quillt, sich mit beachtlicher Geschwindigkeit (15 bis 40 km/h) über den Boden ausbreitet und zu dünnen Lavadecken erstarrt. Mitunter steigt die gasreiche Schmelze unter hohem Druck aus den Spalten auf und bildet gewaltige Lavafontänen. Die bis über 500 m Höhe ausgeworfenen Lavaspritzer erstarren meist schon im Flug und kommen als pechschwarze, glänzende Tropfen aus vulkanischem Glas an der Erdoberfläche an. Mitunter werden sie vom Wind zu langen Fäden gezogen; Peles Tränen und Peles Haar nennen die Insulaner die sonderbaren Lavagebilde nach der Feuergöttin Pele. Nach der Legende hat sie ihren Sitz im „Haus des Feuers“, einem vulkanischen Kessel, der in den Gipfel des Kilauea eingesenkt ist. Bis zum Herbst 1924 brodelte in diesem Kessel glutflüssige Lava, dann aber verschwand der einzigartige Lavasee, wahrscheinlich weil die Schmelze mit Grundwasser in Berührung gekommen war, sich dadurch schnell abgekühlt und einen festen Pfropfen gebildet hatte, der den Aufstiegskanal verstopfte.

Kilauea und Mauna Loa sind typische Schildvulkane, wobei die massige, schildartig aufgewölbte Form beim höheren der beiden Feuerberge besonders deutlich ausgeprägt ist. Sie bauen sich aus zahllosen übereinandergestapelten Lavadecken auf; der Mauna Loa allein hat einen Rauminhalt von rund 40 000 Kubikkilometern, genug um die ganze Schweiz mit einer 1 km dicken Basaltschicht zu bedecken. Ähnlich wie bei einem Eisberg ragt bei Schildvulkaninseln nur ein verhältnismäßig kleiner Teil über den Meeresspiegel. 90 % des Mauna Loa gehören zum untermeerischen Sockel, der erst in Tiefen um 6000 m in die benachbarten Tiefsee-Ebenen übergeht. Insgesamt ist der riesige Schildvulkan also mehr als 10 000 m hoch, höher als jeder andere Berg der Erde.

Der Mauna Loa ist mit Eruptionen im Abstand von durchschnittlich 3½ Jahren gleichzeitig einer der aktivsten Vulkane der Erde. Seit 1912 werden die Ausbrüche im Vulkan-Observatorium am benachbarten Kilauea untersucht. Es hat sich zum Mekka der Vulkanforscher entwickelt, wobei die laufende Überwachung der Umwelt auch andere wichtige Ergebnisse lieferte. So belegt die Untersuchung der Luft über dem Vulkan in den vergangenen Jahrzehnten einen alarmierenden Anstieg des Kohlendioxidgehalts – Vorbote einer Erhitzung der Erdatmosphäre durch den Treibhauseffekt. Die Vulkanforscher interessieren sich allerdings mehr für die heißen Stellen im Erdinnern, und über einem solchen Hot spot, an dem die Gesteine des Erdmantels durch verstärkte Wärmezufuhr aus dem Innern des Planeten schmelzen, als Magma durch Spalten zur Erdoberfläche aufsteigen und dort Vulkane aufbauen, liegt Hawaii offenbar. Wenn man das Alter der Inselvulkane untersucht, dann stellt sich heraus, daß sie von Nordwesten nach Südosten immer jünger werden: Kauai am nordwestlichen Ende der Kette entstand vor etwa 5 bis 6 Millionen Jahren. Die Entwicklung der Insel Hawaii begann vor etwa 700 000 Jahren. Gegenwärtig wächst vor der Südostküste Hawaiis der jüngste Vulkan vom Meeresboden empor. Die Entstehung der Inselkette, die sich durch den Stillen Ozean nach Nordwesten hin in einem untermeerischen Gebirgsrükken und weiteren Inseln fortsetzt, kann man sich mit einem kleinen Experiment veranschaulichen: Man zündet eine Kerze an (der heiße Fleck) und bewegt ein Stück Papier (eine Platte der festen Erdrinde) langsam dicht über die Flamme hinweg; die Kerze hinterläßt dann in dem Papier eine Kette von Brandlöchern (die Vulkaninseln). Bei den Hawaii-Inseln driftete die Pazifische Platte in den vergangenen Jahrmillionen durchschnittlich etwa 8 bis 10 cm pro Jahr nach Nordwesten, mit den Inseln gewissermaßen huckepack.

Das nordwestliche Ende der Hawaii-Imperator-Kette liegt 6000 km entfernt am Rand der subpolaren Klimazone. Hawaii hat dagegen ein tropisches Klima, das vor allem durch die Nordostpassate bestimmt wird. Sie bringen den nach Norden und Osten gerichteten Luvhängen reichlich Wolken und Regen (im Nationalpark bis etwa 4000 mm pro Jahr), während an den Leehängen oft nur ein Zehntel dieser Regenmenge fällt. Zu den krassen klimatischen Gegensätzen zwischen Luv und Lee kommt der Wandel des Klimas mit der Höhe – nur in wenigen Gegenden der Erde sind so viele Klimatypen, von extrem naß bis trocken, von tropisch warm bis kühl oder kalt, auf engstem Raum vereint. Im Pflanzenkleid spiegelt sich das kontrastreiche Klima deutlich wider. Die Palette der Pflanzengemeinschaften reicht von üppigen Baumfarn-Regenwäldern über Trockengebüsche bis zu Hochgebirgswüsten. Wie auf vielen anderen ozeanischen Inseln ist die Flora im Vergleich mit den Festländern relativ artenarm, um so größer ist jedoch der Anteil der Arten, die nur auf Hawaii vorkommen: rund 90 %. Unter den Tieren gehören die Hawaiigans, die Kleidervögel und eine Fledermaus, das einzige einheimische Säugetier, zu den typischen Hawaiianern. Die heimischen Arten wurden und werden allerdings von Neubürgern innerhalb der Pflanzen- und Tierwelt, vom Menschen absichtlich eingeführt oder unabsichtlich eingeschleppt, häufig verdrängt. Auf eine einheimische Blütenpflanzenart kommen mittlerweile zwei exotische. Die Hawaiigans, der Nationalvogel Hawaiis, entging nur knapp der Ausrottung durch verwilderte Hunde und Schweine. Und die Insulaner selbst leiden unter Ameisen, die aus Südamerika eingeschleppt wurden und inzwischen zur Plage geworden sind.

Pahoehoelava oder Stranglava auf dem Kraterboden des Kilauea. Sie entsteht aus dünnflüssigen Schmelzen, aus denen die vulkanischen Gase langsam entweichen. Bei abrupter Entgasung wird die Lavahaut in Brocken zerissen.

Geschützt 1987 · Indien/Bangladesh

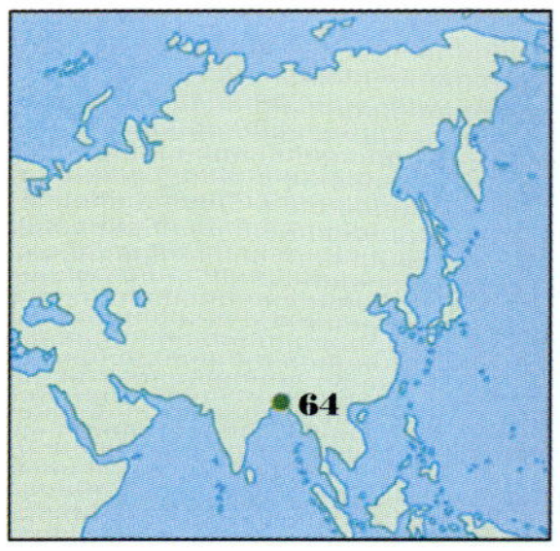

Lage: 80 km südöstlich von Kalkutta

Naturraum: Zone der tropischen Feuchtklimate

Meereshöhe: 0–10 m

Fläche: 1330 km²

Der Wattenboden unter den Mangrovedickichten ist meist sehr sauerstoffarm, besondere Atemwurzeln, die schlingenartig oder wie Spieße aus dem Schlick emporragen, verbessern die Versorgung mit dem lebensnotwendigen Element.

Geschützt 1988 · Zentralafrikanische Republik

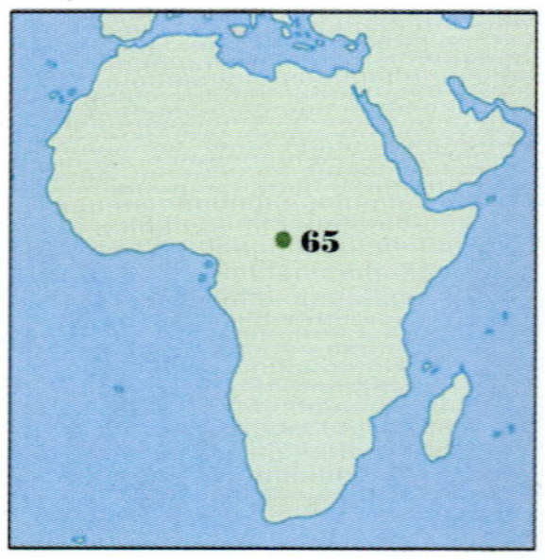

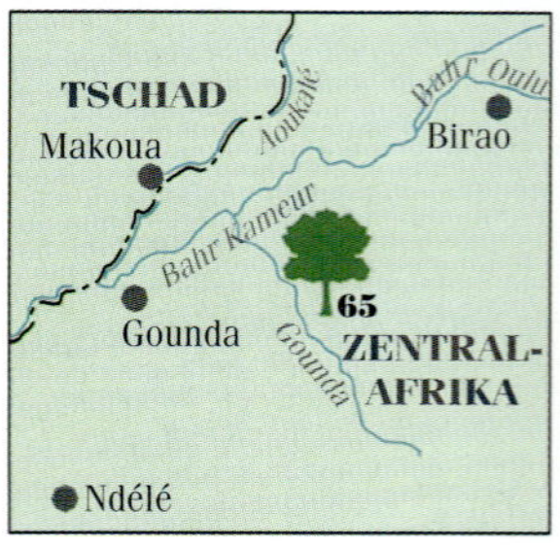

Lage: 640 km nordöstlich von Bangui

Naturraum: Zone der wechselfeuchten Tropenklimate

Meereshöhe: 400–800 m

Fläche: 17 400 km²

Die Gepardin bringt ein bis fünf Junge zur Welt, meist in der Regenzeit, wenn sich die Beutetiere über die Savanne verteilen. Dann kann die Mutter in der Nähe des Nachwuchses jagen und ihn vor den Angriffen hungriger Hyänen beschützen.

Einige Mangrovearten entwickeln ein dichtes Geflecht von Stelzwurzeln, in dem sich der nährstoffreiche Schlick absetzt.

Sundarbans

Der Bengal- oder Königstiger hat eine Vorliebe für das nasse Element: Als einziger Tiger lebt er in den Mangrovesümpfen des Ganges-Deltas an den Ufern des Golfs von Bengalen. Die amphibische Welt, zur einen Hälfte flache Sand- und Schlamminseln, zur anderen ein Labyrinth von großen und kleinen Wasserläufen, beherbergt die größte Tiger-Population Indiens. Die schätzungsweise 250 Tiere jagen vor allem Wildschweine, Axis-Hirsche und Rhesus-Affen, machen aber immer wieder auch als „Maneater" Schlagzeilen. Noch in den 1980er Jahren wurden im Sundarbans Nationalpark (der eigentlich nicht betreten werden darf) jährlich im Durchschnitt 45 Menschen (überwiegend Honigsammler) von Tigern getötet. Menschenpuppen, die elektrische Schläge austeilen, und Masken, die von den Einheimischen auf dem Hinterkopf getragen werden, um die Großkatzen beim Angriff aus dem Hinterhalt zu verunsichern, haben inzwischen die Zahl der Todesfälle verringert. Die Drahtkäfige über den Beobachtungsstegen an den wenigen für Touristen zugänglichen Orten sind geblieben. Viel größere Gefahren als menschenfressende Tiger drohen Einheimischen und Gästen jedoch durch Wirbelstürme, Sturmfluten und Wasserfluten aus dem Binnenland, sintflutartige Katastrophen, denen Tausende bis Hunderttausende zum Opfer fallen. Die Naturgewalten, gegen die es bisher keinen wirksamen Schutz gibt, haben die letzte Wildnis im Ganges-Tiefland vor der „Kultivierung" bewahrt und ein Paradies für eine Vielzahl von Wasservögeln (Störche, Reiher, Löffler, Kormorane, Schlangenhalsvögel), Dutzende seltener Reptilien vom Leistenkrokodil bis zum Bindenwaran und nicht zuletzt die weltweit größte Vielfalt von Mangrovepflanzen erhalten – doch wie lange noch im dichtbesiedelten, bettelarmen West-Bengalen?

Manovo-Gounda-St. Floris

Das wildreiche Gebiet im Herzen des Schwarzen Kontinents liegt ungünstig: Über die Grenzen vom Tschad im Norden und Sudan im Osten dringen häufig schwer bewaffnete Wilderer in das Schutzgebiet ein und machen vor allem Jagd auf Elefanten und Nashörner. Von den in ganz Afrika durch die Ausrottung bedrohten Spitzlippennashörnern gibt es hier noch weniger als ein Dutzend. Die Zahl der Elefanten ist dramatisch zurückgegangen, allein zwischen 1981 und 1984 um 75%. Wenn es gelänge, die Wilderei zu unterbinden, würden sich die Wildbestände gewiß bald wieder erholen, denn die natürlichen Lebensräume sind nahezu unversehrt: ein abwechslungsreiches Mosaik aus breiten Flußniederungen, leicht gewellten Rumpfflächen und tief zerkerbten Sandsteinmassiven, von Überschwemmungssavannen und Sümpfen, Baumsavannen, Trockenwäldern und Dorngebüschen auf den unfruchtbaren Lateritböden. Von Natur aus ist die Palette der Tierarten deshalb besonders bunt, und viele kann man hier noch in freier Wildbahn bewundern: Löwen, Geparden, Giraffen, Nilpferde, besonders aber eine Vielzahl von Huftieren, angefangen bei der Moor-Antilope oder dem Kob, der häufigsten Spezies, über die zierlichen Ducker und Buschböckchen bis hin zum mächtigen Kaffernbüffel, der bis zu einer Tonne geballte Muskelkraft auf die Waage bringen kann und wegen seiner Tapferkeit bei den „Großwildjägern" als das gefährlichste Wildtier Afrikas gilt. Die Moor-Antilopen suchen ihr Heil dagegen meist in der Flucht, verschwinden in Wasserläufen und Sümpfen, die im interessantesten Nationalpark der Zentralafrikanischen Republik große Flächen einnehmen und viele Wasservögel wie Pelikane und Störche beherbergen.

Lage: Im Nordosten des Bundesstaats Uttar Pradesh innerhalb des Garh-wal Himalaya, rund 400 km nordöstlich von Agra

Naturraum: Hochgebirge innerhalb der Zone der wechselfeuchten Tropenklimate

Meereshöhe: 2100–7817 m

Fläche: 630 km²

Zugang: Seit 1983 ist der Park für Touristen nicht mehr zugänglich

Im Hintergrund die nahezu unberührte Natur: die weißvergletscherten Bergriesen des Garhwal Himalaya; im Vordergrund die ausgebeutete Natur: verstümmelte Bäume, deren Laub als Viehfutter geschneitelt (abgeschnitten) wurde.

Nanda Devi

Der zweithöchste Berg Indiens (Nanda Devi West 7817 m) trägt wie viele andere Berge im Himalaya den Namen einer Gottheit, in diesem Fall der Göttin Devi, zu deren Ehren die Hindus alle zwölf Jahre am Fuß des benachbarten Trisul (7120 m) ein Fest feiern. Das von Sechs- und Siebentausendern umschlossene Hochtal gilt als ihr Heiligtum. Leider verhielten sich die ausländischen Bergsteiger und Trekker, die in den 1930er Jahren bis in das „Innere Sanktuarium" vorstießen und den Götterberg erstmals bestiegen, nicht so, wie man sich an einem heiligen Ort verhalten sollte. Müll blieb von den Expeditionen zurück, Bäume wurden als Brennholz gefällt und heilige Stätten geschändet. Seit 1983 ist der Nationalpark deshalb für Touristen tabu.

Die Bannmeile beginnt an der Rishi Ganga-Schlucht, der einzigen Kerbe innerhalb der Gebirgsumwallung, die allerdings selbst für geübte Bergsteiger kaum zu bewältigen ist, das Hochtal eher verschließt als öffnet. Hinter der Pforte gelangt man zunächst in das „Äußere Sanktuarium" und nach einer weiteren Schlucht in ein halbkreisförmig von Felsgipfeln umschlossenes Becken. Fünf größere Gletscher schieben sich mit ihren durch Gesteinsschutt grau gefärbten, hauptsächlich von Lawinen ernährten Eismassen in die Senke. Darüber steigen die weitflächig von makellos weißen Wandgletschern bedeckten Bergflanken auf, doch nicht ganz bis zu den höchsten Gipfeln hinauf, denn oberhalb von etwa 7000 m liegen die Temperaturen selbst an den Südhängen und im Sommer unter dem Gefrierpunkt. Der Schnee bleibt daher locker, haftet nicht an den Felswänden, sondern stürzt sofort in die Tiefe.

In der obersten Gebirgsetage, bis etwa 5500 m hinab, bestimmen Eis, Schnee und die verschiedenen Gesteinsarten des Garhwal Himalaya (Granit, Glimmerschiefer, Sandstein) die Farben der Landschaft. Dann tauchen die ersten grünen Flecken (Polsterpflanzen und Zwergstauden) auf. Das Stockwerk der alpinen Matten umfaßt rund 600 Höhenmeter, darunter leiten niedrige Walcholdersträucher wie in unseren Hochgebirgen die Latschenkiefern zu den Bergwäldern über. Geschlossene Bestände hauptsächlich aus Westhimalayatannen und Himalayabirken kommen nur außerhalb des Hochtals, an den Hängen der Rishi Ganga-Schlucht, vor, im „Sanktuarium" selbst bedekken lichte Birkengehölze mit einem Unterwuchs von Glockenrhododendron das Stockwerk bis zur Waldgrenze.

Der Schneeleopard soll am Nanda Devi ungewöhnlich häufig sein, wahrscheinlich sieht man die mittelgroße Katze in den lichten Gehölzen aber nur häufiger als im dichten Wald, wo sie vor allem im Winter jagt. In den Sommermonaten steigt sie ihrer Beute bis in Höhen über 6000 m nach: dem Himalaya-Blauschaf, das den Wald gewöhnlich meidet, dem Himalaya-Tahr, einer Art, die man den „Halbziegen" zuordnet und die mit ihrem dichten Fellkleid dem rauhen Hochgebirgsklima bestens angepaßt ist. Die Stockwerke oberhalb der Waldgrenze bevorzugt auch der Goral, eine Waldziegenantilope, während der Serau, ein enger Verwandter, in den unteren wärmeren Etagen lebt. Doch dort gibt es ebenfalls natürliche Feinde, etwa den Leoparden oder den Braunbären. Gefährlicher sind allerdings die Vettern der Huftiere, die von den Hirten aus den benachbarten Dörfern im Sommer in großer Zahl auf die Hochweiden getrieben werden, denn sie zerstören das Pflanzenkleid und damit die Nahrungsgrundlage des Wilds. Andererseits sind die Gebirgsbewohner dringend auf die Einkünfte aus der Viehzucht angewiesen. Die Naturschutzbehörden denken deshalb daran, einen „sanften" Tourismus am Nanda Devi wieder zuzulassen, um der Bevölkerung eine Alternative zu bieten.

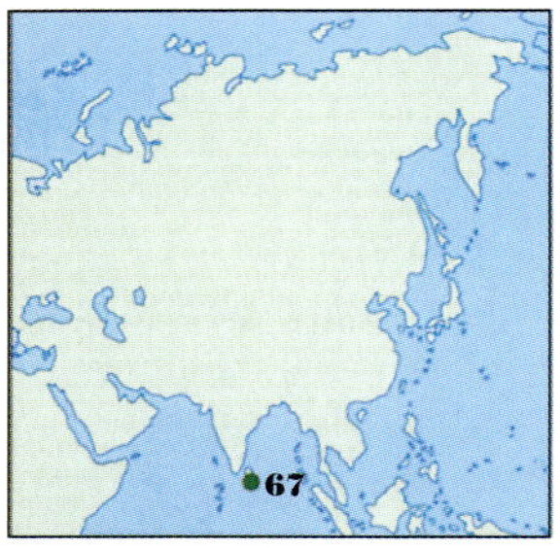

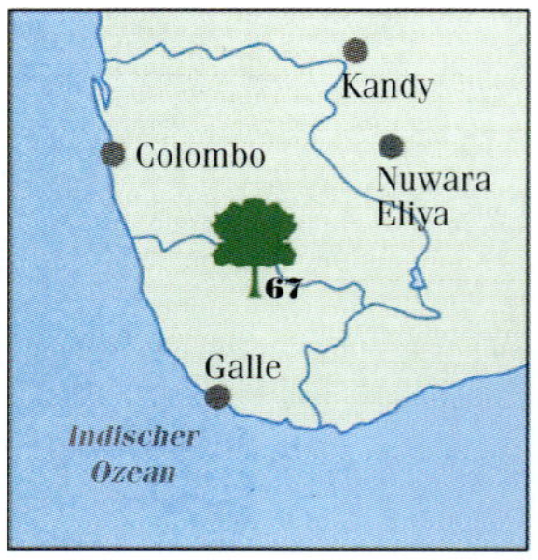

Lage: Innerhalb des Tieflands und der Mittelgebirge im Südwesten der Insel, etwa 80 km südöstlich von Colombo

Naturraum: Zone der tropischen Regenklimate mit kurzer Trockenzeit im Winter und immergrünen Regenwäldern

Meereshöhe: 300–1170 m

Fläche: 765 km²

Zugang: Nur mit Genehmigung der Forstverwaltung in Colombo; Unterkünfte am Eingang zum Park bei Kudawa

An die tropischen immergrünen Tieflandsregenwälder von Sinharaja schließen sich in Gegenden mit kurzer Trockenzeit (1 bis 2 Monate) Wälder an, bei denen die Baumarten der obersten Baumschicht ihr Laub in der relativ trockensten Zeit des Jahre wechseln.

SINHARAJA

Sri Lanka oder Ceylon ist eine dichtbesiedelte Insel, deren Bevölkerung in den letzten Jahrzehnten geradezu explosionsartig gewachsen ist. 1875, als die britische Kolonialverwaltung im Sinharaja erstmals ein Schutzgebiet einrichtete, lebten auf der Insel etwa 2,5 Millionen Menschen, heute sind es über 18 Millionen. Die meisten Insulaner leben an der klimatisch günstigeren Westseite, wo die Bevölkerungsdichte vielerorts den für ein Agrarland enorm hohen Wert von mehr als 500 Einwohnern pro Quadratkilometer erreicht. Mit der wachsenden Einwohnerzahl ist gleichzeitig auch der Druck auf die natürliche Umwelt gewachsen. Sinharaja, wörtlich übersetzt „Löwenkönig", der königliche Wald, schon vor 60 Jahren als das letzte größere Stück tropischen Regenwalds der Insel gepriesen, hat inzwischen unter dem Holzeinschlag und der Brandrodungswirtschaft weiter gelitten. Die biologische Schatzkammer, gefüllt mit zahlreichen Tier- und Pflanzenarten, von denen mindestens die Hälfte nur in Sri Lanka vorkommen, ist in Gefahr.

Die tropischen Regenwälder der Insel werden seit Urzeiten vom Menschen genutzt, um Nahrungsmittel, Bau- und Flechtmaterial oder Medizin zu gewinnen. Aus den bis über 100 m langen Sprossen der im Sinharaja häufigen Rotangpalmen werden die bekannten Rattan-Möbel gefertigt. Die Samen der Kardamom-Staude sind in der asiatischen Küche ein beliebtes (und teures) Gewürz. Und aus dem Saft der Ostindischen Brennpalme läßt sich Palmzucker von besonderer Qualität gewinnen. Eine behutsame Nutzung seiner Schätze verkraftet der tropische Regenwald, stärkere Eingriffe in den Naturhaushalt bringen jedoch oft sofort das gesamte Ökosystem aus dem Gleichgewicht, schneller als bei den meisten anderen Pflanzengemeinschaften der Erde. Die Formel „Reiche Vegetation auf armem Boden" gilt auch für die Regenwälder des Sinharaja. Äußerlich strotzt der aus mehr als 100 verschiedenen Baumarten aufgebaute, dicht mit Orchideen, Farnen, Flechten und Lianen übersäte Wald vor Lebenskraft, doch seine Kraftreserven sind in Wirklichkeit nur gering. Die tiefgründig verwitterten gelb-roten Böden im Nationalpark enthalten kaum Humus und nährstoffreiche Minerale, können nur geringe Mengen von Pflanzennährstoffen nachliefern: Die Vegetation lebt quasi von der Hand in den Mund, ist auf die Nährstoffe angewiesen, die in der abgestorbenen pflanzlichen Substanz stecken und in einem kurzen Kreislauf durch die Verwesung freigesetzt, für den Aufbau neuer Substanz bereitgestellt werden. Solange der Mensch aus dem Kreislauf nicht allzu viel für sich abzweigt, bleibt das Ökosystem intakt. Bei solch scharfen Eingriffen wie der Brandrodungswirtschaft, die im Sinharaja bis zur Gründung des Parks betrieben wurde, treten Dauerschäden auf. Nach dem Gesetz dürfen heute im Sinharaja nur noch Kittulfasern von den Blattscheiden der Brennpalme gesammelt werden. Die illegalen Nutzungsarten reichen indes vom Holzeinschlag über die Jagd bis zum Edelsteinbergbau. In den Sand- und Kiesablagerungen der Koskulana Ganga, der Gin Ganga und der anderen Flüsse, die durch den Park fließen, findet man die verschiedensten Edelsteine: Rubine, Saphire, Turmaline, Topase... Fliegende Edelsteine, die in der Farbenpracht und im Glanz des Gefieders den mineralischen nicht nachstehen, sind die seltenen Vogelarten des Parks: der Grünschnabel-Spornkuckuck, der im Schlingpflanzengewirr Unterschlupf sucht, der Malkoha, ebenfalls ein Schmuckstück aus der Familie der Kuckucke, oder der wunderschöne Blau-Schweifkitta mit seinem azurblauen Gefieder und den rostfarbenen Schwingen.

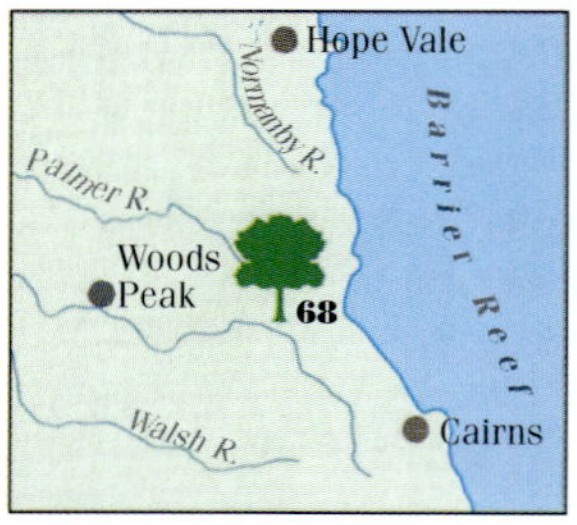

Lage: Zwischen Cooktown und Townsville an der Nordostküste von Queensland, angrenzend an das Great Barrier Reef

Naturraum: Zone der tropischen Feuchtklimate mit Regenwäldern, regengrünen Feuchtwäldern und feuchten Grassavannen

Meereshöhe: 0–1622 m

Fläche: 9200 km²

Zugang: Von Cairns (Flughafen; Hotels) auf dem Highway 1 und Stichstraßen; die Nationalparks und anderen Schutzgebiete sind touristisch bisher nur sporadisch erschlossen

Die Spaltfußgans, eine typische Australierin und der Charaktervogel der sumpfigen Küstenebenen zwischen Queensland und Tasmanien. Mit ihren sehr langen Hinterzehen findet sie selbst auf den dünnsten Zweigen Halt.

Wet Tropical Rainforests

In drei großen Klimazonen der Erde wachsen Regenwälder: in den Tropen, in den Subtropen und in der kühlgemäßigten Zone der mittleren Breiten. An der Westseite und im Innern der Kontinente sind die verschiedenen Regenwaldgürtel meist durch Savannen, Steppen und Wüsten klar voneinander getrennt, an der Ostseite gehen sie dagegen oft ohne scharfe Grenzen ineinander über, wie in Australien, wo tropische, subtropische und gemäßigte Regenwälder von der Cape York Halbinsel bis hinunter nach Tasmanien die Ostküste des Fünften Kontinents säumen. Die tropischen Regenwälder von Queensland sind im Vergleich mit den stärker gelichteten Wäldern des Südens noch weitgehend intakt. Das Gebiet, in dem die Naturerbestätte aus insgesamt 19 kleineren Nationalparks und etlichen anderen Naturreservaten liegt, besitzt schätzungsweise noch vier Fünftel der Wälder aus der Zeit vor der europäischen Besiedlung Australiens.

Der Regenwaldgürtel im nördlichen Queensland erstreckt sich von der Küste landeinwärts auch über die drei großen Landschaftsräume des australischen „Sonnenscheinstaats": das Küstentiefland, das jäh aufsteigende Great Escarpment und die sanfteren Mittelgebirgshöhen der Great Dividing Range, des riesigen Gebirgssystems an der Ostküste des Kontinents. Die geologische Geschichte dieser Region Australiens reicht bis weit in das Erdaltertum hinein, ihre heutigen Landschaftsformen erhielt sie jedoch erst in der Erdneuzeit, als die Kruste hier aufgewölbt wurde, sich die wasserreichen Flüsse vom Tiefland her in die Randschwelle einkerbten, durch die Zerrspalten Gesteinsschmelzen bis zur Erdoberfläche aufstiegen und die verschiedensten vulkanischen Formen vom Basaltstrom über den Schlackenkegel bis zum Maar schufen. Die Erosion hat eine Vielzahl von Gesteinsarten freigelegt: Tonschiefer, Grauwacke, Gneis, Glimmerschiefer und Amphibolit, ein dunkles metamorphes Gestein, das wahrscheinlich aus versenkter ozeanischer Kruste hervorgegangen ist. Meist enthalten die Böden, die sich auf den Gesteinen des Grundgebirges entwickelt haben (wie in den meisten Regenwaldgebieten der Erde) kaum Nährstoffe und Humus, zu den bemerkenswerten Ausnahmen gehören die schwarzerdeartigen Böden auf den jungen Lavaströmen.

Rainforests brauchen, wie der Name verrät, ein regenreiches Klima. Das Wörtchen wet in der offiziellen Bezeichnung der Naturerbestätte deutet zudem auf ein außergewöhnlich feuchtes Klima hin. Tatsächlich reichen die jährlichen Niederschlagsmengen in der Klimastatistik von vergleichsweise trockenen 1200 Litern im Westen über 4000 Liter im Küstentiefland bis nahe 10 000 Liter pro Quadratmeter Boden im höheren Bergland. Dabei sind die Regenfälle allerdings nicht wie in der äquatorialen Zone ziemlich gleichmäßig über das Jahr verteilt, sondern gehen hauptsächlich von Dezember bis März, im Sommer der Südhalbkugel, nieder. Auf Böden, die den Regen nicht speichern und in den regenarmen Jahreszeiten austrocknen, verwandeln sich die Regenwälder daher rasch in Hartlaubwälder aus Eukalyptus- und Akazienarten. Das Tiefland an der Küste und die große, von Schluchten zergliederte Randstufe im Nordosten Australiens gehören allerdings zu den feuchtesten Gegenden der Erde, man sieht es an den zahlreichen Wasserfällen im Great Escarpment, darunter dem Wallaman-Fall, Australiens höchstem (278 m), und an der üppigen, vielfältigen Vegetation. Schon im Überblick lassen sich ein Dutzend Regenwaldvarianten unterscheiden, von den Sumpf- und Tieflandsregenwäldern, die sich oft aus den Mangrovedickichten entwickeln oder direkt hinter den Saumriffen und weißen Korallensandstränden beginnen, bis zu den niedrigen Bergwäldern, die nahezu pausenlos vom Wind gepeitscht oder mit Regen überschüttet werden.

Bei genauerer Betrachtung entpuppt sich der Regenwald an der Nordostküste von Queensland als einer der artenreichsten und eigenartigsten Lebensräume Australiens und der Erde. Mehr als die Hälfte seiner Pflanzenarten kommen ausschließlich auf dem Fünften Kontinent vor, darunter viele Farne, Orchideen und Bäume. Obwohl die Naturerbestätte lediglich 0,1 % der Fläche Australiens umfaßt, beherbergt sie 18 % aller Vögel, 23 % aller Reptilien und sogar 62 % aller Schmetterlinge. Schier endlos ist die Liste der Insekten, die auch den Herkulesspinner, mit 25 cm Flügelspannweite einer der größten Schmetterlinge, nennt. Der Helmkasuar, nach dem Strauß der größte Vogel der Welt, nistet in den tropischen Regenwäldern von Queensland. Äußerst selten und denkbar schlecht an ihre Lebensweise angepaßt sind die Baumkänguruhs im tropischen Norden des Kontinents. Von der mit einer röhrenförmigen Nase geschmückten Fledermaus Murina florium heißt es sogar, sie sei das seltenste lebende Säugetier Australiens. Die Ursachen dieser bemerkenswerten Artenvielfalt sind unter den Experten umstritten: Liegt es an der geographischen Abgeschlossenheit der Berggipfel zwischen den tief eingekerbten Schluchten des Great Escarpment, am Klima oder vielleicht an den nährstoffreichen Basaltböden, die den klimatischen Stress der Eiszeiten für die Pflanzenwelt milderten und an Grenzstandorten auch bessere Lebensbedingungen für seltene Tierarten schufen?

Im Eiszeitalter vor schätzungsweise 40 000 Jahren wanderten wohl auch die australischen Ureinwohner in einer ersten Welle von Südostasien her über den damals größtenteils trockengefallenen Meeresboden zwischen Neuguinea und Australien in die Regenwaldgebiete im heutigen Queensland ein. Sie begründeten hier die einzige echte Regenwald-Kultur des Fünften Kontinents, eine Kultur, die sich von den meisten anderen Lebensweisen der Aborigines deutlich unterscheidet und weltweit als eine der ältesten Kulturen im Gürtel der tropischen Regenwäldern gilt. Eine Schrift kannten die Aborigines in den Regenwäldern zwischen Cooktown und Cardwell nicht, doch die mündliche Überlieferung reicht bei der bis heute vor allem am Bloomfield River und am Oberen Murray lebendigen Kultur bis in die Zeit vor 10 000 bis 15 000 Jahren zurück – so, als ob das kulturelle Leben Mitteleuropas heute noch von der Kultur der altsteinzeitlichen Renjäger bestimmt würde.

Bis in die zweite Hälfte des 19. Jahrhundert hinein blieben Natur und einheimische Kultur im äußersten Nordosten Australiens nahezu unberührt, dann jedoch drangen europäische Viehzüchter und Holzfäller in die Regenwälder vor, in den 1880er Jahren begann der Abbau von Zinnerzen und etwa zur gleichen Zeit die Rodung des Waldes für große Zuckerrohrplantagen. Inzwischen sind die Pionierzeiten, in denen die Natur rücksichtslos ausgebeutet wurde, zwar längst vorbei, legaler und illegaler Holzeinschlag gehen allerdings weiter, und nur etwa 5 % der vielen verschiedenen Regenwaldtypen stehen bislang unter Schutz. Große Sorgen bereiten den Naturschützern mehrere eingeschleppte Pflanzenarten, die sich auf Kosten der heimischen Flora rapide ausbreiten, etwa die Bengalische Trompete, eine beliebte Zierpflanze, die Bäume umschlingt und absterben läßt.

Mosman Gorge, eine der vielen tiefen Schluchten, die Wildbäche in die mit Regen überschüttete große Randstufe Nordostaustraliens gekerbt haben. Am Grund der Kerbe lagern tonnenschwere Granitblöcke, die das Wildwasser freigespült hat.

Borstenbrachvögel verbringen den Winter auf Henderson Island oder einer anderen Südseeinsel. Sie brüten in Alaska und ziehen im Herbst Richtung Süden. Nach Zwischenstationen auf den Hawaii-Inseln beziehen sie dann ihr Winterquartier.

Geschützt 1988 · Großbritannien

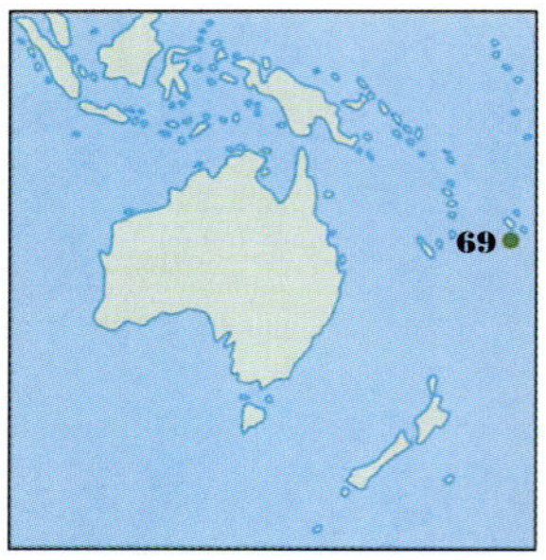

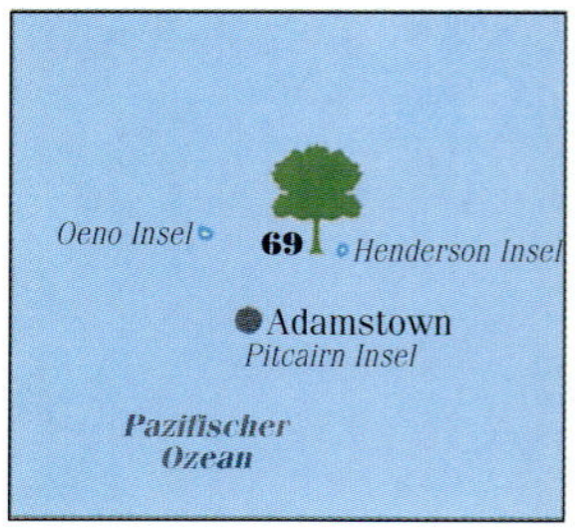

Lage: Rund 200 km nordöstlich der Pitcairn-Insel

Naturraum: Zone des tropischen Regenklimas

Meereshöhe: 0–33 m

Fläche: 37 km²

Geschützt 1989
Mauretanien

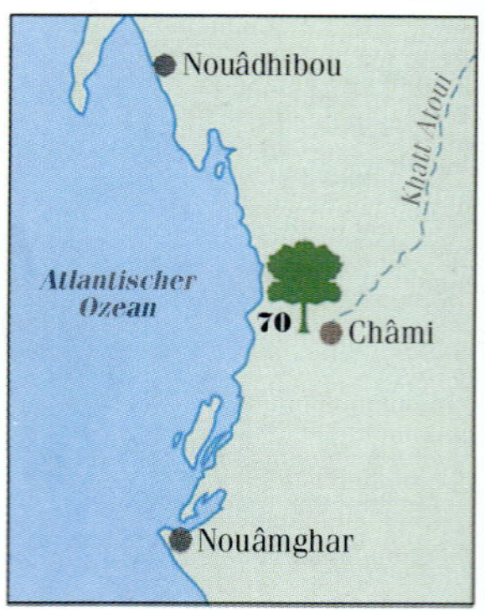

Lage: An der mauretanischen Küste

Naturraum: Zone der tropischen Halbwüsten- und Wüstenklimate

Meereshöhe: 5 m u.d.M. –15 m

Fläche: 12 000 km² (davon 50 % Landflächen)

Delphine gelten als sehr intelligent und zugleich sehr verspielt. Häufig begleiten sie in kleinen Trupps Schiffe oder Boote und unterhalten die Passagiere mit ihren Kunststücken.

Henderson-Island

Die Natur hat die weltentlegene Insel gewappnet: mit gefährlichen Riffen, die sie umschließen, mit steilen, verkarsteten Kliffs, die kaum zu überwinden sind, mit einem Dschungel aus ineinander verflochtenen Gewächsen, der jeden Eindringling abschreckt. Der natürliche Schutz ist so gut, daß das Eiland bislang noch nicht unter Naturschutz gestellt werden mußte – eine seltene Ausnahme unter den Naturerbestätten der UNESCO.

Henderson ist ein Atoll, das durch Kräfte aus dem Erdinnern über den Meeresspiegel gehoben wurde. Der leicht lösliche Korallenkalk verkarstet rasch. In Spalten und Höhlen verschwindet das Regenwasser im Untergrund. Die Pflanzen können ihren Wasserbedarf nur mit Mühe decken. Sicherlich liegt es daran, daß keine hohen Regenwälder, sondern nur Dickichte und bis etwa 10 m hohe Buschwälder den größten Teil der Insel bedecken. Sie enthalten allerdings erstaunlich viele Pflanzenarten, die allein auf Henderson vorkommen, etwa besondere Arten des Sandelholzbaums oder des Brustbeerbaums. Bei den Landvögeln beträgt der Anteil der Endemiten sogar 100 %: Ausschließlich auf dieser Südseeinsel ist die Henderson-Ralle beheimatet, flugunfähig wie manche ihrer Verwandten, ein kleiner, farbenprächtiger Lori, der in der Pracht des Federkleids nur noch von einer auf der Insel heimischen Papageitaube übertroffen wird. Eher unansehnlich und schon vom Namen her abschreckend ist hingegen der Palmendieb, der sonst auf den Südseeinseln gnadenlos verfolgt wird und hier seinen kriminellen Neigungen ungestraft nachgehen kann: Das größte wirbellose Landtier, ein Einsiedler-Krebs, stellt den Küken nach, klettert aber hauptsächlich auf die Kokospalmen, zwickt die Nüsse ab und lutscht das Fruchtfleisch genüßlich aus.

Banc d'Arguin Nationalpark

Wattenmeer und Wüste, ein kühler Ozean und ein heißes Land, Mangrovesümpfe und Wanderdünen, leblose Einöde und millionenfaches Leben – die Kontraste könnten in der Watten- und Wüstenregion an der atlantischen Küste des Sahel nicht schärfer sein: ein Feuchtgebiet von internationaler Bedeutung im größten Wüstengürtel der Erde. Das seichte, von zahlreichen Inseln und Sandbänken durchsetzte Küstengewässer ist eine ökologische Perle und vor allem für die Vogelwelt ein Nationalpark der Superlative. Über zwei Millionen ziehende Küstenvögel aus dem nördlichen Europa, Sibirien und Grönland überwintern hier, und mit Brutvogelzahlen zwischen 25 000 und 40 000 Paaren gehört der Banc d'Arguin zu den bedeutendsten Vogelkolonien in Westafrika. Neben der Königsseeschwalbe, der Raubseeschwalbe und Dutzenden anderer Vogelarten nisten hier Rosapelikane und Kleinkormorane. Sie veranstalten regelrechte Treibjagden auf Fische, indem sie sich auf der Wasserfläche zu Linien formieren und die Fische gegen das Ufer und in Wasserläufe treiben. Vielleicht haben die Imraguen, ein Volk, das seit Menschengedenken an der mauretanischen Küste vom Fischfang lebt, diese Jagdtechnik von den Vögeln übernommen. Die Menschen lassen sich dabei allerdings von wilden Delphinen helfen, die in den Küstengewässern noch recht häufig vorkommen. Rund 100 Arten umfaßt die Liste der Vögel, die im Nationalpark überwintern, darunter zahllose Flamingos und Löffler. Die Mangrovesümpfe, übrigens die nördlichsten (21° nördlicher Breite) an der Ostseite des Atlantik, gelten als ein Überbleibsel einer feuchteren Klimaepoche, als noch ein größerer Fluß in die Bucht zwischen den beiden Kaps Timirist und Nouadhibou mündete.

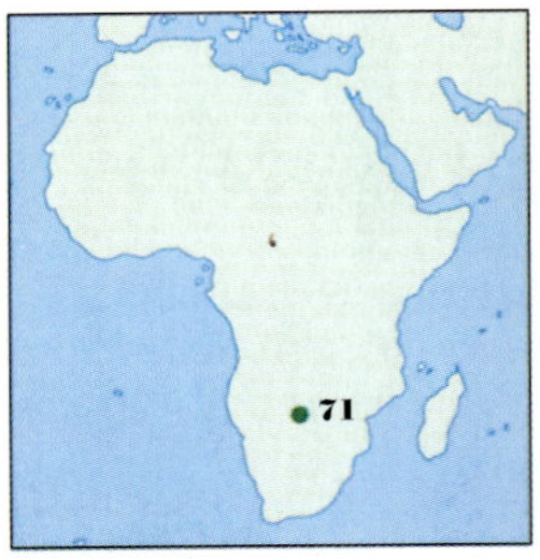

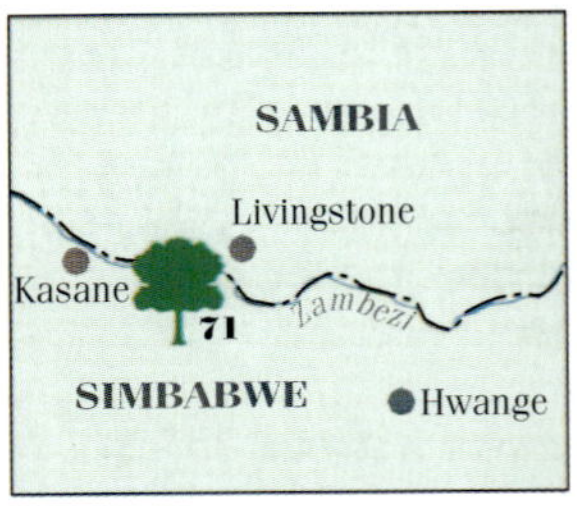

Lage: Rund 600 km westlich von Harare am Sambesi, der dort die Grenze zwischen Simbabwe und Sambia bildet

Naturraum: Zone der wechselfeuchten Tropenklimate mit regengrünen Trockenwäldern und Trockensavannen

Meereshöhe: 915 m (oberste Fallkante)

Fläche: 69 km^2

Zugang: Vom Ort Victoria Falls (Flughafen, Eisenbahnstation) auf dem Livingstone Way bis zum Eingang des Nationalparks; weiter auf Panoramawegen zu den Aussichtspunkten

In voller Breite stürzt der Sambesi in eine schmale Basaltschlucht, an die sich zickzackförmig weitere Canyons anschließen.

Viktoria-Fälle

Vier Tagesmärsche unterhalb von Sesheke liegt der Wasserfall Mosioatunya oder Donnernder Rauch. Man nennt ihn so, weil die Gischt über ihm mit viel Getöse so hoch aufsteigt, daß sie schon aus zehn bis zwölf Meilen Entfernung zu sehen ist", diese kurze Notiz im Tagebuch des schottischen Missionars und Afrikaforschers David Livingstone, geschrieben am 5. August 1851, ist der erste schriftliche Hinweis auf den großartigsten Wasserfall der Erde. Livingstone kannte die Kaskaden damals nur vom Hörensagen, mit eigenen Augen sah er sie erst mehr als vier Jahre später, am 16. November 1855. Und er war begeistert: „So liebliche Szenen müssen selbst von den Engeln auf ihrer Flucht bestaunt worden sein."

Das himmlische Naturwunder ist ein Werk des längsten Flusses im südlichen Afrika, des Sambesi, der in der Nähe des Dreiländerecks Angola-Zaire-Sambia entspringt, auf mehrere hundert Kilometer die Grenze zwischen Sambia und Simbabwe bildet und in Mosambik in den Indischen Ozean mündet. Sambia und Simbabwe teilen sich den Wasserfall. Er bildet jeweils das Prunkstück eines Nationalparks, der in Sambia Mosi-oa-tunya heißt und in Simbabwe den Namen trägt, den David Livingstone dem Fall zu Ehren der britischen Königin Viktoria gab. Bemerkenswerter als die unterschiedlichen Namen ist allerdings die plötzliche Metamorphose, die der Sambesi an dieser Stelle erlebt: Er verwandelt sich schlagartig von einem fast 2 Kilometer breiten, träge auf einer Hochfläche dahinfließenden Strom in ein schäumendes Gewässer, das eine stellenweise nur 40 m breite Schlucht ausfüllt. 1670 m mißt die Fallkante, über die der Strom rund 100 m tief in die Schlucht stürzt. Sie gilt als die längste geschlossene Fallwand der Welt und bildet den breitesten Wasservorhang – sofern der Abfluß dafür ausreicht. Im Februar–März löst sich dieser Vorhang bei niedrigem Wasserstand in einzelne Fälle auf, die in der Trockenzeit mitunter auch ganz versiegen: den Teufels-Fall, Haupt-Fall, Regenbogen-Fall und Östlichen Fall. Mit dem Beginn der Regenzeit schwillt der Strom im November dann wieder an, läßt die Schlucht mit seinen Wassermassen förmlich kochen.

Blendendweiß brodelt die Gischt vor den dunklen Felswänden im Canyon empor. Sie bestehen aus annähernd waagrecht lagernden Basaltlavadecken, jede etwa 20 m dick und in einen mittleren kompakten Teil sowie leichter verwitterbare Lagen an der Ober- und Unterseite gegliedert. Insgesamt ist die Basalttafel rund 300 m mächtig, das Spiegelbild einer Serie von Vulkanausbrüchen, die sich vor etwa 200 Millionen Jahren ereigneten, als Gondwanaland endgültig zerbrach, tiefe Risse in der Erdrinde entstanden und dünnflüssige Lava weite Landstriche überflutete. Sehr ähnliche (wenn auch mit durchschnittlich etwa 125 Millionen Jahren jüngere) Basalttafeln findet man jenseits des Südatlantik an der Grenze zwischen Argentinien und Brasilien, wo der Rio Iguaçu ebenfalls in eine enge Schlucht stürzt. Geologisch sind die Viktoria-Fälle und die Iguazú-Fälle fast Zwillinge: Hier wie dort bilden harte Basalte die Fallmacher, die Wasserfallschluchten knüpfen an eng zerklüftete Zonen im Gestein an, und beide Fälle gehören zu den sogenannten subsequenten Wasserfällen, bei denen der Fluß nicht über eine bereits bestehende (oft durch Gletscher geschaffene) Gefällsstufe stürzt, sondern diese Stufe im Gegenteil erst durch seine Erosion geformt hat. Zunächst arbeitet der Fluß hauptsächlich in die Tiefe, räumt weniger widerständiges Gestein aus und schafft so eine markante Stufe im Flußbett. Wegen der besonders kräftigen Erosion am Fuß der Stufe, wo die herabstürzenden Wassermassen tiefe Kolke ausspülen, wandert der Wasserfall im Lauf der Zeit flußaufwärts, verliert dabei allmählich an Höhe und verschwindet schließlich ganz. In der Regel arbeitet diese „rückschreitende Erosion" stetig, hinterläßt wie unterhalb der Iguazú-Fälle kilometerlange, recht geradlinige Schluchten. Die Schluchten unterhalb der Viktoria-Fälle folgen dagegen einem Muster von Kluftlinien, die sich in spitzem Winkel kreuzen – daher der zickzackförmige Verlauf der Canyons, der aus der Vogelschau am besten zu erkennen ist. Stromaufwärts werden die Schluchtabschnitte immer jünger, gegenwärtig nagt der Sambesi im Teufels-Fall an der Nahtstelle einer neuen Kluftzone. Sobald er diese ausgeräumt hat, rückt die Fallwand wieder ein Stück weiter aufwärts.

Derzeit stürzen die Wasserfälle noch in die Schlucht 1, einen engen Abgrund, der die Gischtwolken bündelt und wie Dampfsäulen in die Höhe jagt. Livingstone beobachtete aus der Ferne fünf Säulen, deren Spitzen sich mit den Wolken zu vermischen schienen, unten weiß, weiter oben aber dunkel, „so daß sie fast wie Rauch aussahen". In den Gischtschwaden, die aus der Schlucht steigen, bricht sich das Sonnenlicht und erzeugt Regenbogen, schöner als über allen anderen Wasserfällen der Welt, die seltenen roten Dämmerungsregenbogen, die weißen Nebelregenbogen kann man hier beobachten. Und wer in einer klaren Vollmondnacht in den Abgrund hinabsteigt, kann sogar einen Mondregenbogen erleben.

Das zerstäubte Wasser, das wie ein feiner Sprühregen ständig auf die Umgebung der Fälle niedergeht, hat innerhalb der Trockensavannen und Trockenwälder am mittleren Sambesi eine feuchte, immergrüne Oase entstehen lassen: einen üppigen „Regenwald" aus Ebenholzgewächsen, Würgfeigen, Afrikanischer Olive, Wilder Dattelpalme, mit zahlreichen Schlingpflanzen, Farnen und einer dichten Krautschicht, aus der der Trompeterhornvogel, der Weißbrauenrötel und der Helmturako zu hören sind. In den Felswänden des Canyon nisten der Wanderfalke, der Kaffernadler und der Augurbussard. An den vielbegangenen Panoramapfaden trifft man selten auf größere Tiere. Die Schilder mit der Aufschrift „Beware of crocodiles" erinnern jedoch daran, daß man nicht allzu sorglos durch die Wälder in unmittelbarer Nähe der Fälle spazieren sollte. Außer Krokodilen kommen zuweilen Elefantenbullen und Kaffernbüffel gefährlich nahe.

Lohnend ist eine Bootsfahrt auf dem Sambesi stromaufwärts zum Sambesi-Nationalpark, in dem unter anderem Rappenantilopen, Flußpferde und Wasserböcke leben. Vom Bootsanleger führt ein Fußweg durch den dichten Wald zum „Big Tree", unter dem David Livingstone gerastet haben soll. Mit 20 m Höhe und 16 m Umfang hält dieser Baum, was der Name verspricht. Es ist ein Baobab, der Charakterbaum der trockenen Gras- und Waldsavannen im südlichen Afrika. Hierzulande kennt man den Baumriesen, der einen Umfang bis 40 m und ein biblisches Alter von über 3000 Jahren erreichen kann, besser unter dem Namen Affenbrotbaum. Paviane und andere Affen laben sich an den süßsäuerlichen gurkenähnlichen Früchten. Für Elefanten ist der stämmige Baum dagegen eine Art lebendiger Tankstelle, denn in seinem weichen Holz speichert er große Mengen Wasser, das in den Trockenzeiten von den Rüsseltieren angezapft wird.

Der Abfluß des Sambesi an den Viktoria-Fällen schwankt zwischen etwa 10 Millionen und fast 700 Millionen Liter Wasser pro Minute. Beim Rheinfall von Schaffhausen betragen die größten Abflußmengen etwa 40 Millionen Liter Wasser pro Minute.

Lage: Im Westen der Insel, knapp 300 km westlich von Antananarivo und 60 km von der Küste entfernt

Naturraum: Zone der wechselfeuchten Tropenklimate mit regengrünen Trockenwäldern und Trockensavannen

Meereshöhe: 150–700 m

Fläche: 1520 km²

Zugang: Nur für Wissenschaftler mit spezieller Genehmigung; keinerlei Besuchereinrichtungen; gelegentlich werden Exkursionen von Antsalova und Bekopaka aus durchgeführt

Der Tsingy, eine der großartigsten Karstlandschaften der Erde, ist nur aus der Vogelschau zu überblicken; am Erdboden versperren wildzerklüftete Kalksteinklippen und ein schier undurchdringliches Dickicht aus dornigen Pflanzen die Aussicht und den Weg.

Tsingy de Bemaraha

Ungeschützt, unzugänglich, unbekannt, aber noch vergleichsweise unberührt – so könnte man das wertvollste Naturschutzgebiet im Westen der Insel kurz charakterisieren. Obwohl das Gebiet bereits vor etwa 70 Jahren unter Schutz gestellt wurde, gibt es bis heute noch keinen ausgearbeiteten Naturschutzplan, seine Grenzen sind nur ungenau festgelegt. Die Insulaner kennen die Naturschätze kaum, die das Bemaraha-Plateau birgt. Wissenschaftlich ist es nur oberflächlich untersucht. Doch im Vergleich mit den weithin zerstörten Naturlandschaften im Rest Madagaskars hat die Kalksteinplatte, die 300 bis 400 m hoch über das Tal des Manambolo-Flusses aufsteigt und von demselben Fluß in einer grandiosen Schlucht zerschnitten wird, ihren ursprünglichen Charakter recht gut bewahrt.

Am besten schützt sich die Natur mitunter selber: durch Landschaftsformen, die Eindringlingen buchstäblich Steine in den Weg legen. In diesem Fall versperrt der Felsenwald des Tsingy, bizarr verkarstete Kalksteinklippen, Spitzkarren, wie die nadelspitzen Gebilde genannt werden, den Weg. Entlang von Klüften und Spalten hat das kohlensäurehaltige Regenwasser tiefe Scharten in den Kalk geätzt und die dazwischen aufragenden Blöcke in messerscharfe Grate umgeformt. Solche Felslabyrinthe sind praktisch unpassierbar, natürliche Bastionen, die ganze Landstriche versperren. Das Wasser, das im verkarsteten Gestein versickert, tritt an den Rändern des Plateaus und in den Talkerben in kräftig sprudelnden Quelltöpfen wieder zutage.

Die Westhälfte Madagaskars hat ein niederschlagsarmes Klima mit einer Trockenzeit, die 6 bis 8 Monate dauert. Der Wassermangel wird in den Karstlandschaften des Bemaraha-Plateaus durch die Durchlässigkeit des Gesteins noch verstärkt. Nur Pflanzenarten, die mit wenig Wasser auskommen und eine längere Trockenzeit überstehen, haben hier eine Überlebenschance. Ein Baum aus der vielköpfigen Familie der Ebenholzgewächse wirft in den regenarmen Monaten seine Blätter ab und spart dadurch Wasser, ebenso wie der Flammenbaum, der 1824 auf Madagaskar entdeckt wurde und heute mit seinen großen leuchtendroten Blüten tropische Gärten rund um den Erdball schmückt. Die Madagassischen Affenbrotbäume speichern dagegen Wasser in ihren unförmigen, bis 9 m dicken Stämmen und kommen so durch die Trockenzeit.

In der Tierwelt des Tsingy gibt es gleichfalls skurrile Geschöpfe, etwa das Panzerchamäleon, mit dornigen Rückenstacheln und zipfelartigen Vorsprüngen am Kopf die Miniaturausgabe eines Drachen, die Madagaskarratte, die durch ihre großen Ohren auffällt und vom langen Schwanz abgesehen einem kleinen Kaninchen gleicht, oder das Aye-Aye oder Fingertier, das seinen Namen den stark verlängerten Fingern verdankt, mit dem es Käferlarven aus der Baumrinde und Mark aus Bambusstengeln scharrt. Fingertiere leben außer auf dem Bemaraha-Plateau nur noch in einem anderen Trockenwaldgebiet Madagaskars. Häufiger sind Lemuren oder Makis, die Charaktertiere der an zoologischen Kostbarkeiten reichen Insel. Im Tsingy leben auch Katzenmakis und Wieselmakis, ausgesprochene Nachttiere, die dafür tagsüber müde und träge sind und deshalb von Jägern mühelos gefangen und erschlagen werden können. Die illegale Jagd im Naturschutzgebiet ist ein Problem, allerdings nicht das brennendste. Viel schlimmere Folgen haben die von den Viehhirten aus den umliegenden Dörfern entfachten Brände, die in der Trockenzeit häufig außer Kontrolle geraten und große Waldbestände vernichten.

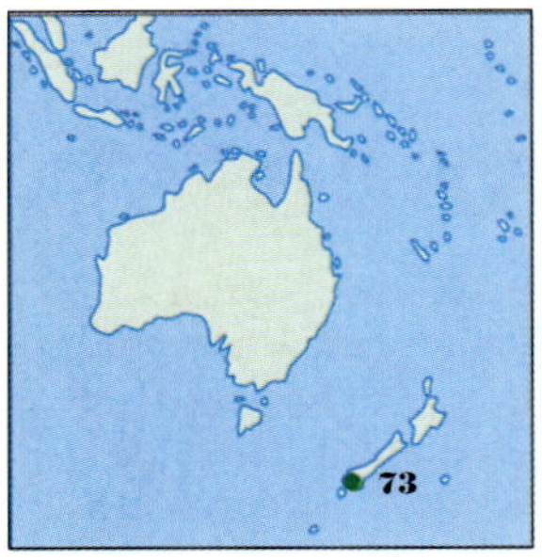

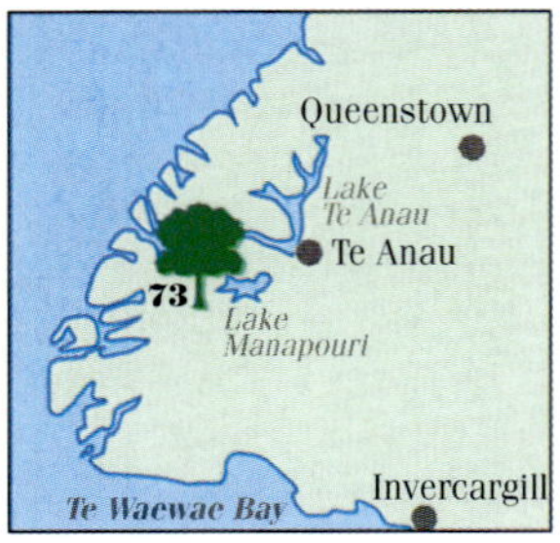

Lage: An der Westküste der neuseeländischen Südinsel, etwa zwischen dem 43. und 46. Breitenkreis südlicher Breite

Naturraum: Hochozeanische Waldklimate der kühlgemäßigten Zone mit immergrünen Laub- und Mischwäldern, die in den Southern Alps bei etwa 1000 m enden

Meereshöhe: 0–3764 m (Mount Cook)

Fläche: 26 000 km²

Zugang: Im Norden auf dem „World Heritage Highway“, Teilstück des Highway 6; zum Mount Cook Nationalpark auf dem Highway 80, zum Fiordland Nationalpark auf den Highways 6 und 94; neun Besucherzentren; zahlreiche Wanderwege

Hängetäler, Wasserfälle und Fjorde – eindrucksvolle Spuren der eiszeitlichen Gletscher, die den neuseeländischen Südalpen vor rund 20 000 Jahren buchstäblich den letzten Schliff gegeben haben.

Te Wahipounamu

Nomen est omen, so wird behauptet, doch nicht immer darf man jedem Namen glauben. Das holländische Seeland an der Nordsee, grün und eben wie ein Billardtisch, und das von Hochgebirgen durchzogene Neu-Seeland in der Südsee könnten landschaftlich nicht verschiedener sein. Dabei hatte der niederländische Seefahrer Abel Tasman, der im Dezember 1642 als erster Europäer die südliche der beiden großen Inseln am anderen Ende der Welt sichtete, den Satz von „einer großen, hoch aufgeworfenen Landmasse" ins Logbuch geschrieben. Wie wir heute wissen so hoch, daß in den Neuseeländischen Alpen bereits knapp 30 km hinter der Küste die 3500 m-Höhenlinie überschritten wird. Ein Block aus vier großen Nationalparks und drei Dutzend weiteren Schutzgebieten zieht sich auf 450 km Länge und bis 90 km Breite an der Westküste der neuseeländischen Südinsel entlang.

Fiordland heißt der südlichste und größte der vier Nationalparks, auf den ersten Blick gesehen dem norwegischen Fjordland zwischen Stavanger und Ålesund mit tiefen Fjorden, hohen Wasserfällen und vereisten Gipfeln in unmittelbarer Nachbarschaft sehr ähnlich. Aber in welchem norwegischen Fjord gedeihen Schwarzkorallen, und wo in Europas hohem Norden kreisen über den kahlen Fjells buntgefiederte Papageien. Hier sind es die Keas, die einzigen Bergpapageien der Welt, die nur auf der neuseeländischen Südinsel vorkommen und einst von den Farmern als vermeintliche „Schafmörder" erbittert verfolgt wurden.

Der Ruf des Dickschnabel-Pinguins, der weiter nordwärts in den Dünenländern und Sumpfwäldern beiderseits des „World Heritage Highway" nistet, ist besser als das Image der dreisten Papageien; er teilt sich seinen Lebensraum mit Neuseeland-Seebären und Delphinen, ernährt sich vom Meer. Landeinwärts bieten die dichten Regenwälder mit ihren Früchten und dem Insektenreichtum der Maorifruchttaube, den Sittichen und zahllosen anderen Waldvögeln Nahrung im Überfluß. Die immergrünen Wälder, die sich an den Hängen bis zur Waldgrenze um 1000 m hinaufziehen, bestehen vor allem aus Steineibengewächsen und lederblättrigen Laubbäumen aus den Familien der Lorbeergewächse, der rosenartigen und Myrtengewächse. In den unteren Gebirgsstockwerken erreichen sie noch Wuchshöhen bis über 30 m, enthalten viele Lianen, Baumfarne und größere Epiphyten, oberhalb von 750 m verarmt die Flora, die Wälder werden zusehends niedriger, und als Epiphyten treten nur noch Moose und Flechten auf. Über einem schmalen Gürtel aus Zwergbäumen und Legsträuchern folgen bis zur Schneegrenze alpine Grasfluren, die sich allerdings im Unterschied zu den grünen Matten der Alpen vor allem aus hohen Horstgräsern zusammensetzen. In manchen Gegenden werden die Steineibengewächse, eine uralte Familie von Nadelbäumen, von den ebenfalls schon auf dem Urkontinent Gondwanaland verbreiteten Südbuchen verdrängt.

Die Höhenspanne zwischen der Waldgrenze und der Schneegrenze ist eng (nur etwa 1000 m), schon ab etwa 2000 m Meereshöhe, im Fiordland auch tiefer, prägen Schnee und Eis das Landschaftsbild. Stellenweise fallen an der Westflanke der Neuseeländischen Alpen jährlich über 10 000 Liter Niederschlag pro Quadratmeter Boden, davon ein großer Teil als Schnee. Über 100 Gletscher zählt man allein im Mount Aspiring-Nationalpark, der Mount Cook-Nationalpark rund um den gleichnamigen höchsten Gipfel Neuseelands besitzt im 27 km langen Tasman-Gletscher auch den längsten Gletscher des Landes, und im Westland-Nationalpark schieben sich der Fox-Gletscher und der Franz-Josef-Gletscher bis auf eine Meereshöhe von 300 m hinunter: Das ewige Eis begegnet dem Regenwald – einzigartig in der Welt!

Geschützt 1991 · Niger

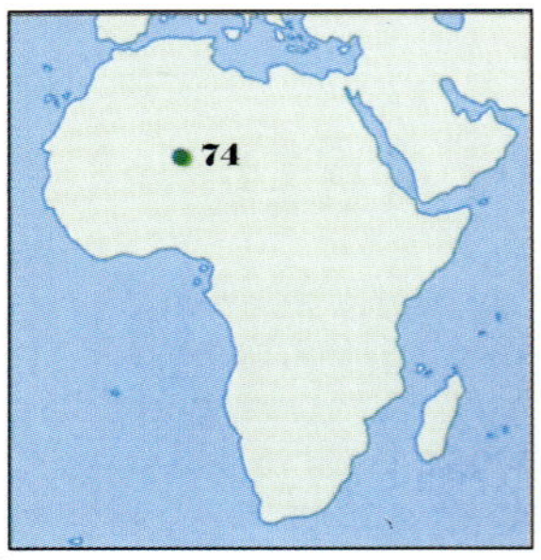

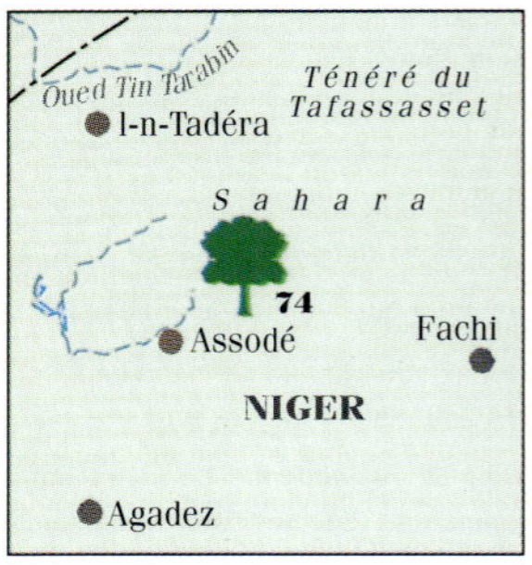

Lage: Rund 160 km nordöstlich von Agadez an der Ostflanke des Aïrgebirges und im Südwesten der Wüste Ténéré

Naturraum: Übergangssaum zwischen der Zone der tropischen Wüsten- und Halbwüstenklimate und den Wüsten und Halbwüsten der Subtropenzone

Meereshöhe: 400–1998 m

Fläche: 77 360 km²

Zugang: Im Rahmen organisierter Exkursionen auf Wüstenpisten von Agadez und Arlit; Besucherzentrum mit kleinem Museum in Iferouâne; dort auch einfache Unterkünfte

Im Aïr findet man zahlreiche verfallene Oasendörfer, deren Gebäude zum Teil aus dem 11. bis 14. Jahrhundert stammen. Die meisten wurden in den letzten 200 Jahren von ihren Bewohnern verlassen.

Aïr und Ténéré

Für Heinrich Barth, der das Aïr im August 1850 durchquerte, war das Gebirge im Nordosten des Niger ein „Alpenland der Wüste“; Biologen, die das um 2000 m hohe Massiv später auf den Spuren des Pioniers der Saharaforschung erkundeten, berichteteten dagegen von einer „Insel des Lebens im Sandmeer“. Im Lexikon wird es mit einer vom Klima begünstigten Halbinsel verglichen, die sich vom Sahel einige hundert Kilometer weit nach Norden in die Sahara erstreckt. Beim Ténéré vermißt man die schmückenden Beinamen und schmeichlerischen Vergleiche. Sein Name bedeutet soviel wie *Das da draußen* und verrät bereits das Wichtigste über die extreme Wüste: eine lebensfeindliche und -leere Ebene.

Der Ténéré liegt zwischen dem Aïr im Westen und dem Tibestigebirge im Osten, bildet eine nach Südosten geneigte Ebene, die von etwa 900 m auf 300 m abfällt und an der Nordseite halbkreisförmig von höheren Gebirgen umrahmt wird. In der Nordhälfte prägen schier endlose Geröll- und Schuttwüsten das Landschaftsbild, im Südwesten, der zum Naturreservat gehört, hat der Wind dagegen auf dem eingeebneten Gesteinssockel hohe Dünen aufgeweht. Zwischen den Sandbergen, die Höhen um 300 m erreichen und damit zu den höchsten Dünen der Sahara zählen, liegen flache Salz- und Tonsenken verstreut, in denen die Wasserläufe aus den Gebirgen versickern und verdunsten. An der Gesamtfläche des Naturreservats, ein Areal fast so groß wie Österreich, hat der Ténéré einen Anteil von gut 60 %.

Der flachwellige, 400 bis 800 m hohe Sockel des Aïr taucht unter seinem Mantel aus Sand und Sandstein auf, grenzt dann scharf an neun Massive aus Granit und vulkanischem Gestein, die ihn um mehr als 1000 m überragen. Zweithöchster Gipfel des zerklüfteten Berglands, das reiche Bodenschätze wie Wolfram und Uran besitzt, ist eine 1998 m hohe Felsspitze im Tamgak-Massiv. Mehrere tiefe Täler zerschneiden das Aïr, meist nur nach stärkeren Regengüssen von Wasserläufen durchflossen, sonst Wadis (Trockentäler) mit sandigen, ausgetrockneten Flußbetten. Sie enden außerhalb des Gebirges bald in abflußlosen Senken.

Durchschnittlich 100 Liter Regen pro Jahr und Quadratmeter Bodenoberfläche sind bei Temperaturen, die im Frühjahr bis auf etwa 50 °C steigen, kaum mehr als der berühmte Tropfen auf den heißen Stein. Iferouâne, wo für die meisten Besucher die Exkursion durch das Naturreservat beginnt, erhält gerade einmal die Hälfte der Regenmenge, die als klimatische Grenze der Sahara gilt. Im Ténéré fallen im Jahresdurchschnitt allenfalls ein paar Liter, in manchen Jahren überhaupt kein Tropfen Niederschlag. Kalte Sandstürme im Winter und heiße Staubnebel im Sommer geben dem extremen Klima des Ténéré zusätzliche Würze.

Am südöstlichen Rand der Sandwüste stand bis in die 1970er Jahre der legendäre *Arbre du Ténéré*, eine mächtige Schirmakazie, bis zu dem Tag, an dem sie von einem Lastwagen gerammt wurde: eine wichtige Landmarke und das Wahrzeichen des Ténéré. Abgesehen von den Pflanzen in den Oasen ist das Trokkengebiet weitgehend vegetationslos. Nur nach den seltenen Regengüssen sprießen die Kräuter und verwandeln die Wüste für einige Tage oder Wochen in einen blühenden Garten. Im Vergleich mit dem sandgelben Ténéré wirkt das Bergland wie eine grüne Insel, besonders von Juli bis Oktober, in der „Regenzeit“, wenn sich hin und wieder ein tropisches Tiefdruckgebiet bis in das Revier der subtropischen Hochdruckgebiete verirrt. Über 350 Pflanzenarten sind in dem Bergland heimisch, bemerkenswert viele für ein Wüstengebirge und von der Herkunft bemerkenswert bunt gemischt. Charakterpflanzen der Sahara wie der Kameldorn oder das Salzkraut begegnen dem Wilden Ölbaum, einem mediterranen Überbleibsel feuchterer Klimaperioden, der Rispenhirse aus dem Sahel und den Dumpalmen, die noch viel weiter südlich in den Palmensavannen vorkommen, hier aber nur in den

In den Dünentälern können Bäume und Sträucher mit ihren Wurzeln den Grundwasserspiegel erreichen und vom „fossilen" Wasser zehren, das aus den Feuchtzeiten der jüngeren Erdgeschichte stammt.

Oasen zusammen mit Tamarisken und verschiedenen Kulturpflanzen zu finden sind.

In den Wüsten der Erde gibt es zahllose Hinweise auf Zeiten, in denen das Klima deutlich feuchter als heute war. Vor etwa 4000 Jahren beispielsweise herrschte im Aïr und Ténéré noch ein Klima, bei dem typische Savannentiere wie Elefanten oder Giraffen existieren konnten. Man findet ihre Bilder an vielen Stellen in den Fels geritzt. Inzwischen sind die meisten aus der „verwüsteten" Landschaft verschwunden. Strauße leben aber noch immer im Aïr und bilden hier die letzte große Population in Westafrika (schätzungsweise 2000 Tiere), ebenso ein paar Geparde und Streifenhyänen sowie Gruppen von Pavianen und Husarenaffen. Im Sommer kommen tropische Zugvögel aus dem Süden, den Winter verbringen Reiher, Regenpfeifer, Drosseln und andere Gäste aus dem Norden hier. Besonders wertvoll ist das Naturreservat als Zufluchtsort für mehrere bedrohte Huftierarten, etwa die Dünengazelle und die Säbelantilope, die Dorkasgazelle und das Mähnenschaf.

Das Naturreservat umschließt an der Nordostseite des Aïr das Addax-Sanktuarium, ein spezielles Schutzgebiet für die Mendesantilope *(Addax nasomaculatus)*. Vielleicht kommt der Schutz für die sandfarbene Antilope, deren einstiges Verbreitungsgebiet vom Atlantik quer durch den nordafrikanischen Wüstengürtel bis zum Roten Meer reichte, jetzt schon zu spät. Nicht mehr als 200 Mendesantilopen gibt es heute noch in der Sahara, im Aïr ist ihr Bestand seit dem Ende der 1970er Jahre auf schätzungsweise 15 Tiere zusammengeschmolzen. Für das Überleben in der Sandwüste hat die Natur die schlanke Antilope mit breiten Hufen gewappnet, die im lockeren Sand nicht einsinken, sie braucht außerdem kaum Wasser. Motorisierten Jägern und Touristen, die sich einen Spaß daraus machen, ein Tier zu Tode zu hetzen, ist sie freilich schutzlos ausgeliefert. Früher war die Addax ein wichtiges Jagdtier der Tuareg, die sie mit Schlingen fingen oder mit Hundemeuten jagten. Inzwischen sind die Antilopen so selten geworden, daß sich die Jagd nicht mehr lohnt. Die Tuareg, die früher einen einträglichen Karawanenhandel betrieben, die wichtigsten Straßen durch das Aïr und den Ténéré kontrollierten, sich als stolze Herrscher der Wüste fühlten und von den französischen Kolonialtruppen erst in langen Kämpfen unterworfen werden konnten, müssen nach etlichen Dürrejahren und dem Zusammenbruch des Karawanenhandels heute selbst um ihre Existenz kämpfen. Anfangs standen sie den Plänen zur Einrichtung eines Naturreservats mißtrauisch und ablehnend gegenüber, befürchteten den Verlust traditioneller Rechte und die Vorherrschaft der Behörden, der sich Nomaden ungern beugen. Inzwischen wird das Naturreservat von der Mehrheit der Tuareg akzeptiert. Kamel- und Eselsafaris für Touristen bieten ihnen neue Einnahmequellen. Die Konflikte zwischen den um ihre Unabhängigkeit kämpfenden Tuareg und der Regierung im fernen Niamey dauerten jedoch an und führten dazu, daß das Naturreservat 1992 auf die Liste des gefährdeten Welterbes gesetzt wurde. Die Wilderei, vor allem durch nigerianische Soldaten, geht ebenfalls weiter. Sie stellt gegenwärtig die größte Gefahr für die „Insel des Lebens im Sandmeer" dar.

Strauße leben noch heute im Aïr, viele der in den Felsbildern dargestellten Tierarten sind jedoch längst aus dem Wüstengebirge verschwunden, wie der Elefant oder die Giraffe.

Lage: Im äußersten Westen der Insel Java, an und mit den zugehörigen drei kleinen Inseln in der Sunda-Straße; die vier Inseln der Krakatau-Gruppe liegen rund 60 km weiter im Norden

Naturraum: Zone der tropischen Regenklimate mit immergrünen tropischen Regenwäldern

Meereshöhe: 0–620 m

Fläche: 1205 km^2 (Ujung Kulon); 25 km^2 (Krakatau)

Zugang: Mit dem Boot von Labuan an der Westküste Javas oder zum Ujung Kulon Nationalpark auf dem Landweg; Informationszentrum in Tamanjaya; Unterkünfte auf den Inseln Handeuleum und Peucang

Kräftige Gezeitenströmungen sorgen in der Sundastraße für einen raschen Austausch der Wassermassen; das Wasser ist klar, sauerstoff- und nährstoffreich – optimale Bedingungen für das Wachstum von Korallenriffen, die hier besonders reich an Fischen sind.

Ujung Kulon/ Krakatau

Indonesien ist ein riesiges Land, das sich rund 5000 km weit beiderseits des Äquators erstreckt, aber als typischer Inselstaat nur gut 1 % der Landflächen der Erde umfaßt. Am Pflanzen- und Tierreich hat die Inselrepublik einen weitaus größeren Anteil: 10 % aller Pflanzenarten der Welt kommen auf ihrem Territorium vor, 12 % aller Säugetierarten, 16 % aller Reptilien und Amphibien, 17 % aller Vogelarten. Bemerkenswert hoch ist auch der Anteil der endemischen Arten, beispielsweise fast ein Drittel der rund 1500 in Indonesien heimischen Vogelarten oder zwei Fünftel der 500 Säuger. Und die Artenfülle ist noch beeindruckender, wenn man berücksichtigt, daß die südostasiatische Republik zu den am dichtesten bevölkerten Ländern der Erde zählt. Auf Java nähert sich die durchschnittliche Bevölkerungsdichte langsam, aber anscheinend unaufhaltsam einer beängstigenden Marke: 900 Einwohner pro Quadratkilometer.

Von der „Schönheit und wilden Größe" der Natur Javas, die den deutschen Forscher Franz Wilhelm Junghuhn in den 30er Jahren des vorigen Jahrhunderts begeisterte, ist nur wenig übrig geblieben. Seinerzeit lebten auf der Insel schätzungsweise 6 Millionen Menschen, heute fast 120 Millionen. In entlegenen Winkeln, wie auf der steil aufragenden Halbinsel am südwestlichen Eingang der Sundastraße, gibt es noch einige Flecken zwar nicht unberührter, aber weitgehend intakter Natur. Neben Wildrindern, Hirschen, verschiedenen Raubkatzen, seltenen Affen und einer reichen Vogelwelt beherbergt der Nationalpark vier oder fünf Dutzend Javanashörner, eine bedrohte Art, die in den 1960er Jahren kurz vor der Ausrottung stand und jetzt im Schutz des Reservats wieder eine Überlebenschance hat.

Eine Erbschaft kann ein Haus, ein stattliches Barvermögen oder irgendetwas anderes Wertvolles sein, sie kann freilich auch nur aus den Schulden des Verstorbenen bestehen. Zum Naturerbe der Menschheit gehören entsprechend nicht nur Kostbarkeiten der Pflanzen- und Tierwelt und herrliche Landschaften, sondern auch die Spuren verheerender Naturgewalten. Eine der folgenschwersten Naturkatastrophen in historischer Zeit brach im August 1883 über die Ufer der Sundastraße zwischen Java und Sumatra herein. Sie hatte sich schon im Mai des Jahres durch einen kräftigen Vulkanausbruch auf der damals noch 35 km^2 großen Insel Krakatau angekündigt, doch die katastrophale Eruption ereignete sich am 27. August 1883 gegen 10 Uhr morgens. Die Insel explodierte förmlich, in den riesigen Explosionskrater strömten Milliarden Tonnen von Meerwasser, verwandelten sich im Kontakt mit der glühendheißen Lava schlagartig in Wasserdampf, neue Explosionen folgten, lösten bis zu 40 m hohe Flutwellen aus, die durch die südostasiatische Inselwelt rasten, mindestens 36 000 Menschen und ungezählte Tiere verschlangen und wie die biblische Sintflut auf Tausenden von Quadratkilometern alles Leben auslöschten. Die Spuren dieser Katastrophe sind im Ujung Kulon Nationalpark noch deutlich zu erkennen, etwa an sonderbar geformten Bäumen, deren Kronen durch die Flutwellen abgeknickt worden waren. Krakatau, das Zentrum der Eruption, ist daher gemeinsam mit dem Nationalpark in der UNESCO-Liste der Welterbestätten verzeichnet. Die vier Eilande des Archipels, Reste der zerfetzten Insel oder seit 1927/28 durch eine Serie von Ausbrüchen neu entstanden, sind darüber hinaus interessante Studienobjekte, an denen wie im Freiluftlaboratorium die Neu- bzw. Wiederbesiedlung einer Insel untersucht werden kann. Pflanzen und Tiere kehrten erstaunlich schnell auf den Archipel zurück. Bereits drei Jahre nach der Eruption wuchsen wieder 27 höhere Pflanzenarten auf der Insel, inzwischen zählt man über 60 Pflanzen sowie mehr als 130 Vogel- und Insektenarten.

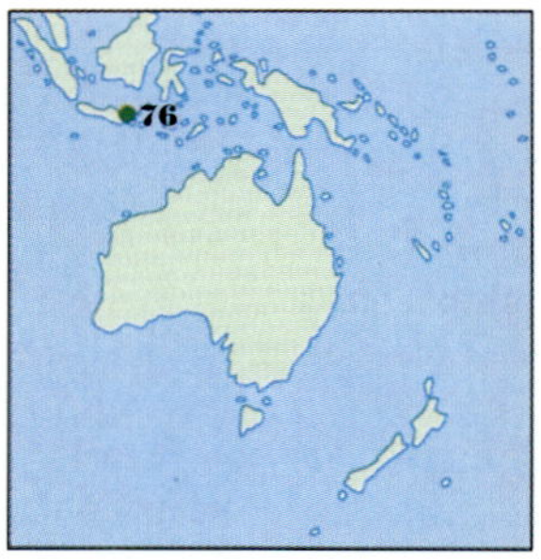

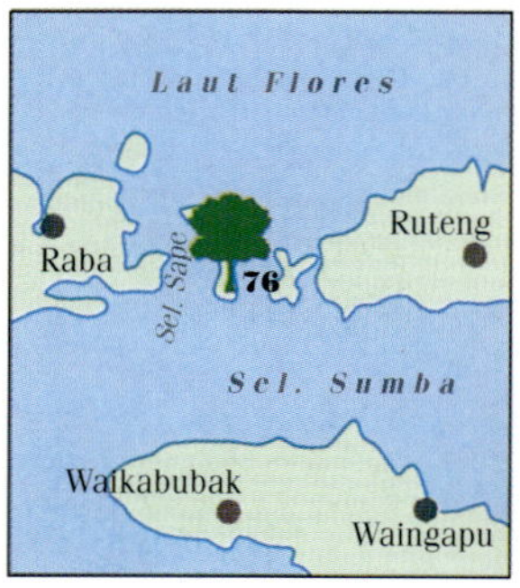

Lage: In der Sape-Meeresstraße zwischen den Inseln Flores und Sumbawa

Naturraum: Zone der tropischen Feuchtklimate mit regengrünen Monsunwäldern und feuchten Grassavannen

Meereshöhe: 0–735 m

Fläche: 2193 km^2 (einschließlich der Meeresfläche)

Zugang: Von Bima auf Sumbawa (Flughafen; Hotels) bis Sape und weiter mit dem Boot zur Insel Komodo; Besucherzentrum und einfache Unterkünfte in Lon Liang; Nationalparkzentrum in Lubuhan Bajo auf Flores

Bevor es einem niederländischen Forscher im Jahr 1912 erstmals gelang, vier Komodo-Warane zu fangen und zu untersuchen, glaubte man, daß die Echsen bis zu sieben Meter lang werden können. Sie erreichen freilich „nur" eine Länge von drei Metern.

Komodo

In Indonesien oder Inselindien, so sagt man, gibt es nicht weniger als 13 667 Inseln. Zur geographischen Allgemeinbildung des Mitteleuropäers gehören davon nur etwa ein halbes Dutzend: die größten Inseln wie Sumatra, vielbesuchte Reiseziele wie Bali, aber auch ein kleines, auf den ersten Blick kaum attraktives Eiland, von dem man im Biologie-Unterricht bei der Besprechung der Reptilien gehört hat. Komodo ist zusammen mit ein paar benachbarten Inselchen und der West- und Nordküste der großen Insel Flores das Revier der schwersten heute lebenden Echse, des Komodo-Warans. In der Körperlänge kommt ihm der gleichfalls im tropischen Asien beheimatete Bindenwaran gleich, doch mit bis zu 135 Kilogramm Gewicht ist der berühmteste Bewohner des Komodo-Nationalparks eindeutig der Schwergewichtsweltmeister. Warane wachsen schnell, haben großen Appetit, können andererseits aber auch tage- oder wochenlang ohne Nahrung auskommen. Ein hungriger Komodo-Waran verschlingt an einem einzigen Tag bis zu 80 % seines Körpergewichts an Beute, ist bei der Auswahl seiner Speisen allerdings nicht wählerisch. Junge Warane, die noch in den Bäumen herumklettern, begnügen sich mit Insekten und kleinen Eidechsen, halbwüchsige erbeuten Ratten und Vögel, erwachsene jagen nahezu alles, was da kreucht und fleucht, von der Ziege und dem Wasserbüffel bis zur Schlange und zum Affen, verschmähen aber auch Aas nicht. Meist watscheln die „Komodo-Drachen" behäbig durch die lichten Wälder und Grasländer der Insel, ständig mit der tief gespaltenen Zunge züngelnd, um den Geruch von Beutetieren und Tierleichen gewissermaßen zu schmecken, bis sie plötzlich zum Sprint ansetzen und mit bis zu 18 km/h durch das Gelände preschen. Menschen sind nur äußerst selten das Ziel solcher Blitzangriffe. Bei einer Population von knapp 6000 Waranen und jährlich über 15 000 Touristen im Nationalpark kommt es jedoch mitunter zu verhängnisvollen Begegnungen zwischen Mensch und Tier. Vor einigen Jahren wurde ein leichtsinniger Tourist aus Deutschland von einem Waran getötet. Vermutlich werden sich künftig solche Unfälle häufen, denn die Warane werden an verschiedenen Orten mit Futter zum Fototermin gelockt, verlieren dadurch ihre natürliche Scheu vor dem Menschen und reagieren bei vermeintlicher Bedrohung mit Attacken.

In gewisser Beziehung haben die Insulaner die Warane von Komodo schon immer gefüttert: Die wichtigsten Beutetiere wie Wildschweine und Schweinshirsche wurden nämlich vom Menschen eingeführt. Von Natur aus sind die östlichen der Kleinen Sunda-Inseln sehr arm an Säugetierarten. Die ungefähr 300 halbwilden Pferde, die durch die Hügelländer Komodos traben, gehören ebenfalls nicht zur natürlichen Fauna; der Sultan von Bima ließ sie im vorigen Jahrhundert auf die Insel bringen, um eine Zucht einzurichten. Noch tiefere Spuren hat der Mensch hier in der Vegetation hinterlassen. Ohne den Raubbau durch die Ladangkultur, eine indonesische Variante des Brandrodungsfeldbaus, wäre die Insel ganz von Monsunwäldern bedeckt. Heute findet man Wälder nur noch unmittelbar an der Küste und in einigen feuchteren Tälern, die von den Bränden verschont bleiben. Drei Viertel der Inselfläche werden von savannenartigen Grasländern eingenommen. An den steileren Hängen fehlt oft jeder Baum und Strauch, im ebeneren Gelände ist die durch Brände geschaffene Savanne meist locker mit Palmen bestanden, hat trotz der unübersehbaren Umweltschäden den Reiz einer tropischen Parklandschaft. Häufigste Baumart ist die Lontar-Palme, die mit ihren hohen Stämmen die von den Insulanern gelegten Gras- und Buschbrände recht gut übersteht. Sie ist gleichzeitig aber auch eine sehr nützliche Pflanzenart, geradezu ein Wunder von vielseitigen Nutzungsmöglichkeiten, und wird daher respektiert. Ein alter indischer Lobgesang nennt 801 Nutzungsmöglichkeiten, von der Gewinnung von Palmzucker über den Hausbau bis zur Verarbeitung der überreifen Früchte zu einer Art pflanzlichem Käse.

Geschützt 1991 · Thailand

Lage: Rund 200 km nordwestlich von Bangkok

Naturraum: Zone der tropischen Regenklimate

Meereshöhe: 250–1811 m

Fläche: 3200 km²

Zahllose Flüsse fließen durch das thailändische Wildreservat, doch nur einer ist weltbekannt: der Kwae Non oder River Kwai, den die im Zweiten Weltkrieg gebaute strategische Eisenbahnverbindung zwischen Thailand und Birma überwinden mußte.

Geschützt 1991 · Australien

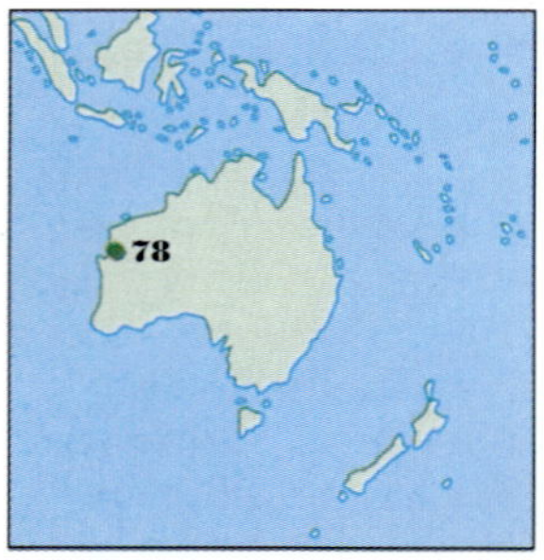

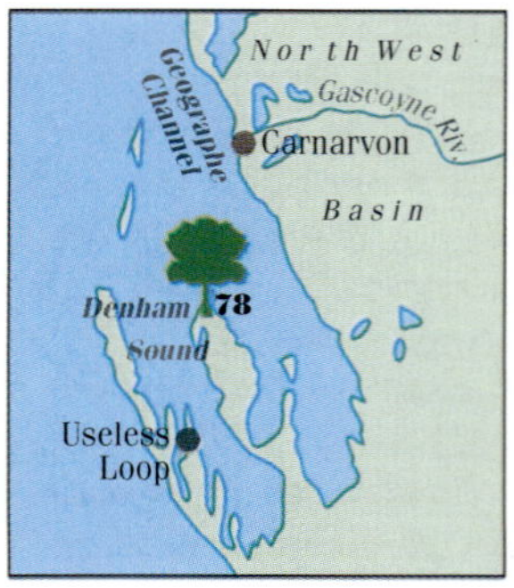

Lage: Rund 800 km nördlich von Perth

Naturraum: Warmgemäßigte Subtropenzone

Meereshöhe: 0–20 m

Fläche: 21 973 km² (davon 14 459 km² Meeresfläche)

Rund um die „Hai-Bucht" herrscht ein Klima, das mit milden, feuchten Wintern und heißen, trockenen Sommern dem mediterranen Klima gleicht. Und wie in den Mittelmeerländern ist der Erdboden hier oft leuchtendrot gefärbt.

Die Kostwurz aus der Familie der Ingwergewächse kommt mit etwa 150 Arten in allen tropischen Gebieten der Erde vor.

Thung Yai Naresuan/ Huai Kha Khaeng

Welchen Wert hat ein großes Naturschutzgebiet oder ein Nationalpark, nicht der ökologische oder ideele, sondern der materielle Wert ist gefragt? Bei den beiden großen thailändischen Naturreservaten, die zusammen übrigens das größte Schutzgebiet auf dem südostasiatischen Festland bilden, haben Experten eine Gewinn- und Verlustrechnung durchgeführt, wenigstens für einen Teil der Bilanz. Danach ersparten die beiden Reservate dem Staat in den 1980er Jahren allein durch den Erosionsschutz jährlich Kosten in Höhe von 13,8 Millionen US-Dollar, bei Ausgaben für Personal und Investitionen von höchstens knapp 70 000 Dollar pro Jahr. Naturschutz lohnt sich also. Von den rund 120 Säugetieren, die in den beiden Reservaten beheimatet sind, gehören mindestens drei zu den Wildformen wichtiger Haustiere. Sie könnten in Zukunft den vielfach überzüchteten Haustierrassen gewissermaßen wieder einen Schuß frisches Blut verleihen: der Gaur, das mächtigste lebende Wildrind, von dem die größte Herde Thailands (etwa 50 Tiere) im Thung Yai lebt, der schön gefärbte Banteng und nicht zuletzt der Wilde Wasserbüffel, der in Asien immer seltener wird, teils weil man ihn jagt, teils weil er sich bei seinen domestizierten Vettern mit gefährlichen Viehseuchen ansteckt. Zu den zoologischen Kostbarkeiten der zwei Naturreservate zählen auch der Tiger, der Leopard, der Asiatische Elefant, das Sumatra- und das Javanashorn, der Rotrücken-Fasan, der Grüne Pfau, insgesamt ein buntgemischter Cocktail aus Tierarten der verschiedensten Faunenreiche und -regionen.

Am „Delphinstrand" kann man hin und wieder Delphine beobachten, viel häufiger sind dort freilich Seevögel aus ganz Südostasien.

Haifisch-Bay

Der Name der weiten Bucht am westlichsten Ende Australiens ist so alt wie irreführend: Vielleicht hatte der englische Weltreisende William Dampier Mitte August 1699 in ihren seichten Gewässern ja tatsächlich bemerkenswert viele Haie gesichtet. Doch so häufig sind die ruhelosen Schwimmer dort auch wieder nicht. Der eigentliche Entdecker der Westküste Australiens, der holländische Seefahrer Dirk Hartog, gab der Gegend nach seiner Landung auf einer vorgelagerten Insel im Oktober 1616 jedenfalls einen friedlicheren Namen: „Eendrachtsland". Heute hätte ein naturwissenschaftlich gebildeter Entdekker die Wahl zwischen mindestens fünf passenderen Namen. Er könnte das seichte Gewässer beispielsweise Salzwasser-Bucht nennen, denn in den innersten Winkeln ist der Salzgehalt mehr als doppelt so hoch wie im freien Ozean. Passend wäre auch die Bezeichnung Seegras-Bucht: In ihr erstrecken sich nämlich die ausgedehntesten Seegraswiesen unseres Planeten (4000 km²). Man könnte sie ferner mit gutem Recht Seekuh-Bucht oder Seevogel-Bucht nennen, mit über 230 Vogelarten gehört sie zu den bedeutendsten Brut- und Überwinterungsplätzen an den australischen Küsten. Die Dugongs haben anscheinend ebenfalls eine besondere Vorliebe für diesen Ort der Erde: Über 10 000 Seekühe, gut ein Zehntel der Weltpopulation, weiden hier in den untermeerischen Seegraswiesen. Der geologisch interessierte Entdecker würde sich schließlich wohl für Stromatolithen-Bucht entscheiden, denn nur im Innern der Bucht (und in wenigen anderen Gewässern) findet man die flachen, brotlaibartigen Kalkgebilde, die von Blaugrün-Algen geschaffen werden und zu den ältesten geologisch gesicherten Spuren des Lebens (bis über 3 Milliarden Jahre) auf der Erde gehören.

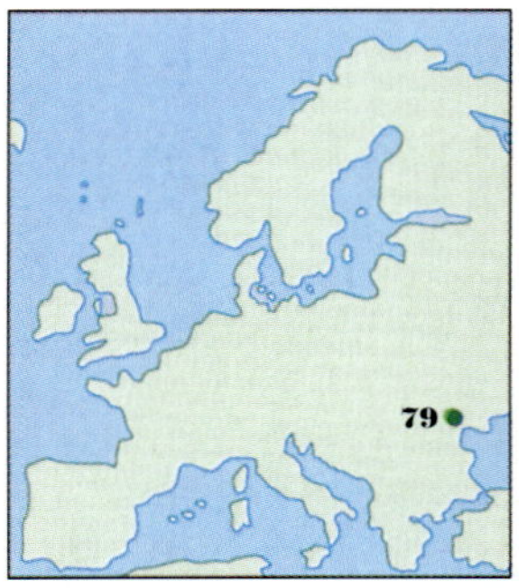

Lage: Rund 240 km nordöstlich von Bukarest an der Schwarzmeerküste

Naturraum: Kühlgemäßigte Zone mit winterkaltem Feuchtsteppenklima

Meereshöhe: 0–15 m

Fläche: 6792 km²

Zugang: Nur mit besonderer Genehmigung; am einfachsten von Tulcea, wo zahlreiche Agenturen geführte Bootsexkursionen anbieten; in den Brutzeiten sind die Kerngebiete des Reservats gesperrt

Der Purpurreiher, der seinen Namen dem rostroten Hals verdankt, nistet derzeit noch mit ungefähr 1250 Brutpaaren im Donaudelta, meist im Röhricht auf dem Erdboden, nur gelegentlich auf Büschen.

Donaudelta

Noch liest der Vogelfreund die Artenlisten vom Donaudelta mit großem Genuß. Die Auswahl ist unübertroffen: Mehr als 300 Vogelarten wurden im Mündungsgebiet von Europas zweitgrößtem Strom beobachtet. Die eine Hälfte steuert das am Schnittpunkt wichtiger Vogelzugstraßen gelegene Delta als Rastplatz und Winterquartier an, die andere brütet dort auch. Pelikane und Kormorane sind hier zu Haus, Reiher und Störche, Seeschwalben und Ibisse, dazu eine Vielzahl von Entenvögeln, zu Hunderttausenden wie die Tafelenten oder Bläßgänse, zu Zehntausenden wie die Krickenten, die kleinsten europäischen Enten, oder die Rothalsgänse, von denen sich regelmäßig etwa 95 % der gesamten Weltpopulation im Delta versammeln. Wo sich so viele Vögel auf engstem Raum drängen und die Wasserläufe fischreich sind, fehlen auch die Greife nicht, etwa der Seeadler, der Fischadler oder der seltene Würgfalke, zu Land und zu Wasser jagen Fischotter, Wildkatze und Europäischer Nerz.

Das Klima im Mündungsgebiet der Donau ist mit ungefähr 450 mm Jahresniederschlag steppenhaft trokken. Doch der Strom gleicht den Wassermangel durch seinen Abfluß mehr als aus. Über 6300 Kubikmeter Wasser strömen durchschnittlich je Sekunde ins Schwarze Meer, bei Hochwässern, die vor allem im Frühjahr und Sommer auftreten, können die Fluten bis auf über 30 000 Kubikmeter anschwellen. Nur etwa ein Zehntel des Deltas, das von drei großen Mündungsarmen durchzogen wird, liegt oberhalb der höchsten Hochwassermarken, das übrige Gebiet ist ein häufig überflutetes Labyrinth von ausgedehnten Sümpfen, schmalen Wasserläufen, ungezählten kleinen und größeren Süß- und Brackwasserseen, auf denen Torfinseln driften. Schilfröhrichte nehmen die weitaus größte Fläche ein, wahrscheinlich ist das Donaudelta das größte geschlossene Schilfgebiet der Erde. Auf Dünenketten dringt die trockene Federgrassteppe in die amphibische Welt ein. Die natürlichen Uferdämme sind je nach der Höhenlage mit Weiden, Pappeln, Eschen, Erlen und Eichen bewachsen, tragen urwüchsige Auenwälder, die mit ihrem dichten Geflecht von Schlingpflanzen an tropische Wälder erinnern. Für Farbtupfer in den graugrünen Schilfdickichten sorgen die creme- und rosafarbenen Teichrosen. Der Waldboden ist im Frühjahr von Maiglöckchen übersät. In den trockenen Sanddünen gedeihen botanische Kleinode wie das Meerträubchen oder die Persische Winde.

Knapp 30 Dörfer und Städte liegen im Donaudelta, fast alle nur auf dem Wasserweg zu erreichen, denn Straßen trägt der morastige Boden nicht, und die mühsam angelegten Wege werden immer wieder vom Hochwasser weggespült. Die schwer zugängliche Wildnis bietet Schutz, nicht nur den bedrohten Tierarten, sondern auch religiösen Minderheiten und verfolgten Völkern. Sie lebten hier jahrhundertelang als Fischer, Jäger und Schmuggler, bis in den 1950er Jahren die sozialistische Planwirtschaft das Donaudelta entdeckte. Seither hat das Naturparadies unter großangelegten, letztlich aber erfolglosen Kultivierungsprojekten und verschiedenen Umweltsünden stark gelitten. Jetzt wurde das Schilf mit schweren Maschinen geerntet, die die empfindlichen Wurzeln beschädigten. Die in einer Zellulosefabrik verarbeiteten Schilfernten gingen daraufhin drastisch zurück. Die ab 1983 nach dem rumänischen Delta-Plan für den Ackerbau und die Viehzucht angelegten Polder brachten auch nicht die gewünschten Erfolge, weil das Bewässerungswasser zu salzhaltig war. Aus demselben Grund scheiterten die Aufforstungsversuche mit schnellwüchsigen Pappeln. Der eingeführte chinesische Karpfen hat den einheimischen Karpfen verdrängt. Seit 1980 sind die Fänge auf etwa die Hälfte geschrumpft. Große Probleme bereiten die zunehmende Wasserverschmutzung der Donau sowie die verstärkte Erosion des Stroms seit dem Bau eines Wasserkraftwerks am Eisernen Tor, viele hundert Kilometer stromaufwärts, an der Grenze zwischen Rumänien und Jugoslawien.

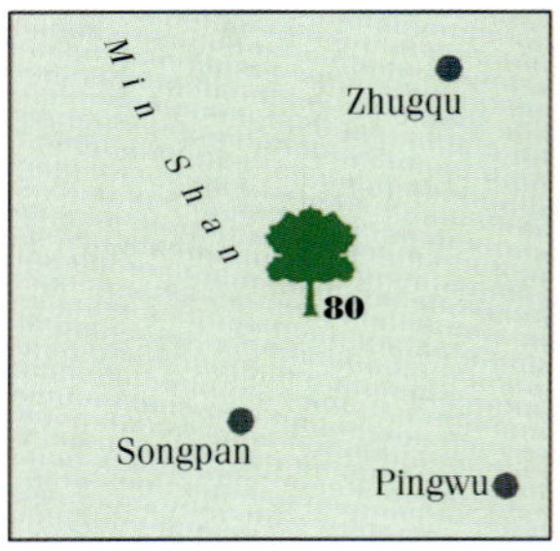

Lage: 220 km nördlich von Chengdu, der Hauptstadt der Provinz Sichuan, in den südlichen Massiven des Min Shan Gebirges

Naturraum: Kühlgemäßigte Zone der Waldklimate mit warmen, regenreichen Sommern und wärmeliebenden Mischwäldern

Meereshöhe: 1700–5588 m

Fläche: 600 km²

Zugang: Von dem Städtchen Songpan, in dem es zahlreiche Hotels gibt, mit dem Bus oder Taxi bis zum Rand des Reservats und zu Fuß weiter auf Bohlenstegen

Sinterbecken entstehen dort, wo kalkreiches Wasser in dünner Schicht über Felsschwellen rieselt. Beim Überfließen der Schwellen verliert das Wasser Kohlendioxid und muß deshalb gelösten Kalk ausscheiden. Dadurch wachsen allmählich Sinterwälle in die Höhe.

Huanglong

Im Reich der Mitte waren unberührte Naturlandschaften schon vor über 2000 Jahren kaum noch zu finden, und viele Menschen waren der Natur offenbar so stark entfremdet, daß lange vor dem europäischen „Zurück zur Natur" der legendäre Laozi in seinem „Buch vom Dao" den Menschen empfahl, sich in die Natur zurückzuziehen, um Ruhe und Harmonie zu finden. Dazu sind die schwer zugänglichen Hochgebirge am nordwestlichen Rand des „Roten Beckens" von Sichuan wie geschaffen: Einsiedler zogen sich dorthin zurück, hausten in Höhlen, buddhistische Mönche gründeten Tempel, die als heilige Stätten von Bannbezirken umgeben waren, in denen die Natur nicht zerstört werden durfte. Und das war nicht nur für die frommen Männer ein Segen.

Die Heiligtümer sind bis heute bedeutende Wallfahrtsstätten geblieben, obwohl in den Jahren der Kulturrevolution die „Roten Garden" viel Schaden anrichteten. Man pilgert aber auch in die Täler des südlichen Min Shan, um die großartige Hochgebirgslandschaft zu bewundern: die schneebedeckten Gipfel der bis über 5000 m hohen Berge, wilde Schluchten wie die des Gelben Drachen, Wasserfälle, heiße Quellen, verkarstete Felsformationen, Höhlen und vor allem die aus Travertin geformten Becken, die wie grüne oder blaue Edelsteine aus dem Grün der Wälder hervorleuchten und im Volksglauben als wahre Jungbrunnen gelten.

Seit der Gründung der Volksrepublik vor knapp 50 Jahren hat die Provinz Sichuan über 20 000 km^2 Wald verloren, ein Areal von der Größe Hessens. Im Naturschutzgebiet Huanglong sind noch etwa zwei Drittel der Fläche bewaldet. Die Palette der Waldtypen reicht von immergrünen subtropischen Regenmischwäldern in dem Stockwerk, in dem sich die Wolken bilden, bis hin zu feuchten Nadelwäldern und Bambusdickichten nahe der Waldgrenze. Tannen, Fichten, Lärchen und Birken sind die vorherrschenden Baumarten. Von den Sträuchern, die in der Grenzzone des Bergwalds zunächst den Unterwuchs, dann niedrige Gebüsche bilden, wachsen viele auch in unseren Gärten, etwa Rhododendren, Zwergmispeln, Heckenkirschen und Berberitzen.

Der Bambusdschungel, der bei 4000 m Meereshöhe endet, beherbergt das Wappentier des Welttierschutzbundes WWF: einen Bären, den die Chinesen Shiung-chin (Weißer Bär) nennen und als eine Art lebendiges Nationalheiligtum verehren. Weltweit ist der Bär mit seinem auffallend schwarz-weißen Fellmuster allerdings besser als Großer Panda bekannt. Im Tierlexikon steht noch ein weiterer Name: Bambusbär, denn der ausgewachsen bis über zwei Zentner schwere Bär ernährt sich am liebsten von saftigen Bambusschößlingen, verschmäht aber auch die fingerstarken Bambusstengel nicht. Mit seinen kräftigen Backenzähnen, den stärksten aller Raubtiere, zermalmt er täglich große Mengen der steinharten, nährstoffarmen Stengel.

Die Biologen rechnen den Großen Panda zur Familie der Katzenbären, von der mit dem Kleinen Panda noch ein weiteres Familienmitglied im Huanglong heimisch ist. Sein Lebensraum deckt sich weitgehend mit dem seines großen Vetters. Wie der Große Panda ernährt sich der Kleine Panda hauptsächlich vegetarisch. Der fuchsrote Katzenbär, ein ausgesprochener Einzelgänger, ist sehr scheu und weicht dem Menschen aus. Im allgemeinen verhält sich der Kragenbär, dritter des Bären-Triumvirats von Huanglong, ebenso, doch in die Enge getrieben, greift er auch Menschen an. Vor den Touristenscharen, die seit einigen Jahren durch das Naturreservat ziehen, dürften die Bären freilich schon längst die Flucht ergriffen haben.

Ein chinesischer Loch Ness? Am Grund des Sees lauern kalkgraue Monster, schaurig anzuschauen, doch ungefährlich, denn die fernöstlichen Ungeheuer sind in Wirklichkeit Baumstämme, um die sich aus dem kalkreichen Wasser Sinter abgesetzt hat.

Geschützt 1992 · China

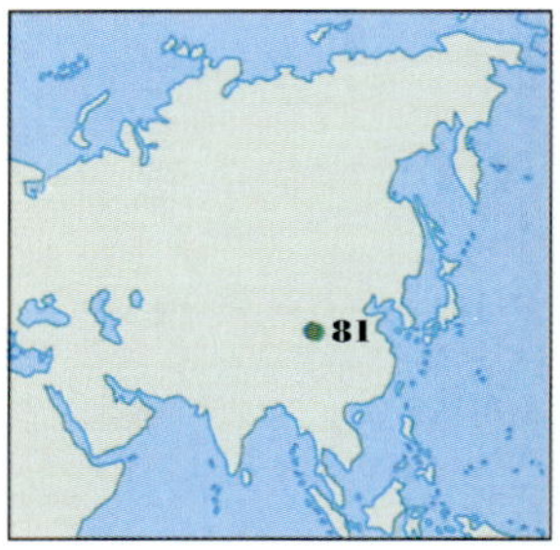

Lage: 280 km nördlich von Chengdu

Naturraum: Kühlgemäßigte Zone

Meereshöhe: 2140–4588 m

Fläche: 720 km²

Geschützt 1992 · China

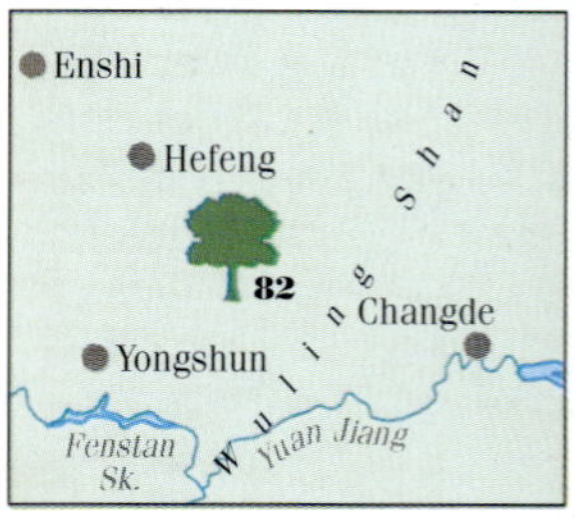

Lage: 270 km nordwestlich von Changsha

Naturraum: Warmgemäßigte Subtropenzone

Meereshöhe: bis 1264 m

Fläche: 264 km²

Wulingyuan: ein chinesischer Felsenwald mit Sandsteinklippen und Naturbrücken über tosenden Wildbächen, Lebensraum seltener Tiere wie des Riesensalamanders oder des Wasserrehs.

Jiuzhaigou

Im „Tal der neun Dörfer" scheint die Zeit stehengeblieben zu sein: Urwüchsige Wälder bedecken seine steilen Flanken, seltene, im Reich der Mitte sonst längst ausgerottete Tierarten kommen hier noch vor, und die tibetischen Einwohner halten an ihrer althergebrachten Lebensweise fest. Doch das Gebiet wird touristisch erschlossen, die Dorfbewohner werden umgesiedelt und breite Straßen angelegt. Vielleicht wird dieses Erbe der Menschheit mit seinen Naturschätzen schon in wenigen Jahren zerstört sein.
Zu den natürlichen Reichtümern des Jiuzhaigou gehören die vielen kleinen türkisblauen oder jadegrünen Seen, die durch Kalktuffbarrieren aufgestaut und durch weißschäumende Kaskaden miteinander verbunden werden. Nicht weniger als 15 Rhododendron-Arten zählte man hier. Im Frühjahr blühen sie in den Tannen-Rhododendron-Wäldern und im Krummholzgürtel oberhalb der Waldgrenze in allen möglichen Farben, dazu Heckenkirschen, bis 150 cm hohe Primeln, Rittersporn-, Eisenhut- und Blaumohnarten, die mit ihren reichen, farbenfreudigen Blütenständen die Blicke auf sich ziehen. Bei den Zoologen sind die an der Nahtstelle der Faunenreiche gelegenen Bergländer Sichuans durch die große Zahl seltener Arten bekannt, von denen die meisten auch im Jiuzhaigou vorkommen: der Große Panda und sein kleinerer Vetter, der Kleine Panda oder Katzenbär, der Weißlippenhirsch und das Wasserreh, der Grünschwanzglanzfasan und das Temminck-Satyrhuhn. Das bemerkenswerteste Geschöpf wurde von westlichen Forschern erst gegen Ende des vorigen Jahrhunderts entdeckt, obwohl es schon seit Jahrtausenden auf altchinesischen Vasen dargestellt ist: die Goldstumpfnase, ein Affe, den die Natur mit einer lustigen Stupsnase und einem glänzenden, tiefgolden schimmernden Fell geschmückt hat.

Wulingyuan

Auf chinesischen Rollbildern wird eine Landschaft immer wieder dargestellt: steil aufragende, von Dunst und Wolken umhüllte Felsklippen, an denen sich bizarr verformte Kiefern mit ihren Wurzeln festklammern. Das Landschaftsbild ist so fremd und unwirklich, daß man glauben könnte, es wäre eine imaginäre Landschaft, ein Produkt überquellender künstlerischer Vorstellungskraft. Doch solche Landschaften gibt es im Reich der Mitte wirklich, beispielsweise in den Ausläufern des Gebirges Wuling Shan, das sich durch den Nordwesten der Provinz Hunan zieht.
Zu Tausenden ragen hier Sandsteintürme und -zinnen nahezu lotrecht in den oft wolkenverhangenen Himmel, getrennt von Abgründen, die Wildbäche in das harte Gestein gesägt haben. Kalksteinschichten, die hier ebenfalls zutage treten, sind von zahllosen Karsthöhlen durchlöchert. Zuweilen ist das Dach der Höhlen eingestürzt, und zwischen den Einsturzkesseln zweier benachbarter Höhlen sind schmale Grate als Felsbrücken stehengeblieben, etwa die „Himmelsbrücke", die sich 40 m weit über eine Schlucht spannt und mit rund 360 m Höhe als höchste Naturbrücke der Erde gilt. 50 m mißt der Wasserfall, der in der „Höhle des Gelben Drachen" zwischen Tropfsteinen herabstürzt.
Wasser ist im Wulingyuan reichlich vorhanden, der Sage nach gibt es hier 800 Bäche und Flüsse, ein Paradies für die bis über 1 m langen Chinesischen Riesensalamander, die am Boden schattiger Bäche hausen, oder für das Wasserreh, das im hohen Ufergras lebt. Seine gefährlichsten natürlichen Feinde sind die Kiangsi-Rothunde sowie der Kragenbär, der in die Enge getrieben auch dem Menschen gefährlich werden kann. Der Nebelparder würde sich gleichfalls gut in die Tierwelt des wolkenverhüllten Gebirges einfügen, wenigstens vom Namen her, mitunter berichten die Einheimischen auch von einer Begegnung mit diesem Kletterakrobaten unter den Katzen, aber sicher nachgewiesen ist er nicht.

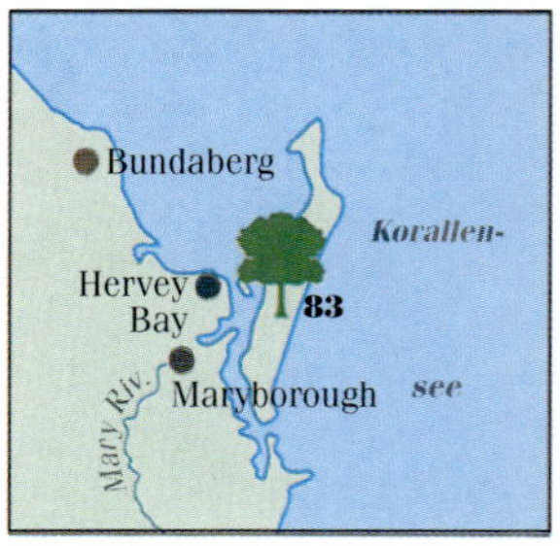

Lage: An der Ostküste von Queensland, rund 240 km nördlich von Brisbane und 40 km östlich von Maryborough

Naturraum: Ständig feuchte, sommerheiße Klimate der warmgemäßigten Subtropenzone

Meereshöhe: 0–235 m

Fläche: 1663 km²

Zugang: Nur mit besonderer Genehmigung des Fraser Island Recreation Board; von Maryborough nach Hervey Bay, weiter mit der Fähre zur Insel, die nur mit Allradfahrzeugen besucht werden darf; Informationszentrum an der Central Station; mehrere kleine Touristenorte mit Hotels und Campingplätzen

Die älteren Dünen sind verfestigt und von Wäldern überzogen. An besonders geschützten Stellen kommen subtropische Regenwälder vor, die trockeneren Standorte tragen dagegen Hartlaubwälder sowie Gebüsche und Heiden.

Fraser Insel

Die durch die Great Sandy Straße und Hervey-Bucht vom australischen Festland getrennte Insel hat im Kartenbild eine gewisse Ähnlichkeit mit Langeoog, Norderney oder einer der anderen Ostfriesischen Inseln. Und dies ist kein Zufall. Wie die Eilande vor der Küste Ostfrieslands besteht die Fraser Insel fast ganz aus Sand, der von Meeresströmungen herangespült und vom Wind zu hohen Dünen aufgeweht wurde. Great Sandy Island, wie die Insel auch treffender genannt wird, ist freilich mit 120 km Länge und bis 25 km Breite viel größer als die größte der Ostfriesischen Inseln. Ihre Dünen, wahre Sandberge, erreichen Höhen bis 240 m (etwa zehnmal so hoch wie die höchsten Küstendünen Ostfrieslands). Außerdem ist die größte Sandinsel der Welt mit vermutlich 400 000 Jahren um ein Vielfaches älter als die Ostfriesischen Inseln, die erst in den letzten 2000 Jahren entstanden sind.

Auf der anderen Seite gibt es jedoch weitere Gemeinsamkeiten: Hier wie dort bergen die Sandmassen große Süßwasservorkommen, bei der Fraser Insel mehr als 400 000 Millionen Liter. Der Sand besteht hauptsächlich aus Quarzkörnern, die sehr verwitterungsbeständig sind, sich im Unterschied zum kalkigen Korallensand nur langsam in festeren Sandstein verwandeln. Und auf fast allen Sandinseln findet man Seen. 40 stehende Gewässer liegen über der Fraser Insel verstreut: hinter Dünenwällen, die kurze Wasserläufe abdämmen, in Korridoren zwischen den Dünen, wo der Wind den lockeren Sandboden bis zum Grundwasserspiegel ausgeblasen hat, aber auch als Besonderheit dieser australischen Düneninsel bis in Höhen von 130 m über dem Meeresniveau. „Schwebende Seen" nennen die Insulaner die sonderbaren mit humusbraunem, extrem saurem Wasser gefüllten Seen, die es auf dem wasserdurchlässigen Sand eigentlich gar nicht geben dürfte. Feinkörniger Torf, dazu vom Festland eingewehter Staub, haben jedoch in zigtausend Jahren den durchlässigen Seeboden abgedichtet. Für die Wissenschaftler sind die Sedimente am Grund der Seen sehr aufschlußreich, quasi die Annalen des Eiszeitalters, in denen die Klima- und Vegetationsgeschichte dieser wechselhaften Epoche der Erdgeschichte verzeichnet ist.

Wahrscheinlich war die Insel in den kältesten, hier in den Subtropen sehr trockenen Zeiten, nahezu kahl. Bei einer geschlossenen Pflanzendecke können sich solch hohe Dünen nicht bilden. Heute tragen die Sandberge bei dem warmen und regenreichen Klima (Jahresniederschlag: um 1800 mm) jedoch meist eine dichte Vegetation: nahe der Küste Heiden und Gebüsche, weiter landeinwärts offene Hartlaubwälder, überwiegend aus Eukalyptusarten, und im Innern der Insel sogar subtropische Regenwälder, aus denen der Satinay-Baum mit Wuchshöhen bis 70 m herausragt. Der Baumriese, der ein besonders im Wasserbau geschätztes Holz liefert, bewirkte den Sinneswandel der australischen Regierung, die 1860 auf der Fraser Insel ein Reservat für Aborigines eingerichtet hatte, aber schon zwei Jahre später nach der Entdeckung der wertvollen Hölzer das Reservat wieder aufhob und Anfang des 20. Jahrhunderts die Ureinwohner auf das Festland umsiedelte.

Die Aborigines sind verschwunden, der einst von ihnen aus Indonesien mitgebrachte Dingo ist jedoch geblieben. Neben dem verwilderten Haushund der Ur-Australier sind auch verwilderte Pferde auf der Fraser Insel anzutreffen. Die Nachkommen einer um 1879 gegründeten Pferdezucht haben sich inzwischen bereits eng an den sandigen Lebensraum angepaßt, sie bildeten sehr weiche, verbreiterte Hufe, die kaum in den lockeren Sand einsinken. Bemerkenswerte Anpassungsformen zeigen auch die sogenannten „Sauren Frösche", die in den humussauren Dünenseen leben, oder die Erdsittiche, meist auf torfigem Boden brütende Papageien, deren Junge durch ihr schwarzes Gefieder perfekt getarnt sind.

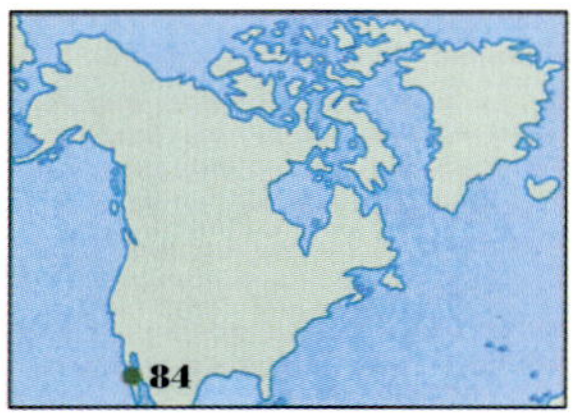

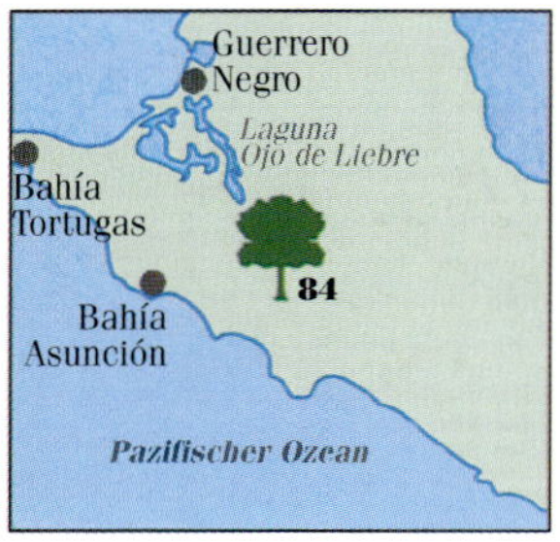

Lage: An der Pazifikküste der Halbinsel Baja California, innerhalb eines ausgedehnten Biosphärenreservats, das die Bucht von Sebastián Vizcaínó und die Vizcaínó-Wüste umfaßt

Naturraum: Zone der tropischen Wüsten- und Halbwüstenklimate

Meereshöhe: 0–10 m

Fläche: 3710 km^2

Zugang: Von der Stadt Guerrero Negro auf einer Stichstraße zur Laguna Ojo de Liebre sowie auf der Bundesstraße 1 weiter in südlicher Richtung bis zum Ort San Ignacio zur besser zugänglichen Laguna San Ignacio

Der Blauwal gilt als die größte Tierart, die je auf unserem Planeten lebte. Mit durchschnittlich 24 m, manchmal über 30 m, ist er mindestens doppelt so lang wie der Grauwal. Die größten Blauwale erreichen ein Körpergewicht von 130 Tonnen.

El Vizcaíno

Wie ein riesiger 1300 km langer Finger ragt die Halbinsel Baja California (Niederkalifornien) von Nordamerika in den Pazifischen Ozean und umschließt an der Ostseite den Golf von Kalifornien. Der Name California kommt wahrscheinlich vom spanischen *cálido horno* („heißer Ofen“) – ein unmißverständlicher Hinweis auf das trocken-heiße Klima, das zwischen Tijuana im Norden und La Paz nahe der Südspitze der Halbinsel herrscht. Das nördliche Drittel von Baja California erhält noch Winterregen, die für eine dichtere Vegetation ausreichen, im äußersten Süden fallen tropische Sommerregen und lassen Buschwälder, in den Gebirgen auch immergrüne Eichenwälder gedeihen, der gesamte mittlere Teil ist dagegen wüstenhaft. In diesem Teil, in dem es mitunter jahrelang überhaupt nicht regnet, liegt ein Biosphärenreservat von der Größe Mecklenburg-Vorpommerns.

Etwa ein Sechstel der Fläche gehört seit 1993 zur UNESCO-Welterbestätte, im wesentlichen zwei seichte Lagunen, die durch Nehrungen und Sandhaken vom offenen Meer getrennt werden, sowie das angrenzende flache Schwemmland. Der Boden der Lagunen ist größtenteils mit Seegraswiesen bedeckt, von der Flora her extrem artenarme Pflanzengemeinschaften, die aber große Mengen organischer Stoffe erzeugen und deshalb durch ihren Fischreichtum bekannt sind. An manchen Stellen säumen Mangrovewälder die Ufer, übrigens die nördlichsten (27–28° nördlicher Breite) im Nordpazifik. Im Binnenland wechseln Dünen mit Höhenrücken, die hier und dort mit offenen regengrünen Dornbaumgehölzen oder Gemeinschaften von Pflanzenarten bewachsen sind, die in ihren Blättern, Wurzeln oder Stämmen Wasser für Trockenzeiten speichern können. Drei Arten ragen buchstäblich hervor: der Kandelaber-Kaktus durch seine imposante Größe (bis über 15 m), der Ocotillo, ein Dornstrauch mit langen, dünnen Ästen, durch die flammendroten, großen (von Kolibris) bestäubten Blütentrauben, und nicht zuletzt die Säulen-Fouquiere durch ihre sonderbare Wuchsform; das nur auf der Halbinsel beheimatete Gewächs besitzt einen flaschenartig aufgeblähten Stamm, aber nur wenige dünne Zweige, die es wie einen unförmigen dürren Weihnachtsbaum aussehen lassen.

Nach dem Urteil eines Landeskenners ist Baja California „eine Schatztruhe mit kaum geöffnetem Deckel“. Zu ihren Naturschätzen gehört eine reiche Tierwelt. In und an den Ufern der Strandseen des Vizcaíno brüten und überwintern fast 200 Vogelarten, ein Zehntel aller gefiederten Wintergäste an der mexikanischen Pazifikküste ist hier anzutreffen, allein über 70 000 Ringelgänse. Drei Arten von Meeresschildkröten, die Suppenschildkröte, Karettschildkröte und Bastardschildkröte, haben ihre Nistplätze in den Lagunen, Delphine, Seehunde, Seelöwen kommen hierher. Berühmt ist El Vizcaíno jedoch vor allem als Kinderstube der Grauwale. Alljährlich von Ende Dezember bis März suchen die riesigen Meeressäuger nach einer langen Reise aus arktischen Gewässern die warmen, geschützten Lagunen an der Pazifikküste von Baja California auf, um ihre Jungen zur Welt zu bringen. Von mehreren Beobachtungsständen am Ufer oder von Fischerbooten aus kann man die Kolosse bewundern. Die „Waltouristen“ stören die Tiere freilich auch, haben inzwischen viele von ihnen aus den Lagunen vertrieben. Für den Tourismus gelten jetzt strengere Bestimmungen, vielleicht gelingt es, die anderen Gefahren zu bannen, die dem Naturparadies drohen. Aber Erdölgesellschaften besitzen erfahrungsgemäß größeren Einfluß als Touristen.

Japan fernab von den Ballungsgebieten und den Industrierevieren an der pazifischen „Fensterseite“ des Inselreichs: ein bewaldetes Gebirgsland, in dem die Gebirge insgesamt drei Viertel und die Wälder zwei Drittel der Landesfläche einnehmen.

Geschützt 1993 · Japan

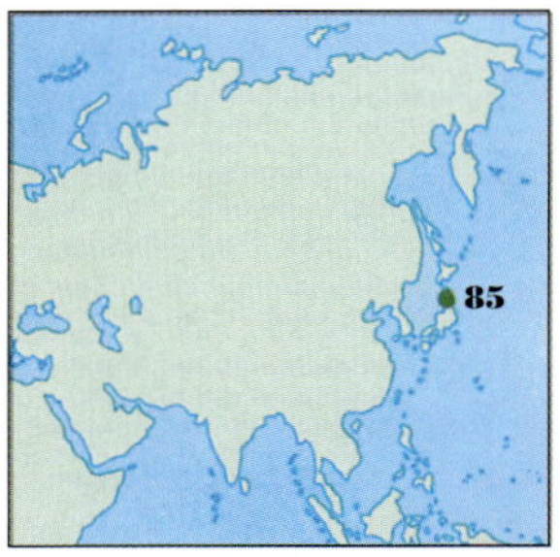

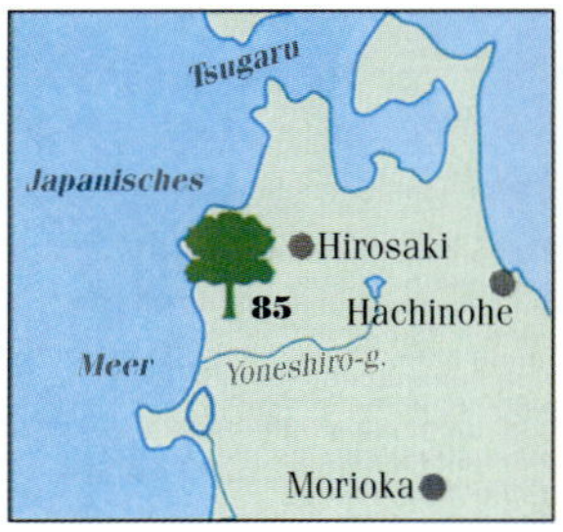

Lage: 40 km westlich von Hirosaki

Naturraum: Kühlgemäßigte Zone

Meereshöhe: 100–1243 m

Fläche: 170 km²

Geschützt 1993 · Japan

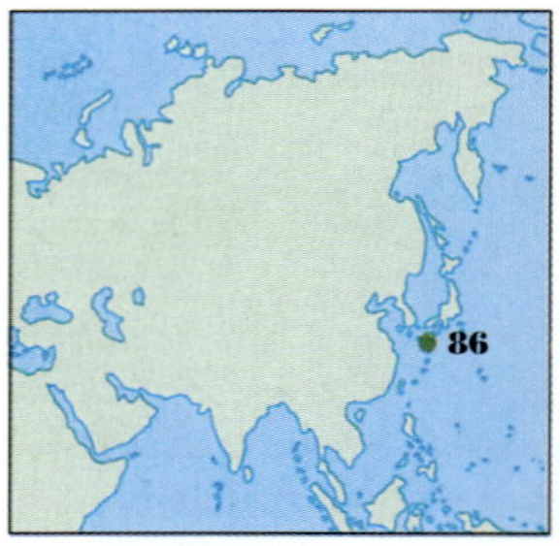

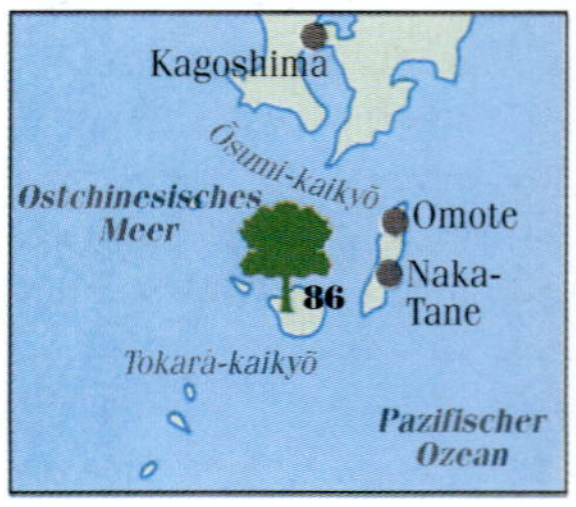

Lage: Im Innern der Yaku-Insel

Naturraum: Warmgemäßigte, ständig feuchte Subtropenzone

Meereshöhe: 0–1935 m

Fläche: 107 km²

Das feuchte regen- und wolkenreiche Klima in den mittleren Höhenstockwerken der Yaku-Insel ist ideal für das Wachstum von Moosen und Flechten, die sich auf den Bäumen ansiedeln und mitunter dicke Polster oder bartartige Behänge bilden.

Shirakami

Wenn Ende September die Reisfelder ihr Grün verlieren und im Gehölz der Häher schreiend umherfliegt, färbt sich auch der Bergwald. Sein Herbstkleid übertrifft an Schönheit und Verschiedenartigkeit der Muster und Farben das Vielgepriesene der nordamerikanischen Wälder." Die herbstliche Farbenpracht der japanischen Wälder, ein rotes, braunes, goldenes und gelbes Blättermeer, durchtupft vom dunklen Grün der Zedern und Kiefern, brachte vor über 100 Jahren einen nüchternen deutschen Forscher ins Schwärmen und lockt bis heute die Japaner zu Millionen aus den Städten in die Gebirge, etwa in das Shirakami-Gebirge im Norden der Hauptinsel Honshu, das bis zu den Gipfeln hinauf von sommergrünen Laubwäldern bedeckt ist. *Momiji*, verschiedene Ahornarten, setzen die kräftigsten Farbakzente, *Buna*, die Buche, ist zwar der Charakterbaum der nordjapanischen Gebirge, hält sich jedoch bescheiden im Hintergrund. Der Buche wegen wurde das Naturwaldreservat in dem schwer zugänglichen Gebirge eingerichtet, denn naturnahe Buchenwälder sind auf den Japanischen Inseln sehr selten geworden. Das Reservat beherbergt auch die ursprüngliche Tierwelt von Nippons Norden, *Kuma*, den Schwarzbären, *Kamoshika*, die Waldziegenantilope, *Kuma-taka*, den Haubenadler, *Inuwashi*, den Steinadler. Nur das sonst allgegenwärtige *Imo-shishi*, das Wildschwein, ist ein seltener Gast, weil die enorm dicke Schneedecke (2–3 m) an der der Japanischen See zugewandten Seite der Insel die Nahrungssuche erschwert. Der Schnee, heftige Regengüsse im Sommer, die verheerende Bergrutsche auslösen, so-wie die steilen Hänge verhindern andererseits, daß das Gebirge im dicht besiedelten Japan erschlossen und der letzte unberührte Buchenwald Ostasiens dadurch gefährdet wird.

Den markantesten Baumveteranen im Yakushima-Naturpark hat man Namen gegeben, wie dieser Zeder, die als Königszeder bekannt ist.

Yakushima-Wald

Wer kennt nicht die Skulptur der drei berühmten Affen, die sich Ohren, Augen und Mund zuhalten als Symbol für „nichts hören, nichts sehen und nichts reden". Sie schmücken ein Heiligtum in der alten Schreinstadt Nikko, zu der eine nicht weniger berühmte Allee aus Tausenden von bis zu 45 m hohen und bis zu 6 m dicken Japan-Zedern führt. *Saru*, dem Affen, und *Sugi*, der Zeder, begegnet man rund 1200 km südwestlich von Nikko auf der Yaku-Insel wieder, dort allerdings quicklebendig und in freier Wildbahn. Auf der steilen, bis knapp 2000 m hohen Insel im Süden Nippons lebt eine Unterart des Affen. Die Zeder oder Sicheltanne, von den Botanikern *Cryptomeria japonica* genannt, erreicht hier die Südgrenze ihres natürlichen Verbreitungsgebiets und zugleich ein ungewöhnlich hohes Alter: bis etwa 3000 Jahre. *Yakusugi* nennen die Japaner die imposanten, als heilige Bäume verehrten Veteranen, die im Höhenstockwerk zwischen 600 und 1800 m in den Granitböden wurzeln. Die *Sugi* ist nur eine von fast 2000 Pflanzenarten des Eilands. In den untersten 100 m wachsen üppige subtropische Wälder aus Eibisch, Wilder Feige und anderen wärmeliebenden Gewächsen, darüber folgen dann bis etwa 1000 m der immergrüne Wald des warmgemäßigten und darüber die sommergrünen Wälder des kühlgemäßigten Klimas mit verschiedenen Eichen, dem Kampferbaum, der Steineibe, dem Lebensbaum und Dutzenden weiterer Gehölze. So vollständig ist die natürliche Höhengliederung der Vegetation in keiner anderen Gegend Ostasiens erhalten geblieben. Klimatisch gehört Yakushima allerdings nur von den Temperaturen her zur gemäßigten Zone, die Niederschläge und Windgeschwindigkeiten sind hingegen extrem. Im Innern der Insel fallen jährlich bis über 10 000 Liter Regen auf jeden Quadratmeter Boden, ein japanischer Rekord. Auch bei der Taifunhäufigkeit bildet Yakushima die stürmische Spitze.

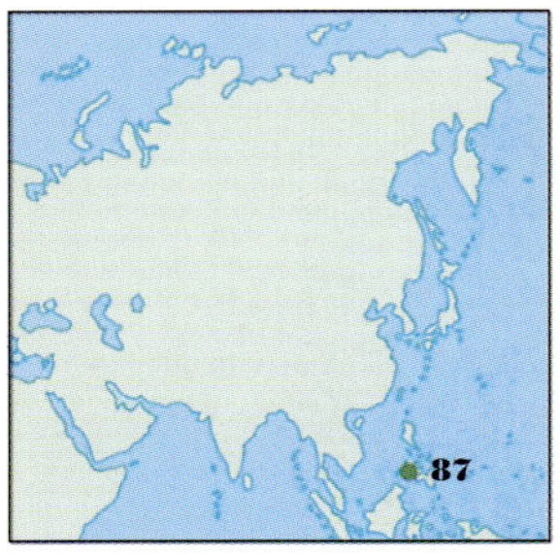

Lage: Rund 600 km südlich von Manila, inmitten der Sulu-See

Naturraum: Zone der halbimmergrünen tropischen Regenwälder und regengrünen Monsunwälder

Meereshöhe: 100 m ü.d.M. bis 2 m ü.d.M.

Fläche: 32 km²

Zugang: Im Rahmen von geführten (Tauch)-Exkursionen; auf den Inseln gibt es keine Besuchereinrichtungen

Die als „Mördermuscheln" in Verruf gekommenen Riesenmuscheln leben in Symbiose mit kleinen einzelligen Algen, die ihren Mantelrand oft in leuchtenden Tönen färben: Die Algen liefern den Muscheln zusätzlichen Sauerstoff.

Tubbataha-Riff

Gut 70 % der Oberfläche unseres Planeten werden von den Ozeanen eingenommen, das Meer ist der weitaus größte Lebensraum, doch Meeresnationalparks sind noch immer seltene Ausnahmen. Der philippinische Nationalpark in der Sulu-See gehört dazu. Nur ein winziger Anteil (weniger als 1 %) seiner Fläche ist festes Land, das sich auf zwei kleine Cays, niedrige Inseln aus Korallensand, verteilt. Sie sitzen auf den Rändern der beiden einzigen Atolle des philippinischen Archipels, die wiederum einen untermeerischen Rücken krönen, der sich von Nordosten nach Südwesten quer durch das von den Hauptinseln umschlossene Meer zieht. Mit nahezu lotrechten Felswänden steigen die ovalen, bis 16 km langen Riffplattformen aus finsteren Tiefen von mehr als 100 m auf. In ihrem Kern liegt jeweils eine sandige Lagune, deren Grund mit Seegraswiesen bedeckt ist. Über die Plattformen, die bei Niedrigwasser zum Teil aus dem Meer auftauchen, sind zahllose Mikroatolle verstreut, fußhohe, ringförmige Gebilde, die meist einen Durchmesser von 2 bis 6 m aufweisen. Vier Dutzend Korallenarten, dazu eine Reihe anderer kalkabscheidender Organismen besiedeln die beiden Riffe und bauen sie weiter auf.

Das Labyrinth der Korallenstöcke beherbergt eine reiche Tierwelt, rund 380 Fischarten haben Zoologen gezählt, darunter den Schwarzspitzen-Riffhai, der an den schwarzen Flossenspitzen zu erkennen ist, und seinen etwas kleineren Vetter, den Weißspitzen-Hundshai, beide in den tropischen Meeren weit verbreitet und für den Menschen ungefährlich. Ebenso harmlos sind die Adlerrochen, die mit ihren langen Flossen wie Vögel unter Wasser fliegen, oder die Mantarochen, mit bis zu sechs Metern Spannweite die Riesen unter den Rochen und wegen ihrer skurrilen Gestalt auch als Teufelsrochen bekannt. Über die Mördermuschel erzählt man sich in Taucherkreisen Schauergeschichten. Die bis über einen Meter lange und vier Zentner schwere Muschel liegt gut getarnt im Korallensand. Wenn dann ein Taucher oder Schwimmer versehentlich mit den Füßen oder Händen das Tier berührt, schnappen die Schalenklappen zu und halten den Unglücklichen mit ungeheurer Kraft fest. Solche Unfälle ereignen sich freilich nur sehr selten. Die größte Muschel der Erde will den Menschen auch nicht verspeisen (sie ernährt sich ausschließlich von kleinen Wassertieren), sondern sich bloß selbst schützen. Vorsicht bei Begegnungen mit Menschen ist stets angebracht. Tiere, die sich allzu zutraulich verhalten, werden wie die Braunfuß- oder Rotfußtölpel, die auf den beiden Korallensandeilanden nisten, mit dem Namen für ihre Einfalt bestraft, oder wie die Suppenschildkröten, die dort ebenfalls für Nachwuchs sorgen, als Delikatessen deklariert.

Gemessen an der Vielfalt der Tierarten ist die Flora von Tubbataha karg: Neben der auf tropischen Inseln allgegenwärtigen Kokospalme bestimmen nur vier Baumarten die Vegetation, vor allem der Indische Mandelbaum, der die salzige Gischt an den Stränden verträgt und außerdem schwimmfähige Früchte hat, die sich mit den Meeresströmungen über die Ozeane verbreiten. *Terminalia catappa* ist mit ihren nahrhaften, mandelartig schmeckenden Samen auch von wirtschaftlicher Bedeutung. Die Unternehmen, die ihren Blick auf die beiden entlegenen Atolle in der Sulu-See richten, interessieren sich allerdings mehr für den (Tauch-)Tourismus, die Fischerei, die Ausbeutung der Algen-, Korallen- und Muschelbestände. Dadurch ist der „nasse“ Nationalpark am stärksten bedroht.

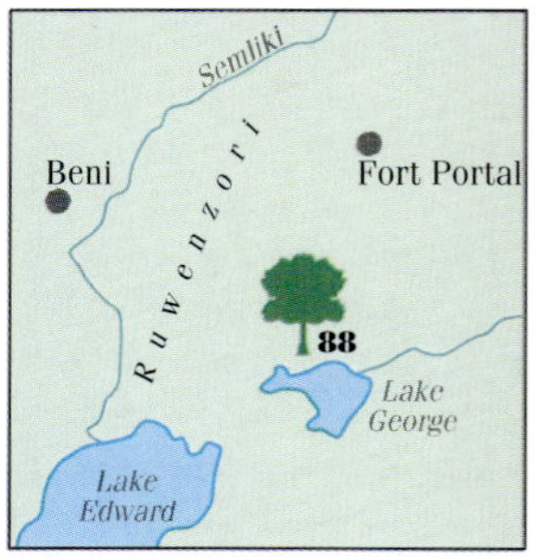

Lage: An der Grenze zwischen Uganda und Zaïre, etwa 40 km westlich von Kasese

Naturraum: Hochgebirge innerhalb der Tropenzone mit Feuchtklimaten

Meereshöhe: 1700–5119 m

Fläche: 996 km²

Zugang: Von Kasese (Bahnstation; Hotels) nach Ibanda (Büro der Nationalparkverwaltung); mit einheimischen Führern weiter auf Bergpfaden bis in die Gipfelregion

Die typischen Pflanzen in der afro-alpinen Höhenstufe des Ruwenzori wirken wie Gewächse aus der Urzeit – und die naßkalt-neblige Witterung paßt zu diesem Bild und verstärkt diesen Eindruck.

Ruwenzori

Ewiges Eis am Äquator? – Frost, Schnee und Gletscher passen überhaupt nicht ins Bild, das man sich in den Ländern des Nordens vom tropischen Klima macht. Dieses Vorurteil ist uralt. Die Geographen der Antike hatten zwar schon von den Gletschern auf den „Mondbergen“ nahe den Quellen des Nils erfahren, aber da bekanntlich nicht sein kann, was nicht sein darf, erklärten sie die weißglänzenden Massen auf den Gipfeln der Berge kurzerhand als Silber oder Salz. Der englische Afrikaforscher Sir Henry Morton Stanley, der das Massiv im Jahr 1888 als erster Weißer erblickte, dachte zunächst noch an „eine sonderbare, in den schönsten Silbertönen gefärbte Wolke“, konnte dann jedoch die schneebedeckten Gipfel klar erkennen. Letzte Gewißheit brachte eine italienische Expedition unter der Führung des legendären Herzogs der Abruzzen, die Afrikas dritthöchsten Berg mit seinen fünf vergletscherten Gipfeln im Juni 1906 erstmals bestieg.

Das jahrtausendelange Rätselraten um die weißen Bergspitzen an der heutigen Grenze zwischen Uganda und Zaïre hat im wesentlichen drei Ursachen: erstens hüllt sich der Ruwenzori fast ständig in Wolken, zweitens sind die Bergurwälder an seinen Flanken schier undurchdringlich, drittens schrecken die extremen Höhenunterschiede und die steilen Hänge neugierige Forscher ab. Vom Städtchen Mutwanga am Rand der vom Semliki durchflossenen Senke im Westen steigt das Gelände auf weniger als 15 km Luftlinie um 4200 m an. Auf ein hiesiges Vergleichsbeispiel übertragen müßte bei entsprechenden Höhenunterschieden 15 km östlich von Mannheim bei Hirschberg im Odenwald ein etwa 4300 m hohes Massiv aufragen – kaum vorzustellen, aber von der geologischen Situation ähnlich. So wie der Vordere Odenwald die hauptsächlich aus kristallinen Gesteinen aufgebaute, kräftig gehobene Schulter des Oberrheingrabens ist, so ist das 100 km lange und bis 50 km breite Ruwenzori-Massiv ein geologischer Horst am oder zum Teil noch im Zentralafrikanischen Graben. Der Einbruch des Grabens und die gleichzeitige Hebung der Randschollen geschah hier wie dort in den letzten Jahrmillionen der Erdgeschichte, hauptsächlich im Quartär. Wie Erdbeben zeigen, dauern die Krustenverschiebungen unter dem Ruwenzori und dem Odenwald bis heute an.

Der Name Ruwenzori bedeutet soviel wie Regenmacher, sehr treffend, denn das Massiv bildet eine Barriere, an der die von den Winden herangewehten feuchtwarmen Luftmassen aufsteigen und einen Teil ihrer Wasserdampffracht als Regen und Schnee abgeben müssen. An der Westflanke des Massivs fallen in den Höhen zwischen 2000 und 3000 m Meereshöhe im Jahresdurchschnitt knapp 4000 Liter Niederschlag auf jeden Quadratmeter Boden. Wegen der meist dichten Bewölkung verdunstet davon relativ wenig, es herrscht ein unangenehm nasses, nebeliges, kühles Klima.
Bei der schwächeren Sonneneinstrahlung bleibt auch der Schnee lange liegen, sammelt sich in Geländemulden und wird allmählich zu Firn und Gletschereis. Die höchsten Lagen des Gebirges werden von Schneefeldern und Gletschern eingenommen, die klimatische Schneegrenze verläuft in Höhen um 4600 m, einzelne Eiszungen reichen bis 4200 m hinab. Spuren älterer Vereisungen lassen sich bis in 3000 m Höhe verfolgen. Seit der Erstbesteigung sind die Gletscher des Ruwenzori allerdings deutlich geschrumpft, was wahrscheinlich mit geringerer Wolkenbildung und verstärkter Sonneneinstrahlung in den letzten Jahrzehnten zusammenhängt.

Um 4400 m, wo die mittleren Jahrestemperaturen nur noch ein bis zwei Grad betragen, endet die Vegetation. Außer den tiefen Temperaturen setzen den Pflanzen vor allem die durch den ständigen Wechsel von Frost und Auftauen verursachten Bodenbewegungen zu. Bodenfließen und Bodenkriechen durchmischen die obersten Schichten und verhindern, daß Pflanzen im Boden wurzeln. Von 3800 bis 4400 m reicht die sogenannte afro-alpine

Stufe der Vegetation, ein Gras- und Moorland, geschmückt mit vielen Strohblumen und Frauenmantel-Arten. Am auffälligsten sind jedoch die sonderbaren Schopf- und Kerzenbäume, Riesenlobelien und Riesenkreuzkräuter, die oft 2 bis 3 m hoch werden. Das Stockwerk zwischen 3000 und 3800 m ist die Stufe der Heidekrautgewächse, die ebenfalls baumhoch wachsen und meist dicht mit Bartflechten behangen sind. Im Unterwuchs der Baumheiden reifen Ruwenzori-Blaubeeren. Zwischen den Riesenheidekräutern stehen einzelne niedrige Steineiben und Kossobäume. Nässetriefende Bergbambusdickichte leiten zwischen 3000 und 2400 m zu den Nebelwäldern und Bergregenwäldern in den unteren Gebirgsetagen über.

Die bizarren baumförmigen Gestalten aus Pflanzenfamilien, die in unseren Breiten nur mit niedrigen Kräutern und Sträuchern vorkommen, sind zweifellos die interessantesten Pflanzen in den tropischen Gebirgen. Woher der Riesenwuchs kommt, ist noch unklar: Vielleicht liegt es an der fehlenden Konkurrenz im Wettstreit um Licht, Wasser und Nährstoffe, vielleicht aber auch an den extremen Wechselbädern zwischen klirrendem Frost und stechender Sonne, Hagelschauern und Nieselregen, dichtem Nebel und strahlendem Sonnenschein, die das tropische Hochgebirgsklima auszeichnen. In keinem anderen Lebensraum der Erde wechselt die Witterung derart schnell, oft genügt bereits eine Wolke, die sich vor die Sonne schiebt, um den aufgetauten Erdboden in kürzester Zeit wieder erstarren zu lassen. Riesenformen findet man auch in der Tierwelt des Ruwenzori, beispielsweise bis zu 1 m lange Regenwürmer oder die bis 5 Zentner schweren Riesenwaldschweine, die allerdings die alpinen Grasländer meiden und dafür die dichtesten Dickichte bevorzugen.

Das Interesse der Zoologen und die Fürsorge der Naturschützer gilt jedoch mehr den Tierarten, die weltweit bedroht sind oder als Endemiten lediglich am Ruwenzori (und benachbarten Hochgebirgen Ostafrikas) vorkommen. Zu den bedrohten Tieren gehören unter anderem die Elefanten und Schimpansen, vom Leoparden ist eine Unterart bekannt, eine weitere Art, der Ruwenzori-Stummelaffe, lebt in den Bergregenwäldern, in den Felsregionen ist eine endemische Felsenstachelschweinart heimisch. Die Untersuchung der Tierwelt im Nationalpark war bisher kaum mehr als stichprobenartig, einzelne systematische Forschungsarbeiten haben ergeben, daß die Fauna weitaus reicher ist als angenommen. So beherbergt der Nationalpark beispielsweise über ein Viertel aller Waldvogelarten Ugandas und fast ebenso viele Schmetterlinge.

Der Artenreichtum von Fauna und Flora beweist, daß die menschlichen Ureinwohner des Ruwenzori, die Bakonzo und Baamba, mit der Natur sehr behutsam umgegangen sind – und genau dafür müssen sie heute gewissermaßen büßen. Seit der Einrichtung des Nationalparks werden ihre traditionellen Nutzungsrechte mehr und mehr beschnitten. Jetzt hat der Schutz der Wildtiere Vorrang, auch wenn diese Tiere auf den Feldern großen Schaden anrichten. Der Naturtourismus wird gefördert. An den Einnahmen aus dem Tourismus ist die Bevölkerung in den Dörfern am Rand des Nationalparks jedoch kaum beteiligt, muß aber sämtliche Nachteile in Kauf nehmen. Mißtrauen und Ablehnung bestimmen daher das Verhältnis zwischen der Bevölkerung und den Nationalparkbehörden – keine guten Voraussetzungen für einen erfolgreichen Naturschutz.

Fünf Massive aus hartem kristallinen Gestein bauen den Ruwenzori auf, der vergletscherte Mount Stanley mit der Margheritaspitze (5119 m) und der Alexandraspitze (5105 m) ist das höchste.

Geschützt 1994 · Uganda

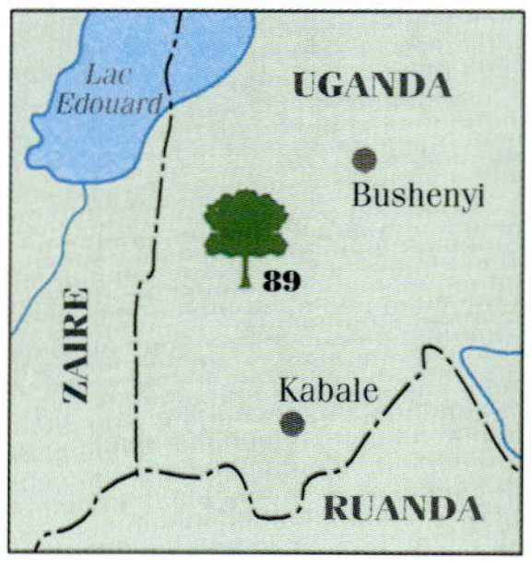

Lage: 30 km nordwestlich von Kabale

Naturraum: Zone der tropischen Feuchtklimate

Meereshöhe: 1190–2607 m

Fläche: 321 km²

Die immergrünen Gebirgsregenwälder der Tropen nehmen die Gebirgsstockwerke ein, in denen es noch keinen Frost gibt. Wegen der mit der Höhe abnehmenden Wärme ist das Wachstum jedoch langsamer und die Bäume erreichen meist geringere Wuchshöhen.

Geschützt 1994
Kolumbien

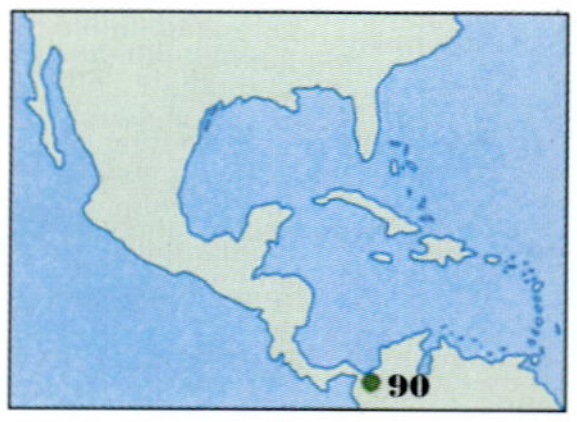

Lage: 240 km nordwestlich von Medellín

Naturraum: Zone der tropischen Regenklimate

Meereshöhe: 50–600 m

Fläche: 720 km²

Sumpfwälder mit vielen Palmenarten nehmen im Nationalpark große Flächen ein, besonders am Río Atrato, der regelmäßig über seine Ufer tritt und die Wälder meterhoch überschwemmt.

Bwindi

Bwindi Impenetrable ist die offizielle Bezeichnung dieses Nationalparks auf den östlichen Schultern des Zentralafrikanischen Grabens. Wenn bei den ohnehin meist unwegsamen tropischen Wäldern eigens noch auf die „Undurchdringlichkeit" hingewiesen wird, dann darf der Besucher hier einen Dschungel wie aus dem Bilderbuch erwarten. In der Tat sind die Wälder rund um den 2607 m hohen Rwamunyonyi durch ineinander verflochtene Schlingpflanzen, Kräuter und Sträucher schier unpassierbar, was jedoch nicht heißt, daß sie echte Urwälder wären. Nur noch etwa ein Zehntel des Waldkleids ist im mehr oder weniger ursprünglichen Zustand erhalten, die ältesten (Brand-)Rodungsspuren reichen in die Zeit vor etwa 4800 Jahren zurück, damit gehört Bwindi zu den Gegenden des tropischen Afrika, in denen die Natur am frühesten durch den Menschen verändert wurde. Eingriffe des Menschen in den Naturhaushalt müssen nicht unbedingt zur Verarmung der Flora und Fauna führen, der ugandische Nationalpark ist ein gutes Beispiel dafür, denn er gilt als der artenreichste Naturraum ganz Ostafrikas. Mehr als 200 Baumarten kommen in ihm vor. Sein wertvollster und für Touristen attraktivster Naturschatz ist die stattliche Population des Berggorillas: rund 300 Tiere oder fast die Hälfte der Weltpopulation. Es lohnt sich freilich, auch für die kleineren Tiere ein offenes Auge (und Objektiv) zu haben, beispielsweise für die Nektarvögel, vom Aussehen und der ökologischen Rolle her den Kolibris in der Neuen Welt sehr ähnlich, oder für die Schmetterlinge, von denen man im Park über 200 Arten zählte, darunter fliegende Edelsteine wie der Afrikanische Riesen-Schwalbenschwanz oder die nicht weniger farbenprächtigen Segelfalter.

Den jahreszeitlichen Wechsel von Blüte, Fruchtreife und Vegetationsruhe kennt man in den immerfeuchten Tropen nicht.

Los Katíos

Zusammen mit dem Darién Nationalpark im benachbarten Panamá bildet dieser kolumbianische Nationalpark ein grenzüberschreitendes Naturreservat, freilich (noch) ohne verbindende Straßen, außer ein paar geheimen Schmugglerpfaden. Dank der weitgehend fehlenden Verkehrserschließung ist die Natur hier am Anfang oder Ende der mittelamerikanischen Landbrücke von stärkeren Eingriffen des Menschen verschont geblieben. 99 % der Nationalparkfläche wurden nie als Acker- und Weideland genutzt, und der Rest (meist ehemalige Zuckerrohrplantagen) kehrt jetzt nach der Umsiedlung der Landbewohner allmählich wieder in einen wenigstens naturnahen Zustand zurück. Beim Flug über das Gebiet erkennt man zwischen den Regenwolken hindurch am Boden nur einen einheitlich dunkelgrünen Waldteppich, der aus der Nähe betrachtet jedoch aus den unterschiedlichsten Pflanzengemeinschaften gewebt ist. Bei den Sumpfwäldern am wasserreichen Río Atrato, die knapp die Hälfte der Fläche einnehmen, ist die Bastpalme, aus deren Blättern man Bast für den Garten- und Weinbau gewinnt, eine von über 600 Pflanzenarten. Zu den markantesten Baumgestalten in den tropischen Regenwäldern der anderen Hälfte gehören der Kapokbaum und der Kaschubaum. Die Biodiversität, der Artenreichtum der Lebewesen, ist bei der Fauna eher noch größer, zum einen durch Arten, die sich über die Landbrücke zwischen den beiden Teilen der Neuen Welt ausbreiteten, zum andern aber auch durch etliche Tierarten, die hier ihre stammesgeschichtliche Heimat haben, wie beim Violettkäppchen, einem Kolibri, oder einer besonderen Spezies der Stacheltaschenmaus. Die Sorgen der Naturschützer sind groß, daß nach dem Bau des Panamerican Highway, in dem hier noch eine größere Lücke klafft, Siedler sich im Nationalpark niederlassen und den ökologisch wertvollen Naturraum in kürzester Zeit zerstören könnten.

Geschützt 1994 · Venezuela

Lage: Im Bergland von Guayana, rund 300 km südlich des großen venezolanischen Industriereviers von Ciudad Bolívar/Ciudad Guayana

Naturraum: Regengrüne Feuchtwälder und feuchte Grassavannen innerhalb der tropischen Zone

Meereshöhe: 450–2810 m

Fläche: 30 000 km²

Zugang: Über die Nationalstraße 10, die von Ciudad Guayana an der Ostgrenze des Parks entlangführt; die interessantesten Gebiete erreicht man jedoch nur mit dem Flugzeug (Flugplätze Canaima und Camarata)

Der Sonnentau löst das Problem der Nährstoffversorgung auf seine Weise: indem er kleine Tiere aus den sauren, ausgelaugten, extrem nährstoffarmen Sandsteinböden der Tepuis mit den als Klebfallen ausgebildeten Blättern fängt und verdaut.

Tepuis: für die Geologen Tafelberge aus hartem Sandstein der Erdurzeit, für die Indianer jedoch heilige Berge und „Häuser der Götter". Von ihren steilen Flanken stürzen die wasserreichen Urwaldflüsse oft in mehreren hohen Stufen herab.

Kapuzineraffen (hier ein Weißstirnkapuziner) sind ausgesprochene Baumtiere, die nur zum Trinken auf den Erdboden kommen.

Canaima

Wenn Sherlock Holmes seinen Ehrgeiz auf die Lösung geographischer „Fälle" gerichtet hätte, dann wäre er sicherlich mit seinem treuen Gefährten Dr. Watson in das weltentlegene Bergland von Guayana gereist. Dort gibt es noch heute auf der Landkarte etliche weiße Flecken. Sir Arthur Conan Doyle, der Schöpfer der berühmten Detektivfigur, war von diesem Bergland im Herzen Südamerikas fasziniert, nannte es „Lost world", die verlorene Welt, und widmete ihm eines seiner späten Werke. Als es in den 20er Jahren unseres Jahrhunderts erschien, war das größte Naturwunder von Guayana überhaupt noch nicht entdeckt: der mit rund 1000 m Fallhöhe höchste Wasserfall der Welt. Der erst 1935 von einem amerikanischen Piloten aus dem Flugzeug gesichtete und nach ihm benannte Angel-Fall stürzt als leuchtendweiße Kaskade über sandsteinrote Felswände in einen von grünen Urwäldern gesäumten Canyon. Er ist keineswegs der einzige Wasserfall in dem mit jährlich über 2000 mm Regen niederschlagsreichen und in mehrere markante Höhenstockwerke gegliederten Bergland. In der untersten Etage zwischen 350 und 650 m erstreckt sich ein flachwelliges Hügelland, darüber folgt in 800 bis 1500 m das leicht geneigte Plateau der Gran Sabana, das von einer Hundertschaft bizarr geformter Tafelberge um 1000 bis 2000 Höhenmeter überragt wird. Diese riesigen Massive sind die Wahrzeichen des Canaima-Nationalparks und für die hier lebenden Pemón-Indianer heilige Berge, die sie *Tepuis*, „Häuser der Götter", nennen. Sie bestehen aus einem mächtigen Stapel von Sandsteinen, Konglomeraten und Quarziten, harten Gesteinen, die vor rund 1800 Millionen Jahren in einem seichten Meer als Sand und Geröll abgelagert wurden. Das heutige Landschaftsbild ist allerdings viel jünger, wahrscheinlich erst in der Erdneuzeit entstanden, andererseits spricht der hohe Anteil von endemischen Pflanzen für ein vergleichweise hohes Alter der Tafelberge. Allein auf dem Auyán-tepui gibt es rund 100 Arten, die weltweit nur hier vorkommen, sich auf dem isolierten Massiv wie auf einer einsamen Insel im Ozean entwickelten. Darunter sind auffällig viele Gewächse, die ihren Nährstoffbedarf zum Teil durch tierisches Eiweiß decken, denn der saure Sandsteinboden enthält kaum Nährstoffe. Neben diesen „fleischfressenden" Pflanzen, die in keiner anderen Gegend der Erde so häufig vorkommen wie im Canaima-Nationalpark, enthält die Flora besonders viele Orchideen: schätzungsweise 500 Arten. Die Fauna ist dagegen bei den meist kargen Böden und der dementsprechend schmalen Basis der Nahrungspyramide längst nicht so artenreich wie in anderen tropischen Naturlandschaften. Die wichtigsten Arten der südamerikanischen Regenwälder und Savannen, vom Ameisenbär über das Aguti bis zum Tapir, sind jedoch im Park vertreten, wobei es noch immer rätselhaft ist, wie die Tapire, sonst ausgesprochene Flachlandbewohner, auf die Gipfelplateaus mancher Tepuis gelangten.

Das mittlere Höhenstockwerk, die Gran Sabana, trägt ihrem Namen gemäß auf weiten Flächen Savannenvegetation, vor allem im Südosten des Nationalparks. Eigentlich müßte der Niederschlag zumindest für regengrüne Wälder ausreichen, manche Wissenschaftler vertreten daher die Ansicht, das natürliche Waldkleid wäre schon in vorgeschichtlicher Zeit von den Indianern durch Brandrodung vernichtet worden und könnte sich jetzt auf den ausgelaugten Böden nicht wieder aus eigener Kraft entwickeln. Die Savannenlandschaft, nicht nur hier, sondern auch in anderen tropischen Gebieten, könnte also das Ergebnis früher Umweltsünden sein. Brandrodungsfeldbau wird auch heute noch illegal betrieben. Weitaus größere Gefahren für die Natur gehen jedoch von der Goldwäscherei im Bergland von Guayana aus, weil dabei in Mengen giftiges Quecksilber in den Boden und die Gewässer gelangt.

Oryxantilopen können wochen- bis monatelang ohne Wasser auskommen, ihnen genügt der Wassergehalt der Pflanzen, vor allem der saftigen Wurzeln, die sie mit ihren Hufen aus dem Wüstenboden ausgraben.

Geschützt 1994 · Oman

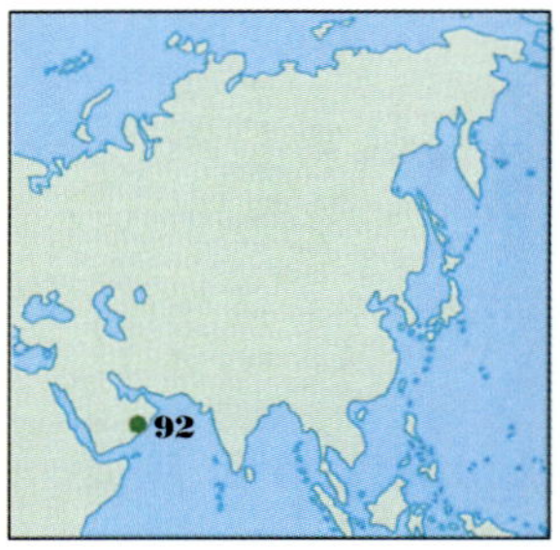

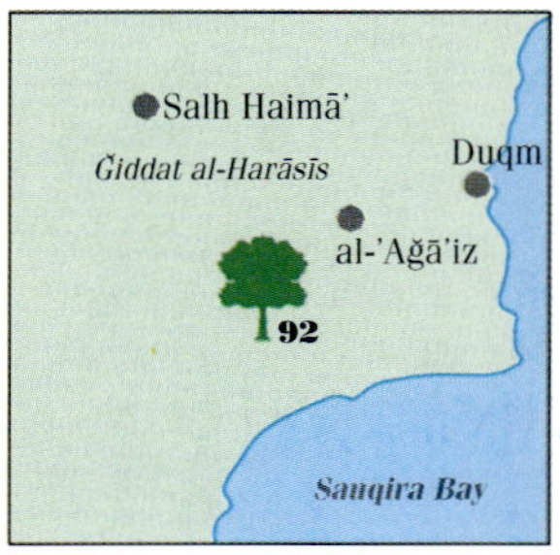

Lage: Rund 400 km südlich von Matrah

Naturraum: Zone der tropischen Halbwüsten- und Wüstenklimate

Meereshöhe: 0–300 m

Fläche: 27 500 km²

Geschützt 1994 · Vietnam

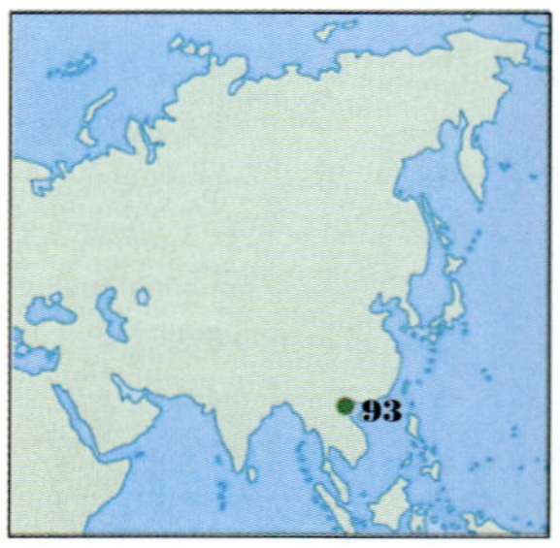

Lage: Rund 160 km östlich von Hanoi

Naturraum: Zone der tropischen Feuchtklimate

Meereshöhe: 0–200 m

Fläche: 1500 km²

Im Gegenlicht treten die steilen Felswände der Karstinseln klar hervor. Die schroffen Formen bleiben nur erhalten, wenn die Wände ständig unterschnitten werden, im Meer durch die Brandung wie zuvor auf dem festen Land durch die Lösungsverwitterung.

Arabian Oryx Sanctuary

Das riesige Wildreservat, fast so groß wie das Bundesland Brandenburg, aber nur von rund 2500 Menschen besiedelt, gehört damit zu den wenigen Naturerbestätten, die hauptsächlich zum Schutz einer bestimmten Tierart eingerichtet wurden, in diesem Fall der Weißen Oryx, wie die etwa hirschgroße, mit langen, lanzenartigen Hörnern gewappnete Antilope auch genannt wird. Die typischen Wüstentiere, die früher in großen Herden durch die von Sonne und Wind ausgedörrten Landschaften zwischen dem Roten Meer und dem Persischen Golf streiften, wurden seit den 1950er Jahren von Jägern rücksichtslos verfolgt. In den offenen Wüsten- und Steppengebieten hatten die Antilopen bei dem massiven Einsatz modernster Technik (Schußwaffen, Geländewagen, sogar Flugzeuge) keinerlei Überlebenschancen. 1972 galt die Weiße Oryx auf der Arabischen Halbinsel als ausgerottet. Glücklicherweise waren schon zehn Jahre zuvor einige Tiere von Naturschützern gefangen und als Zuchtgruppe in die USA nach Arizona gebracht worden, wo sie sich in menschlicher Obhut gut vermehrten. Diese kleine Gruppe im amerikanischen Exil bildete den Grundstock für die Wiedereinbürgerung in ihrer ursprünglichen Heimat seit 1980. Inzwischen gibt es hier wieder über 160 Antilopen in freier Wildbahn. Vor schießwütigen Jägern sind die Tiere jetzt zwar durch ein Jagdverbot geschützt, die Zerstörung ihres natürlichen Lebensraums durch Überweidung, Grundwasserabsenkung und die Ölindustrie schreitet freilich fort, und darunter leiden auch andere seltene Tierarten Arabiens wie der Nubische Steinbock oder die Kragentrappe, ein scheuer Bodenvogel.

Ha-Long-Bucht

„Wo der Drache ins Meer hinabsteigt", da darf man keine malerische oder gar liebliche Landschaft erwarten, dort müssen kahle, zerborstene Felsen, Spuren dieses elementaren Naturereignisses, zu finden sein. Und so sieht die Bucht am Rand des Golfs von Tonking auch aus. Man könnte meinen, ein riesiger Meteorit hätte die Erdkruste hier zerfetzt, sie in rund 1600 Inseln und Eilande zertrümmert, die nach der kosmischen Katastrophe wie die Ruinen einer zerstörten Stadt aus dem Wasser ragen. Die seltsam geformten Inselchen, Felsnadeln, Zinnen und Türme, die Höhen bis 200 m über dem Meeresspiegel erreichen, sind freilich durch irdische Vorgänge geschaffen worden: durch die Lösungsverwitterung, die unter dem feuchttropischen Klima Südostasiens besonders rasch abläuft und auch in anderen Gegenden der äquatorialen Zone aus Kalksteinschichten solch eindrucksvolle Gebilde des Kegel- oder Turmkarsts geformt hat, etwa im südchinesischen Guilin. Im Unterschied zu den meisten anderen Kegelkarstgebieten ist diese Karstlandschaft jedoch „ertrunken", zum Teil überflutet worden, nur die höchsten Mogoten, wie die Karsttürme genannt werden, schauen noch aus dem ungefähr 20 m tiefen Meer. Die Erdkruste hat sich am Rand des Golfs von Tonking gesenkt, und die einst auf dem festen Land aufragenden Türme wurden so zu felsigen Inseln und Eilanden. Seither nagt das Meer an den von zahllosen Höhlen durchzogenen Felsen, gräbt Brandungshohlkehlen in die Wände und formt Felsüberhänge und -nischen, in denen Fische und andere Meerestiere Unterschlupf finden. Schätzungsweise 1000 Fischarten sind in dem Inselgewirr beheimatet, und die bislang kaum untersuchte Flora und Fauna der Kalkfelsen bietet gleichfalls ein weites Betätigungsfeld für Biologen. Ungewöhnlich reich ist auch das archäologische Erbe von Ha-Long, das einer jungsteinzeitlichen Kultur Südostasiens den Namen gegeben hat.

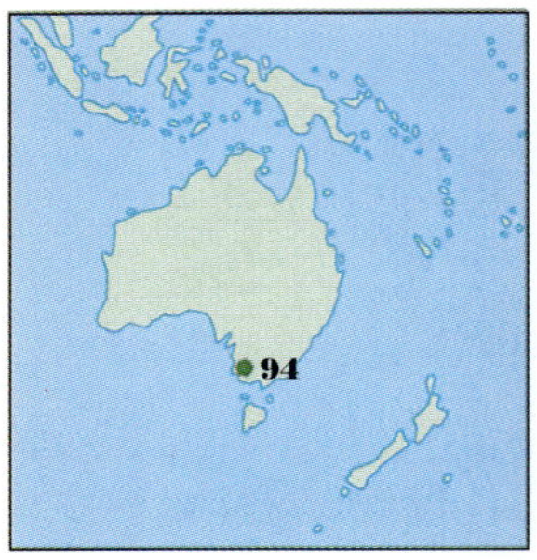

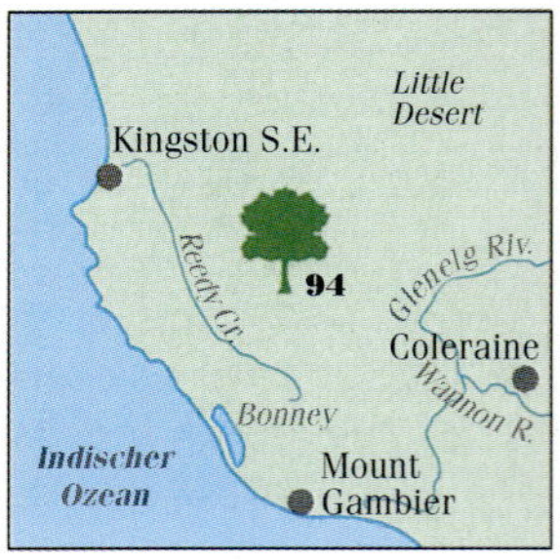

Lage: Die Fossilfundstätte Riversleigh liegt im Süden des Lawn Hill Nationalparks, rund 240 km nordwestlich des Bergbauzentrums Mount Isa; die Höhlen von Naracoorte befinden sich am entgegengesetzten Ende des Kontinents, etwa 300 km südöstlich von Adelaide

Fläche: Riversleigh 100 km^2, Naracoorte 3 km^2

Zugang: Zur Fundstätte Riversleigh (Campingplatz, Informationszentrum) auf Buschpisten von Mount Isa oder Burketown; zur Victoria Fossil Cave bei Naracoorte (Führungen) von Mount Gambier

Das Skelett eines Kurzgesicht-Riesenkänguruhs, das in den Höhlen von Naracoorte gefunden wurde: Wie andere australische Beuteltiere und Säugetiere ferner Kontinente entwickelten sich die Känguruhs im Eiszeitalter zu Riesenformen.

Riversleigh/ Naracoorte

Zum Weltnaturerbe gehören neben den heute noch lebenden Tier- und Pflanzenarten die Zigmillionen ausgestorbener Arten, von denen nur die oft versteinerten Körperreste oder lediglich Spuren als Fossilien erhalten sind. Manche Fossilien kommen massenhaft vor, beispielsweise Muscheln oder Schnecken, und bilden häufig dicke Gesteinsschichten. Andere sind im allgemeinen sehr selten zu finden, etwa fossile Säugetierarten. Australien besitzt zwei bedeutende Säuger-Fossilfundstätten, in denen die Entwicklung von zwei urtümlichen Säugetiergruppen, der eierlegenden Säugetiere und der Beutelsäuger, und zugleich auch die Klimageschichte des „Fünften Kontinents" dokumentiert ist. Sie liegen fast 3000 km voneinander entfernt in sehr gegensätzlichen Naturräumen, werden innerhalb der geologischen Zeittafel durch Jahrmillionen getrennt, sind jedoch gemeinsam in der UNESCO-Liste des Welterbes verzeichnet.

In Karstlandschaften gibt es überdurchschnittlich viele Fundstätten von Säugetierfossilien, denn Höhlen und andere geschlossene Hohlformen wie Dolinen und Karstschächte sind hervorragende „Fossilfallen", in denen die sterblichen Überreste zusammengeschwemmt und konserviert werden. In Riversleigh im tropischen Norden Australiens findet man die Fossilien hauptsächlich in mit Lehm und Sand gefüllten Spalten innerhalb einer verkarsteten Kalksteintafel. Sie stammen aus dem jüngeren Tertiär, im wesentlichen aus dem Zeitraum zwischen 12 und 25 Millionen Jahren vor heute. Neben vorzeitlichen Koalas, Känguruhs und nagetierähnlichen Wombats entdeckten die Forscher den vollständig erhaltenen Schädel eines Kloakentiers, das in sich die typischen Merkmale der Kriechtiere und der Säugetiere vereinigt. Die Nachfahren dieser ursprünglichsten lebenden Säugetiere, Ameisenigel und Schnabeltiere, sind ausschließlich noch in Australien (mit Tasmanien und Neuguinea) heimisch. Aufschlußreich waren auch die Funde tertiärer Beutelwölfe, Vorfahren der „Tasmanischen Tiger", die in ihrer letzten Zuflucht Tasmanien vor etwa 60 Jahren ausgerottet wurden. Riversleigh liegt heute im Gürtel der tropischen Trockenwälder und Savannen. Nach dem Artenreichtum (zuweilen über 60 Säugetierarten innerhalb einer Fossilfundstätte) und dem Anteil baumbewohnender Tiere zu urteilen, waren dort vor rund 20 Millionen Jahren noch tropische Regenwälder verbreitet. In jüngeren Schichten mehren sich dann die Hinweise auf trockeneres Klima, auf den Zerfall des geschlossenen Regenwaldgürtels in isolierte Waldinseln und schließlich die flächenhafte Ausbreitung der Savannen.

Die Höhlen von Naracoorte, darunter die für Besucher geöffnete Victoria-Höhle, bergen dagegen im meterdicken Höhlenlehm Fossilien des Eiszeitalters, oft ausgezeichnet erhaltene Skelette und Schädel, selbst mit den zerbrechlichsten Knochen, die sonst meist zerfallen sind. Die Palette der fossilen Tierarten reicht von Fröschen und Schlangen über Fledermäuse und Papageien bis zu Bettongs (kaninchengroße Bürstenkänguruhs) und Wallabies (mittelgroße Känguruhs). Im Unterschied zum tropischen Norden, wo sich in der fossilen Fauna eine allmähliche Austrocknung im Lauf des Tertiärs widerspiegelt, gibt es hier Hinweise auf feuchtere Perioden, die sich wohl mit den Eiszeiten deckten. Hier wie dort setzte sich die Säugetierfauna fast ausschließlich aus Beuteltieren zusammen, die zahlreiche inzwischen erloschene Arten umfaßten. Zu ihnen gehörten vor allem große Arten, die oft erheblich größer als die heute lebenden waren. Ein Riesenkänguruh erreichte eine Höhe von fast dreieinhalb Metern, mehr als doppelt so groß wie die größten Riesenkänguruhs, die heute mit gewaltigen Sätzen durch die lichten Wälder und Grasländer Australiens springen.

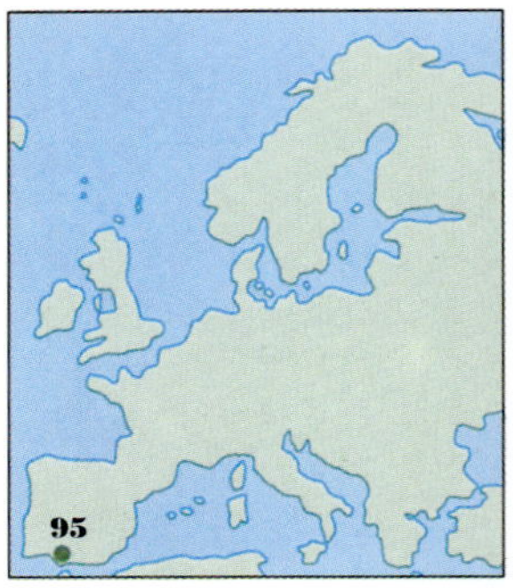

Lage: 60 km südwestlich von Sevilla zwischen dem rechten Ufer des Guadalquivir und den Sandstränden der Costa de la Luz

Naturraum: Warmgemäßigte Subtropenzone mit winterfeucht-sommertrockenen Mediterranklimaten und subtropischen Hartlaub- und Nadelgehölzen

Meereshöhe: 0–40 m

Fläche: 773 km^2

Zugang: Besuch der Kernzone nur mit Genehmigung und in Begleitung eines Führers; zwei Informationszentren (La Rocina und Acebuche) sowie Museum Palacio de Acebron; Beobachtungsstände und Lehrpfade; Landrover-Exkursionen

Auf den alten Korkeichen im Kerngebiet der Doñana nisten Löffler, Störche, Reiher und andere Vogelarten. Allein über 200 Paare Löffler brüten hier. Sonst bevorzugen die Ibisvögel Schilfröhricht als Brutplatz.

Doñana

Costa de la Luz heißt die andalusische Atlantikküste zwischen den Mündungstrichtern des Guadalquivir im Osten und des Rio Tinto im Westen. Im Vergleich mit anderen Küstenlandschaften der Iberischen Halbinsel wirkt diese „Küste des Lichts" auf fast 70 km Länge beinahe unberührt. Nur im Touristenzentrum Matalascañas ragen betongraue Bettenburgen über die kieferngrünen Wälder, die die abwechslungsreiche Steil- und Flachküste säumen. Doch gleich dahinter erstreckt sich einer der größten und interessantesten Nationalparks in Europa, jahrhundertelang beliebtes, streng bewachtes Jagdrevier der spanischen Könige, aber auch ein Stück weltentlegener Wildnis, in das sich die „Aussteiger" vergangener Zeiten zurückziehen konnten – wie Gräfin Doña Ana aus dem Haus Medina Sidonia, die vor rund 500 Jahren inmitten der Wälder einen kleinen Palast errichten ließ und der Landschaft an der Mündung des Guadalquivir ihren Namen gab.

Das Mündungsgebiet hat eine bewegte Geschichte. Im 2. und 3. Jahrtausend v. Chr. teilte sich der „Große Fluß" Andalusiens in zwei Arme, die eine Sandinsel mit der biblischen Stadt Tarschisch (Tartessos) umschlossen. In römischer Zeit lag hier noch ein weiter Strandsee, der vom Guadalquivir im Lauf der Jahrhunderte mit Sand und Schlamm gefüllt und so in eine mediterrane Flußmarschenlandschaft verwandelt wurde. Die flachen Marismas (Marschen), die den Guadalquivir am rechten Ufer in einem kilometerbreiten Streifen begleiten, werden in normalen Jahren im Winter von den Bächen aus dem Binnenland überschwemmt. In den wenige Dezimeter tiefen, durch Setzung der lockeren Sedimente entstandenen Bodensenken (*Lucios*) bleibt das Wasser bis ins Frühjahr hinein stehen, während umgekehrt die etwas höheren Bodenerhebungen (*Vetas*) auch bei den Überschwemmungen wie Inseln aus dem Wasser ragen. Nach Westen und Süden hin geht der mit etlichen Lagunen durchsetzte feuchte Doñana (*Doñana húmedo*) in das Trockengebiet (*Doñana secco*) über, das nie überschwemmt wird. Es besteht hauptsächlich aus flachwelligen Flugsanddecken, die der Wind über den Flußablagerungen ausgebreitet hat, zur Küste hin werden die Sandhügel höher und bilden einen bis 40 m hohen Wanderdünengürtel. Die Dünen wandern recht schnell ins Binnenland, überrollen dabei die Wälder in der Nachbarschaft, ersticken die Kiefern und geben sie ein paar Jahrzehnte später als bizarre Baumskelette wieder frei.

Frische Winde vom Atlantik treiben den Sand vor sich her, machen die heißen, fast regenlosen Hochsommermonate Juli und August an der Küste erträglicher. Keine Gegend Spaniens hat im Jahresdurchschnitt mehr Sonnenschein als die Costa de la Luz. Über 3200 Stunden verzeichnet die Hafenstadt San Fernando gegenüber von Cádiz. Auch im Winter, der die regenreichste Jahreszeit ist, reißt der Wind häufig die Wolkendecke auf und beschert dem Doñana Sonnenschein. Immergrüne Hartlaub- und Nadelwälder sind dem Wechsel von heißen, trockenen Sommern und kühlen, regnerischen Wintern am besten angepaßt. Der größte Teil des Nationalparks ist daher mit Pinienwäldern oder lockeren Buschwäldern bedeckt. Neben der Pinie, deren schirmförmige Krone an die Schirmbäume in den Savannen Afrikas erinnert, kommen die Baumheide, der Phönizische Wacholder, die Zwergpalme, der Erdbeerbaum, Korkeichen, Eschen, verschiedene aromatisch duftende Sträucher und bunt blühende Zistrosen vor. Wesentlich artenärmer ist die Dünenvegetation und die der Marschenzonen. Insgesamt hat man etwa 750 Arten gezählt, darunter 45, die bisher in Europa unbekannt waren.

Die Tierwelt ist wie die Flora eine bunte Mixtur aus überwiegend mediterranen Arten, einigen aus Afrika und einigen, die auch diesseits der Alpen heimisch sind, wie Rot- und Damhirsche, Wildschweine, Füchse, Fischotter oder Wildkatzen. Das Verbreitungsareal der eleganten Kleinfleck-Ginsterkatze reicht dagegen von Südwesteuropa über die Straße von Gibraltar hinweg bis in den äußersten Süden des Schwarzen Kontinents. Umgekehrt hat einer ihrer Vettern, die Manguste, auf der Iberischen Halbinsel einen europäischen Brückenkopf. Die als Schlangenvertilgerin berühmte Schleichkatze besitzt im Doñana-Nationalpark ein weites Betätigungsfeld. Immerhin kommen hier rund 20 Kriechtiere vor, darunter auch eine Reihe gefährlicher Giftschlangen wie die kleine Stülpnasenotter oder die temperamentvolle Eidechsennatter. Sie stellen Nagern, Vögeln und anderen kleinen Tieren nach, werden selbst jedoch von den Greifen gejagt, die im Doñana mit fast 30 Arten vertreten sind. Die größte Kostbarkeit ist der Spanische Kaiseradler, Ende der 1960er Jahre von Jägern und Eiersammlern fast ausgerottet, seither streng geschützt und (wie man an seinen riesigen Horsten in den Kronen alter Korkeichen erkennt) mit etwa 15 Paaren wieder ständiger Brutvogel im Doñana. Ebenso selten ist der Pardelluchs, das zweite Symboltier des Nationalparks. Auf etwa 40 Tiere wird der Bestand der hochbeinigen Raubkatzen geschätzt. Sie jagen vor allem die im Park zahlreichen Kaninchen, verschmähen aber auch Vögel nicht, etwa das Rothuhn.

Der rebhuhnähnliche Hühnervogel gehört zu den 365 Vogelarten, die im Doñana brüten, dort rasten und überwintern. Wegen seiner Lage an den Vogelflugstraßen zwischen Europa und dem westlichen Afrika, des reichen Wasser- und Nahrungsangebots und der Vielfalt unterschiedlichster Lebensräume ist das Mündungsgebiet des Guadalquivir ein Vogelparadies. Hier brüten so seltene Vögel wie die Marmelente oder das Purpurhuhn. In riesigen Schwärmen fallen im Frühjahr und Herbst die Zugvögel ein, beispielsweise rund 200 000 Krickenten oder bis zu 70 000 Graugänse, dazu fast 20 000 Flamingos, mehrere zehntausend Uferschnepfen und Säbelschnäbler, ein Heer von Singvögeln. Allgegenwärtig sind die Kuhreiher, die auf den Weiden den halbwilden Rindern hinterhermarschieren und nach den aufgescheuchten Insekten schnappen, Bienenfresser und Blauelstern fallen durch ihre lebhaften Farben auf.

Im größten Teil des Parks sind die Tiere unter sich. Abgesehen von etwa zwei Dutzend Familien (meist Angehörige des Parkpersonals) leben innerhalb des Doñana-Nationalparks keine Menschen, und die Kernzone ist für Besucher in der Regel tabu. Nur einmal im Jahr, in der Pfingstwoche, wird die Wildnis von Menschenmengen regelrecht überschwemmt. Fromme Bruderschaften aus allen Teilen Andalusiens ziehen mit farbenprächtig geschmückten Ochsenkarren, begleitet von stolzen Reitern, Musikkapellen und einem unübersehbaren Fußvolk auf festgelegten Wegen durch den Nationalpark zum Wallfahrtsort El Rocío. Anschließend sind Arbeiterkolonnen wochenlang damit beschäftigt, leere Weinflaschen, Plastiktüten und anderen Müll aus der Landschaft zu entfernen. Die Hinterlassenschaft der Wallfahrer ist häßlich, im Vergleich mit den anderen Gefahren, die dem Doñana drohen, allerdings bloß ein kleineres Problem. Tourismus und Landwirtschaft nehmen den Doñana gewissermaßen in die Zange: Alle paar Jahre werden Pläne bekannt, das Touristenzentrum Matalascañas im Süden auf Kosten des Nationalparks zu erweitern. Von Norden her rücken Obsthaine und Erdbeerplantagen gegen das Naturparadies vor. Auch wenn es gelingt, die Grenzen zu verteidigen, wird dem Doñana doch immer mehr Wasser entzogen und die restlichen Wasservorräte durch Agrarchemikalien verseucht. Falls wieder einmal, wie in der ersten Hälfte der 1990er Jahre, die Winterregen fast ganz ausbleiben sollten, dann läßt sich die ökologische Katastrophe wohl kaum noch vermeiden.

Die frischen Südwestwinde vom Atlantik halten die Sandberge ständig in Bewegung; um 2 bis 6 m pro Jahr verlagern sich die Wanderdünen landeinwärts und begraben die benachbarten Kiefernwälder.

Geschützt 1995 · Kanada/USA

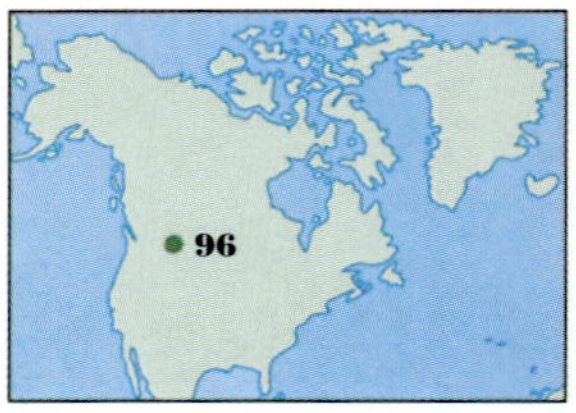

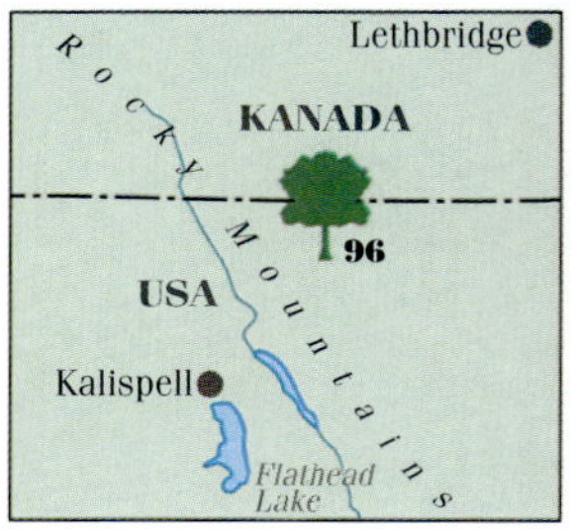

Lage: Im Grenzsaum zwischen den Rocky Mountains und dem nordamerikanischen Präriengürtel, teils im nordwestlichen Montana, teils im Südwesten der Provinz Alberta

Naturraum: Kaltgemäßigte boreale Zone mit schneereichen Wintern (Westen); winterkalte Trockensteppenklimate (Osten)

Meereshöhe: 967–3190 m

Fläche: 4628 km²

Zugang: Von Lethbridge und Calgary bzw. Great Falls und Kalispell; Besucherzentren, Unterkünfte, engmaschiges Netz von Panoramastraßen und Wanderwegen

Der Logan Paß (2036 m) berührt die Höhenstufe, in der der boreale Nadelwald in die Gebirgstundra übergeht. Meterhoch türmt sich hier von Oktober bis Mai der Schnee. Mit einer schlanken, spitzen Krone, auf der nur wenig Schnee liegen bleibt,

schützen sich die Nadelbäume vor den Schneelasten.

Glacier/ Waterton-Lakes

Der älteste grenzübergreifende Nationalpark wurde im Juni 1932 im Grenzgebiet zwischen der kanadischen Provinz Alberta und dem US-Bundesstaat Montana gegründet – ein Beispiel, das inzwischen weltweit Schule gemacht hat. Ungefähr ein Neuntel des „Friedensparks", wie man ihn seinerzeit nannte, liegt auf kanadischem Boden; drei große Seen, Lower, Middle und Upper Waterton, haben diesem Teil den Namen gegeben. Der amerikanische Anteil ist nach den 50 bis 60 kleineren Gletschern benannt, die sich wahrscheinlich während der sogenannten Kleinen Eiszeit vom 16. bis 19. Jahrhundert neu gebildet haben.

Der Park überschreitet nicht nur die Staatsgrenze, die ohne Rücksicht auf die natürlichen Verhältnisse gezogen wurde und schnurgerade von West nach Ost durch die Rocky Mountains verläuft. Er berührt außerdem mindestens vier wichtige natürliche Grenzsäume. Diese Grenzlage macht ihn so abwechslungsreich und ökologisch wertvoll. Die zerklüfteten, von den Eiszeitgletschern geformten, im Mount Cleveland, der „Krone des Kontinents", bis 3190 m hohen Gebirgsketten bilden einen Abschnitt der kontinentalen Wasserscheide Nordamerikas. Die Flüsse, die hier entspringen, suchen sich ihren Weg zu drei verschiedenen Meeren: dem Pazifischen Ozean, dem Golf von Mexiko und der Hudson-Bai. Der Hauptkamm des Felsengebirges formt auch eine markante Klimascheide zwischen dem ozeanisch-milderen, regen- und schneereichen Westen und dem winterkalten, sommerheißen, kontinentaleren Osten, der nur einen Bruchteil der Niederschläge erhält und zusätzlich vom Chinook, dem amerikanischen Bruder des Föhns, ausgedörrt wird. Eine markante geologische Bruchlinie verläuft annähernd von Südosten nach Nordwesten durch den Park; an ihr sind buntgefärbte Schichtgesteine der Erdurzeit, darunter die mit 1500 Millionen Jahren wohl ältesten Gesteine der Rocky Mountains, auf die viel jüngeren Sedimente der Kreidezeit aufgeschoben worden. Schließlich grenzen im äußersten Osten des Glacier/Waterton-Lakes Nationalparks zwei große Landschaftsräume Nordamerikas aneinander: Die Prärie begegnet dem Felsengebirge.

Die gelbe Gletscherlilie und die rosarote Prärierose bilden gewissermaßen die Pole innerhalb der Pflanzenwelt, die sich mit der Höhe, dem Klima und dem Boden auf kürzeste Entfernung wandelt. Auf die Kurzgasprärien im Osten folgt das für den Grenzsaum zwischen Grasland und Wald typische Espen-Parkland, dann schließt sich der dichte boreale Nadelwald an, der zur Höhe hin wiederum lichter wird und bei 1800 bis 2100 m Meereshöhe in die Gebirgstundra übergeht. Der boreale Nadelwald ist mit fast 50 % Flächenanteil die am meisten verbreitete Pflanzengemeinschaft. Im feuchteren Westen besteht er vor allem aus Hemlocktannen und Riesenlebensbäumen. Nach Osten hin treten Zirbelkiefern, Douglasien und Drehkiefern in den Vordergrund. Bis zur Waldgrenze wagen sich Engelmannsfichten und die Felsengebirgstannen hinauf.

Nahe der Waldgrenze, aber auch in den tieferen Lagen, wachsen verschiedene Sträucher, an deren Früchte sich die Bären im Spätsommer und Herbst laben, mindestens 400 Schwarzbären und über 200 Grizzlybären, die hier eine der größten Populationen in den Rocky Mountains haben. Die Wapitis ziehen sich in dieser Jahreszeit aus dem Gebirge ins Winterquartier in den Prärien zurück, begleitet von den Grauwölfen, die sich Beute versprechen. Das Haarige Murmeltier richtet sich in seinem Bau für den Winterschlaf ein. Die Schneeziegen und Dickhornschafe, die robustesten unter den Hochgebirgstieren der Rocky Mountains, wandern in die nächsttiefere Gebirgsetage.

Geschützt 1995 · USA

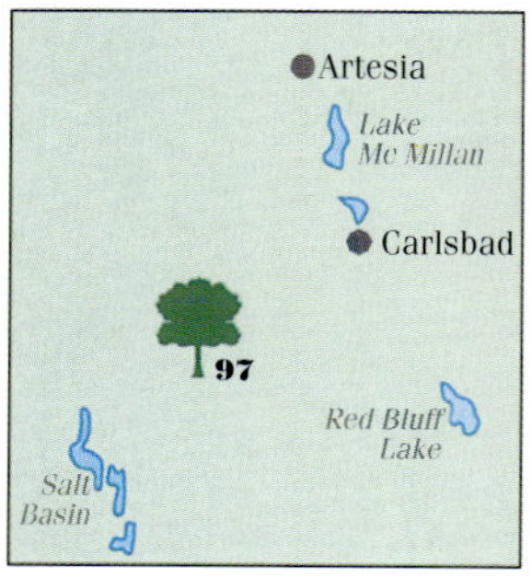

Lage: In den östlichen Ausläufern der Guadalupe Mountains, rund 60 km südwestlich von Carlsbad

Naturraum: Halbwüsten- und Wüstenklimate der warmgemäßigten Subtropenzone

Meereshöhe: 1097–1935 m (Erdoberfläche)

Fläche: 189 km²

Zugang: Von White's City durch den Walnut Canyon bis zum Besucherzentrum, von dort weiter mit dem Lift und auf ausgebauten Höhlenwegen

Die zapfenförmigen Stalagmiten (Bodentropfsteine) entstehen bei geringer Tropfhöhe und sind aus haubenförmig übereinander angeordneten Schichten aufgebaut; bei zunehmender Fallhöhe wandeln sich die Tropfsteine in sogenannte Tellerstalagmiten um.

Carlsbad Höhlen

Die Wüste lebt" ist der Titel eines der bekanntesten Naturfilme. Man könnte ihn auch auf die Chihuahua-Wüste übertragen, die sich vom Norden Mexikos über den Río Bravo del Norte weit nach New Mexico hineinzieht. Sie ist mit meist mehr als 200 Litern Niederschlag pro Quadratmeter Boden und Jahr zwar nicht so trocken wie andere Trockengebiete der Erde, stenggenommen eher eine Halbwüste, aber doch nur spärlich bewachsen und eine scheinbar leblose Einöde. Die Zahlen der Tier- und Pflanzenarten, die im Carlsbad Caverns Nationalpark auf einer vergleichsweise kleinen Fläche heimisch sind, widerlegen allerdings diesen Eindruck: In der Flora hat man rund 800 Arten gezählt, vom allgegenwärtigen Kreosotbusch aus der Familie der Korbblütler über verschiedene Kakteen bis zu Walnußbäumen und Seifenbäumen in den feuchteren Höhenstockwerken und Canyons; die Fauna umfaßt neben typischen Wüstentieren wie den Taschenmäusen und Känguruhratten, die kaum trinken müssen, gut 60 Säuger und über 330 Vogelarten. Das bemerkenswerteste Geschöpf ist eine winzige, kaum 20 Gramm schwere Fledermaus, die den Winter im wärmeren Mexiko verbringt, Ende April aber in dichten Schwärmen über den Guadalupe Mountains erscheint und dort ihr Sommerquartier bezieht.

Wahrscheinlich haben schon die indianischen Ureinwohner der Chihuahua-Wüste beobachtet, wie die Fledertiere im Untergrund verschwanden, ihren Schlupfwinkel erkundet und dabei eines der größten Höhlensysteme der Welt entdeckt. Etwa 80 Grotten sind in dem nach der Carlsbad Höhle benannten Nationalpark bisher erforscht und vermessen worden, unter anderem die Lechuguilla-Höhle, die als die tiefste (477 m) und mit 133 km langen Gängen als die drittlängste Karsthöhle der USA gilt. Mit 540 m Länge, 330 m Breite und 77 m Höhe zählt der Big Room der eigentlichen Carlsbad Höhle zu den größten Höhlensälen der Welt.

Imposante Dimensionen erreichen auch die Tropfsteine in den Grotten: In der „Halle der Riesen" gibt es bis zu 18 m hohe Bodentropfsteine, und die Ogle Höhle birgt eine der höchsten Tropfsteinsäulen der Welt (32 m). Bizarre Sintergebilde sind die Heliktiten in der Lechuguilla-Höhle, quasi die Exzentriker unter den Tropfsteinen, die scheinbar frei von der Erdanziehungskraft in alle Richtungen wachsen und dabei vielfach gewundene, nicht selten strauchartig verzweigte Formen bilden. Ihre Entstehung ist unter den Fachleuten heftig umstritten, genauso wie die Bildung der mächtigen Gipslager in der Carlsbad Höhle. Das Höhlensystem zieht sich durch ein fossiles Riff, das vor etwa 255 Millionen Jahren unter trockenheißem Klima am Rand einer Meeresbucht entstanden ist. Bis in die Erdneuzeit hinein lag es unter jüngeren Schichten verborgen. Dann wurde es von der Abtragung freigelegt, und der leicht lösliche Riffkalk verkarstete von der Erdoberfläche her. Im Unterschied zur normalen Verkarstung, bei der das Gestein von kohlensäurehaltigem Wasser angegriffen wird, wirkt bei den Carlsbad Höhlen zusätzlich noch schwefelsaures Wasser. Aus Erdöllagern im tiefen Untergrund steigt Schwefelwasserstoff zur Oberfläche, der sich mit dem Grundwasser zu einer aggressiven Säure verbindet.

Wirtschaftlich interessant war das Höhlensystem wegen der mächtigen Guanolager, die sich unter den Schlafplätzen der Fledermäuse in Jahrhunderttausenden angehäuft hatten. In den ersten 25 Jahren unseres Jahrhunderts wurde der wertvolle organische Dünger innerhalb der Höhlen abgebaut. Seit 1930 wird kein Guano mehr gefördert. Das Sommerquartier der Guano-Fledermäuse steht unter Naturschutz. Allerdings ist die Zahl der Fledertiere in den vergangenen Jahrzehnten drastisch gesunken. In den 1930er Jahren bevölkerten noch 8 bis 9 Millionen Guano-Fledermäuse die Höhlen, heute gibt es allenfalls noch eine Million. Wahrscheinlich ist der Rückgang auf die Verseuchung der Umwelt durch Agrarchemikalien zurückzuführen, unter der die Fledermäuse besonders stark leiden.

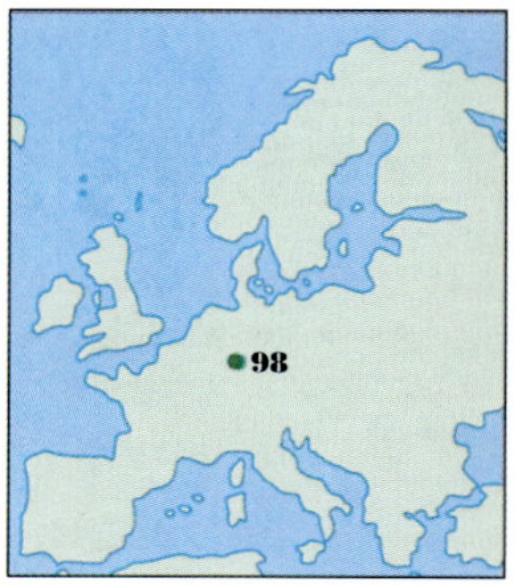

Lage: Im Ortsteil Grube Messel der Gemeinde Messel, knapp 10 km nordöstlich von Darmstadt

Naturraum: Rhein-Main-Tiefland

Meereshöhe: ca. 200 m

Fläche: 0,7 km²

Zugang: Nur im Rahmen geführter Exkursionen; drei Museen in der Region bieten einen Überblick über die Funde aus der Grube Messel: das Fossilien- und Heimatmuseum im Alten Rathaus von Messel, das Hessische Landesmuseum in Darmstadt und das Senckenberg-Museum in Frankfurt am Main

Der Messeler Schlammfisch (*Cyclurus kehren*) ist die in der Grube Messel am häufigsten gefundene Fischart, ein gefräßiger Räuber, der bis auf 70 cm Länge heranwuchs und sich wie seine heute lebenden Verwandten tagsüber im weichen Schlick

am Grund des Gewässers verborgen hielt (daher der Name).

MESSEL

Der bisher einzige bundesdeutsche Beitrag zum UNESCO-Naturerbe der Menschheit ist nicht gerade ein landschaftliches Schmuckstück: Ein Fachmann würde die Grube Messel neutral als Abbaufolgelandschaft bezeichnen, der Laie sieht in dem ehemaligen Tagebau nur ein riesiges Loch, das in den Boden des Messeler Hügellands gewühlt wurde und sich nach dem Ende des Grubenbetriebs zum Teil mit Wasser gefüllt hat. Von besonderen Naturschätzen ist nichts zu erkennen, sie lagern, unter Gestrüpp und Gras verborgen, noch unentdeckt im Gestein. Erst nach einem Besuch im Messeler Heimatmuseum, im Hessischen Landesmuseum zu Darmstadt oder im Senckenberg-Museum in Frankfurt, wo die meisten Fossilienfunde von Messel aufbewahrt und ausgestellt sind, begreift man, weshalb Experten vom „Schaufenster in die Geschichte der Erde und des Lebens" schwärmen und die früher wirtschaftlich eher unbedeutende Grube zu den wertvollsten Fossillagerstätten der Erde zählen.

Wahrscheinlich hatten die Politiker und Beamten, die sich in den 1970er und 1980er Jahren für die Nutzung des ehemaligen Tagebaus als Mülldeponie entschieden, nie einen Blick in die Schatzkammern der Museen geworfen, keines der Messeler Urpferdchen oder eines der anderen vorzeitlichen Lebewesen gesehen, die zum Teil bis in die Haarspitzen hinein erhalten aus der Grube geborgen werden konnten. Durfte eine einzigartige Chronik der Geschichte des Lebens auf der Erde für immer unter Müllbergen verschwinden, oder stehen auch weniger spektakuläre Naturgüter wie die sterblichen Überreste ausgestorbener Tiere und Pflanzen unter Naturschutz ? – Mehr als zwei Jahrzehnte lang war die Grube Messel in Hessen ein politischer Zankapfel.

Am Alter der Funde gemessen dauerte der Streit freilich nur wenige Augenblicke: Die fossilführenden Schichten von Messel wurden vor etwa 49 Millionen Jahren abgelagert, in ihnen sind vielleicht eine Million Jahre der Erdgeschichte dokumentiert – nur eine Million von mehr als viertausend – andererseits aber auch ein Zeitraum, der mehr als 500mal so lang wie die Geschichte der Menschheit seit Beginn der christlichen Zeitrechnung war. Innerhalb der geologischen Zeittafel wird die Messel-Formation in das Eozän, die zweitälteste Epoche des Tertiärs, eingeordnet, die etwa den Zeitraum von 38 bis 55 Millionen Jahren vor heute umfaßt. Die schiefrig zerfallenden, meist dunkelgrünen bis schwarzen Tonsteine der Messel-Formation, die durch die hervorragend erhaltenen Fossilienfunde bekannt geworden sind, nehmen dabei den mittleren Teil des Schichtenstapels ein, darunter und darüber lagern Kies- und Sandschichten. Ursprünglich war das tonige Gestein, das sich wie Schokolade schneiden läßt, ein an organischen Stoffen reicher Faulschlamm. Fast 15 % beträgt der Bitumengehalt. Bis Ende 1971 wurden rund 20 Millionen Tonnen des „Ölschiefers" in der Grube abgebaut und daraus fast eine Million Tonnen Rohöl gewonnen. Die Feinkörnigkeit und der hohe Anteil organischer Substanz deuten auf ein Sediment hin, das sich in einem stehenden Gewässer absetzte. Wie dieser vorzeitliche See entstanden ist und wie er aussah, ist bis heute ein geologisches Rätsel geblieben: War es ein Grabensee, der von einem großen Fluß durchströmt wurde, ähnlich wie manche Seen Ostafrikas? Stellte der Messel-See den Kern eines großen Sees innerhalb einer abflußlosen Senke dar, der im Wechsel von Regen- und Trockenzeiten seine Umrisse und Größe ständig änderte? Oder war es vielleicht ein Maar, das durch eine Gas- und Wasserdampferuption in den Boden gesprengt wurde und sich dann im Lauf von einigen hunderttausend Jahren mit lockeren Sedimenten füllte?

Auf den Wald, der die Ufer dieses rätselhaften Sees säumte, liefern die im Tonstein eingebetteten Blätter, Früchte, Samen, Blüten und anderen Pflanzenreste eindeutige Hinweise. Unmittelbar hinter einem schmalen Sumpf- und Gebüschgürtel ragte wohl ein dichter Hochwald auf, mit einem stockwerkartigen

Aufbau, so wie man es von den heutigen Regenwäldern kennt. Für einen subtropischen bis tropischen Regenwald sprechen die Überreste von zahlreichen Pflanzenarten und -familien, die ihren heutigen Verbreitungsschwerpunkt in den warmen Klimazonen der Erde haben, etwa Palmen, Lorbeergewächse, Schraubenbäume oder Teegewächse.

Die fossile Fauna enthält ebenfalls häufig Angehörige von Tiergruppen, die heute in subtropischen und tropischen Urwäldern leben, wie die Prachtkäfer, die mit leuchtenden, metallischen Farbtönen ihrem Namen Ehre machen und durchweg sehr wärmeliebende Arten sind. Riesenwuchs ist dagegen das hervorstechende Merkmal der Messeler Riesenameisen, bei denen die geflügelten Weibchen eine Flügelspannweite von bis zu 16 cm erreichen und zum Teil schwerer sind als mancher Kolibri. Krokodile brauchen gleichfalls viel Wärme, die Durchschnittstemperatur des kältesten Monats darf nicht unter 10 °C sinken. Heute hätten die zahlreichen Großechsen, die oft als vorzüglich erhaltene Skelette und in Längen bis zu 4 m aus dem Messeler Tonstein geborgen wurden, in ihrer Urheimat keine Überlebenschancen mehr. Echsen und Schlangen kommen in Messel viel seltener vor als die im Wasser lebenden Reptilien, doch die Quantität der Fossilfunde wird durch ihre einzigartige Qualität wettgemacht, häufig sind noch Reste der Beschuppung erhalten. Bei den Echsen ist das ganze Spektrum der Übergangsformen zwischen den vierbeinigen Waranen und den fußlosen, schlangenähnlichen Schleichen entwickelt. Die gefundenen Schlangen gehören hauptsächlich zu den Riesenschlangen, die größten sind über 2 m lang. Längen bis zu 60 cm erreichen die Messeler Schildkröten, vorwiegend Sumpf- und Wasserbewohner, deren Überreste in fast jeder Grabungssaison gefunden werden, wie die noch häufigeren Fische, während Salamander und Frösche zu den ausgesprochenen Raritäten gehören.

Neben fossilen Tieren, die im oder wenigstens am Wasser lebten, bergen die Seesedimente auch zahlreiche Überbleibsel von Arten, deren Lebensraum das feste Land oder die Luft ist. Die Vögel standen jahrzehntelang im Schatten der spektakulären Funde, die besonders in den 1970er Jahren von Privatsammlern geborgen (und vermarktet) wurden. Doch nach dem Ende des Grubenbetriebs hat sich die Forschung verstärkt mit dieser Tiergruppe beschäftigt und unter anderem teichhuhngroße Vögel entdeckt, die als Messelrallen bezeichnet werden. Die bei weitem häufigsten Säugetiere von Messel bevölkerten zu Lebzeiten den Luftraum: die Fledermäuse. In keiner anderen Fossillagerstätte der Erde gibt es eine derart überwältigende Menge vollständig erhaltener Fledermausfossilien, meist noch mit dem Inhalt des Magens. Die Untersuchung der Nahrungsreste ergab, daß die Tiere während des Beuteflugs oder kurz danach gestorben sein müssen. Fast alle waren gesund und noch recht jung. Was mag das Massensterben der Fledermäuse verursacht haben? Vielleicht Wolken giftiger Gase, die aus dem Messeler See aufstiegen? Trotz der zahllosen aufschlußreichen Funde birgt die Grube Messel noch viele Geheimnisse, die nie mehr enträtselt werden könnten, wenn man die Grube mit Müll verfüllt hätte: Warum sind die nächsten Verwandten des Menschen, die Primaten, in der Fossillagerstätte Messel so selten (eigentlich müßte ein üppig wuchernder Regenwald der ideale Lebensraum für die Herrentiere gewesen sein)? Was hat den Ameisenbären, einen typischen Südamerikaner, vor 50 Millionen Jahren ins südhessische Messel verschlagen (außerhalb Südamerikas gibt es keinen einzigen weiteren Fund)? Warum sind von den drei bekannten Arten der Messeler Raubtiere bisher nur Jungtiere gefunden worden?...

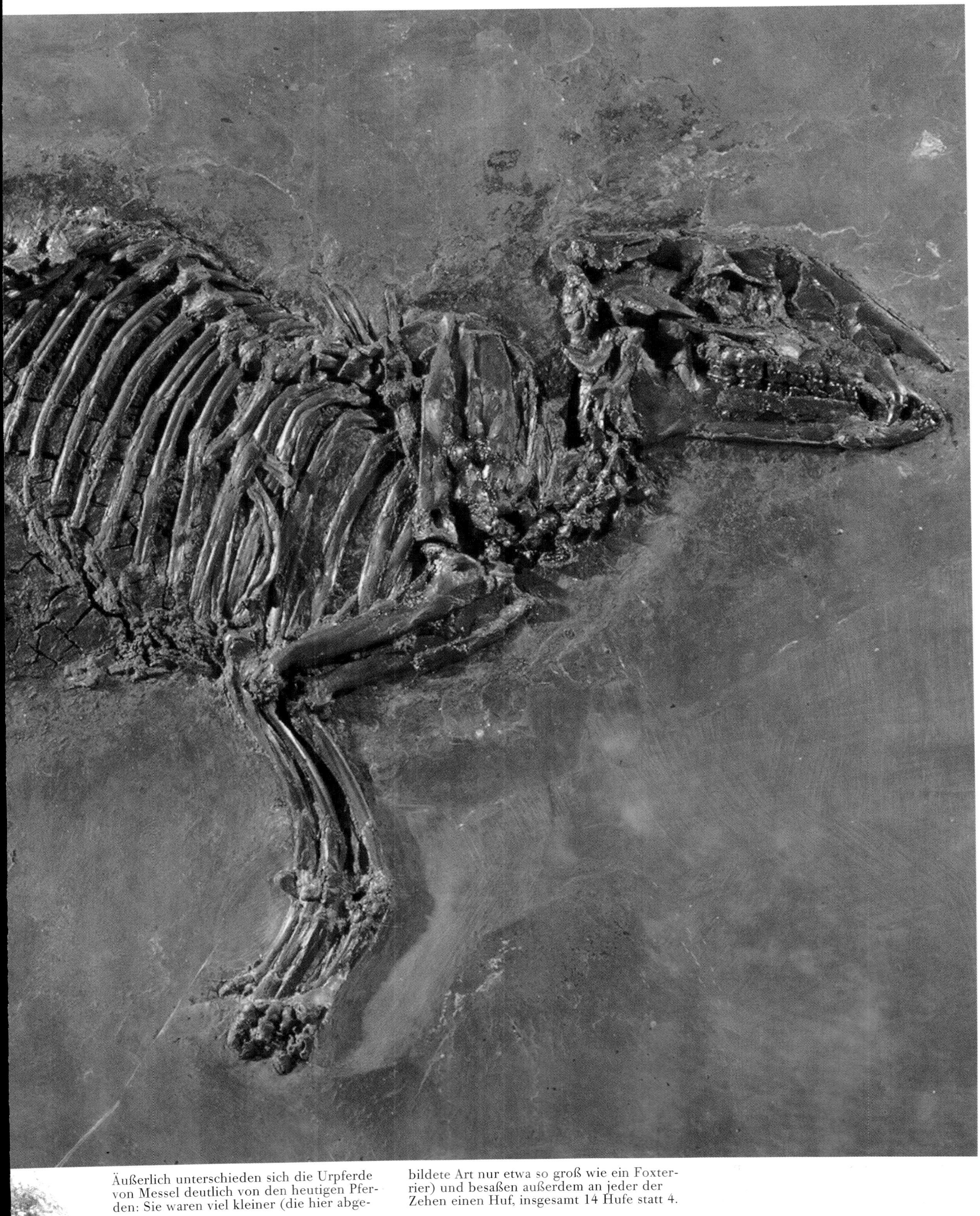

Äußerlich unterschieden sich die Urpferde von Messel deutlich von den heutigen Pferden: Sie waren viel kleiner (die hier abgebildete Art nur etwa so groß wie ein Foxterrier) und besaßen außerdem an jeder der Zehen einen Huf, insgesamt 14 Hufe statt 4.

Geschützt 1995 · Großbritannien

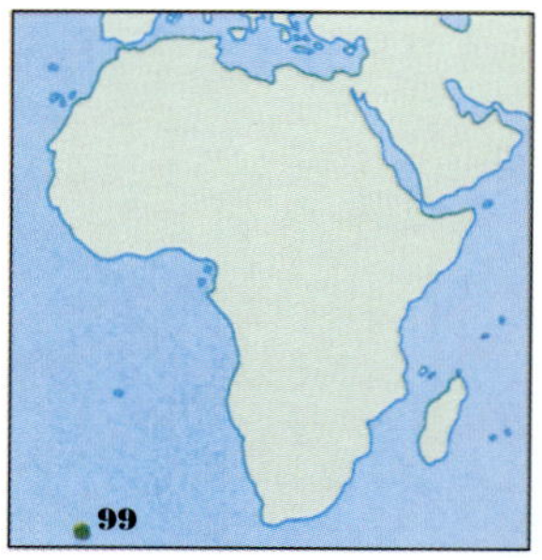

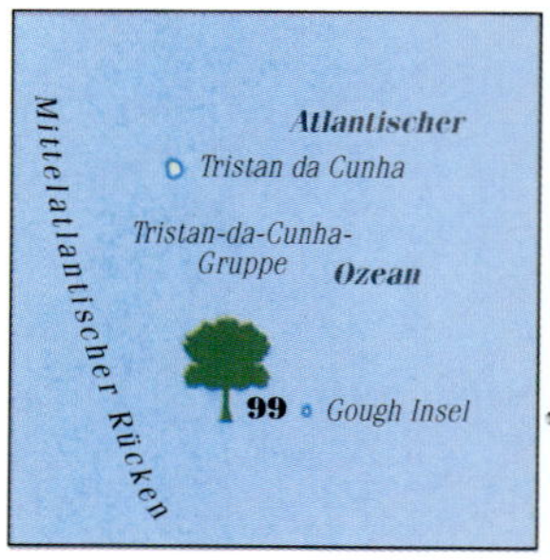

Lage: Etwa 350 km südöstlich der Insel Tristan da Cunha

Naturraum: Gürtel der subantarktischen Heiden

Meereshöhe: 0–910 m

Fläche: 65 km²

Oft peitscht der Sturm die Wellen gegen die mehrere hundert Meter hohen Kliffs der wolkenverhangenen Insel Gough.

Geschützt 1995 · Rußland

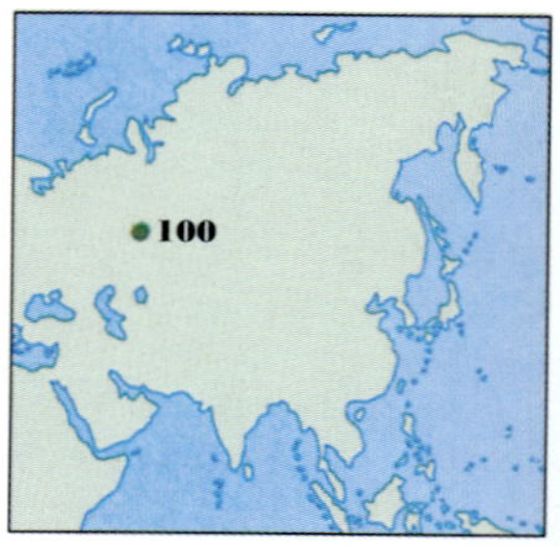

Lage: An der Westflanke des nördlichen Ural-Gebirges

Naturraum: Kaltgemäßigte kontinentale Klimazone

Meereshöhe: 98–1895 m

Fläche: 32 800 km²

Während in Skandinavien noch die Birke die Waldgrenze bildet, dringt in Rußland die Fichte bis an den Rand der Tundra vor.

Typisch sind lichte Fichten-Park-Wälder, die im Gebirge zur Höhe hin rasch in die Fleckentundra übergehen.

Gough-Insel

Nur sieben Meteorologen leben auf dem entlegenen Felseiland im Atlantischen Ozean. Die „Brüllenden Vierziger", wie die Seeleute den Sturmgürtel beiderseits des 40. Breitenkreises südlicher Breite nennen, sorgen dafür, daß ihnen der Dienst auf der seit der Entdeckung vor knapp 500 Jahren nie ständig bewohnten Insel nie zu langweilig wird. Durchschnittlich alle fünf Tage tobt sich ein Sturm über dem aus vulkanischen Gesteinen aufgebauten Plateau aus, peitscht die Wellen gegen die mehrere hundert Meter hohen Kliffs. Dazu kommen Sintfluten von Regen, mehr als 3000 Liter im Jahresdurchschnitt auf jeden Quadratmeter Boden, viel Nebel und manchmal auch Schnee. Eine kleine Schar von Pflanzenarten trotzt Wind und Wetter: in den Höhen bis etwa 300 m harte Büschelgräser, darüber bis 500 m Rippenfarne, die brusthohe Dickichte bilden, hier und dort auch ein paar kleine Bäume aus der Familie der Kreuzdorngewächse sowie Zwergsträucher und Torfmoose. Gough besitzt auch nur eine äußerst spärliche Landtierwelt. Amphibien, Reptilien, Süßwasserfische fehlen ganz. Als einziges Landsäugetier kommt die eingeschleppte Hausmaus vor. Um so reicher ist die Vogelwelt, gut 50 Arten wurden gezählt, darunter das Gough-Teichhuhn, das sich mit seinen kurzen Flügeln nur flatternd fortbewegen kann, sowie die Gough-Ammer, ebenfalls eine endemische Art, die selten einmal vom Erdboden auffliegt. Zu Millionen nisten die Seevögel auf den Felsgesimsen der Kliffe und den Brandungspfeilern: Schopfpinguine, Sturmtaucher sowie der Wanderalbatros und der Südliche Riesensturmvogel, beides imposante und zugleich sehr seltene Vogelarten. Gough gehört zu den ersten Anwärtern auf den Titel „Bedeutendste Seevogelkolonie der Welt".

Komi

Über 2000 km weit erstreckt sich das Uralgebirge vom Nördlichen Eismeer bis zum Rand der Kasachensteppe, längst kein Naturparadies mehr, sondern schon seit dem 11. Jahrhundert seiner natürlichen Reichtümer, Holz, Pelztiere, Salz, Kohle, Erdöl und Erze, beraubt. In den großen Bergbau- und Industrierevieren hat die Umweltzerstörung vielerorts ein erschreckendes Ausmaß erreicht. Nur in den nördlichen Ausläufern, die die Geographen Polarer und Subpolarer Ural nennen, ist die Natur weitgehend intakt geblieben. Landschaftlich sind das Gebirge und seine Vorländer äußerst abwechslungsreich: Scharfe, von Gletschern geformte Felsgrate und -zinken wechseln mit sanftwelligen Moränenhügeln, schier endlose Moorgebiete mit Karstlandschaften, träge Tieflandströme mit Wildwassern, die durch enge Felsentore tosen. Die unteren Höhenstockwerke bis etwa 500 m Meereshöhe gehören zum Reich der Taiga, des Nadelwaldgürtels, der hier an der Grenze zwischen Europa und Asien von der dunklen Fichtentaiga über die lichte Kieferntaiga bis zur hellen Lärchentaiga alle charakteristischen Pflanzengemeinschaften umfaßt. Oberhalb der Waldgrenze leiten Krummholzgebüsche zur Tundra über, die jedoch rasch in die nur noch lückenhaft bewachsene Fleckentundra und schließlich in kahle Blockschutt- und Felsfluren übergeht. In der Tierwelt begegnet man den „Großen Vier" der nordeuropäischen Fauna, Bär, Wolf, Luchs und Vielfraß, wieder, weniger prominent, dafür aber typischer für die nördlichen Nadelwälder sind die über 200 Vogelarten, die das Naturreservat beherbergt: Schwarzspecht, Tannenhäher, Moorschneehuhn, Haselhuhn, dazu viele Entenvögel wie die Pfeifente, die Krickente oder die Saatgans, die in den zahllosen kleinen und größeren Gewässern Nahrung finden.

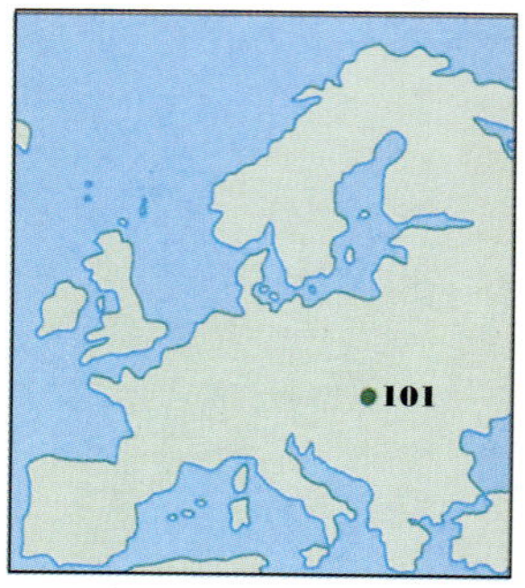

Lage: Im Nordungarischen Mittelgebirge, beiderseits der slowakisch-ungarischen Grenze, etwa 50 km südwestlich von Košice bzw. 45 km nordwestlich von Miskolc

Naturraum: Südosteuropäische Laubmischwaldregion innerhalb der subkontinentalen kühlgemäßigten Klimazone

Meereshöhe: 300–600 m (Erdoberfläche)

Fläche: 560 km^2 (die Welterbestätte umfaßt lediglich die Höhlen)

Zugang: Nur im Rahmen einer Führung, bei der Baradla-Höhle von ungarischer Seite von den Orten Aggtelek und Jósvafö oder von Vöröstó; Höhlenmuseum; Karstlehrpfad; markierte Wanderwege; Unterkünfte in Aggtelek und Jósvafö

Tropfsteine der verschiedensten Art und Größe zieren die Baradla-Höhle: hier an den Wänden Sinterfahnen und Sägezahnsinter sowie an der Decke die nudeldünnen Makkaroni-Stalaktiten oder Sinterröhrchen, die mitunter eine Länge von mehr als 1 m erreichen.

Aggtelek-Höhlen/ Slowakischer Karst

Ungefähr ein halbes Dutzend Naturerbestätten sind grenz*über*greifend, gehören zu zwei benachbarten Staaten, doch nur eine einzige ist grenz*unter*greifend: das Höhlensystem, das sich vom nordungarischen Karst unter der Staatsgrenze hindurch in den slowakischen Karst erstreckt. Der unterirdische Karst respektiert ohnehin keine Grenzen (außer Gesteinsgrenzen); sehr oft weichen die unterirdischen Wassereinzugsgebiete von den oberirdischen beträchtlich ab. Häufig kommt es in Karstlandschaften vor, daß ein Wasserlauf sein Revier unter der Erdoberfläche im Verborgenen ausdehnt, einem anderen quasi das Wasser abgräbt, und dabei Höhlensysteme formt, die quer durch Bergrücken verlaufen.

Das Karstgebiet beiderseits der Staatsgrenze zwischen Ungarn und der Slowakei zählt zu den am besten untersuchten Europas; bereits 1794 wurde von der größten Höhle ein exakter Plan gezeichnet. Die erste urkundliche Erwähnung fällt in das 13. Jahrhundert. Mittlerweile sind über 700 Höhlen vermessen. Die Baradla-Höhle auf der ungarischen und die Domicahöhle auf der slowakischen Seite, verbunden durch den unterirdischen Fluß Styx, bilden seit fast 200 Jahren eine touristische Attraktion mit vielen Sehenswürdigkeiten: eine steinerne Märchenlandschaft aus Tropfsteinen, deren Namen die Fülle der Formen und Farben ahnen lassen: „Schildkröte", „Adler", sogar „Schwiegermutters Zunge", in Sälen und Gängen, die ebenso vielversprechende Namen wie „Tigerhalle", „Schwarze Halle" oder „Säulenhalle" tragen. „Astronomischer Turm" heißt ein 20 m hoher Stalagmit in einem Seitenzweig der Baradla-Höhle. Noch höher (32,7 m) ist ein Bodentropfstein in der Krásnohorska-Höhle, und das bedeutet Weltrekord. Bei einem mittleren jährlichen Wachstum der Stalagmiten in der Domicahöhle (einschließlich der Stillstandszeiten) von 0,02 bis 0,005 mm kann man sich leicht ausrechnen, wie lange es dauerte, bis der Tropfsteinriese eine solche Rekordhöhe erreichte. Eistropfsteine wachsen schneller, sind indes vergängliche Gebilde. Wenn sie jedoch die Sommermonate überstehen, häufen sich im Lauf der Zeit in der unterirdischen Kammer Eismassen an und verwandeln eine Höhle in eine Eishöhle wie die Eisriesenwelt oder die Dachstein-Rieseneishöhlen in Österreich. Die österreichischen Eishöhlen liegen im Hochgebirge, die mit „ewigem Eis" gefüllten Kammern der Höhlen im nordungarischen/slowakischen Karst dagegen in einem wesentlich wärmeren Höhenstockwerk. Sie können nur durch sehr komplizierte Zirkulationssysteme kalter und warmer Luftmassen in den Grotten erklärt werden.

Archäologische Funde beweisen, daß die Silická l'adnica-Eishöhle während der jüngeren Bronze- und älteren Eisenzeit noch eisfrei war, denn in einer vereisten Höhle hätten gewiß keine Menschen gelebt. Das typische Höhlenklima mit hoher Luftfeuchtigkeit und gleichmäßigen Temperaturen um 10 °C ist zwar nicht besonders einladend, Menschen, die unter Krankheiten der Atemwege leiden, bringt es jedoch Linderung. In der 1952 entdeckten Béke-Höhle in der Nähe von Aggtelek können Kranke kuren. Die Besucher der Baradla-Höhle lassen sich dagegen von den wunderbaren Tropfsteingebilden verzaubern, können in der größten Grotte, in der 1000 Menschen Platz finden, eine Licht- und Musik-Show erleben. Sehenswertes gibt es freilich auch über der Erde im Tageslicht: zerklüftete Kalkstein- und Dolomitfelsen, Flußschwinden und Quelltöpfe, Trockentäler und Schluchten – eine charakteristische Karstlandschaft, hier und da noch überzogen von schönen Buchen- und Eichenwäldern, in denen Wildkatze und Uhu heimisch sind, sich hin und wieder sogar ein Luchs oder Braunbär verirrt.

Geschützt 1996 · Niger

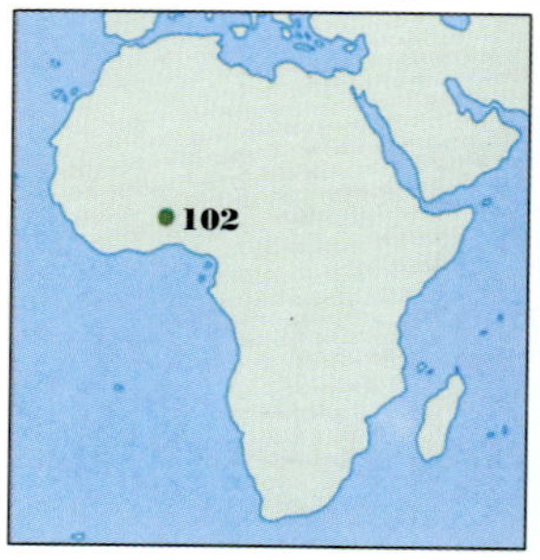

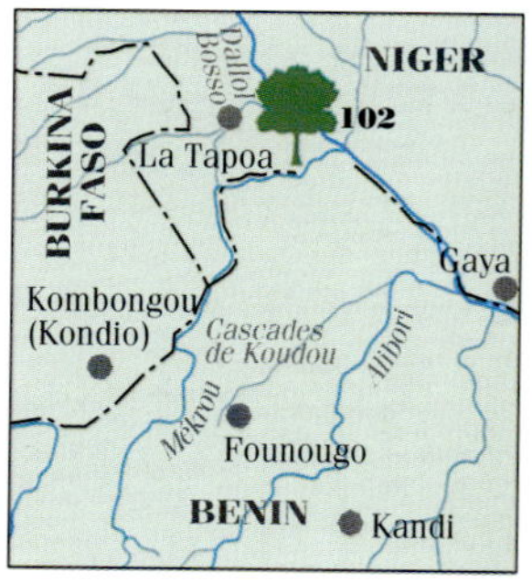

Lage: Rund 130 km südlich von Niamey, am rechten Ufer des Niger-Stroms

Naturraum: Gürtel der wechselfeuchten Tropenklimate

Meereshöhe: ca. 200–500 m

Fläche: 2200 km²

Geschützt 1996 · Zaire

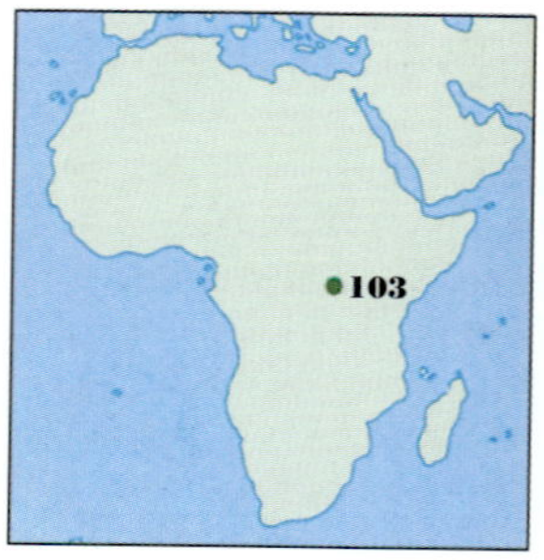

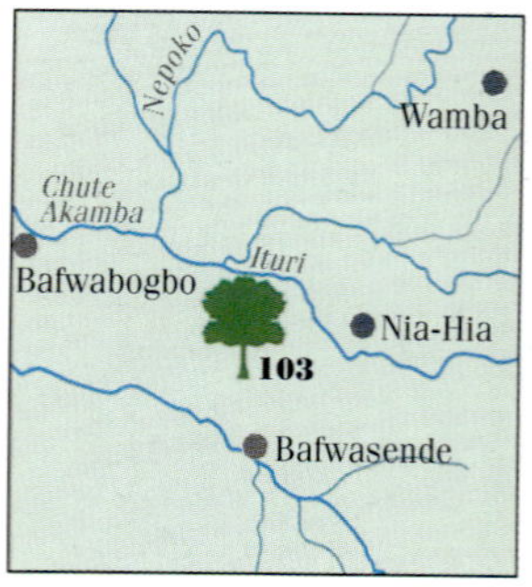

Lage: Innerhalb des Ituri-Walds, rund um Epulu

Naturraum: Zone der tropischen Regenklimate

Meereshöhe: ca. 1000–1500 m

Fläche: 5000 km² (Kernzone)

Kuhantilopen gehören zu den ausdauernsten Läufern im Tierreich. Die sprichwörtliche Zähigkeit hat ihnen in Südafrika den burischen Namen „Hartebeest" (zähes Rind) eingetragen.

Ursprünglich hielt man das Okapi für ein Waldpferd (es hat ja auch eine gewisse Ähnlichkeit mit Pferden), doch in Wirklichkeit gehört es zu einer in der Tertiärzeit weit verbreiteten Unterfamilie der Giraffen, die den Hirschen recht ähnlich war.

W-Nationalpark

Der Niger, größter Strom Westafrikas, schneidet sich im Grenzland zwischen der Republik Niger, Benin und Burkina Faso in einer Doppelschleife durch die Ausläufer des Atakora-Gebirges. Aus der Vogelschau betrachtet, sehen die Talmäander wie ein riesiges W aus. Den Nationalpark, der sich von den Ufern des Stroms südwestwärts über die von einzelnen Schluchten zerkerbten Rumpfflächen erstreckt und sich jenseits der Staatsgrenzen in Benin und Burkina Faso in anderen Schutzgebieten fortsetzt, hat man deshalb einfach W-Nationalpark genannt. Er gehört zum einzigen grenzübergreifenden Block von Naturreservaten in Westafrika, mit rund 10 000 km^2 so groß bemessen, daß er genügend Platz für die Wanderungen der Savannentiere im Rhythmus von Regen- und Trockenzeiten bietet.

Die Trockenzeiten dauern hier in der Sahelzone mindestens ein halbes Jahr, auf den von unfruchtbaren Lateritkrusten bedeckten Plateaus gedeihen daher nur Pflanzen, die mit wenig Wasser auskommen: harte, sparrige Gräser, dornige Sträucher und hier und dort ein Baobab (Affenbrotbaum). Üppiger ist das Pflanzenkleid in der Stromaue und in den oft von Wasserfällen gegliederten Nebentälern des Niger, wo die Tiere auch noch am Ende der monatelangen Trockenzeit ein wenig Wasser finden. In den Wasserläufen und Sümpfen leben Flußpferde, Krokodile, Manatis und eine Vielzahl von Wasservögeln, die eigentliche Savanne ist das angestammte Revier der Büffel, Elefanten, vor allem aber verschiedener Gazellen und Antilopen. Und diese reichen Bestände von Rotstirngazellen, Pferdeantilopen, Wasserböcken und verschiedenen anderen Huftieren waren ausschlaggebend für die Aufnahme des Parks in die Liste des Weltnaturerbes.

Okapis sind wie viele Waldtiere Einzelgänger. Nur in der Paarungszeit suchen und finden sich Männchen und Weibchen im Regenwald.

Okapi Wildreservat

Vor einem Jahrhundert war das Okapi, nach dem das Schutzgebiet im entlegenen, weitgehend unberührten Ituri-Wald im Nordosten von Zaïre benannt ist, noch eine Art zoologisches Fabeltier, das bis dahin wahrscheinlich kein Weißer gesehen hatte. Erst 1919 gelangte eine dieser scheuen Waldgiraffen in einen europäischen Zoo. Bis heute ist das eine der seltensten Tierarten des Schwarzen Kontinents geblieben. Gemeinsam mit dem rund 200 km südwestlich gelegenen Maiko-Nationalpark beherbergt das in den 1950er Jahren eingerichtete Okapi Wildreservat den weitaus größten Teil der Okapis, deren Population in ganz Zaïre auf etwa 30 000 Tiere geschätzt wird. Die tropischen Regenwälder am Ituri-Fluß, die auch im Eiszeitalter dem Vorstoß des trockeneren Savannenklimas trotzten und als »Strudel der Evolution« besonders viele Arten hervorgebracht haben, sind darüber hinaus Lebensraum vieler bedrohter Tierarten, besonders unter den Vögeln und den Menschenaffen, bei denen das Wildreservat auf der Liste der bedeutendsten afrikanischen Schutzgebiete ganz oben steht. Die Riesen der Fauna wie das Riesenwaldschwein oder der Elefant begegnen hier den Zwergen, beispielsweise dem kaninchen- bis hasengroßen Hirschferkel oder dem Blauböckchen, dem kleinsten Dukker, der nur etwa fußhoch wird. Die kleinen waldbewohnenden Hornträger sind am Ituri-Fluß in bemerkenswert vielen Arten vertreten. Und selbst die menschlichen Bewohner, Pygmäen vom Volk der Mbuti oder Bambuti, die bis in unsere Zeit hinein ihre ursprüngliche Lebensweise als Jäger und Sammler beibehalten haben, zeichnen sich durch eine geringe Körpergröße aus. Der Schutz des natürlichen Lebensraums mit seiner angestammten Tier- und Pflanzenwelt dient deshalb gleichzeitig dem Schutz eines Volkes, das durch viele negative Einflüsse in seiner Existenz bedroht wird.

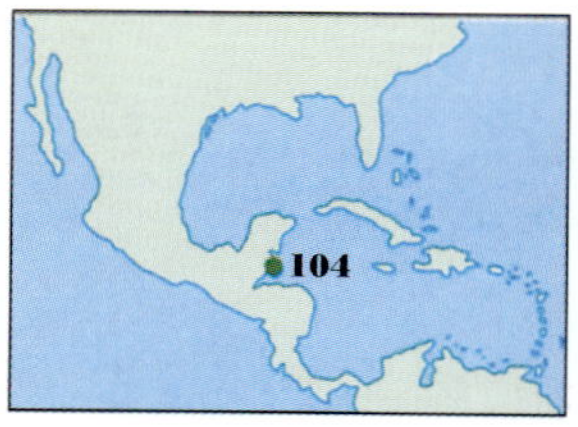

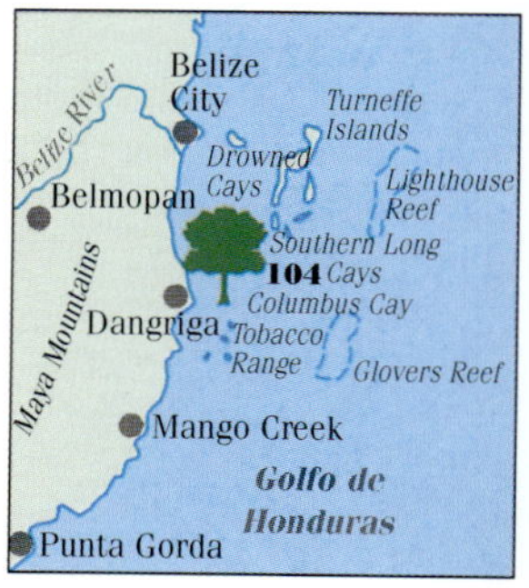

Lage: In einem 260 km langen Streifen zwischen der mexikanischen Grenze im Norden und dem Golf von Honduras im Süden

Naturraum: Gürtel der tropischen Regenklimate mit immergrünen tropischen Regenwäldern

Meereshöhe: ca. 0–2 m

Fläche: 963 km²

Zugang: Tägliche Flugverbindung von Belize City nach San Pedro auf Ambergris Cay im Norden des Riffgürtels

Ursprünglich waren die Suppenschildkröten in allen warmen Meeren rund um den Erdball heimisch. Wegen ihres schmackhaften Fleischs, der Knorpelsubstanz, aus der Suppe bereitet wird, und der Eier, die als Delikatessen gelten, wurden die bis über

acht Zentner schweren Meeresschildkröten jedoch in vielen Gebieten ausgerottet.

Korallenriffe von Belize

Korallenriffe sind in den warmen Meeren unseres Planeten weit verbreitet; mehr als 100 Länder der Erde besitzen vor ihren Küsten solche Riffe, doch nur wenige sind so groß und vielfältig wie der aus den Riffen der unterschiedlichsten Art zusammengesetzte Gürtel, der die Ostküste der Halbinsel Yucatán auf über 200 km Länge säumt: einfache Plattformen, Saumriffe, Atolle und sogenannte Faros, im Grundriß hufeisenförmig gestaltete Kranzriffe, wie man sie am schönsten von den Malediven her kennt, dazu Hunderte flacher Inseln aus Kalksand und -schlamm, die in der Karibik Cays genannt werden. Schon Charles Darwin sprach vor gut 150 Jahren vom „bemerkenswertesten Riff in Westindien", heute gilt das Riffsystem von Belize nach dem Großen Barriere-Riff vor der Küste von Queensland (siehe S. 70-73) als das zweitgrößte Korallenriff der Welt und das weitaus größte Riffsystem des Atlantik und der gesamten Nordhalbkugel.

Im Vergleich mit dem fast zehnmal größeren australischen Bruder hat das Barriereriff vor Yucatán allerdings eher bescheidene Dimensionen, und die Listen der hier beheimateten Arten sind auch viel kürzer. Innerhalb der Karibik, wo es nur noch in den Bahamas ein größeres Barriereriff gibt, steht es jedoch unangefochten an der Spitze. Auf den dicht mit Gestrüpp bewachsenen Sand-Cays und den von Mangrovedickichten bedeckten Schlamm-Cays hat man rund 180 Landpflanzenarten gezählt, hinzu kommen noch einmal 250 Arten, die im Meer gedeihen. Die vergleichsweise üppige Vegetation und die fischreichen Gewässer bieten vor allem den Wasservögeln exzellente Lebensbedingungen. Auf mehreren Eilanden treffen sie sich in riesigen Kolonien, um zu balzen, zu brüten und ihren Nachwuchs aufzuziehen: die kleinen Rotfußtölpel auf Half-Moon Caye, die am Rükken schokoladenbraun gefärbten Brauntölpel auf Man O'War Caye oder die Noddiseeschwalben auf Glover's Reef. Geschickt verfolgen die Noddies die Schwärme kleinerer Fische, die auf der Flucht vor Raubfischen aus dem Wasser und den im Tiefflug über dem Meer kreuzenden Seeschwalben quasi direkt in den Schnabel springen. Ein gefürchteter Räuber ist auch das Spitzkrokodil, das auf der Suche nach Beute von der Küste weit ins Meer hinausschwimmt, während sich die Seekühe als strikte Vegetarier ausschließlich von Seegras und Meeresalgen ernähren und sich im allgemeinen nicht so weit von der Küste entfernen. Zu den biologischen Schätzen der Riffe von Belize gehören auch verschiedene Meeresschildkröten, wie die Karettschildkröten und die Suppenschildkröten, die ihre Eier im warmen Korallensand von der Sonne ausbrüten lassen.

Mindestens 500 Fischarten tummeln sich in und zwischen den Korallenriffen, gut 350 Arten von Weichtieren kommen vor, dazu eine Vielzahl von Krebsen, Meeresschwämmen und Würmern. Das klare Wasser ist ein Paradies für Liebhaber der Unterwasserwelt, Schnorchler erkunden die Flachwasserzonen über den Riffkronen und in den Lagunen, die Taucher bevorzugen die steil abfallende Riffkante, wagen sich in die Unterwasserhöhlen, etwa in das berühmte „Blaue Loch", das von dem französischen Meeresforscher Jacques Cousteau entdeckt worden ist. Die „Schwarzen Schafe" unter den Wassersportler begnügen sich freilich nicht mit dem Blick in die untermeerischen Gärten, sondern brechen Korallenstöcke ab oder jagen Fische mit der Harpune. Die größten Gefahren für den in der Karibik einzigartigen Riffgürtel gehen jedoch vom festen Land aus, von dem mit den Abwässern die verschiedensten chemischen Schadstoffe und große Mengen von Sand und Schlick ins Meer geschwemmt werden. Auf solche Verunreinungen reagieren die Korallentiere sehr empfindlich, der Schutz der Riffe von Belize muß deshalb schon weit hinter der Küstenlinie im Binnenland beginnen.

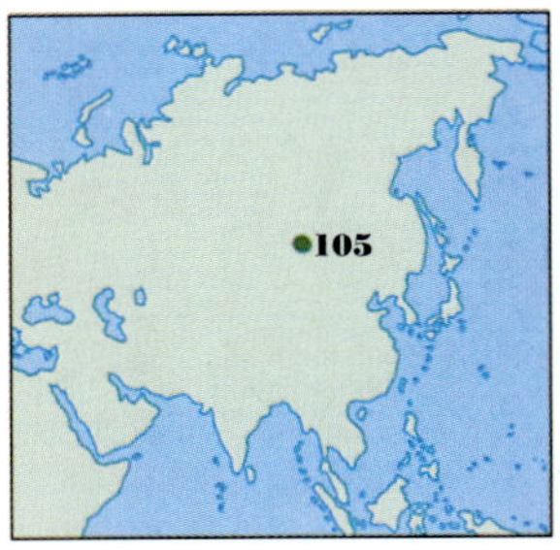

Lage: Im südöstlichen Sibirien, innerhalb der Republik Burjatien und im Verwaltungsgebiet Irkutsk

Naturraum: Kaltgemäßigte Zone, größtenteils Gürtel der hochkontinentalen Borealklimate mit sehr langen, extrem kalten und trockenen Wintern sowie kurzen, aber relativ warmen Sommern

Meereshöhe: 455 m ü.d.M. (Seespiegel) bis 1286 m u. d. M. (tiefste Stelle des Seebodens)

Fläche: 88 000 km² (verteilt auf zahlreiche Schutzgebiete an den Ufern und den See)

Zugang: Freier Zugang von Irkutsk und Ulan-Udè (Flughäfen) zu den Schutzgebieten am südwestlichen Ende des Sees, das durch Straßen und Eisenbahn (Transsib) relativ gut erschlossen ist

Das Seewasser ist ungewöhnlich klar; abseits der Industriezentren beträgt die Sichttiefe bis zu 40 m. Unter natürlichen Bedingungen werden nur geringe Mengen gelöster Stoffe eingeschwemmt, außerdem leben im See zahllose winzige Krebstiere,

die Schmutzpartikel verzehren und das Wasser auf diese Weise sauber halten.

Baikalsee

Nur einer von vielen Millionen Seen unseres Planeten: das fast 650 km lange und maximal 80 km breite Gewässer, ungefähr doppelt so groß wie Schleswig-Holstein, das im Schulatlas wie eine blaue Sichel zwischen den erdbraunen Gebirgszügen Sibiriens liegt. Doch in der Natur ein See der Superlative: größter Süßwassersee Asiens, tiefster und vielleicht auch ältester See der Erde, ein wahres Meer im Innern eines Kontinents, das „Heilige Meer" der Mongolen.

Der „Dalainor" sprengt die bekannten Dimensionen von Seen, beispielsweise beim Wasserinhalt: die Wassermassen unseres Bodensees könnte man bequem 460mal im Baikalsee unterbringen, der gesamte Inhalt der Ostsee fände im Seebekken leicht Platz, sein Volumen würde sogar ohne weiteres für sämtliches Wasser innerhalb der Erdatmosphäre ausreichen; insgesamt enthält der Baikalsee annähernd ein Fünftel aller Süßwasserreserven der Erde (23 600 Kubikkilometer). Damit könnte man alle Erdenbürger rund 80 Jahre lang mit einwandfreiem Trinkwasser versorgen (gemessen am durchschnittlichen Verbrauch in Deutschland).

Das Seebecken ist vergleichsweise schmal, doch dafür extrem tief: der um etwa 2 m künstlich aufgestaute und im Lauf der Jahreszeiten um einen knappen Meter schwankende Seespiegel liegt 1741 m über der tiefsten Stelle des Seegrunds, die fast 1300 m unter den Meeresspiegel hinabreicht. Damit ist der Baikalsee gleichzeitig die tiefste Kryptodepression der Erde, also eine wassergefüllte Senke, deren Boden unter dem Meeresniveau liegt.

Nicht weniger als 336 Zuflüsse (darunter die Selenga als wichtigster) führen dem See Wasser aus einem rund 600 000 km² großen Einzugsgebiet zu, ein einziger Strom entwässert ihn: die Angara. Von Januar bis Mai überzieht eine bis über einen Meter dicke Eisdecke den See. Er friert relativ spät zu, weil die Wassermassen die im Sommer gespeicherte Wärmeenergie nur langsam abgeben. An den Ufern des Baikal herrscht deshalb ein wesentlich ausgeglicheneres Klima als sonst in Ostsibirien. Im Januar ist es gegenüber der gut 60 km vom See entfernt gelegenen Gebietshauptstadt Irkutsk am See durchschnittlich 10 Grad wärmer, im Juli dagegen 7 Grad kühler.

Ein winziger Teil der im See gespeicherten Wärme stammt nicht von der Sonne, sondern von heißen Quellen, die am Seegrund austreten und in dem sonst in der Tiefe durchschnittlich etwa 4 °C kühlen Wasser „Wärmeoasen" mit einer ganz besonderen Tierwelt bilden. Die Thermalquellen deuten wie die jungen Basalte, die das Baikal-Gebirge durchziehen, auf eine Ansammlung von Magma unter dem Seebekken sowie auf tiefreichende Spalten innerhalb der Erdkruste hin. Der kissenartige Magmakörper hat die Kruste aufgewölbt und dabei gezerrt, so daß auf dem Scheitel der Aufwölbung ein geologischer Graben einbrach. Die ältesten Anzeichen für eine Grabenbildung stammen bereits aus dem Erdaltertum, im mittleren Tertiär, vor ungefähr 25 bis 30 Millionen Jahren, dürfte die heutige Grabensenke entstanden sein. Auch wenn der See, der jetzt die Senke füllt, wahrscheinlich erst im Eiszeitalter vor rund 2 Millionen Jahren seine Gestalt annahm, ist der Baikalsee doch um ein Vielfaches älter als die Seen in Mitteleuropa. Gegenüber diesem Seen-Methusalem wirken unsere meist nur etwa 25 000 Jahre alten und in dieser erdgeschichtlich kurzen Zeitspanne zum großen Teil schon wieder verlandeten Seen wie geologische Eintagsfliegen. Die Ablagerung von Sedimenten im Seebecken, die Seen irgendwann von der Landkarte verschwinden läßt, ist auch beim Baikalsee zu beobachten. Mindestens 6000 m mächtige Sedimentschichten lagern unter dem Seeboden verborgen; die eigentliche Grabensohle liegt also fast 8000 m unterhalb des Seespiegels – ein wahrer „Tiefseegraben" im Herzen eines Kontinents, und ein Graben, der bis zum heutigen Tag aktiv weiter geformt wird. Häufige Erdbeben sowie die durch genaue Vermessung ermittelte Verbreiterung der Grabensenke um ein bis zwei Zentimeter pro Jahr deuten darauf hin.

Von den Ozeanen ist das „Heilige Meer“ der Mongolen heute mindestens 1700 km entfernt. Vielleicht erstreckte sich gegen Ende der jüngsten Eiszeit vom Nordpolarmeer her aber noch ein Meeresarm tiefer in den Kontinent hinein. Durch diesen Meeresarm und einmündende Flüsse könnten Eismeer-Ringelrobben bis in den Baikalsee gewandert sein und sich dort im Lauf der Jahrtausende zu reinen Süßwassertieren entwickelt haben. Außer einer Robbe, die im kanadischen Lower Seal Lake lebt, ist die Baikal-Robbe weltweit die einzige nur im Süßwasser vorkommende Robbe. Die Fischer sehen den dunkelbraunen Seehund nicht gern, denn er fordert seinen Anteil am Fischreichtum des Baikalsees. Im Vergleich mit den großen Grabenseen Ostafrikas ist die Artenzahl der Fische eher bescheiden, doch dafür kommen der glasig-durchsichtige Ölfisch, die Muräne, Lachse, Barsche und Karpfen in um so größeren Schwärmen vor, ein Beweis, daß die Basis der Nahrungspyramide im See besonders breit und stabil ist. Sie besteht aus den verschiedensten pflanzlichen und tierischen Kleinlebewesen, beispielsweise über 1000 Arten mikroskopisch kleiner Algen und mehr als 250 Arten von Flohkrebsen. Insgesamt zählt man im Baikalsee ungefähr 1500 verschiedene Wasserlebewesen. Davon sind zwei bis drei Viertel Endemiten, kommen weltweit ausschließlich in diesem See vor, haben sich in dem uralten, über geologische Zeiträume hinweg von der Außenwelt abgeschnittenen Gewässer entwickelt. Nicht zu Unrecht bezeichnet man den Baikalsee als das »russische Galápagos«. Interessant und schützenswert sind aber auch die Fauna und Flora der Landschaften, in die der See eingebettet ist. Sie liegen im Grenzsaum zwischen der sibirischen Taiga und der mongolischen Steppe. Bären, Wölfe, Luchse, Elche und Hirsche sind noch häufig, und in der Vegetation wechseln lichte Kiefern- und Lärchenwälder mit Gebirgstundren und steppenähnlichen Pflanzengemeinschaften.

Die Burjaten, ein mongolisches Volk, das seit Urzeiten im Umkreis des Baikalsees lebt, sind traditionell Viehzüchter und nutzen die Wälder nur für den eigenen Bedarf. Mit den russischen Eroberern kamen die großflächige Abholzung der Taiga und die ersten ernsten Umweltprobleme, zunächst durch die Holzflößerei auf dem See, bei der durchschnittlich jeder zehnte geflößte Stamm versank, am Grund vermoderte und so die Wasserqualität verschlechterte, dann jedoch durch den Aufbau großer Industriezentren, die ihre ungeklärten Abwässer in den See leiteten und damit das gesamte Ökosystem belasteten. Dank neuer Kläranlagen hat sich die Umweltsituation in den letzten Jahrzehnten deutlich verbessert, eine der gefährlichsten Schadstoffquellen, ein Zellulosewerk, sprudelt freilich kräftig weiter, verseucht den See mit giftigen Abwässern, die bei der technisch veralteten Chlorbleiche anfallen. Die Ursachen und Folgen der Umweltverschmutzung sind seit Jahrzehnten bekannt, Gesetze haben sich als wirkungslos erwiesen, so hofft man jetzt auf finanzielle Unterstützung aus dem westlichen Ausland, mit der die Produktion auf moderne umweltschonende Verfahren umgerüstet und damit das einzigartige Ökosystem langfristig erhalten werden könnte.

An den Ufern des Sees treten neben uralten Gneisen auch jüngere Granite als Felsklippen zutage. Da sich diese quarzreichen Gesteinsarten unter dem kalten Klima Sibiriens im Wasser nur sehr langsam lösen, enthalten die Zuflüsse des Sees kaum gelöste Substanzen.

Lage: Fünf Naturparks, verteilt über die Gebirge und die Küsten in der südlichen Hälfte der Halbinsel, etwa zwischen dem 51. und 57. Breitenkreis nördlicher Breite

Naturraum: Kontinentale Borealklimate der kaltgemäßigten Zone mit langen, sehr kalten und schneereichen Wintern, aber relativ warmen Sommern

Meereshöhe: 0–3528 m (Krónozkaya Sopka)

Fläche: 33 000 km²

Zugang: Nur im Rahmen geführter Exkursionen

Die jungen Stratovulkane von Kamtschatka bestehen zum größten Teil aus Aschen und anderen vulkanischen Lockergesteinen, mit denen die Schnee-Erosion ein leichtes Spiel hat. Und je tiefer sich ein Schneefleck in den lockeren Untergrund gräbt, um so

mehr Schnee häuft sich im nächsten Winter in der Mulde an und verstärkt so die Abtragung.

Vulkane von Kamtschatka

Gegen 17.40 Uhr, als die Aschenwolke den Zenit bereits hinter sich gelassen hatte, setzte der Aschenregen ein…, und um 18.20 Uhr war es so finster, daß man buchstäblich die eigene Hand vor den Augen nicht mehr sehen konnte. Die Leute, die von der Arbeit zurückkamen, liefen durch das Dorf und suchten ihre Häuser. Andauernd hallten Donnerschläge durch die Nacht, so laut, daß einem das Trommelfell schmerzte. Die Atmosphäre war mit Elektrizität aufgeladen, Telefone fingen von selbst an zu klingeln, die Lautsprecher von Radiogeräten brannten aus… Und über allem lag ein beißender Schwefeldunst.“

Die Vulkane auf der Halbinsel Kamtschatka im Fernen Osten Rußlands brechen im Unterschied zu anderen Feuerbergen, die beinahe ständig aktiv sind, nur selten aus, doch wenn sie einmal aus ihrer jahrzehnte- bis jahrhundertelangen Ruhe erwachen, dann veranstalten sie ein feuriges Inferno, das nur deshalb selten einmal Menschenopfer fordert, weil die Halbinsel sehr dünn besiedelt ist. Der Vulkan Bezymianny hatte am 30. März 1956 eine verheerende Eruption, die ein russischer Vulkanologe in einem packenden Bericht beschrieb, fast genau 40 Jahre später, im Oktober 1995, spuckte er wieder mehr als 10 km hohe Aschenwolken aus, der internationale Flugverkehr mußte im weiten Umkreis umgeleitet werden, und in unseren Breiten sorgten die bis hierher gewehten Aschenpartikel für besonders farbenprächtige Sonnenuntergänge.

Der Bezymianny ist nur einer von rund 300 Vulkanen auf der Halbinsel zwischen der Beringsee und dem Ochotskischen Meer; die meisten gelten als erloschen, aber etwa 30 sind noch aktiv. Knapp 20 der tätigen Feuerberge rumoren in den fünf großen Naturparks, die gemeinsam in die Liste des Weltnaturerbes aufgenommen wurden, ein riesiges Freilichtmuseum vulkanischer Landschaftsformen und Phänomene, angefangen beim Stratovulkan über die Caldera bis hin zu Geysiren und Schlammvulkanen. In keiner Gegend der Erde gibt es auf vergleichbarer Fläche mehr aktive Vulkane, darunter der Kljutschewskaja Sopka, mit 4850 m Meereshöhe Eurasiens höchster tätiger Vulkan, oder der Kronotskij, der aus einem Schönheitswettbewerb der Vulkane als Mr. Universum hervorgehen könnte. Die Wurzeln dieser einzigartigen Ansammlung von Vulkanen liegen tief unter der Erdoberfläche, wo die ozeanische Kruste der Pazifischen Platte rasch unter die Eurasische Platte hinabgezogen, zum Teil geschmolzen, gewissermaßen „verschluckt“ wird, und auf diese Weise große Mengen von Magma liefert.

Kamtschatkas Vulkane sind keineswegs die einzigen Naturschätze der entlegenen, mit ein bis zwei Einwohnern pro Quadratkilometer beinahe menschenleeren Halbinsel. Hier findet man noch nahezu unberührte Urwälder im Übergangsbereich zwischen dem ostasiatischen Laub- und Nadelwaldgürtel. Im Süden reicht der Laubwald (hauptsächlich aus Birken, Pappeln, Erlen und Ebereschen) noch bis etwa 550 m hinauf, im Norden endet er bereits bei 300 m, dann folgen Nadelwälder mit Lärchen und Fichten und oberhalb eines Gestrüppgürtels die Gebirgstundra mit zahlreichen Gletschern. Insgesamt sind fast 900 Quadratkilometer der Halbinsel vergletschert. Die Wildbäche Kamtschatkas sind bekannt für ihren Reichtum an Lachsen und anderen Fischen; in den Wäldern und Tundren leben Bären, Rentiere, der Zobel und der Vielfraß, an den Küsten gibt es zahlreiche große Seevogelkolonien, in denen neben vielen anderen Vogelarten jede zweite Aleuten-Seeschwalbe der Welt nistet. Bemerkenswert sind auch die Greifvögel der Halbinsel, wie der Riesenseeadler oder der Gerfalk.

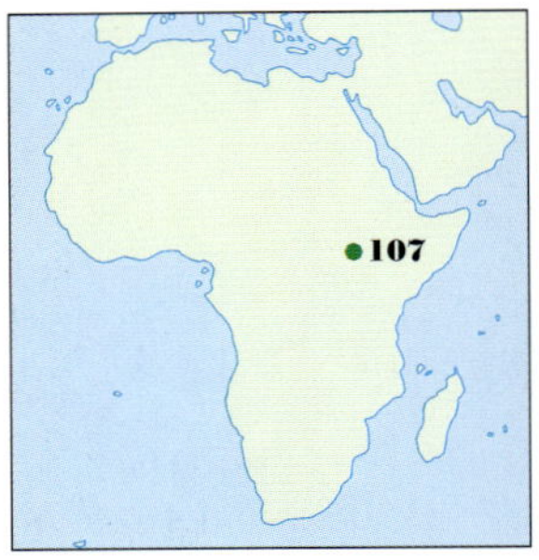

Lage: Rund 600 km nördlich von Nairobi, nahe der Grenze zu Äthiopien und dem Sudan

Naturraum: Zone der tropischen Trockenklimate

Meereshöhe: 340–550 m

Fläche: 1576 km²

Zugang: Anfahrt zum Sibiloi-Nationalpark am östlichen Ufer des Sees von Nairobi über Maralal nach Loyangalani, von dort weiter zum Nationalparkzentrum Alia Bay und zur Grabungsstätte Koobi Fora, wo für Besucher Zeltplätze und nach Voranmeldung gelegentlich auch einfache Hütten zur Verfügung stehen. Im Frühjahr (April/Mai), während der Regenzeit, ist der Park auf dem Landweg oft wochenlang nicht zu erreichen

Nilkrokodile, die auf der mittleren der drei vulkanischen Inseln im Turkanasee zu Tausenden leben, sind keine Kostverächter. Sie erbeuten Gazellen, die sich beim Trinken zu weit ins Wasser wagen, verspeisen verendete Flußpferde und tauchen nach großen

Fischen, von denen es in dem seichten Grabensee besonders viele gibt.

Lake Turkana – Sibiloi

Nach vielen strapaziösen Abenteuern in einer „unbekannten, unbewohnten und schauderhaft schwierigen Wildnis" wurden der österreichische Afrika-Forscher Ludwig Ritter von Höhnel und sein Gefährte, der ungarische Graf Teleki, am 5. März 1888 schließlich mit der großartigsten Entdeckung ihres Forscherlebens belohnt. Sie erblickten den Basso narók, wie die Einheimischen den im Ostafrikanischen Graben gelegenen fünftgrößten See Afrikas nennen: „ein Anblick, wie er schöner und überraschender nicht leicht geträumt zu werden vermag. Tief zu unseren Füßen, von felsigen Ufern umschlossen, lag ein dunkler, blauer See, dessen Oberfläche vom herrschenden Südostwinde leicht gekräuselt in der Nachmittagssonne in allen Farben glitzerte." Zu Ehren des österreichischen Thronfolgers Kronprinz Rudolf tauften die beiden Forscher den traumhaft schönen See „Rudolf-See". Seit den 1970er Jahren heißt er nach einem an seinen Ufern beheimateten Hirtenvolk offiziell „Turkana-See". Man nennt ihn aber auch „Jadesee", und das rund 300 km lange, mit durchschnittlich 8 m relativ seichte Gewässer ist in der Tat ein landschaftliches Juwel.

Die Fassung paßt allerdings nicht zu diesem je nach Tageslicht grün oder blau schimmernden Edelstein, denn der abflußlose, mit schwach salzigem Wasser gefüllte See wird von öden Lavafeldern, Halbwüsten und Savannen umschlossen, die sich nur in der kurzen Regenzeit für einige Wochen begrünen. Sonst fällt kaum Regen, die Temperaturen steigen regelmäßig auf 45°C und mehr, besonders über den schwarzen Lavaströmen, die sich unter der Sonneneinstrahlung stark erhitzen und auch durch die oft stürmischen Winde nicht abkühlen.

Außer den Turkana leben mehrere andere Völker als Nomaden im Umkreis dieses typischen Grabensees. Sie nutzen die mit harten, scharfen Gräsern bewachsenen Savannen als karges Weideland für ihre Rinder- und Ziegenherden. Die natürliche Tierwelt umfaßt neben Zebras, Somali-Straußen, Löwen und Geparden vor allem verschiedene Antilopen und Gazellen wie die Grant-Gazelle, die Beisa-Oryxantilope, das Topi oder den Kleinen Kudu.

Der reichste Lebensraum ist jedoch der See mit seinen drei größeren Inseln. Auf der mittleren, die zusammen mit dem Sibiloi-Nationalpark am östlichen Ufer in die UNESCO-Liste aufgenommen wurde, leben die größten geschlossenen Nilkrokodilbestände Afrikas: schätzungsweise 12 000 dieser urtümlichen, bis mehr als 7 m langen Panzerechsen. Von der Verfolgung durch Wilderer bleiben sie weitgehend verschont, weil das alkalische Seewasser die Krokodilhäute weich und wenig haltbar macht. Flußpferde sind ebenfalls häufig, dazu insgesamt 350 Vogelarten, vom Flamingo über den Afrikanischen Scherenschnabel, der die Oberfläche des Sees auf der Jagd nach Fischen förmlich durchpflügt, bis zum Zwergstrandläufer, einem auch an der deutschen Nordseeküste nicht seltenen Gastvogel.

Die wenigen Touristen, die die weite, beschwerliche Reise zum nördlichsten und entlegensten Nationalpark Kenias auf sich nehmen, kommen allerdings weniger wegen der faszinierenden Landschaft und Tierwelt, sondern vor allem wegen der archäologischen Grabungsstätte Koobi Fora. Dort wurden 1968 die ältesten Artefakte entdeckt, die wir bis heute kennen. Mit diesen primitivsten, schätzungsweise zwei Millionen Jahre alten Faustkeilen öffnete sich ein völlig neues Kapitel der Menschheitsgeschichte. Später fand man an den Ufern des Sees auch Knochenreste der ältesten Hominiden, zusammen mit den Überbleibseln von Tierarten, die der Urmensch als Jäger erbeutete. Diese sensationellen Funde geben nicht nur Aufschluß über die Lebensweise der frühen Hominiden, sondern zeigen auch eine Landschaft, die wesentlich feuchter und zum Teil sogar dicht bewaldet war.

Geschützt 1997 · Kenia

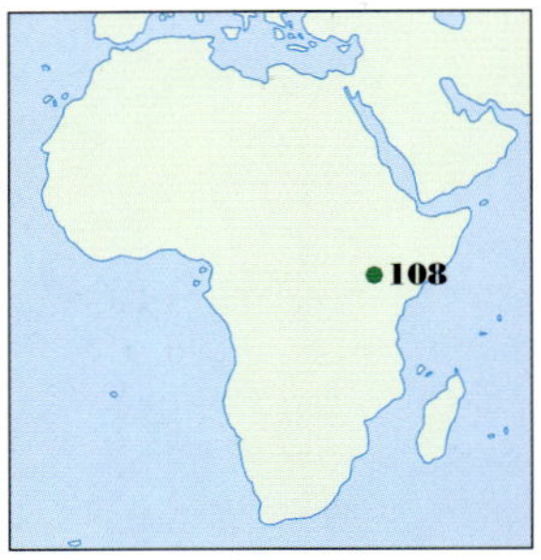

Lage: Knapp 150 km nordöstlich von Nairobi, unmittelbar am Äquator

Naturraum: Niederschlagsreiche Vulkanmassive der Ostafrikanischen Schwelle innerhalb der Zone der wechselfeuchten Tropenklimate

Meereshöhe: 1600–5199 m

Fläche: 1420 km^2

Zugang: Anfahrt von Nairobi auf der A2 nach Naro Moru und Nanyuki, weiter auf Gebirgspisten bis in Höhen über 3000 m; Unterkunft in Hotels und auf Campingplätzen in den Orten am Rand des Nationalparks sowie in sieben Bergsteigerhütten und einigen mehr oder weniger komfortablen Lodges

Zahlreiche Pflanzenarten tropischer Hochgebirge entwickeln knapp über dem Erdboden große, meist dicht behaarte Rosetten. Diese Riesenrosetten können sich in kalten Nächten nach oben biegen und über der Knospe einen glockenförmigen Raum bilden,

in dem die Temperaturen nicht unter den Gefrierpunkt sinken.

Mount Kenya

Afrikas zweithöchster Berg ragt knapp südlich des Äquators bis zur stattlichen Gipfelhöhe von 17 058 Fuß oder 5199 m auf, eine Höhe, in der selbst innerhalb der heißen äquatorialen Zone der Erde der Niederschlag als Schnee fällt und sich so „ewiges Eis" bilden kann. Diesen strahlendweißen Firnfeldern und Gletschern verdankt das Massiv seinen Namen. In der Sprache der Kikuyu heißt es Kere Nyaga, was soviel wie „strahlender, prachtvoller Berg" bedeutet. Beinahe ein Namensvetter ist der höchste Gipfel des Schwarzen Kontinents, der rund 300 km weiter im Süden gelegene Kilimandscharo. Beide Massive gehören zu der Kette von Vulkanen, die sich an den Rändern des Ostafrikanischen Grabens entlangzieht. Manche dieser Feuerberge erlebten noch in historischer Zeit Ausbrüche, wie der Meru. Der vor etwa 2,5 bis 3 Millionen Jahren durch eine Serie von Eruptionen geschaffene Mount Kenya ist dagegen längst erloschen. Vom Krater erkennt man nur noch den Schlot, in dem die Schmelzen einst zur Erdoberfläche aufstiegen und dann zu einem harten, massiven Propfen erstarrten, der jetzt den schroffen Doppelgipfel des Massivs mit dem Batian (5199 m) und dem Nelion (5188 m) bildet.

Viel deutlicher als die vulkanischen Formen sind die Spuren der Gletscher erhalten, die in den kälteren Perioden des Eiszeitalters die Gipfelregion des Mount Kenya bis in das Stockwerk unterhalb 4000 m verhüllten: Kare und Karseen, Seiten- und Endmoränen, vom Eis ausgeschürfte Trogtäler, aus denen hangabwärts die zahlreichen von Wildbächen tief in die Flanken des Massivs eingeschnittenen Kerbtäler hervorgehen. Heute nimmt das „ewige Eis" lediglich etwa einen Quadratkilometer ein, verteilt auf ein Dutzend Gletscherzungen, die gegenwärtig weiter schrumpfen, in dem von ihnen mitgeführten Gesteinsschutt ersticken oder von der intensiven Tropensonne in bizarre Eiszacken zerstückelt werden.

Die längsten Gletscherzungen, wie der Lewis-Gletscher, liegen an der West- und Südflanke des Kere Nyaga – eine Folge der an dieser Seite des Massivs höheren Niederschläge, die von rund 900 mm pro Jahr im Norden auf über 2000 mm im Süden zunehmen. An der feuchteren Seite stauen sich die Wolken und verhüllen das Gebirgsstockwerk zwischen 2800 und 3800 m fast ständig. Die Wolken mildern die Wetterextreme wie ein schützender Mantel. Oberhalb der Wolkenetage müssen sich die Pflanzen gegen klirrenden Frost, die aggressive ultraviolette Strahlung und kalte Winde, die nachts von den Gletschern herabstürzen, wappnen. Am besten sind die meist dicht behaarten, für das alpine Stockwerk der ostafrikanischen Hochgebirge charakteristischen Riesenlobelien und Riesenkreuzkräuter an den extremen Standort angepaßt; bei etwa 4500 m Meereshöhe stoßen jedoch selbst sie an ihre natürlichen Grenzen. Zwischen diesem Höhenniveau und dem in etwa 1000 bis 1500 m gelegenen Umland des Mount Kenya folgen hangabwärts die Vegetationshöhenstufen wie im Lehrbuch aufeinander: bei 3800 m lösen harte, hohe Gräser die robusten Rosettenpflanzen ab, dann folgen lockere Wälder und Gebüsche mit Baumheide und Kossobäumen, zwischen 2600 und 2800 m erstreckt sich ein Bambusgürtel; die unteren Etagen werden von dichten Berg- und Bergregenwäldern mit Wacholder und Steineiben eingenommen; das Vorland ist größtenteils mit Dornsavannen bedeckt, in denen die Turkana ihre Herden weiden lassen.

Das reichgegliederte Hochgebirgsökosystem enthält Nischen für die verschiedensten Tierarten und bietet seinen Bewohnern außerdem die Möglichkeit, sich im Notfall Nahrung auch außerhalb ihres eigentlichen Reviers in höheren oder niedrigeren Stockwerken zu suchen. So streift der Leopard am Mount Kenya von den Savannen bis in das Heide- und Moorland oberhalb der Waldgrenze. Die Raubkatzen, auf die man dort trifft, sind im Unterschied zu ihren Artgenossen im Tiefland oft wesentlich dunkler, fast schwarz gefärbt – ein Phänomen, das wohl als Anpassung an die intensive Sonneneinstrahlung in der Höhe zu verstehen ist.

Die dichten, für den Menschen nahezu undurchdringlichen Regen- und Bergwälder in den unteren Stockwerken fordern von den Tieren ganz andere Anpassungsstrategien: Mit geballter Kraft bahnen sich die großen Bewohner, Elefanten, Riesenwaldschweine und die seltenen Spitzlippennashörner, ihren Weg durch das Dickicht. Eine wesentlich elegantere Lösung des Problems haben verschiedene waldbewohnende Hornträger gefunden: Sie sind ausgesprochen klein und zierlich, finden daher immer einen Weg zwischen den Bäumen und Sträuchern, wie die Schopfducker oder das nur etwa hasengroße Suniböckchen.

Sehr klein sind auch die in den Bergwäldern des Mount Kenya heimischen Nektarvögel, sie besitzen jedoch einen im Vergleich mit der Körpergröße überdimensional langen Schnabel. Damit schöpfen die meist prachtvoll gefiederten Vögel wie die ihnen äußerlich sehr ähnlichen Kolibris der Neuen Welt den Nektar vom Grund der Blüten. In gedeckten Farben kleiden sich dagegen die Frankoline, rebhuhnartige Hühnervögel, die im offenen Gelände nahe oder oberhalb der Waldgrenze vorkommen. Ihr Gefieder ist keine besondere Zierde, schützt dafür aber als Tarntracht vor den Räubern, wie dem pfeilschnellen Habichtsadler, der am Mount Kenya auf Jagd geht.

Bei zwei endemischen, ausschließlich am Mount Kenya heimischen Tierarten bzw. -unterarten, einem Uhu und einem Klippschliefer (ein murmeltierähnlicher Säuger), erinnert der wissenschaftliche Name an den Forscher, der am 13. September 1899 als erster die höchste Spitze des Gletschervulkans bestieg. Vor dem englischen Geographen Sir Halford John Mackinder hatten bereits mehrere andere Bergsteiger versucht, den Gipfel zu erreichen, waren jedoch oft kurz vor dem Ziel gescheitert. Johann Ludwig Krapf, ein ebenso frommer wie reiselustiger Schwabe, besaß keinen alpinistischen Ehrgeiz. Er hatte zwar 50 Jahre vor der Gipfeltour Mackinders als erster Europäer den höchsten Berg des heutigen Kenia erblickt, ihn als imposante „ungeheure Mauer" beschrieben, doch ihm war es wichtiger, die Afrikaner zum Christentum zu bekehren. In den Ausläufern des von den Kikuyu und Meru bewohnten Mount-Kenya-Massivs wurden deshalb schon bald Missionsstationen gegründet. Sie bilden heute die zentralen Orte einer Region, in der ungefähr sieben Millionen Menschen leben, und die vom niederschlagsreichen Mount Kenya, einem der von der Natur geschaffenen „Wassertürme" Ostafrikas, mit Wasser versorgt wird. Von dieser dichtbesiedelten Region geht andererseits ein erheblicher Druck auf die natürlichen Ressourcen des Massivs aus, und darunter leiden vor allem die unteren relativ trockenen, den Dörfern und Städten am nächsten gelegenen Gebirgsstockwerke: Hier werden Brände gelegt, die in der Trockenzeit häufig außer Kontrolle geraten; wie in vielen anderen afrikanischen Naturreservaten wird gewildert und Holz geschlagen, breiten sich Agrarflächen und Siedlungen in die geschützten Gebiete hinein aus. Die Umweltbelastungen durch den regen Tourismus beschränken sich dagegen hauptsächlich auf die Landstreifen beiderseits der vielbegangenen Bergpfade.
In ihnen findet die Bodenerosion geeignete Angriffspunkte, wird die empfindliche Hochgebirgsvegetation zertrampelt.

Die Gletscher, die das Vulkanmassiv am Äquator im Eiszeitalter bis in etwa 3300 m Meereshöhe hinab verhüllten, haben sich seither in die höheren Stockwerke zurückgezogen. Ihre Spuren sind jedoch im Landschaftsbild noch deutlich zu erkennen, beispielsweise am Lake Michaelson, einem Karsee wie aus dem Bilderbuch.

Im Karibischen Meer, dem „Mittelmeer“ der Neuen Welt, verwischen sich die Grenzen der Tierreiche. Vom nord- und mittelamerikanischen Festland her hat das anpassungsfähige Opossum die Inselwelt besiedelt, …

Geschützt 1997 · Dominica

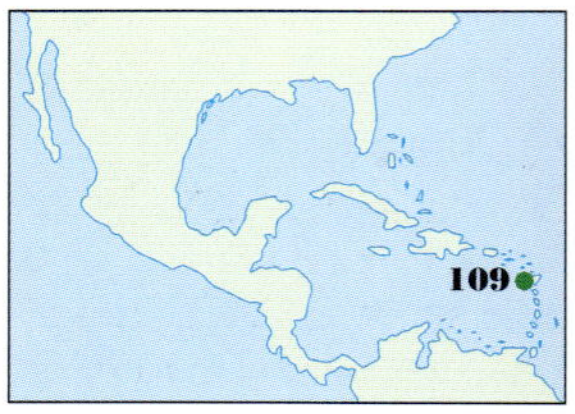

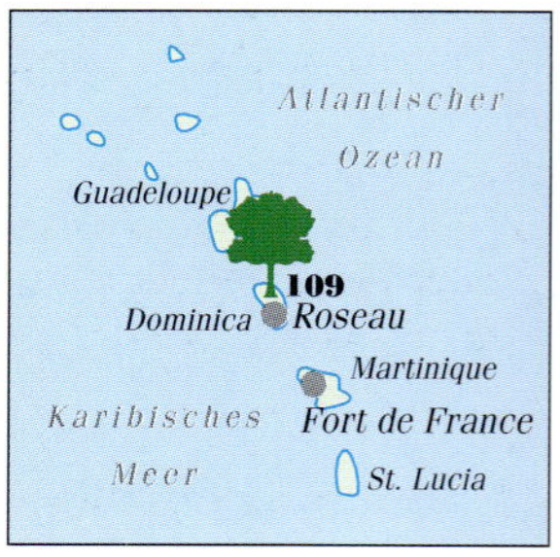

Lage: 13 km nordöstlich der Hauptstadt Roseau, im zentralen Bergland der Antilleninsel

Naturraum: Zone der tropischen Regenklimate

Meereshöhe: 500–1220 m

Fläche: 68 km²

Geschützt 1997 · Costa Rica

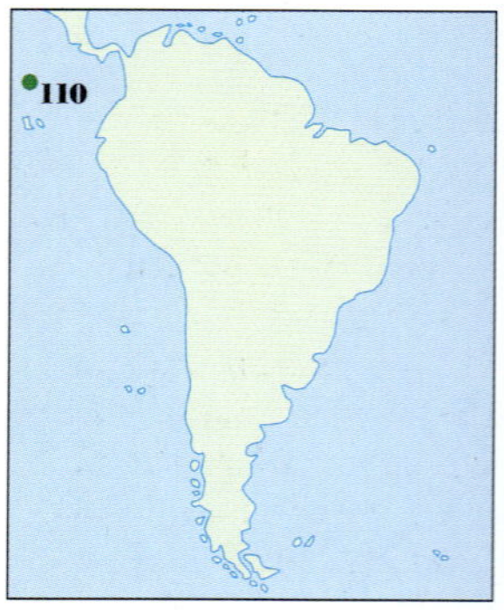

Lage: Im Pazifischen Ozean, rund 550 km vor der Südwestküste Costa Ricas

Naturraum: Zone der tropischen Regenklimate

Meereshöhe: 0–634 m

Fläche: 997 km² (davon knapp 3 % Landflächen)

Im nährstoffreichen Wasser rund um die Insel gedeihen unzählige Planktonlebewesen. Von ihnen ernähren sich wiederum die Riesenrochen, die größten aller Teufelsrochen. Sie müssen dazu nur den Mund öffnen und durch die Planktonschwärme

... von Süden her reicht der Lebensraum der wahrhaft königlichen Boa constrictor bis auf die Westindischen Inseln.

Morne Trois Pitons

Zu Füßen des „Drei-Zinnen-Berges" blubbert aschgrauer Schlamm in Erdkesseln, zischt weißer Dampf aus Löchern im Boden, brodelt siedendheißes Wasser in einem blauen See und gibt dabei hin und wieder ächzende Geräusche von sich, riecht es aus dem Portal einer finsteren Höhle penetrant nach faulen Eiern – so sieht und hört es sich an, wenn ein Vulkan sein Leben aushaucht. Der Morne Trois Pitons mit seinen jähen Felsspitzen ist eine Vulkanruine, genauso wie die anderen Höhen im Innern Dominicas. Am 4. Januar 1880 kam es hier zwar noch zu einer Eruption, bei der eine schwarze Wolke mit viel Getöse aus dem „Tal der Trostlosigkeit" aufstieg, doch das war wohl kein echter Vulkanausbruch, sondern die explosionsartige Verdampfung von Grundwasser, das mit heißem Gestein im Untergrund in Berührung gekommen war. Die nur langsam abklingende vulkanische Hitze sorgt auch für die eindrucksvollen Phänomene in dem Nationalpark rund um den Morne Trois Pitons: die heißen Quellen und Schlammvulkane, die Solfataren und Fumarolen, das „Stinkloch", eine Lavahöhle, aus der Schwefelwasserstoff austritt, oder den „Siedenden See", einen der größten seiner Art in der Welt.

Die Wälder, durch die sich die bis über 3 m lange Boa constrictor, die Königsschlange, schlängelt, in denen buntgefiederte tropische Vögel, etwa die sehr seltene Kaiseramazone, leben, sind nur in der Nähe der Schwefelquellen durch die giftigen Gase abgestorben. Sonst ist das gesamte Gebiet dicht bewaldet, bis hinauf auf die höchsten Bergspitzen, die meist in den Wolken liegen und von dichten Nebelwäldern oder (wie die Insulaner sagen) Elfenwäldern bedeckt sind.

schwimmen. Ihr Kiemenkorb filtert dabei die kleinen Organismen aus dem Wasser.

Cocos Island

Als „Klein-Galápagos" wird die einsame Insel im Stillen Ozean mitunter bezeichnet, weil sich auf ihr wie auf dem geographisch ebenso isolierten Galápagos-Archipel viele eigenständige Tier- und Pflanzenarten entwickeln konnten. Außerdem liegt das nach der Kokospalme benannte Eiland auf dem untermeerischen Cocos-Rücken, der von der Küste Mittelamerikas rund 2000 km weit bis zu den berühmten „Schildkröteninseln" verläuft. Früher galt es auch als die „Schatzinsel" des östlichen Pazifik, auf der Piraten einst wertvolle Schätze vergraben haben sollen. Die wahren, biologischen Schätze der vulkanischen Insel wurden erst vor etwa 100 Jahren bekannt, als Henri Pittier im Auftrag der Regierung Costa Ricas eine Expedition unternahm, um zu erkunden, ob man dort ein Gefängnis einrichten könnte. Der Schweizer Naturforscher stellte bald fest, daß das unbewohnte Eiland für diesen Zweck zu schade war. Er schlug statt dessen vor, es unter Naturschutz zu stellen.

Eine der Baumarten, aus denen die üppigen tropischen Regenwälder auf Cocos Island bestehen, trägt den Namen Pittiers: der Trompetenbaum, der hohle Stämme besitzt und deshalb von Meeresströmungen weit verdriftet werden kann. Beim Huriki, einer anderen Gehölzart, sind die Samen schwimmfähig und gelangen so durch Drift bis auf die entferntesten Inseln. Landsäugetiere, die größere Strecken übers Meer nicht aus eigener Kraft bewältigen können, fehlen dagegen auf dem Eiland – mit Ausnahme der vom Menschen eingeschleppten Katzen, Ziegen und Schweine, die erheblichen ökologischen Schaden anrichten. Am reichsten ist die Tierwelt an den Küsten der Kokosinsel und in den benachbarten Meeresgebieten: Haie, Rochen und Thunfische, insgesamt etwa 300 Fischarten kommen hier vor, dazu verschiedene Meeressäuger wie der Kalifornische Seelöwe und Seevögel wie der Fregattvogel sowie drei Arten von Meeresschildkröten und zahllose Weichtiere und Krebse.

Geschützt 1997 · Bangladesch

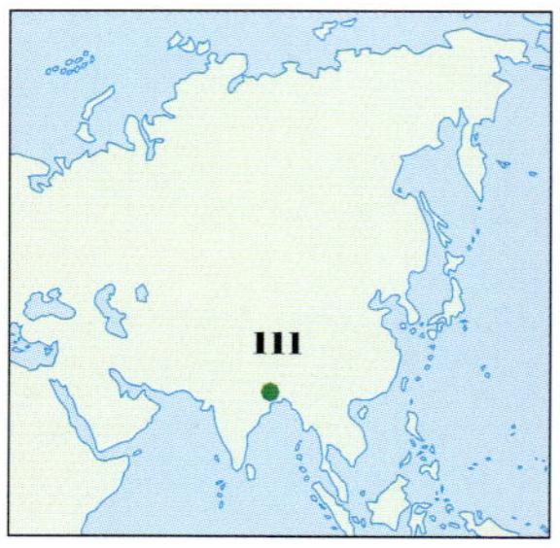

Lage: Ungefähr 270 km südwestlich von Dhaka, an der Grenze zu Indien

Naturraum: Zone der tropischen Feuchtklimate mit Wechsel von trockenem Wintermonsun und regenreichem Sommermonsun

Meereshöhe: 0–3 m

Fläche: 1397 km²

Das Gangesdelta versalzt immer mehr, damit schrumpft auch der Lebensraum des majestätischen Bengaltigers. An der Meerseite des Deltas erstrecken sich die größten Mangrovewälder der Erde. Doch das faszinierende Ökosystem ist stark

Geschützt 1997 · Australien

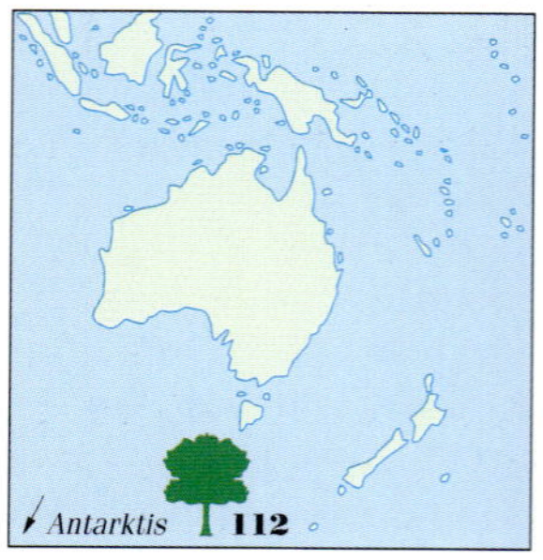

Lage: Rund 4100 km südwestlich von Australien

Naturraum: Zone der subpolaren, hochozeanischen Klimate

Meereshöhe: 0–2745 m

Fläche: 386 km² Landflächen sowie die benachbarten Meeresgebiete

Von der vereisten Heard-Insel erstreckt sich eine schmale, aus Sand und Geröll aufgebaute Landzunge rund zehn Kilometer weit ins Südpolarmeer. Früher ruhten sich auf der sogenannten „Spit" zahlreiche See-Elefanten aus, jetzt wird der Landstreifen zunehmend

gefährdet, denn durch die Verlagerung der Mündungsarme und den Bewässerungslandbau wird der Wasserhaushalt massiv gestört.

Sundarbans

Am nördlichen Ufer des Golfs von Bengalen liegt das größte Delta der Welt, ein rund 80 000 km² großes Schwemmland, das vom Ganges, dem Brahmaputra und dem Meghna gemeinsam aufgeschüttet wurde. Schon über 400 km vor ihrer Mündung verzweigen sich die mächtigen Ströme in mehrere Arme, die stromabwärts immer weiter zerfasern und schließlich in der Nähe der Küste in ein nahezu unentwirrbares Geflecht kleinerer und größerer Wasserläufe übergehen. Sundarbans wird diese durch starke Gezeiten und häufige Überschwemmungen geformte Außenzone des Deltas nach dem weitverbreiteten Sundri-Baum genannt. Zusammen mit mehreren anderen tropischen Gehölzarten bildet der 10 bis 20 m hohe Baum aus der Familie der Kakaogewächse das größte geschlossene Mangrovegebiet der Erde.

Im indischen Anteil der Sundarbans wurde bereits 1987 ein Nationalpark als Welterbestätte ausgewiesen; jetzt erstreckt sich das geschützte Gebiet über die Grenze hinweg bis nach Bangladesch und umfaßt insgesamt rund 2700 km²: eine nahezu menschenleere Wildnis, in der noch zahlreiche seltene, in Südasien fast ausgerottete Tierarten heimisch sind, wie der Bengalische Königstiger, die Bengalkatze, Axishirsche und Rhesusaffen, der Indische Fischotter, das Leistenkrokodil, der Ganges-Delphin und der Tigerpython, ungezählte Insekten- und über 300 Vogelarten, darunter Buntstörche, Schlangenhalsvögel und allein acht Eisvogelarten.

Den Menschen, die sich als Fischer, Honigsammler oder Touristen in diese Wildnis hineinwagen, drohen viele Gefahren, weniger von wilden Tieren, wie dem als „Menschenfresser" gefürchteten Königstiger, sondern von den tropischen Wirbelstürmen, die nicht selten Tausende von Todesopfern fordern.

Heard – McDonald

Die entlegenen Eilande im Südpolarmeer tragen die Namen ihrer Entdecker, die sie 1853/54 erstmals sichteten – drei Jahre früher als ein deutscher Meereskundler, der die Inseln für unentdeckt hielt und ihnen zu Ehren des Bayernkönigs Max II. den Namen „König-Max-Inseln" verlieh. Der bayerische Vorposten in der Subantarktis wurde deshalb in den Seekarten bald wieder gelöscht, einen königlichen Namen hätte die Heard-Insel, die als majestätischer Bergkegel aus dem Polarmeer bis etwa zur Gipfelhöhe des Watzmann (2713 m) ansteigt, freilich verdient.

Ungefähr vier Fünftel der Insel sind vergletschert. Mächtige Gletscherzungen schieben sich vom Big-Ben-Massiv bis zur Küste hinunter und kalben dort ins Meer. Unter dem Eis verbirgt sich ein aktiver Vulkan, übrigens der einzige auf australischem Territorium. Die niedrigeren McDonald-Inseln besitzen keine Gletscher, bestehen jedoch wie Heard hauptsächlich aus vulkanischen Gesteinen und tragen auch nur eine spärliche Pflanzendecke aus Flechten, Moosen und etwa einer Handvoll Blütenpflanzen, darunter den für die subantarktischen Inseln typischen Kerguelen-Kohl (Pringlea antiscorbutica), einen Kreuzblütler, der, wie sein wissenschaftlicher Name verrät, den Seefahrern früher als Heilmittel gegen Skorbut diente.

Beide Inselgruppen waren nie längere Zeit von Menschen besiedelt, wurden jedoch gelegentlich von Walfängern und Robbenschlägern angelaufen, die früher im Südpolarmeer ihrem blutigen Handwerk nachgingen und dabei ganze Bestände vernichteten. Heute leben wieder sieben Robbenarten, vom Kerguelen-Seebär bis zum Krabbenesser, in Kolonien zwischen einigen Dutzend bis mehreren hundert Tieren an den Küsten der Eilande. Noch weitaus größer sind die Bestände der Pinguine, Albatrosse, Sturmvögel, Möwen und der anderen insgesamt über 30 Vogelarten; allein bei den Goldschopfpinguinen schätzt man die Zahl der Brutpaare auf etwa zwei Millionen.

von der Brandung angenagt, und die Bestände der massigen Rüsselrobben gehen seit einigen Jahren deutlich zurück.

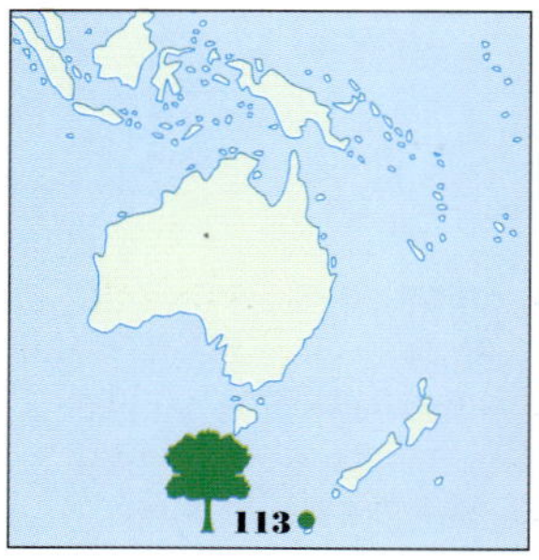

Lage: Im Südpolarmeer, rund 1400 km südöstlich von Tasmanien, etwa auf halber Strecke zwischen Australien und Antarktika

Naturraum: Zone der subpolaren, hochozeanischen Klimate

Meereshöhe: 0–433 m

Fläche: 128 km² Landflächen sowie die benachbarten Meeresgebiete im Umkreis von zwölf Seemeilen (ca. 22 km)

Zugang: Nur im Rahmen geführter Schiffsexkursionen und auf maximal 500 Besucher pro Saison beschränkt. Für Touristen stehen an Land keine Unterkünfte zur Verfügung

Seit mehr als 50 Jahren steht auf der Landenge am nördlichen Ende der Insel eine Forschungsstation, von der aus unter anderem Untersuchungen zur Ökologie der subantarktischen Meeressäuger oder über die Ursachen der Bodenerosion durchgeführt

werden. Die Forschungsfelder und -objekte liegen gleich in der Nähe der Station.

Macquarie

Brave Westwinde nannten die Seeleute im Zeitalter der Segelschiffe die Winde, die in den mittleren Breiten der Südhalbkugel beständig aus westlichen Himmelsrichtungen wehen. Es gibt allerdings auch andere seemännische Bezeichnungen für diesen Windgürtel zwischen dem 40. und dem 70. Breitenkreis: Brüllende Vierziger, Wütende Fünfziger oder Kreischende Sechziger. Sie verraten, daß die Winde dort meist nicht „brav" sind, sondern im Gegenteil als schwere Stürme die Meere und Inseln peitschen. Über den etwa auf 54° südlicher Breite gelegenen Macquarie-Inseln herrscht zum Beispiel im Durchschnitt an jedem zweiten Tag des Jahres Sturm; dort wurden schon Rekordwindgeschwindigkeiten von 240 km/h gemessen. An über 300 Tagen regnet oder schneit es, der Himmel ist fast immer von dichten Wolken verhüllt, und die Lufttemperaturen schwanken ständig um naßkalte 4 bis 5°C.

Unter einem solch rauhen subpolaren Klima können keine Bäume und Sträucher gedeihen; die Flora der ungefähr 35 km langen, bis 5 km breiten und etwas über 400 m hohen Hauptinsel im Zentrum des Archipels wird daher von Moosen, Lebermoosen, Flechten und wenigen Blütenpflanzen geprägt, die das aus vulkanischen Gesteinen aufgebaute, im Eiszeitalter stark vergletscherte Eiland als subantarktische Tundra überziehen.

Für Menschen sind die Macquarie-Inseln ebenfalls kein einladender Lebensraum. Allenfalls 100 Wissenschaftler einer Forschungsstation und Angestellte einer Wetterwarte verrichten dort für einige Wochen oder Monate ihren Dienst. Im 19. Jahrhundert hausten auf den Inseln gelegentlich Walfänger und Robbenschläger. Der Archipel war also nie ständig besiedelt, und doch hat seine Pflanzen- und Tierwelt stärker unter dem Menschen gelitten als in vielen anderen Gegenden der Erde.

Im Jahr 1810 wurden die Inseln von Frederick Hasselbourgh, Kapitän des Robbenfangschiffs Perseverance aus Sydney, entdeckt. Bereits zehn Jahre später hatten die Robbenschläger die auf Macquarie heimischen Seebären ausgerottet, dann kamen die See-Elefanten an die Reihe, deren Bestände um mindestens 70% dezimiert wurden, und in 1870er Jahren schlachtete man die Königspinguine und Goldschopfpinguine zu Zehntausenden ab, um ein Öl zu gewinnen. Eingeschleppte Tierarten trugen ihren Teil zur Zerstörung des Naturparadieses bei, indem sie wie die Kaninchen die dünne Pflanzendecke schädigten und so die Bodenerosion verstärkten oder Jagd auf die heimischen Tiere machten, wie die Hauskatzen, denen vermutlich zwei seltene Vogelarten, eine Ralle und ein Laufsittich, zum Opfer fielen.

Seitdem die Inseln in den 1930er Jahren unter Schutz gestellt wurden, hat sich die Natur allmählich von den Folgen des Raubbaus erholt. Heute sind in den Gewässern rund um die Inselgruppe wieder häufiger Glattwale und Schwertwale zu beobachten; auf mehr als 100 000 ist die Zahl der Südlichen See-Elefanten angewachsen; hinzu kommen stattliche Bestände des Australischen Seebärs und des Kerguelen-Seebärs, während andere Robben wie der Krabbenesser oder die Weddell-Robbe die Inseln seltener besuchen. Von den insgesamt über 70 Vogelarten, die als Brut- oder Gastvögel auf Macquarie vorkommen, sind neben den Albatrossen und Sturmvögeln vor allem die Pinguine bemerkenswert. Schätzungsweise 500 000 Felsenpinguine, die zierlichsten Pinguine des Südpolargebiets, brüten auf den Inseln, kaum kleiner sind die Kolonien der Königspinguine, von denen sich vielleicht ein Drittel bis eine Hälfte der Weltpopulation auf Macquarie versammelt; und bei den Goldschopfpinguinen, die im 19. Jahrhundert kurz vor der Ausrottung standen, zählt man inzwischen wieder mehr als 850 000 Exemplare.

Typisch für die mittleren Pyrenäen sind die Cirques, großartige Felsarenen, die durch die eiszeitlichen Gletscher geformt wurden. Sie zergliedern die Nordflanke des Hochgebirges, aber auch die Südhänge, wie hier am oberen Ende des Otal-Tals.

Geschützt 1997 · Frankreich/Spanien

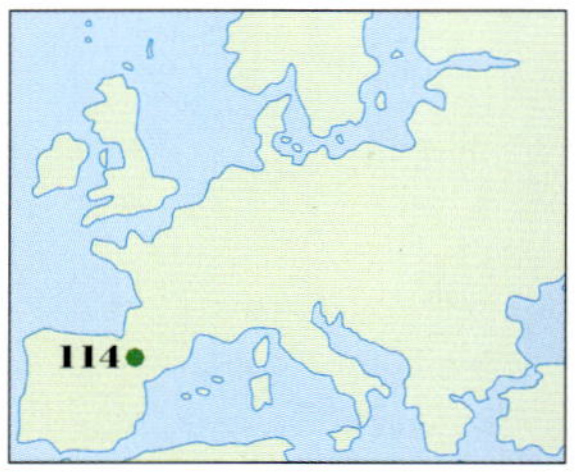

Lage: In den mittleren Pyrenäen, beiderseits der französisch-spanischen Staatsgrenze

Naturraum: Hochgebirge innerhalb der Zone der kühlgemäßigten, ozeanischen Waldklimate

Meereshöhe: 600–3355 m

Fläche: 306 km² (davon etwa zwei Drittel auf spanischer Seite)

Geschützt 1998 · Salomonen

Lage: Im Korallenmeer, etwa 250 km südlich der Hauptstadt Honiara

Naturraum: Zone der tropischen Regenklimate

Meereshöhe: 0–1000 m unter dem Meeresspiegel

Fläche: 370 km² sowie die benachbarten Meeresgebiete im Umkreis von drei Seemeilen

Zahllose Riffe, vom großen Kranzriff oder Atoll bis zur einfachen Riffplattform, liegen über die Korallensee verstreut. Auf den Riffplattformen häufen die Brandungswellen den Korallensand an. Der Wind fegt den Sand dann zu niedrigen Dünen zusammen,

Monte Perdido

Viele Eigenarten der Landschaft beiderseits der Pyrenäengrenze spiegeln sich wider, beispielsweise die von eiszeitlichen Gletschern erodierten Kare wie der Cirque de Gavarnie, die riesige Felsarena im Norden, und das grandiose Amphitheater am Ende des Ordesa-Tals im Süden; tosende Wasserfälle wie die über 400 m hohe Cascade de Gavarnie und der nicht weniger imposante „Pferdeschwanz-Wasserfall" als spanisches Gegenstück …

Die urwüchsigen Tannen-Buchen-Wälder in den mittleren, die von der Hakenkiefer geprägten Kiefernwälder in den oberen und die artenreichen alpinen Matten in den höchsten Lagen ziehen sich gleichfalls über die Grenze. Sie beherbergen insgesamt etwa 50, nach den Pyrenäen benannte endemische Arten, wie die purpurrote Pyrenäen-Schachblume, die goldgelbe Pyrenäen-Lilie oder die veilchenblaue Pyrenäen-Ramonda.

Ihnen stehen in der Tierwelt neben dem Pyrenäen-Gebirgsmolch und dem Pyrenäen-Desman, einem skurrilen, mit dem Maulwurf verwandten Geschöpf, als größte zoologische Kostbarkeiten (und Sorgenkinder) der Pardelluchs und die Pyrenäen-Gemse gegenüber. Ob noch Braunbären in den mittleren Pyrenäen leben, bleibt bislang Meister Petz' Geheimnis, sicher nachgewiesen sind jedoch eine ganze Reihe seltenster Tierarten, angefangen beim Bartgeier über den Gänsegeier bis zur Wasseramsel, die wie der sonderbare Desman in den Wildbächen jagt. Für den Pyrenäen-Steinbock kam jedoch mit dem Beginn des neuen „Milleniums" das Ende: Der Letzte seiner Art ist am 6. Januar 2000 in Spanien verendet.

East Rennell

Aus der Ferne betrachtet sieht das südlichste Eiland der Salomonen so wie viele andere Südseeinseln aus. Doch wer nach der Ankunft in dem kleinen Hafen Tuhunganggo über eine steile Treppe die schroffen Kalksteinkliffs hinter dem Strand hinaufgeklettert ist, erlebt eine Überraschung: Im Innern der Insel erstreckt sich ein stattlicher, von felsigen Ufern umschlossener See, der Te-Nggano-See, mit etwa 155 km² das größte stehende Binnengewässer Ozeaniens.

Dieser malerische See, an dem die vier Dörfer im Südosten der Rennell-Insel liegen, war ursprünglich die Lagune eines Atolls; sein felsiger Rand stellt den gehobenen Riffkranz der Koralleninsel dar. Atolle entwickeln sich meist aus vulkanischen Inseln, die durch Senkungen der Erdkruste allmählich im Meer versinken, in diesem Fall muß jedoch die Senkung irgendwann im Lauf der jüngsten Erdgeschichte in eine Hebung umgeschlagen sein. Die Rennell-Insel ist daher ein gehobenes Atoll und mit über 80 km Länge und 15 km Breite weltweit die größte Insel dieser Art.

Das Eiland wurde erst 1793 entdeckt und ist heute von allenfalls 1500 Menschen besiedelt. Es ist zum größten Teil noch von tropischen Wäldern bedeckt, die zwar in der Nähe der Dörfer in regelmäßigen Zeitabständen kleinflächig zur Anlage von Gärten gerodet und hin und wieder auch durch die in dieser Region häufigen Wirbelstürme verwüstet werden, aber eine für ozeanische Koralleninseln vergleichsweise reiche Flora und Fauna besitzen. Von den Inseln der Salomonen weist die Rennell-Insel den größten Anteil endemischer Pflanzen- und Tierarten auf: Schraubenbäume, Orchideen, Fledermäuse und Flughunde, verschiedene See- und Landvögel und als Besonderheit eine giftige Seeschlange, die sich in der Abgeschiedenheit der einstigen Lagune zu einer Art entwickelt hat, die weltweit nur im Te-Nggano-See vorkommt.

auf denen sich bald Pflanzen ansiedeln. Und so wird aus einem Riff eine Insel.

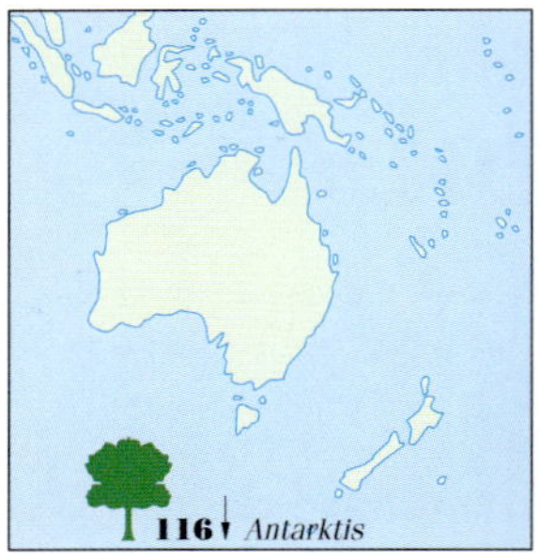

Lage: Rund 400–800 km vor der Süd- und Ostküste der neuseeländischen Südinsel

Naturraum: Zone der subpolaren, hochozeanischen Klimate

Meereshöhe: 0–705 m (Auckland-Inseln)

Fläche: 765 km² Landflächen sowie die benachbarten Meeresgebiete, jeweils im Umkreis von zwölf Seemeilen (ca. 22 km)

Zugang: Nur im Rahmen geführter Exkursionen und zu wenigen ausgewählten Inseln, wie der Enderby-Insel oder der Campbell-Insel. Für Touristen (maximal 600 pro Saison) stehen an Land keine Unterkünfte zur Verfügung

Die Seebärenmutter stellt sich dem Eindringling wütend entgegen, um ihr Kind zu verteidigen – eine verständliche Reaktion, denn die Robbenschläger hatten es früher vor allem auf den zarten, dunklen Pelz der Neugeborenen abgesehen.

Subantarktische Inseln Neuseelands

Die fünf im Südosten Neuseelands über ein Meeresgebiet von mehr als 900 000 km^2 verteilten Inselgruppen sind in Europa weitgehend unbekannt: die Snares-, Auckland-, Campbell-, Antipoden- und Bounty-Inseln. Von den beiden letzteren kennt man vielleicht noch den Namen: die Antipoden („Gegenfüßler"), weil sie aus europäischer Sicht recht genau auf der entgegengesetzten Seite des Erdballs liegen, die Bounty-Inseln, weil es ein Schiff gleichen Namens gab, auf dem vor über 200 Jahren in der Südsee eine berühmt-berüchtigte Meuterei ausbrach.

Im geologischen Aufbau und in den Landschaftsformen sehr unterschiedlich, haben die Eilande aber auch manche Gemeinsamkeiten, wie die Lage im Grenzsaum zwischen Australien/Ozeanien und der Antarktis, ein kühles, regenreiches, stürmisches Klima und nicht zuletzt die Tatsache, daß sie bis heute praktisch menschenleer sind. Im Pflanzenkleid spiegelt sich die Grenzlage am deutlichsten wider: Während auf den Bounty-Inseln keinerlei höhere Pflanzen vorkommen, die Vegetation der Antipoden-Inseln und der Campbell-Inseln von Sträuchern geprägt wird, dringen üppige Wälder mit vielen Baumfarnen und buntblühenden Kräutern von Neuseeland her bis auf die Snares- und Auckland-Inseln vor, erreicht die polare Waldgrenze im westlichen Pazifik hier ihre südlichste Lage.

Neuseelands subantarktische Inseln wurden jedoch vor allem wegen ihrer einzigartigen Tierwelt mit zahlreichen seltenen Arten in die UNESCO-Liste der Welterbestätten aufgenommen. 10 der insgesamt 24 Albatros-Arten kommen auf den Inseln als Brutvögel vor, darunter der mittelgroße, hellgefiederte Weißkappenalbatros und der dunklere Schwarzbrauenalbatros, der Königsalbatros und der mit einer Flügelspannweite von über 3 m noch etwas größere Wanderalbatros.

Vier Pinguinarten nisten an den felsigen Küsten der Archipele; typisch sind die Schopfpinguine, Angehörige einer Gattung, die als auffälligen Schmuck über den Augen gelbe Federschöpfe tragen und deshalb in den angelsächsischen Ländern treffend „Makkaroni-Pinguine" genannt werden. Der auch als Millionensturmtaucher bezeichnete Rußsturmtaucher macht seinem Beinamen alle Ehre: Allein auf den Snares-Inseln nisten über fünf Millionen dieser mit den Albatrossen verwandten Seevögel.

Die Landvögel, insgesamt etwa 80 Arten, sind weitaus weniger zahlreich. Dafür gehören zu ihnen solch ornithologische Raritäten wie der Laufsittich, der Doppelband-Regenpfeifer oder eine Unterart der Auckland-Ente, von der wahrscheinlich nur noch etwa 25 Brutpaare überlebt haben.

Am 19. September 1788 wurden die Bounty-Inseln durch William Bligh, den Kapitän der Bounty, entdeckt; zu Beginn des 19. Jahrhunderts kreuzten die ersten Robbenfangschiffe durch den südwestlichen Pazifik, und bereits in den 1830er Jahren hatten die Robbenschläger alle Robben auf den subantarktischen Inseln Neuseelands umgebracht. Inzwischen haben sich wieder stattliche Bestände entwickelt, beim Australischen Seebären etwa 20 000 und beim Neuseeländischen Seelöwen über 12 000 Tiere. Obwohl alle Inseln spätestens seit 1961 unter Naturschutz stehen, drohen besonders den Meerestieren noch immer Gefahren. Die größte Gefahr geht dabei von der Fischerei aus, denn häufig kommt es vor, daß sich die Tiere als „Beifang" in den Netzen verfangen und jämmerlich zugrundegehen. Naturschutzverbände machen die Fischerei auch für das rätselhafte Massensterben der Seelöwen im Umkreis der Auckland-Inseln verantwortlich.

Lage: Im südlichen Sibirien, auf dem Territorium der Republik Altai, an den Grenzen zu Kasachstan, China und der Mongolei

Naturraum: Hochgebirge innerhalb der Zone der kaltgemäßigten, hochkontinentalen Borealklimate

Meereshöhe: 109 m (Grund des Telezker Sees) – 4506 m (Belucha)

Fläche: 16 114 km^2

Zugang: Für Touristen nur im Rahmen geführter Exkursionen und in einige ausgewählte Randgebiete, wie an die Ufer des Telezker Sees, wo einfache Unterkünfte zur Verfügung stehen

Die Belucha ragt hinter dem Akkemsee bis etwa zur Gipfelhöhe des Matterhorns auf. Wie das Wahrzeichen der Walliser Alpen erhielt der höchste Berg des russischen Altai seinen letzten Schliff von den eiszeitlichen Gletschern. Tiefe Trogtäler gehen von dem

schroffen Massiv aus, und auf dem Felsschutt der Seitenmoränen blüht der Gelbe Alpen-Mohn.

Russischer Altai

Kupfer, Silber und Gold werden in den an Erzen reichen „Goldenen Bergen des Altai" schon seit der Bronzezeit gewonnen. Die vielen Hügelgräber, in denen sich Häuptlinge vor über 2000 Jahren mit kostbaren Grabbeigaben und ihren Pferden bestatten ließen, vermitteln einen Eindruck von der weitgehend in Vergessenheit geratenen Kultur der Altaier. Heute lebt das türksprachige Volk als Minderheit über mehrere Staaten verteilt, auch in der Republik Altai, die den Kern des gleichnamigen Gebirges im Innern Asiens umfaßt.

Das nur sehr dünn besiedelte Faltengebirge ist ähnlich wie die meisten deutschen Mittelgebirge gegen Ende des Erdaltertums entstanden, besitzt ausgedehnte Hochflächen und intensiv gefaltete Schiefer, gleicht im geologischen Aufbau also zum Beispiel dem Rheinischen Schiefergebirge und erstreckt sich ungefähr über dieselben geographischen Breitenkreise. Im südlichen Sibirien ist das Klima freilich viel rauher als beiderseits des Rheins. Die Lufttemperaturen sinken dort im Winter regelmäßig 50 Grad unter den Gefrierpunkt, und auf den höchsten Gipfeln, die nach der kräftigen Hebung in der Erdneuzeit jetzt bis ins Stockwerk zwischen etwa 3000 und 4500 m ragen, türmt sich der Schnee dann zu dicken Schichten auf. Nicht weniger als 1500 Gletscher zählt man in den fünf Naturschutzgebieten, die unter dem Namen „Goldene Berge des Altai" gemeinsam in der Liste des Welterbes verzeichnet sind. Die Eismassen bedecken rund 920 km^2, weit mehr als beispielsweise sämtliche Gletscher Österreichs. Im Eiszeitalter wälzten sich über 300 km lange Gletschern durch die Täler, in denen heute die Quellflüsse des Ob ihren Lauf suchen.

Zur Hinterlassenschaft der eiszeitlichen Gletscher gehören vor allem die zahlreichen kleinen und größeren Seen, darunter der Telezker See, von den Einheimischen Altyn-Kol („Goldener See") genannt. Das ungewöhnlich klare, nach dem Baikalsee zweitgrößte stehende Gewässer Sibiriens ist einer der schönsten Seen der Erde – und einer der fischreichsten. Rund 20 Fischarten leben in den Flüssen und Seen des Altai, etwa die Lachsforelle oder der Gründling. Im Jahr 1876, als der deutsche Naturforscher Alfred Edmund Brehm eine Sibirien-Expedition unternahm, waren die geschätzten Speisefische offenbar noch sehr häufig: „Unsere Kosaken fingen mit dem einfachsten Netz mit wenigen Zügen so viele Lachsforellen und Gründlinge, daß die ganze Reisegesellschaft die gewonnene Beute nicht an demselben Tag verzehren konnte." Genauso war der Schöpfer des berühmten Tierleben von den Wäldern des Altai beeindruckt: „Urwaldungen im vollsten Sinne des Wortes, so gut als unberührt vom Menschen". Urwüchsige Wälder nehmen bis heute große Flächen des Altai bis hinauf zur Waldgrenze um 1800 m Meereshöhe ein. Sie bestehen im wesentlichen aus Nadelholzarten wie der Sibirischen Lärche, der Sibirischen Fichte und der Waldkiefer. Zur Höhe hin gehen die Wälder in blumenreiche Bergwiesen und üppige Staudenfluren über, mit Schwertlilien, Pfingstrosen, der Sibirischen Akelei, dem ebenfalls endemischen Sibirischen Adonisröschen und seltenen Orchideen. Die höchsten Lagen werden von graugrünen Gebirgstundren eingenommen, in die der goldgelbe Altaihahnenfuß, das blaue Altaiveilchen und die schneeweiße Silberwurz hier und dort ein paar Farbtupfer setzen. Insgesamt zählt man in den „Goldenen Bergen des Altai" über 2000 Pflanzenarten, darunter etwa ein Zehntel, die als Endemiten ausschließlich hier vorkommen.

Ein Gebirge, das aus der zentralasiatischen Steppenzone bis ins Stockwerk der Felsen und Gletscher ragt, in dem sich etagenartig angeordnet die blumenreiche Wiesensteppe, der lichte, mit Rhododendron durchsetzte Lärchenwald, die sogenannte Finstere Taiga und die von Zwergsträuchern, Moosen und Flechten beherrschte Gebirgstundra ablösen, bietet naturgemäß den verschiedensten Tierarten einen Lebensraum: insgesamt 60 Arten von Säugetieren, rund 300 Vogelarten sowie 11 Reptilien und Amphibien sind im zentralen Altai heimisch. Die Taiga ist das Jagdrevier der Braunbären, Wölfe, Luchse und Zobel; von den vierbeinigen Pflanzenessern kommen das Sibirische Reh, der Elch und der Maral, eine sibirische Hirschart, häufiger vor, während das Rentier sich nur im Winter in den Nadelwaldgürtel zurückzieht. In ihm gibt es auch reichlich Nahrung für das Flughörnchen, das Sibirische Streifenhörnchen und eine ganze Reihe von Vogelarten, angefangen beim Auerhuhn über den Habichtskauz bis zum Unglückshäher.

In sehr strengen Wintern verläßt der dunkelgraue Rabenvogel die Taiga und sucht Schutz im westlichen Europa, wo er früher als Unglücksbote galt. Besser an Schnee und Frost sind der Alpenpfeifhase, das Schneehuhn oder die beiden im Altai beheimateten Bobaks angepaßt. Wie ihre nahen Verwandten, die Murmeltiere, verkriechen sie sich im Spätherbst in ihren warmen Erdhöhlen zum Winterschlaf.

Die Tierwelt, die Brehm in seinem Buch beschreibt, hat in den vergangenen Jahrzehnten auch im fernen Sibirien unter der Zerstörung der natürlichen Lebensräume und der Umweltverschmutzung gelitten. Für etwa ein Dutzend in ihrer Existenz gefährdeter Tierarten sind die „Goldenen Berge des Altai“ ein letztes Refugium. Dazu gehören etwa der Altai-Gerfalke, der Wanderfalke und der Kaiseradler oder bei den pflanzenfressenden Säugetieren die Mongoleigazelle und der Altai-Argali, ein kräftiges Wildschaf, das, wie sein wissenschaftlicher Name (Ovis ammon ammon) verrät, mit beeindruckenden „Ammonshörnern“ gegen seine natürlichen Feinde gewappnet ist. Der Manul, eine kleinere Katze, läßt sich von dieser Waffe abschrecken, doch gegen den Schneeleoparden, der seine Beute aus dem Hinterhalt anspringt, bietet sie keinen Schutz. Die Gefahr, vom Schneeleoparden erbeutet zu werden, ist heute jedoch nur noch sehr klein, denn die elegante Raubkatze ist äußerst selten geworden, steht auf der Liste der weltweit am stärksten durch Ausrottung gefährdeten Raubtierarten ganz oben.

Der Irbis, wie der Schneeleopard auch genannt wird, vergreift sich gelegentlich am Weidevieh und ist deshalb bei den Hirten des Altai nicht gern gesehen. In einem so dünn besiedelten Gebirge kommen derartige Konflikte zwischen Mensch und Tier allerdings kaum vor, und wenn hin und wieder ein Leopard angeblich „in Notwehr“ erschossen wird, dann ist sein dichtes, samtweiches Fell eine unfreiwillige Zugabe, die sich in bare Münze umsetzen läßt. Bei den gegenwärtigen Finanznöten der russischen Regierung fehlt andererseits das Geld, um die Naturschutzgebiete im Altai mit mehr Personal strenger zu überwachen und konsequent gegen Wilderer vorzugehen.

Die traditionelle Nutzung der Taiga und Bergtundra hinterläßt zwar Spuren, etwa auf überweideten Flächen, auf denen die Flora verarmt, stellt für die Natur jedoch keine größere Gefahr dar. Schwerer wird die Umwelt durch Schadstoffe belastet, die durch Wind und Wasser aus den meist weit entfernten Industriegebieten in den Altai verfrachtet werden. Von solchen Immissionen bleibt heute wohl keine Naturlandschaft der Erde verschont; in den „Goldenen Bergen des Altai“ kommt freilich ein besonderer „Schadstoff“ hinzu: der „Weltraummüll“, bestehend aus Raketenresten, die nach Starts im benachbarten Kasachstan wie Bomben in den Naturschutzgebieten einschlagen.

Der Schneeleopard in seinem Element, mit breiten Pranken bestens für das Laufen auf lockerem Schnee gerüstet. Das warme, weiche Fell ist dem Irbis freilich längst zum Verhängnis geworden. Noch immer wird die äußerst seltene, weltweit fast ausgerottete Raubkatze umgebracht, um ihr buchstäblich das Fell über die Ohren zu ziehen.

Die kleinen, unzugänglichen Inseln im St. Luciasee sind beliebte Brutplätze des Rosapelikans. Über 1000 Paare des großen Wasservogels nisten dort, meist im dichten Schilfröhricht, das Schutz vor Eiräubern bietet. Auch Flamingos, Störche, Reiher und

Geschützt 1999 · Südafrika

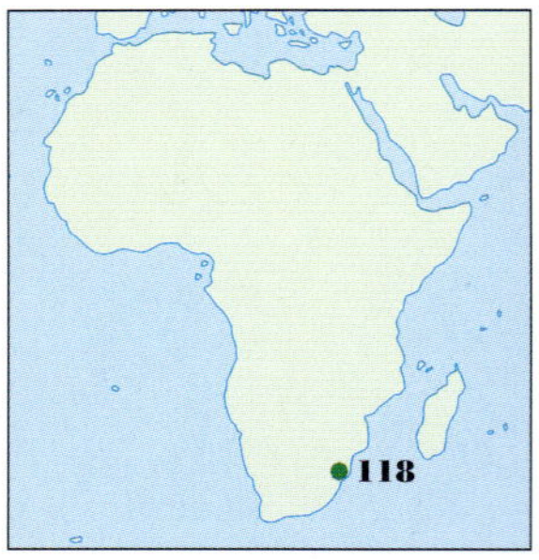

Lage: An der Küste des Zululandes, zwischen dem Kap St. Lucia und der Grenze zu Mosambik

Naturraum: Warmgemäßigte Subtropenzone mit ständig feuchtem, sommerheißem Klima

Meereshöhe: 0–183 m

Fläche: 2396 km²

Geschützt 1999 · Kanada

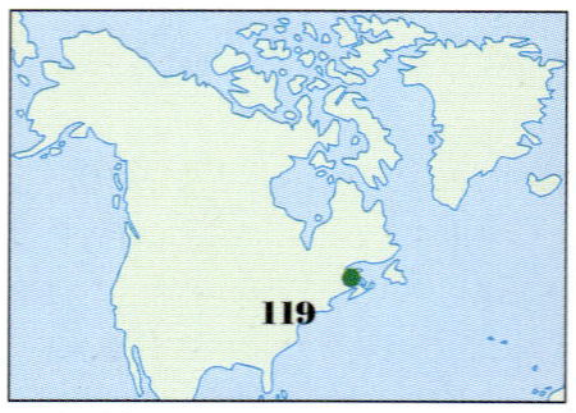

Lage: Rund 400 km nordöstlich von Quebec an der Südküste der Gaspé-Halbinsel (Gaspésie)

Naturraum: Appalachen-Gebirgssystem innerhalb der Zone der kaltgemäßigten, kontinentalen Borealklimate

Meereshöhe: 0–100 m

Fläche: 0,9 km²

Wie der in den Schichten der Escuminac-Formation in versteinerter Form überlieferte Eusthenopteron ist der Australische Lungenfisch ein Süßwasserfisch. Mit seinen kräftigen Brust- und Bauchflossen und dem walzenförmigen Körper sieht er den

Seeschwalben kann man auf den Eilanden häufig beobachten.

Greater St. Lucia

Nahezu schnurgerade verläuft die Küste nordöstlich von Durban mehrere hundert Kilometer weit bis zur Delagoabucht im benachbarten Mosambik: eine typische Ausgleichsküste, bei der eine ursprünglich in zahllose Buchten und Kaps gegliederte Küstenlinie durch die Verlagerung und Aufschüttung von Sandmassen im Lauf von Jahrtausenden allmählich geglättet wird. Eigentlich sollte man annehmen, daß eine Küste dadurch ihre Vielfalt von Landschaften und Lebensräumen einbüßt, landschaftlich und ökologisch eintöniger wird, doch genau das Gegenteil trifft zu. Und so liegen in dem nur 1 bis 24 km schmalen, aber über 200 km langen Küstenstreifen zwischen dem Kap St. Lucia und der Grenze zu Mosambik die unterschiedlichsten Ökosysteme direkt nebeneinander: Sandstrände und Dünenfelder mit einigen der höchsten Küstendünen der Welt (bis 183 m), Sümpfe und Savannen, subtropische Wälder und nicht zuletzt zwei große, durch Ästuare mit dem Indischen Ozean verbundene Haffseen, von denen der St. Luciasee dem im südlichen Afrika einzigartigen Feuchtgebiet den Namen gegeben hat.

Auf engstem Raum begegnen sich in ihm Tiere tropischer Meere, wie die Lederschildkröte oder die Unechte Karettschildkröte, die hier ein wichtiges Brutgebiet haben, mit Antilopen, Flußpferden, Krokodilen und vielen anderen Arten der afrikanischen Savanne. Besonders artenreich ist die Vogelwelt, zu der etwa der Schreiseeadler, die Raubseeschwalbe oder Afrikas größter Reiher, der Goliathreiher, gehören.

Die Welterbestätte umfaßt zusätzlich einen 5 km breiten Meeresstreifen, in dem die südlichsten Korallenriffe vor den Küsten des Schwarzen Kontinents liegen.

Miguasha

Die MicMac-Indianer, die sich vor Jahrtausenden als erste Siedler auf der Gaspé-Halbinsel niederließen, nannten die gebirgige Halbinsel im St. Lorenz-Golf „Ende des Landes". Von diesen Ureinwohnern stammt auch die Bezeichnung „Miguasha" für das rötliche Gestein, das an den hohen Kliffs der Gaspésie zutagetritt. Der rotgefärbte Sandsteinfels besteht aus den Sedimenten, die sich vor etwa 350 Millionen Jahren auf und an den Rändern eines längst versunkenen Kontinentes ablagerten. Er enthält kaum Fossilien, um so reicher an Überresten vorzeitlicher Tiere und Pflanzen sind dagegen die Sandsteine und Tonschiefer der sogenannten Escuminac-Formation, die an der Südseite der Halbinsel unter den festländischen Ablagerungen ans Tageslicht kommen. In ihnen werden neben pflanzlichen Resten immer wieder versteinerte Fische gefunden, die oft so gut erhalten sind, daß man selbst Details, wie die Schuppen, Blutgefäße oder Verdauungsorgane noch erkennen kann.

Solch aufsehenerregenden Entdeckungen verdankt der Miguasha-Provinzpark seinen Ruf als einer der weltweit bedeutendsten Fossilfundstätten des Devon, jener Periode der Erdgeschichte vor etwa 360 bis 410 Millionen Jahren, die als das „Zeitalter der Fische" bezeichnet wird. Der „Prinz von Miguasha" beweist jedoch, daß diese Ära vor rund 370 Millionen Jahren unwiderruflich zu Ende ging, daß sich neben den Bewohnern der Meere die ersten Landlebewesen entwickelten. Eusthenopteron wird der Fisch aus der Gruppe der in den Tiefen tropischer Meere bis heute als „lebende Fossilien" erhaltenen Quastenflosser von den Wissenschaftlern weniger poetisch genannt. Er besaß kräftige Flossen, mit denen er im Schlick herumkriechen konnte und aus denen sich dann vermutlich die Gliedmaßen der Vierfüßer entwickelten. Bereits gegen Ende des Devon tauchten mit den Amphibien die ersten Tiere auf, die sich fast völlig an das Leben auf dem festen Boden angepaßt hatten.

Urahnen der Vierfüßer wohl am ähnlichsten.

Geschützt 1999 · Cuba

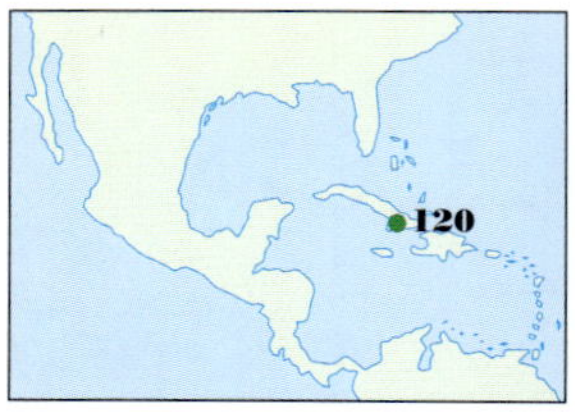

Lage: An der Südküste der Insel, rund 600 km südöstlich von La Habana

Naturraum: Zone der tropischen Feuchtklimate

Meereshöhe: 180 m unter dem Meeresspiegel bis 460 m

Fläche: 504 km²

Auf dem sandigen Meeresboden am Fuß der Kliffs lebt die Fechterschnecke. Mit dem messerscharfen Verschlußdeckel ihres Gehäuses kann diese in der Karibik heimische Schnecke gefährliche Schläge austeilen – daher der Name.

Geschützt 1999 · Argentinien

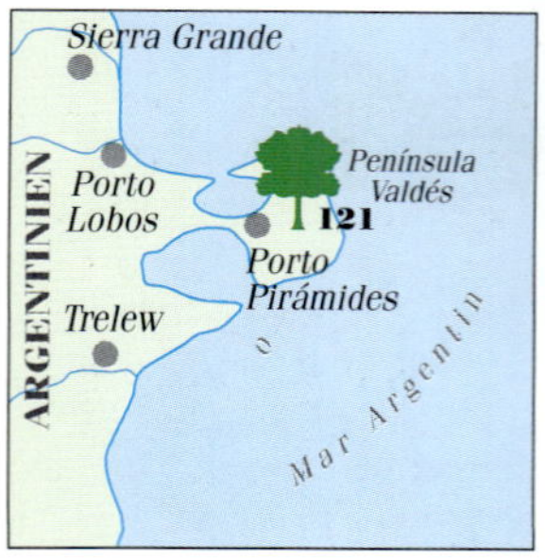

Lage: An der patagonischen Atlantikküste, rund 1000 km südwestlich von Buenos Aires

Naturraum: Zone der Trockensteppenklimate

Meereshöhe: 0–131 m

Fläche: 4000 km²

Um die vordersten Plätze am Strand wird unter den männlichen See-Elefanten oft heftig gestritten. Dort nämlich sind die Chancen am größten, ein Weibchen, das an Land geht, in seinen Harem zu entführen.

Desembarco del Granma

Mit dem Desembarco (der Landung) der Granma begann am 2. Dezember 1955 unter der Führung Fidel Castros der Guerillakrieg der kubanischen Revolutionäre.

Zur Landung hatten sie einen geologischen Unruheherd ausgewählt. Mit stellenweise über 100 m hohen Kliffs bricht die Sierra Maestra hier jäh zum Karibischen Meer ab, und unter dem Meeresspiegel setzt sich der durch heftige Krustenbewegungen im Grenzsaum zwischen der Karibischen und der Nordamerikanischen Platte geschaffene Steilhang bis zum Grund des mehr als 7000 m tiefen Cayman-Grabens fort. Häufige Erdbeben zeigen, daß die Erdkruste bis heute in Bewegung ist; andererseits muß es in der jüngeren Erdgeschichte aber auch mehrmals längere Zeiträume tektonischer Ruhe gegeben haben, in denen die Brandungswellen im Meeresniveau breite Plattformen in den Kalksteinmantel der Sierra Maestra erodieren konnten, denn in der Höhenstufe zwischen 460 m über und 180 m unter dem Meeresspiegel ordnen sich mindestens ein Dutzend Brandungsterrassen wie die Stufen einer gewaltigen Treppe an. Solche Terrassen findet man an vielen Küsten der Erde, am Kap Cruz sind sie jedoch besonders deutlich geformt und verdienen das Prädikat „Lehrbuchbeispiel". Hinzu kommt die starke Verkarstung der über dem Meeresspiegel gelegenen Plattformen. Sie tragen eine eigenartige Flora mit vielen seltenen, an die Trockenheit des Karstbodens angepaßten Pflanzenarten. Auf den inzwischen untergetauchten Terrassen haben sich dagegen schöne Korallenriffe entwickelt.

Valdés-Halbinsel

Staubtrockene Sommer, in denen die Temperaturen bis auf über 40°C steigen können, ebenso trockene Winter mit häufigem Frost und das ganze Jahr über heftige Westwinde, die sich über dem flachen, offenen Land nicht selten mit Sturmesstärke austoben – wen überrascht es da, daß die älteste europäische Siedlung an der patagonischen Atlantikküste, Puerto Madryn, erst 1865 gegründet wurde, bezeichnenderweise von britischen Siedlern, die rauhes, windiges Wetter gewohnt waren.

Ihre Nachkommen nutzen die Valdés-Halbinsel bis heute als Schafweide, ein karges Weideland mit harten, sparrigen Horstgräsern, das neben den Schafen nur noch einigen Guanakos, Füchsen und den mit den Meerschweinchen verwandten Maras oder „Pampashasen" ausreichend Nahrung bietet.

Wesentlich günstiger sind die Bedingungen für die Tierwelt an den Küsten der lediglich durch eine schmale Landenge mit dem Festland verbundenen „Fastinsel". Jahr für Jahr kommen im Herbst der Südhalbkugel über 1500 Glattwale in die seichten Buchten beiderseits der Landenge, um sich dort zu paaren und ihren Nachwuchs zur Welt zu bringen. Nahe der Punta Norte, der nördlichsten Landspitze der Halbinsel, haben die Südlichen See-Elefanten eine große Kolonie, übrigens die äquatornächste dieser massigen Rüsselrobben und weltweit die einzige, die derzeit wächst. In vielköpfigen Kolonien kommen auch Mähnenrobben, Magellan-Pinguine und verschiedene andere der insgesamt fast 200 auf der Valdés-Halbinsel als Brutvögel oder Gastvögel heimischen Vogelarten vor. Die reichen Robbenbestände locken Schwertwale an, die größten aller Delphine, die hier eine einzigartige Jagdtaktik entwickelt haben, um ihre Lieblingsbeute zu greifen: Sie treiben die Robben ins seichte Wasser nahe der Küste, warten darauf, bis die Tiere auf einer Sandbank stranden, und packen sie dann mit ihren mächtigen Kiefern.

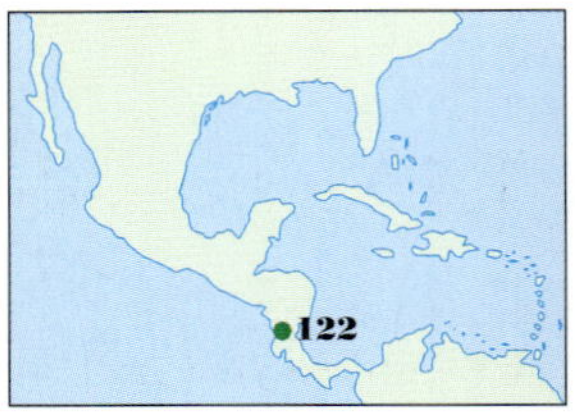

Lage: Im äußersten Nordwesten Costa Ricas, rund 200 km nordwestlich von San José

Naturraum: Tropenzone, im Übergangsbereich von den wechselfeuchten Tropenklimaten über die tropischen Feuchtklimate bis zu den tropischen Regenklimaten

Meereshöhe: Meeresniveau bis über 2000 m (Cordillera de Guanacaste)

Fläche: 1310 km² (davon etwa ein Drittel Küstengewässer)

Zugang: Anfahrt über die Interamericana bis zu den Städten Liberia oder La Cruz; von dort weiter auf Pisten, die zum Teil nur während der Trockenzeit (Januar–April) befahrbar sind. Übernachtungsmöglichkeit auf Campingplätzen sowie in mehreren Lodges in den bzw. im Umkreis der Nationalparks

Immer wenn bei einem Gewittersturm ein paar Baumriesen umstürzen und dadurch im Kronendach des tropischen Regenwaldes eine Lücke aufreißt, entfaltet sich die Vegetation danach am Waldboden im vollen Sonnenlicht geradezu explosionsartig.

Guanacaste

In manchen Nächten erlebt der Strand von Nancite an der Südseite der Santa Rosa-Halbinsel einen Massenansturm, der die täglichen Touristeninvasionen an den beliebtesten Badestränden der Mittelmeerinseln noch um ein Vielfaches übertrifft: Tausende von Bastardschildkröten erscheinen dort plötzlich in der Brandung, überschwemmen den nur etwa 1 km langen und 100 m schmalen Strand förmlich, um im lockeren Sand der Vordünen ihre Eier abzulegen. Nach ungefähr einer Stunde haben sie diese ebenso wichtige wie mühsame Arbeit erledigt und kehren entkräftet auf das offene Meer zurück. Die jungen Schildkröten schlüpfen etwa zwei Monate später; gemessen an der Zahl der gelegten Eier (schätzungsweise zehn Millionen pro Jahr) erreicht jedoch bloß ein kleiner Teil das nasse Element. Unmittelbar nach der Eiablage machen sich nämlich Waschbären, Rabengeier sowie andere vierbeinige oder gefiederte Räuber genüßlich über die Eier her, und auf dem kurzen, aber gefährlichen Weg ins Meer fallen zahllose der eben geschlüpften Schildkröten ihren natürlichen Feinden zum Opfer.

Solche flutwellenartigen Arribadas der Bastardschildkröten, zu denen sich mitunter die riesigen Lederschildkröten gesellen, wären allein schon Grund genug, die Santa Rosa-Halbinsel unter strengen Schutz zu stellen. Die Naturlandschaften an der Nordwestecke Costa Ricas, von der klimatisch recht trockenen Pazifikküste mit den vorgelagerten Inseln über die Cordillera de Guanacaste mit dem Vulkangebiet Rincón de la Vieja bis hinüber auf die stärker beregnete karibische Flanke der Gebirgskette, beherbergen allerdings noch viel mehr Schützenswertes. Davon vermittelt die biologische Statistik einen Eindruck: Nicht weniger als 230 000 Arten (ohne Bakterien und Viren) kommen in den Gebieten der sechs zur Welterbestätte zusammengeschlossenen Nationalparks und anderen Naturreservaten vor. Das entspricht 2 bis 3 % sämtlicher irdischer Tier- und Pflanzenarten.

Der Santa Rosa-Nationalpark an der pazifischen Seite umfaßt das weltweit größte geschlossene Areal der inzwischen bis auf einen winzigen Rest (ganze 0,02 %) der ursprünglichen Fläche vernichteten tropischen Trockenwälder – ein Ökosystem, in dem man seltenste Bromelien und Kakteen findet, in dem sich Tierarten der amerikanischen Tropen, wie der Tapir oder der Jaguar, und Einwanderer aus Nordamerika, wie der Weißwedelhirsch oder der Kojote, begegnen. Im eigentlichen Guanacaste-Nationalpark, der sich mit Bergregen- und Nebelwäldern bis in Höhen über 1600 m hinaufzieht, leben Hokkos (baumbewohnende Hühnervögel), die mit den Eisvögeln verwandten Motmots und die prachtvollen Trogons. Bei Wanderungen muß man vor der hochgiftigen Lanzenotter und der buntgeringelten, aber ebenso gefährlichen Korallenschlange auf der Hut sein.

Im Nationalpark Volcán Rincón de la Vieja schwebt der Besucher an einem Drahtseilsystem hoch über dem Waldboden durch das Kronendach des Bergwaldes, in derselben Etage wie die Kolibris oder Kapuzineraffen und mit bestem Ausblick auf die Gürteltiere und Agutis, die sich von den neugierigen Gästen in luftiger Höhe nicht stören lassen.

Costa Rica ist ein Land der Vulkane, von denen etwa ein halbes Dutzend aktiv ist. Der Rincón de la Vieja erlebte nach einer längeren Ruhepause Anfang der 1990er Jahre einen stärkeren Ausbruch. Jetzt ruht der knapp 2000 m hohe Schichtvulkan und verrät nur durch heiße Quellen, Fumarolen und kleine brodelnde Schlammvulkane und gelegentliche Eruptionen, daß die vulkanische Glut noch nicht ganz erloschen ist. Die Lavafelder der letzten Eruption sind aber zum Teil schon wieder mit Farnen und anspruchslosen Hartheugewächsen bewachsen.

In der Baia Cabrália beim heutigen Porto Seguro fand der Entdecker Brasiliens im April 1500 einen „sicheren Hafen“.

Wie bei den meisten tropischen Küsten sind die jüngsten Dünen an der weiten Bucht nicht wie in unseren Breiten mit

Geschützt 1999 · Brasilien

Lage: In den Bundesstaaten Bahia und Espirito Santo, rund 800 km nordöstlich von Rio de Janeiro

Naturraum: Zone der tropischen Regenklimate

Meereshöhe: 0–536 m

Fläche: 1120 km²

Geschützt 1999 · Brasilien

Lage: In den Bundesstaaten Paraná und São Paulo, etwa 250 km südwestlich der Stadt São Paulo

Naturraum: Zone der tropischen Regenklimate

Meereshöhe: 0–1400 m

Fläche: 4700 km²

Vilha velha („alte Stadt“) nennt man die bizarren Sandsteinfelsen im Hinterland der brasilianischen Südostküste. Doch was wie die Ruinen einer verlassenen Stadt aussieht, ist in Wirklichkeit unter dem feuchtwarmen Klima durch Verwitterung entstanden.

Gräsern, sondern mit Kräutern und niedrigen Sträuchern bewachsen.

Regenwaldreservate Entdeckerküste

Der 22. April 1500 gilt als der Tag, an dem das heutige Brasilien von Pedro Álvares Cabral für Europa entdeckt wurde. Am Abend jenes Tages sichtete der portugiesische Seefahrer im Licht der untergehenden Sonne am Horizont einen „sehr hohen und runden Berg", den er „Monte Pascoal" (Osterberg) nannte, weil das Osterfest bevorstand. Dieser markante (freilich nur etwas über 500 m hohe) Berg bildet bis heute eine weithin sichtbare Landmarke an der „Entdeckerküste" Brasiliens und zugleich den Mittelpunkt eines Nationalparks.

Die üppigen immergrünen Regenwälder, die sich vor einem halben Jahrtausend noch in einem nahezu geschlossenen, mehr als 2000 km langen Streifen entlang der brasilianischen Atlantikküste erstreckten, sind inzwischen auf bestenfalls ein Zehntel der ursprünglichen Fläche geschrumpft. Sie gelten inzwischen als die wahrscheinlich am stärksten gefährdeten Waldökosysteme Brasiliens und der gesamten Erde.

In den Gebirgen im Hinterland der Küste stößt der Regenwald bereits bei höchstens 1000 m Meereshöhe an seine natürlichen Grenzen, zum Meer hin gehen die Wälder bald in die kargen Gebüsche der Restinga über, wie die Brasilianer die Sand- und Dünenfelder an der Küste nennen.

Regenwaldreservate Südostküste Brasiliens

Im Südosten Brasiliens sind größere intakte Regenwaldbestände erhalten geblieben. Zu den ökologisch wertvollsten gehören die Waldinseln, die südwestlich von São Paulo über die Küstenebene von Cananéia und die Serra Paraná Piacaba verstreut liegen. Hier sind die Sommer zwar ein wenig kühler und trockener, doch das etwas ungünstigere Klima wird durch den raschen Wechsel der Landschaften und Lebensräume wettgemacht. Das Tiefland an der Küste besteht aus einem bunten Mosaik von Salz- und Brackwasserlagunen, Sandstränden und Wanderdünen, Mangrovegebüschen und Palmenwäldern. Landeinwärts steigt die durch über 300 Höhlen und zahllose, mitunter mehr als 100 m tiefe Karstschächte förmlich durchlöcherte Küstenkordillere steil bis in das Stockwerk der Nebel- und Wolkenwälder an.

Allein im Küstentiefland kommen in einem Gebiet etwa halb so groß wie Thüringen 620 Vogel- und 260 Säugerarten vor. Die Feuchtgebiete nahe der Küste sind der angestammte Lebensraum des Flachland-Tapirs, des größten pflanzenfressenden Säugetiers in den Tropen der Neuen Welt; Jaguar und Ozelot streifen auf der Suche nach Beute durch die Wälder, wo auch die Harpyie, ein stattlicher Greifvogel, auf Jagd geht. Der Schakutinga, ein etwa birkhuhngroßer Hühnervogel aus der Familie der Hokkos, begnügt sich dagegen meist mit pflanzlicher Kost. Hokkos, die auf Bäumen leben und nisten, sind nur selten einmal zu sehen, aber durch ihre lauten Schreie häufiger zu hören. Eine ähnlich lautstarke Form der Kommunikation pflegen auch die Brüllaffen, die sich ihren Lebensraum in den brasilianischen Küstenregenwäldern mit mehreren anderen Affen, wie den scheuen Spinnenaffen oder den quicklebendigen Tamarins, teilen.

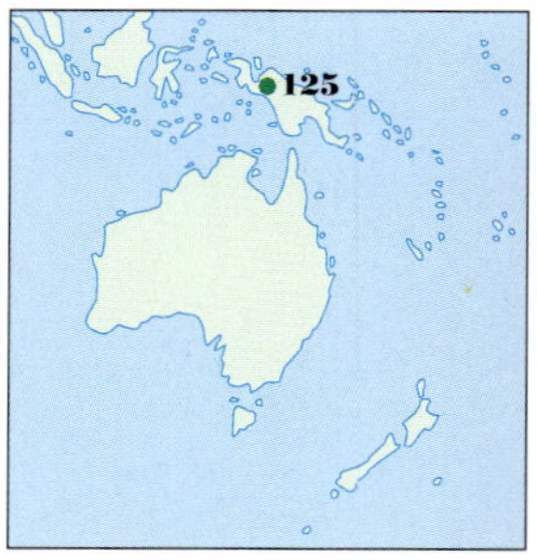

Lage: Im Westen der Insel Neuguinea, zwischen den Küstengewässern der Arafurasee und dem Zentralgebirge

Naturraum: Zone der tropischen Regenklimate

Meereshöhe: 10 m unter dem Meeresspiegel bis 5030 m (Puncak Jaya)

Fläche: 25 000 km²

Zugang: Auf dem Luftweg über verschiedene kleinere Flugplätze im bzw. an den Grenzen des Nationalparks (z. B. Enarotal); mit unregelmäßig verkehrenden Schiffen zu den Häfen an der Küste; Erschließung durch Straßen sowie einfache Unterkünfte bisher nur in den Bergbaugebieten

Kräftige Hebungen der Erdkruste um mehrere tausend Meter und starke Regengüsse, die zu den Gipfeln des Maokegebirges hin auf jährlich über 5000 Liter pro Quadratmeter ansteigen – ideale Bedingungen für die Entstehung von Wasserfällen. An vielen

Stellen ergießen sich deshalb im Lorentz-Nationalpark hohe Kaskaden von den Felswänden in die tief eingekerbten Täler.

Lorentz

Von der türkisblauen Arafurasee vor Neuguineas Südküste reicht dieser Nationalpark über Wälder in den verschiedensten Grüntönen bis zu den schneeweißen Firnfeldern auf den höchsten Gipfeln des Maokegebirges im Zentrum der Insel. Rund 5000 Höhenmeter liegen zwischen dem höchsten und dem tiefsten Punkt des Parks, nur im Sagarmatha-Nationalpark ist die Höhenspanne noch weiter, und mit einer Fläche von 25 000 km² führt der Lorentz-Nationalpark die Liste der größten Naturreservate in Südostasien unangefochten an.

Nahe der Küste ist die Landschaft flach und mit zahllosen Seen übersät, doch landeinwärts steigt das Gelände über die von Kerbtälern eng zerschnittenen Fußhügel bald zur zentralen Gebirgskette an. Sie zeigt die für Kettengebirge der immerfeuchten Tropen typischen extrem steilen Hänge und scharfen Grate, ist auf den Kalksteinschichten stark verkarstet, trägt in Höhen über 4800 m aber auch als Raritäten innerhalb der äquatorialen Zone mehrere kleine Gletscher, die zusammen etwa drei Quadratkilometer bedecken.

Kein Berg im Grenzsaum zwischen Asien, Australien und Ozeanien ist höher als der 5030 m hohe Puncak Jaya. Er besteht aus Kalken und Sandsteinen, die im Tertiär noch auf Meeresniveau lagen, dann jedoch kräftig gehoben und gefaltet wurden. Bei der intensiven Gebirgsbildung, die bis heute anhält, entstanden ergiebige Erzlagerstätten. Diese Vorkommen, hauptsächlich von Kupfer und Gold, stellen die größte Gefahr für den Nationalpark dar. In mehreren großen Tagebauen werden die begehrten Erze knapp außerhalb des Parks gefördert.

Abseits der Bergbaureviere sind die natürlichen Ökosysteme der Küstensümpfe, tropischen Tiefland- und Bergregenwälder, Hochgebirgsheiden und -moore in dem riesigen, kaum besiedelten Gebiet nahezu unversehrt erhalten. Allenfalls 10 000 Menschen leben dort als Bauern, Jäger und Fischer, lassen der einheimischen Tierwelt aber noch reichlich Lebensraum. Etwa vier Fünftel der im westlichen Neuguinea beheimateten Säugerarten kommen im Nationalpark vor, eine einzigartige Mischung aus typischen Australiern, wie dem Baumkänguruh, und südostasiatischen Nagetieren und Fledermäusen.

Legendären Ruf genießt die Vogelwelt der großen Tropeninsel, und mit mehr als 400 Arten, davon etwa die Hälfte endemischen, spiegelt sich die beeindruckende Artenvielfalt auch in der gefiederten Fauna des Parks wider. Durch ihr sonderbares Brutverhalten sind die bis fast truthahngroßen Großfußhühner bekannt: Sie scharren im Urwald Blätter und andere Pflanzenteile zu einen meterhohen Hügel zusammen, legen ihre Eier in eingegrabene Nischen und lassen sie durch die Wärme, die in dem natürlichen Komposthaufen entsteht, in einigen Wochen ausbrüten. Die Laubenvögel, von denen sechs Arten im Nationalpark vorkommen, geben sich dagegen besondere Mühe bei der „architektonischen" Gestaltung ihrer Balzplätze. Sie errichten dort kunstvolle Bauwerke, die an Hütten erinnern und oft von gepflegten Gärten umgeben sind. Ihre nächsten Verwandten, die Paradiesvögel, machen wiederum durch ihr phantastisch schönes, in allen Farben des Regenbogens schillerndes Gefieder auf sich aufmerksam. Rund 20 Arten dieser Juwelen der Vogelwelt hat man zwischen der Arafurasee und dem Maokegebirge gezählt, dazu zwei Spezies der Kasuarvögel, die als schwerste Vögel nach den Straußen durch ihre Größe und Körperkräfte imponieren. Seit der Gründung des Nationalparks stehen die selteneren Tierarten unter Schutz, und die acht im Park beheimateten Papua-Stämme beklagen Einschränkungen ihrer Jagdrechte. Wie das Beispiel der von den Minengesellschaften aus dem Bergbaurevieren im Hochland vertriebenen Amungme zeigt, sind sie freilich von einer ganz anderen Seite her bedroht. Die Ausweisung des Nationalparks bewahrt daher nicht nur die Natur, sondern auch die traditionelle Kultur seiner menschlichen Bewohner.

Geschützt 1999 · Philippinen

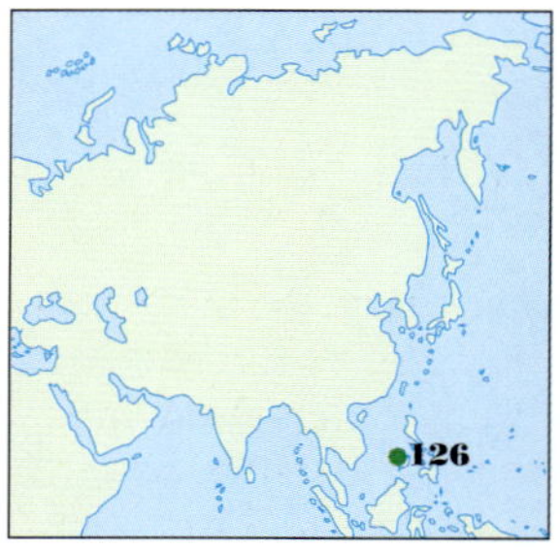

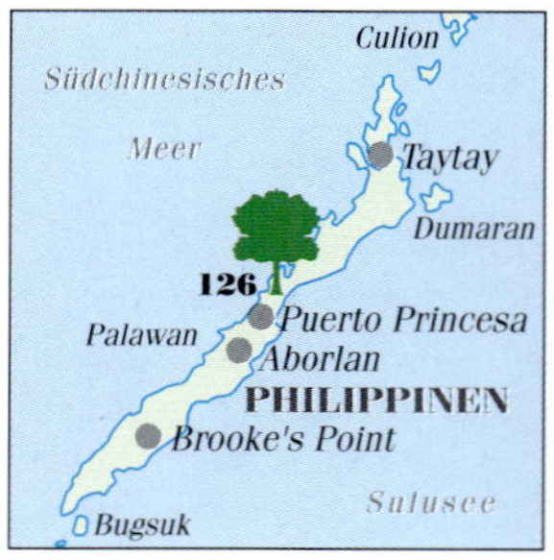

Lage: Knapp 80 km nordöstlich von Puerto Princesa, der Hauptstadt der Insel Palawan/Philippinen

Naturraum: Zone der tropischen Feuchtklimate

Meereshöhe: 0–100 m

Fläche: 388 km²

Die Philippinen liegen am Rand des Verbreitungsgebiets der Dugongs. Früher kamen die friedlichen Seekühe bis ins Rote Meer vor. Durch die Jagd sind ihre Bestände inzwischen stark geschrumpft. Viele Dugongs verfangen sich auch in Fischernetzen.

Geschützt 1999 · Portugal

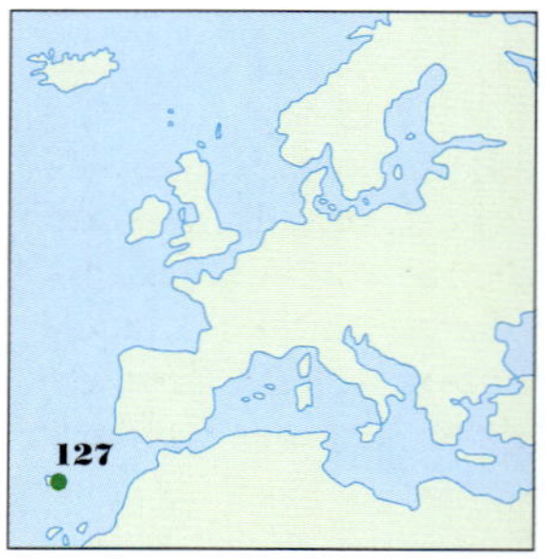

Lage: Innerhalb des Naturparks, der den zentralen Gebirgsrücken und die tief zertalte Nordflanke der Insel einnimmt

Naturraum: Warmgemäßigte Subtropenzone mit feuchten Wintern und trockenen Sommern

Meereshöhe: 0–1400 m

Fläche: 150 km²

Tiefe, enge Schluchten, wie hier die „Höllenschlucht", machen vor allem die Nordflanke der Insel Madeira nahezu unpassierbar. Im Schutz des unwegsamen Geländes blieben dort größere, urwaldähnliche Lorbeerwaldbestände erhalten.

Puerto Princesa

Der Lauf des Cabayugan ist lediglich etwa acht Kilometer lang. Der kleine Fluß wäre wohl nur den Einheimischen bekannt, wenn er nicht schon bald unterhalb seiner Quelle im St. Paul-Gebirge im klüftigen Kalkstein versickern und sich als Höhlenfluß seinen Weg zum nahen Meer, der Sulusee, suchen würde. Er strömt dabei durch riesige, bis zu 60 m hohe und 120 m breite, mit herrlichen Tropfsteinen geschmückte unterirdische Hallen, die zu den größten Attraktionen eines vielbesuchten Nationalparks gehören.

Höhlenflüsse gibt es in vielen Karstgebieten der Erde, doch dieser kleine „Fluß der Nacht" ist einzigartig: Er mündet nämlich direkt ins Meer, wird im Unterlauf von den Gezeiten beeinflußt und führt dort auch Brackwasser, in dem eine Vielzahl bisher nur zum Teil bekannter Tierarten leben. In den über dem Wasserspiegel gelegenen Höhlengängen und -kammern finden Fledermäuse und Salanganen (Seglervögel) Unterschlupf; nahe der Mündung des Cabayugan kann man in den von ausgedehnten Mangrovedickichten gesäumten Küstengewässern Dugongs (Seekühe) und Schildkröten beobachten.

Die Flußhöhle ist durch die Lösung des Kalksteins entstanden, und das kohlensäurehaltige Sickerwasser hat auch an der Erdoberfläche mit einem Gewirr aus messerscharfen Felsgraten und tiefen Einsturzdolinen deutliche Spuren hinterlassen. In dieser für den Menschen schwer zugänglichen, noch etwa zu zwei Dritteln von ursprünglichen tropischen Wäldern bedeckten Karstlandschaft eine ganze Reihe seltener Tiere heimisch, etwa der in bunten Farben schillernde Palawan-Spiegelpfau oder das muntere Palawan-Spitzhörnchen, beides Arten, die weltweit nur dort vorkommen.

Der „Til" oder Stinklorbeer gehört zu den charakteristischen Baumarten der Lorbeerwälder.

Madeira

Was zeichnet einen echten „Urwald" aus? Vor allem ein hohes Alter, das bis in den Zeitraum vor der ersten Besiedlung durch den Menschen zurückreicht, und viele stammesgeschichtlich alte Pflanzen- und Tierarten. Auf dem dichtbesiedelten europäischen Festland, wo mindestens ein Dutzend Eiszeiten jeweils einen biologischen „Kahlschlag" hinterließen, sind die Chancen, einen solchen urwüchsigen Wald zu finden, sehr gering. Die der Südwestecke Europas vorgelagerten atlantischen Inselgruppen, also die Kanaren, die Azoren und der Madeira-Archipel, besitzen dagegen mit ihrem „Laurisilva" noch Reste von Wäldern, die vor 15 bis 40 Millionen Jahren im südlichen Europa weit verbreitet waren.

Sie kommen auf Madeira, wie auf den anderen Inseln, im feuchten, wolkenreichen Gebirgsstockwerk an den nach Norden und Nordosten gerichteten Bergflanken vor, bedecken jedoch ein tälerreiches, schwer zugängliches Bergland und sind deshalb noch großflächiger und ursprünglicher als die Lorbeerwälder auf den Kanaren. Ihr gesamtes Areal umfaßt rund 15 000 Hektar; davon gelten als 90 Prozent als echte Urwälder.

Im Unterschied zu den schon länger besiedelten Inseln in der Nähe des Festlandes, wo die vier Lorbeerarten, welche die Bestände aufbauen, oft zu Gebüschen verkümmert sind, findet man im bis zum 15. Jahrhundert unbewohnten Madeira noch imposante Baumriesen, wie die bis über 40 m hohen Ocotea-(Stinklorbeer-)Bäume in einigen entlegenen Tälern. Ein Beweis für die lange ungestörte Entwicklung dieser Wälder sind auch die verschiedenen endemischen Tierarten Madeiras. Dazu gehören etwa die Madeira-Lorbeertaube oder zwei ausschließlich auf dieser Atlantikinsel heimische Unterarten des Buchfinks und des Sommergoldhähnchens.

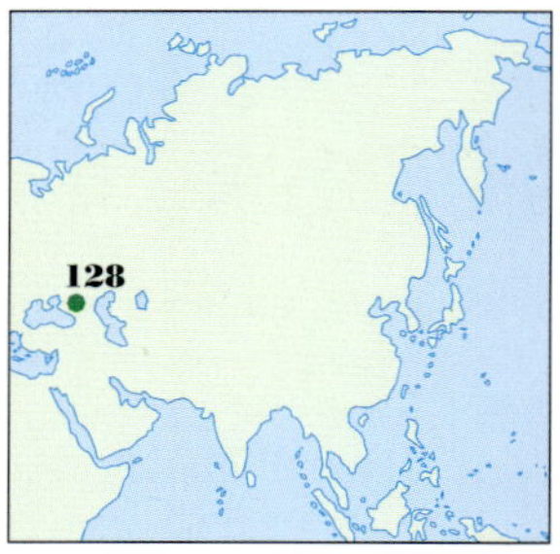

Lage: Nordöstlich der russischen Schwarzmeerküste, auf den Territorien der südrussischen Region Krasnodar sowie der autonomen Republiken Adygeja und Karatschajewo-Tscherkessien

Naturraum: Hochgebirge im Grenzsaum zwischen der warmgemäßigten Subtropenzone und der kühlgemäßigten Zone der Wald- bzw. Steppenklimate

Meereshöhe: 250–3360 m

Fläche: 3512 km²

Zugang: Nur in die Randzonen des kaukasischen Naturschutzgebietes, wie z. B. in das Tal des Flusses Belaja, und lediglich auf einer einzigen touristisch erschlossenen Route. Der weitaus größte Teil der Welterbestätte ist für Besucher unzugänglich und bietet keinerlei touristische Infrastruktur

Nach Osten hin steigen die Bergkämme zu den über 4500 m hohen Gipfeln des zentralen Kaukasus an. Zu den markantesten gehört der Uschba, ein riesiger Felsklotz, der einen der mehr als 1000 Gletscher des Hochgebirges trägt.

Westlicher Kaukasus

Europas Grenzen gegenüber Asien sind unscharf und unter den Experten umstritten. Nur das Uralgebirge im Norden und der Kaukasus im Süden bilden natürliche Barrieren, an denen man das kleine Europa als selbständigen Kontinent eindeutig von der riesigen Landmasse Eurasien abtrennen kann. Über das Gebirge im Norden ziehen sich die großen Landschaftsgürtel hinweg, der rund 1500 km lange und bis 180 km breite Kaukasus stellt dagegen in fast jeder Hinsicht eine markante Grenzlinie dar: geographisch und geopolitisch genauso wie klimatisch und kulturell.

Für die Menschen, die in einem solchen Grenzsaum leben, ist die Lage zwischen den Kontinenten nur selten ein Vorteil, denn politische, ethnische und religiöse Konflikte sind dadurch gewissermaßen vorprogrammiert. Andererseits ist der Kontrast für die Natur immer ein Gewinn. Besonders ausgeprägt sind die Gegensätze im westlichen Kaukasus, im sogenannten Schwarzmeerkaukasus und in den Abchasischen Alpen, wo mit dem Sotschi-Nationalpark und dem Kaukasischen Naturschutzgebiet schon vor längerer Zeit zwei größere, nahezu unberührte Naturreservate ausgewiesen wurden, die jetzt den Kern einer weiträumigen Welterbestätte von der Größe eines deutschen Bundeslandes bilden.

Als junges, in der Erdneuzeit geformtes Kettengebirge ist der Kaukasus eng mit den Alpen verwandt. Hier wie dort besteht der Gebirgskern aus kristallinem Fels, der von einem Mantel aus Sedimentgesteinen umhüllt ist. Die zentralen, im westlichen Kaukasus bis über 3000 m hohen Gebirgskämme zeigen mit über 100 Bergseen, zahlreichen Wasserfällen und tief ausgeschürften Trogtälern die Spuren der eiszeitlichen Vergletscherung. Oberhalb der klimatischen Schneegrenze, die heute um 2800 m Meereshöhe pendelt, liegen rund 60 kleinere Gletscher. Der Kalkstein der Randketten ist meist stark verkarstet; dort wurde unter dem Areal der Welterbestätte Rußlands längste und tiefste Höhle, eine 1600 m tiefe und 15 km lange Grotte, entdeckt. Höhlen, Karstquellen und zum Teil mehr als 500 m tiefe Karstschächte am Oberlauf des Flusses Khosta gehören auch zu den Attraktionen des Sotschi-Nationalparks.

Der nach dem vielbesuchten Kurort an der russischen Schwarzmeerküste benannte Park erstreckt sich an der Südwestseite des Kaukasus, die durch die Gebirgskämme recht gut vor Kaltlufteinbrüchen aus dem Norden geschützt ist. Nur gelegentlich schwappen im Winter sibirische Luftmassen als kalte Fallwinde über die Gebirgsschranke und richten in den Zitruskulturen große Schäden an. Im Durchschnitt liegen die Temperaturen an dieser Seite jedoch selbst im Januar noch bei +5 °C und damit rund zehn Grad über den Mittelwerten an der steppenhaften Nordostseite des Kaukasus.

Nach einer fruchtbaren, in den Sagen des Altertums als irdisches Paradies gerühmten Landschaft am Schwarzen Meer wird das Klima an der Südwestflanke des westlichen Kaukasus als Kolchisklima bezeichnet. Und unter diesem subtropisch-milden, feuchten und regenreichen Klima gedeihen Wälder, die in der Artenvielfalt in Europa unübertroffen sind: die sogenannten Kolchischen Wälder. Kaukasische Hainbuche, Orientalische Hainbuche, Kaukasische Flügelnuß, Orientbuche, Zelkove ..., dazu mehrere Eichen-, Ulmen- und Lindenarten, die rot blühende Pontische Alpenrose und der Pontische Seidelbast, charakteristische Schlingpflanzen wie der Kolchische Efeu – die Florenliste ist lang und enthält viele altertümliche Gewächse, die man aus der Flora des Tertiär kennt.

Bis in Höhen um 700 m reichen die urwaldartigen Bestände im westlichen Kaukasus. Darüber schließen sich Kastanien-Eichen-Wälder, dann Orientbuchenwälder und bis zur Waldgrenze bei etwa 1900 m Meereshöhe Tannen-Fichten-Wälder an. Eine schmale Übergangszone mit dichten Beständen der Kaukasischen Alpenrose und oft mehr als mannshohen Stauden bildet den Auftakt zum zweiten botanischen Höhepunkt des Kaukasus: den alpinen Matten. Sobald der Schnee im Frühjahr den Boden freigegeben hat, verwandeln sich die Wiesen oberhalb der Waldgrenze in Blütenteppiche aus Enzianen, Gladiolen, Primeln, Flocken- und Glockenblumen, aber auch seltenen Orchideen und Schachblumen. Mit fast 1000 Arten ist gerade die Flora der alpinen Matten des westlichen Kaukasus für ein Hochgebirge ungewöhnlich reichhaltig. Der hohe Anteil (etwa ein Drittel) von Endemiten zeigt, daß das ringsum von Tiefländern umgebene Gebirge biologisch gesehen eine entlegene Insel ist, auf der sich eigenständige Arten entwickeln können.

Solche Arten findet man auch in der Tierwelt, wie den Kaukasischen Fischotter, den Westkaukasischen Steinbock und den Kaukasushirsch (Maral) bei den Säugetieren, die Kaukasusotter, den Kaukasischen Schlammtaucher, eine urtümliche Froschart, oder die Kaukasusagame bei den Lurchen und Kriechtieren, das Kaukasusbirkhuhn und das Kaukasische Königshuhn bei den Vögeln.

Vom Wisent gab es ursprünglich ebenfalls eine nur im Kaukasus heimische Unterart, die in den 1920er Jahren ausgerottet wurde. Inzwischen hat man die zotteligen Wildrinder jedoch wieder im Kaukasischen Naturschutzgebiet eingebürgert. Sie teilen sich ihren Lebensraum mit Rehen und Wildschweinen, Wölfen, Wildkatzen, Luchsen und Braunbären, die zwar nicht häufig, doch in einer stabilen Population vertreten sind.

Insgesamt kommen rund 60 verschiedene Arten von Säugetieren auf dem Gebiet der Welterbestätte vor; die Zahl der Vogelarten ist sogar mehr als doppelt so groß. Ungefähr drei Dutzend, deutlich mehr als beispielsweise in den Alpen, bevölkern den Luftraum über den parkartig aufgelichteten Wäldern und Gebüschen nahe der Waldgrenze und den alpinen Matten und Felsschuttfluren bis hinauf zu den höchsten Gipfeln. Große, in anderen Hochgebirgen sehr seltene Greifvögel, wie der Kaiseradler, der Schlangenadler, der Raubadler oder der nur im Südosten Europas beheimatete Kurzfangsperber machen in dem offenen Gelände Jagd auf kleine Nager, Echsen und Schlangen. An den steilen Felswänden nisten hier Felsentauben, Alpenkrähen und Kolkraben. Der Schneefink und der Berggimpel wagten sich bis ins oberste Gebirgsstockwerk vor, während die Ringdrossel und der Wacholderlaubsänger die lichteren Bergwälder und Krummholzgebüsche bevorzugen.

So wie die unterschiedlichsten Tier- und Pflanzenarten im Kaukasus ihre ökologische Nische gefunden haben, bietet das Hochgebirge an der Grenze zwischen Asien und Europa auch Rückzugsgebiete für die verschiedensten Völker. Nirgends im Gebiet der früheren Sowjetunion ist die politische und ethnische Landkarte deshalb so bunt wie im Kaukasus. Im Vergleich zu anderen Hochgebirgen sind die entlegenen Täler auch dicht besiedelt, und damit wächst zwangsläufig der Druck auf die natürliche Umwelt. Der westliche Kaukasus bildet in dieser Beziehung eine Ausnahme, denn hinter den küstennahen Randketten liegen nur noch wenige Siedlungen. Bereits in der Zarenzeit wurde dort 1882 das erste Schutzgebiet eingerichtet, freilich weniger zum Schutz der Natur, sondern um die reichen Jagdgründe zu erhalten. Und die Jagdleidenschaft der Kaukasier macht den Naturschutzbehörden bis heute zu schaffen. Da innerhalb der Naturreservate die Jagd verboten ist, versuchen es clevere Jäger mit gezielter „Abwerbung" des Wildes. Sie legen knapp außerhalb der Grenzen Salzleckstellen an und locken die Tiere so vor ihre Gewehre.

Der Kaukasus-Wisent, eine Gebirgsform des mächtigen eurasischen Wildrindes, starb 1927 aus. Heute leben wieder einige aus dem Flachland eingebürgerte Wisente in den Naturschutzgebieten im westlichen Kaukasus.

Glossar geologischer Begriffe

Andesit, meist dunkelgraues vulkanisches Gestein mit feinkörniger, glasreicher Grundmasse, in die einzelne größere helle und dunkle Minerale als sogenannte Einsprenglinge eingebettet sind. Die nach den Anden benannte Gesteinsart ist vorwiegend an den Rändern von → Platten verbreitet, die sich gegen- und übereinanderschieben.

Badland, von Erosionsrinnen zerkerbtes Gelände, weitflächig ohne Bodenkrume und Pflanzendecke, also „schlechtes" (engl. bad), unfruchtbares Land, in dem das nackte Gestein zutage tritt. Badlands findet man in erster Linie in Trockensteppen und Savannen.

Basalt, dunkelgraue bis blauschwarze vulkanische Gesteinsart, die aus dünnflüssigen, kieselsäurearmen Schmelzen erstarrt. Zu den bekanntesten Unterarten, von denen es mehrere Dutzend gibt, gehört der Säulenbasalt, der meist sechseckig-säulenförmig absondert.

Bergsturz, plötzlicher Abbruch großer Gesteinsmassen an Steilhängen und Felswänden, durch den oft eine markante Abrißnische an der Bergflanke und ein wirres Trümmerfeld aus Gesteinsschutt (die sogenannte Tomalandschaft) auf der Talsohle entstehen.

Bimsstein, helles, mitunter fast weißes Lavagestein mit einem schwammig-porösen Gefüge. Das von zahllosen Luftbläschen ausgefüllte Gestein ist so leicht, daß es im Wasser schwimmt.

Blockmeer, großflächige Ansammlung von Gesteinsblöcken, die in den mittleren Erdbreiten überwiegend durch intensive mechanische → Verwitterung (Frostsprengung) in kalten Klimazonen entstanden ist.

Bombe (vulkanische Bombe), weniger als ein Kubikzentimeter bis mehrere Kubikmeter großes Lavastück, das bei einem Vulkanausbruch in noch halbflüssigem Zustand ausgeschleudert wurde und beim Flug durch Reibung an der Luft seine häufig birnen- oder spindelförmige Gestalt angenommen hat.

Brekzie (Breccie), festes Gestein aus kantigen Gesteinstrümmern oder Lavabrocken, die durch Kalk, Kieselsäure oder ein anderes mineralisches Bindemittel miteinander verkittet sind.

Delta, nach dem griechischen Buchstaben Δ bezeichnete Form von Flußmündungen, bei der sich der Fluß in mehrere Arme aufspaltet und den mitgeführten Schlamm, Sand und Kies als Schwemmfächer in das Meer oder in den See vorschiebt.

Doline, häufige Landschaftsform des → Karsts, im Querschnitt schüssel-, trichter- oder schachtartig, entweder durch rasche Lösungsverwitterung an Gesteinsfugen (Lösungsdoline) oder aber durch den Einsturz unterirdischer Hohlräume (Einsturzdoline) entstanden.

Dolomit, leicht lösliches → Sedimentgestein, das fast völlig aus dem gleichnamigen Mineral (Calcium-Magnesium-Karbonat) besteht. Es hat gewöhnlich eine hellgraue oder gelbliche Farbe und ein unverwechselbar zuckerkörniges Gefüge.

Dünen, durch kräftige und beständige Winde geschaffene Ablagerungen von Sand, in erster Linie an Küsten und in den Trockengebieten der Erde. Die höchsten Dünen, die nach ihrer Gestalt (Sichel-, Wall-, Sterndünen usw.) benannt sind, erreichen mehrere hundert Meter Höhe, die kleinsten sind nur etwa fußhoch. Wanderdünen werden noch weiter umgelagert.

Eiszeit (auch Kaltzeit oder Glazial), Zeitabschnitt der Erdgeschichte, in dem die vergletscherten Gebiete auf der Erde wesentlich größer als heute waren, der Meeresspiegel bis mehr als 100 m unter seinem gegenwärtigen Niveau lag und die Klimazonen beträchtlich gegenüber den heutigen verschoben waren. Die jüngsten Eiszeiten, mindestens sechs bis acht, hinterließen im Quartär (→ Geologische Zeittafel) tiefe Spuren.

Erdbeben, Erschütterungen der Erdrinde, in erster Linie ausgelöst durch ruckartige Verschiebungen innerhalb des Erdkörpers, untergeordet durch Vulkanausbrüche oder den Einsturz unterirdischer Hohlräume.

Basalt
Blockmeer, Bombe
Düne

Erdpyramide
Falte, Gang
Gletscher (Gletschertor)

Erdpyramide, kleinere Geländeform, im allgemeinen aufgebaut aus schwach verfestigten Ablagerungen wie → Moräne oder → Tuff, die bisweilen durch einen großen Deckstein auf der Spitze der kegel-, säulen- oder pyramidenartigen Form vor der vollständigen Abtragung bewahrt werden.

Erosion, mechanische Abtragung und Einebnung der Erdoberfläche durch größere und kleinere Wasserläufe, die Brandung, Gletscher und den Wind. Sofern davon hauptsächlich nur der verwitterte Erdboden betroffen ist, spricht man von Bodenerosion.

Eruption, Aufstieg von → Magma aus dem Erdinnern und Förderung verschiedener vulkanischer Produkte (insbesondere → Lava und → Tephra). Nach der Art der vulkanischen Tätigkeit werden dabei im Überblick die relativ harmlosen, allmählich verlaufenden Lavaeruptionen von den meist explosionsartigen Aschen- und Schlackeneruptionen mit katastrophalen Folgen unterschieden.

Falte (geologische Falte), Verkrümmung von Gesteinsschichten in einen nach oben gespannten Bogen (den geologischen → Sattel) und einen nach unten konvexen Bogen (die geologische → Mulde), hervorgerufen durch kräftige Einengungsvorgänge innerhalb der festen Erdrinde.

Findling, bisweilen viele Tonnen schwerer Gesteinsblock, der von Gletschern und Schmelzwasserströmen über große Entfernungen transportiert und dann beim Abschmelzen als Bestandteil der → Moräne zurückgelassen wurde.

Fjord, weit ins Land eingreifender und oft sehr tiefer Meeresarm, von der Entstehung her ein eiszeitliches → Trogtal, in das während der Nacheiszeit das Meer eingedrungen ist.

Fossil (Versteinerung, Petrefakt), Körperreste oder Spuren vorzeitlicher Lebewesen, die vor allem in → Sedimentgesteinen erhalten geblieben sind. Sie erlauben die Gliederung und Altersbestimmung der Gesteinsfolgen.

Frostboden, häufig für einige Stunden, Tage oder Wochen gefrorener Erdboden, in allen Klimazonen, in denen die Bodentemperaturen regelmäßig unter den Gefrierpunkt sinken. Ein Dauerfrostboden (Permafrost) bleibt auch im Sommer ständig gefroren und taut allenfalls an der Oberfläche in einer dünnen Schicht auf.

Gabbro, mittel- bis grobkörniges → Tiefengestein von brauner bis grün-schwarzer Farbe, mit dunklen, oft grünlich verwitterten Mineralen als Hauptbestandteilen. Zusammen mit dem noch kieselsäureärmeren Peridotit baut das massige Gestein den größten Teil der festen Erdrinde auf.

Gang, mehr oder weniger breite Spalte, die Gesteinsserien durchzieht und mit anderen (jüngeren) Ganggesteinen, Mineralen oder auch Erzen gefüllt ist.

Gips, leicht lösliches Gestein und Mineral, von der chemischen Zusammensetzung her wasserhaltiges Calciumsulfat, das in den verschiedensten Varianten (Alabaster, Marienglas) vorkommt und vorwiegend durch Eindampfung von salzreichem Wasser entstanden ist.

Gletscher, Eismasse, die in festem Zustand talwärts fließt oder gleitet, dabei im oberen Teil (dem Nährgebiet) durch Umwandlung von Schnee in Gletschereis ernährt und im unteren Teil (dem Zehrgebiet) gleichzeitig durch Abschmelzen oder Abbrechen von Eisbergen aufgezehrt wird.

Glimmerschiefer, weitverbreitetes metamorphes Gestein (→ Metamorphose) mit schiefrigem Gefüge und einem charakteristischen silbernen Glanz, der durch den Gehalt an hellem Glimmer bewirkt wird.

Gneis, metamorphes Gestein (→ Metamorphose) bzw. Gruppe von Umwandlungsgesteinen, die oft eine deutliche Bänderung von hellen und dunklen Streifen aufweisen. In diesen Streifen wechseln hellere und dunklere Minerale wie Quarz, Feldspate und Glimmer.

Graben (geologischer Graben), langgestrecktes Bruchfeld der Erdrinde, in dem die Krustenschollen zwischen annähernd parallel verlaufenden → Verwerfungen relativ zur Umgebung abgesunken sind. Jüngere Gräben treten auch in der Landschaft als Senken hervor.

Granit, meist hellgraues, mittel- bis grobkörniges → Tiefengestein, das sich in den Hauptbestandteilen aus Quarz, Feldspaten und Glimmern zusammensetzt. Die innerhalb der kontinentalen Erdkruste sehr häufige Gesteinsart oder -familie verwittert öfters zu rundlichen Blöcken, die sich zu Felsburgen auftürmen.

Grauwacke, dunkelgraues, sandsteinartiges → Sedimentgestein, das aus Quarz- und Feldspatkörnern in wechselnden Anteilen sowie aus kantigen oder abgerundeten Bruchstücken anderer Gesteine besteht.

Hängetal, Nebental, das nicht gleichsohlig, sondern mit einer hohen Geländestufe in das Haupttal einmündet. Solche Talformen sind typisch für ehemals vergletscherte Gebirge.

Höhle, natürlicher Hohlraum im Gestein, der mindestens so groß ist, daß ein Mensch hineinkriechen kann. Unterirdische Hohlräume können auf verschiedenste Weise entstehen, am häufigsten sind die durch Lösungsvorgänge geschaffenen Karsthöhlen.

Horst, längliches Bruchfeld der Erdrinde, in dem die Krustenschollen zwischen annähernd parallel verlaufenden → Verwerfungen relativ zur Umgebung gehoben worden sind.

Ignimbrit, auch als Schmelztuff bezeichnete Ablagerung von Aschen und Lavabruchstücken unterschiedlichster Größe, die aus einer vulkanischen Glutwolke abgesetzt und durch die enorme Hitze miteinander verschweißt worden sind.

Inlandeis, kuppel- oder schildförmige Eismasse, die ein riesiges Gebiet nahezu lückenlos bedeckt; während der → Eiszeiten lagen große Teile der polaren und mittleren Erdbreiten unter solchen Eisschilden, heute trägt noch der antarktische Kontinent ein mehrere Millionen Quadratkilometer großes Inlandeis.

Inselberg, im allgemeinen ein einzelner Berg oder eine Berggruppe, die sich inselartig und unvermittelt über ein Flachland erhebt, im besonderen die isolierten Höhen, die über den → Rumpfflächen der Tropen aufragen.

Kalkstein, überwiegend hellgraues oder gelbliches → Sedimentgestein, das zu mindestens 75% aus Calciumkarbonat besteht und sich gewöhnlich aus dem Meer und anderen Gewässern ausgeschieden hat. Wegen ihrer hohen Löslichkeit neigen Kalksteine zur Verkarstung.

Kar, nischenartige Vertiefung in Berggipfeln und Steilhängen, die durch einen (Kar-)Gletscher geformt wurde, zum Teil heute noch eine Eismasse enthält. Hinter der Schwelle, die das Kar an der Talseite begrenzt, bildet sich oft ein kleiner See.

Karren, häufigste Karstformen: scharfkantige Rillen und Furchen, die das abrinnende Regen- und Schmelzwasser in die Oberfläche leicht löslicher Gesteine wie → Kalkstein oder → Gips ätzt.

Karst, zusammenfassende Bezeichnung für Landschaften mit leicht löslichen Gesteinsarten und typischen Landschaftsformen wie → Dolinen oder → Trockentälern, die vor allem durch Lösungsvorgänge geprägt werden

Kies, lockeres → Sediment aus abgerundeten Gesteinsbruchstücken, die einen Korndurchmesser zwischen 2 und 63 mm haben.

Kliff, durch die Erosion der Brandungswellen geformte Steilküste, die bei widerstandsfähigen Gesteinen und starker Abtragung Höhen von mehr als 100 m erreichen kann.

Konglomerat, durch ein mineralisches Bindemittel (häufig Kalk) fest miteinander verkittete Schichten von → Kies und gröberem Geröll.

Krater, überwiegend durch explosionsartige Vulkanausbrüche geschaffene trichter-, schacht- oder kesselförmige Vertiefung der Erdoberfläche; ein Einsturzkrater oder eine

Granit
Kalkstein (Lochkalk)
Karst

Lava (Lavastrom)
Lava (Kissenlava)
Metamorphose (Kontakt-M.), Phonolith

Caldera (span. Kessel) entsteht beim Einsturz eines Hohlraums unter dem Vulkanbau.

Laterit, ziegelrot gefärbter, krustenartig verhärteter Boden subtropischer oder tropischer Klimazonen, den Pflanzen kaum noch mit ihren Wurzeln durchdringen können und der im Extremfall überhaupt keine Pflanzendecke mehr trägt.

Lava, dünnflüssige oder mehr pastenartige Gesteinsschmelze, die aus einem Vulkan quillt, zugleich aber auch das Gestein, zu dem die Schmelze an der Erdoberfläche erstarrt.

Löß, kalkhaltiger Gesteinsstaub, der insbesondere während der → Eiszeiten vom Wind in der Tundra und Steppe abgelagert wurde und im Lauf der Nacheiszeit in den oberen Schichten zu fruchtbarem Lößlehm verwittert ist.

Mäander, Flußschlinge, die entweder als sogenannter freier Mäander in einer Talaue frei ausschwingt oder aber als Talmäander (eingesenkter Mäander) in ein Gebirge eingeschnitten ist.

Maar, vulkanischer Kessel, der sich in feuchten Klimazonen meist mit Wasser füllt und dann einen See („Meer") bildet. Die Kessel entstehen durch Gaseruptionen und/oder die schlagartige Verdampfung von Grundwasser am Kontakt mit der glühenden Schmelze.

Magma, natürliche glutheiße mineralische Schmelze, die neben viel gelöstem Gas auch mehr oder weniger feste kristalline Bestandteile enthält, innerhalb der Erdrinde aufsteigt und bei Abkühlung zu magmatischen Gesteinen (Erstarrungsgesteinen) erstarrt.

Marmor, durch Druck und Hitze veränderter Kalkstein (→ Metamorphose), der sich vor allem durch die oft sehr großen Kristalle und das charakteristische Farbmuster vom meist feinkörnigen, einheitlich gefärbten Ausgangsgestein unterscheidet.

Mergel, dünnschichtiges, relativ weiches → Sedimentgestein, das etwa zu gleichen Teilen aus Kalk und Tonmineralen besteht.

Metamorphose, Umwandlung der Gesteine durch hohe Temperaturen und Drucke sowie Zufuhr bzw. Abtransport chemischer Substanzen. Je nach der Art und dem Grad der Metamorphose entstehen dadurch die verschiedensten metamorphen Gesteine (Metamorphite), vom „gefritteten", durch Hitzeeinwirkung unter einem Lavastrom rot gebrannten Boden bis zum fast aufgeschmolzenen → Gneis.

Moor, Boden aus → Torf, der sich in sumpfigen Niederungen und regenreichen Klimazonen zu dickeren Schichten anhäuft. Das ebene, vom Grundwasser beeinflußte, meist nährstoffreiche Niedermoor entsteht rund um den Erdball in Sümpfen und an den Ufern von Seen, das uhrglasförmig aufgewölbte Hochmoor ist dagegen an die feuchtesten kühleren Regionen gebunden.

Moräne, erstens ein lockeres → Sediment, ein buntes Gemisch der verschiedensten Gesteinsarten und unterschiedlichsten Korngrößen, das von einem Gletscher transportiert und beim Abschmelzen zurückgelassen wurde, zweitens die verschiedenen Landschaftsformen (Endmoränen, Seitenmoränen...), die aus diesen Ablagerungen bestehen.

Mulde (geologische Mulde), der nach unten, zum Erdinnern hin, gewölbte Teil einer Falte.

Nehrung, schmale Landzunge, die eine Meeresbucht größtenteils oder vollkommen vom offenen Meer abschnürt.

Olivin, hellgrünes bis grünschwarzes Mineral, als Edelstein auch Peridot genannt, das in zahlreichen dunklen → magmatischen Gesteinen vorkommt und wahrscheinlich das häufigste Mineral der Erdrinde ist.

Oolith (Kalkoolith), Unterart des Kalksteins, zusammengesetzt aus hellgrauen oder -braunen, bis etwa erbsengroßen Kalkkügelchen, die sich an den Küsten warmer Meere aus dem kalkübersättigten Wasser um Sandkörner ausscheiden.

Phonolith, grünlichgraues vulkanisches Gestein, das hauptsächlich aus verschiedenen Feldspat-Mineralen besteht, plattig absondert und als „Klingstein“ beim Anschlagen mit dem Geologenhammer einen hellen Ton von sich gibt.

Pilzfelsen, einzelner Felsen, der wie ein Pilz mit einem schmalen Fuß und einem breiten, schirmartig ausladenden Oberteil geformt ist. Derartige Formen kommen vor allem in Wüsten vor, wo die Verwitterung und Abtragung durch Windschliff in Bodennähe am stärksten sind.

Platte, in der Geologie ein Bruchstück der festen Erdrinde, das von Strömungen im oberen Erdmantel angetrieben langsam (einige Zentimeter pro Jahr) über den Erdball driftet. Die Erdrinde gliedert sich in mindestens ein Dutzend größere Platten.

Podsol, stark ausgelaugter, in Nähe der Bodenoberfläche hellgrau gebleichter „Aschenboden“, der vorwiegend im Nadelwaldgürtel am Rand der Arktis verbreitet ist, in Varianten aber auch in den Tropen und Subtropen auf nährstoffarmen Gesteinen vorkommt.

Porphyr, meist rötliches oder violettes (griech. pórphyra = Purpur), im Erdaltertum entstandenes vulkanisches Gestein, das in einer sehr feinkörnigen Grundmasse einzelne große Kristalle enthält und oftmals mächtige Decken und Stöcke bildet.

Quarzit, sehr hartes, graues, gelbliches oder rötliches Gestein, das fast nur aus fest miteinander verkitteten Quarzkörnern besteht. Es entsteht vorwiegend durch → Metamorphose aus Sandstein (Meta-Quarzit), bildet sich aber auch als Sedimentgestein (Sedimentärquarzit) aus lockerem Sand.

Riff, Aufragung des sandig-schlickigen oder felsigen Meeresgrundes, die häufig durch Ablagerung von Lockermaterial, in subtropisch-tropisch warmen Meeren, aber auch durch das Wachstum von Korallen und anderen kalkausscheidenden Organismen entsteht.

Roterde, allgemein ein durch feinverteilte Eisenminerale intensiv rost- oder ziegelrot gefärbter Boden, im besonderen ein Boden der äußeren Tropen, der durch Austrocknung in den Trockenzeiten ein lockeres, krümeliges („erdiges“) Gefüge erhält.

Rumpffläche, allenfalls leicht gewellte, nahezu ebene „Fastebene“, die unabhängig von der Gesteinshärte und den geologischen Bauformen den festen Gesteinsuntergrund kappt. Solche Abtragungsebenen entstehen wohl vor allem unter dem wechselfeuchten Klima der äußeren Tropen.

Rundhöcker, länglicher, durch Gletschereis geformter und geschliffener Felsbuckel in Hochgebirgen und ehemals vereisten Flachländern.

Sandstein, weitverbreitetes, festes → Sedimentgestein, das hauptsächlich aus miteinander verkitteten Mineralkörnern (meist Quarz) zwischen 0,02 und 2 mm Größe besteht. Je nach der Kornart und dem Bindemittel (Kalk, Kieselsäure) werden zahlreiche Unterarten unterschieden.

Sattel (geologischer Sattel), der nach oben, zur Erdoberfläche hin gewölbte Teil einer → Falte.

Schiefer, Gruppe von Gesteinen, die sich in dünne, mehr oder weniger ebenflächige Platten brechen bzw. spalten lassen. Dazu gehören neben verschiedenen → Sedimentgesteinen wie Tonschiefer oder Ölschiefer vor allem eine ganze Reihe → metamorpher Gesteine, die auch als kristalline Schiefer bezeichnet werden.

Schildvulkan, fast ausschließlich (über 99 %) aus Lavaströmen aufgebauter, flach-kegelförmiger, meist kreisrunder → Vulkan, der mit Böschungswinkeln von 3 bis 8° ganz allmählich zu einem Gipfelkrater aufsteigt.

Schlacke, unregelmäßig geformter, schwammig-poröser Lavabrocken, der oft in noch halbflüssigem Zustand aus dem Krater geschleudert, beim Auffallen auf den Erdboden fladenartig breitgequetscht wird und als Schweißschlacke an der Aufschlagstelle festschweißt.

Schlucht, enges Tal mit steilen, zum Teil überhängenden Felswän-

Pilzfelsen, Podsol
Quarzit, Riff
Sandstein, Schlucht

den, geschaffen von einem Wasserlauf, der sehr schnell in die Tiefe erodiert.

Sediment, Sedimentgestein, lockere, als Gestein mehr oder weniger stark verfestigte und fast immer deutlich geschichtete Ablagerung von Gesteins- und Mineralbruchstücken, Pflanzen- und Tierresten sowie löslichen Substanzen, die sich aus Wasser ausgeschieden haben.

Sinter, meist schlackig-poröse mineralische Ausscheidung an Quellen, Flüssen und in Höhlen, am häufigsten aus Kalk bestehend (Kalksinter), etwa beim festen, dichten Travertin oder blasigen Kalktuff.

Stratovulkan, Schichtvulkan, Sammelbegriff für alle → Vulkane, die abwechselnd aus Lavaströmen und → Tephra aufgebaut sind und besonders bei den tephrareichen (Anteil 70 bis 90 %) charakteristische Vulkankegel wie die des Fuji-san oder des Vesuv bilden.

Strudelloch, Strudeltopf, schüssel- oder topfartige Vertiefung in Flußbetten oder an felsigen Küsten, geschaffen von kreiselartigen Strömungen, die den Felsuntergrund mit Geröllen oder Sand erodieren.

Tephra, zusammenfassender Begriff für die verschiedenen Typen vulkanischen Lockermaterials (von der feinkörnigen Asche bis zur kubikmetergroßen → Bombe), das im Gegensatz zur kompakten → Lava bei den Ausbrüchen zerbrochen und zerkleinert wurde.

Tiefengestein, magmatisches Gestein (→ Magma), das bereits in größeren Tiefen der Erdkruste (einige Kilometer) aus der Schmelze erstarrt ist, etwa → Gabbro oder → Granit.

Torf, braun bis tiefschwarz gefärbter Humus, der sich in Mooren unter Luftabschluß oder -mangel aus abgestorbenen Pflanzen- oder Tierresten bildet.

Trockental, gegenwärtig nicht mehr ständig von einem Bach oder Fluß durchflossenes Tal, hauptsächlich in Karstlandschaften.

Trogtal (auch U-Tal), im Querschnitt U-förmiges, im Längsschnitt durch hohe Felsriegel gegliedertes Tal, die typische Talform von Gebirgen, die während der → Eiszeiten stark vergletschert waren.

Tropfstein, besondere Variante des → Sinters, in Höhlen (selten auch im Freien) an Felswänden durch Ausscheidung aus Tropfwasser gebildet, mit dem Deckentropfstein (Stalaktit) und dem Bodentropfstein (Stalagmit) als Grundformen.

Tuff, schwammig-blasiges, deshalb auch relativ leichtes Gestein wie der Kalktuff, vor allem aber der mehr oder weniger stark verfestigte, aus → Tephra bestehende vulkanische Tuff.

Verwerfung, Bruchfläche innerhalb der Erdkruste, an der sich zwei benachbarte Gesteinsschollen horizontal, vertikal und/oder diagonal gegeneinander verschoben haben.

Verwitterung, Zerstörung und Umwandlung der Gesteine an oder in der Nähe der Erdoberfläche durch Witterungseinflüsse und Lebewesen, zunächst als rein mechanische Zerkleinerung, etwa durch den Bodenfrost (mechanische Verwitterung), die ohne scharfe Grenzen in die chemische Verwitterung übergeht, bei der der Mineralbestand durch Auslaugung (seltener Zufuhr) bestimmter Substanzen deutlich verändert wird.

Vulkan, Stelle der Erdoberfläche, an der gegenwärtig oder in früheren Abschnitten der Erdgeschichte → Lava, → Tephra, verschiedene vulkanische Gase, Wasserdampf und heißes Wasser ausgetreten sind bzw. noch austreten.

Watt, Meeresboden, der im ständigen Wechsel von Ebbe und Flut meist für einige Stunden trockenfällt und dann wieder überflutet wird. Nach der Bodenart werden unter anderem Sandwatt, Schlickwatt und das Felswatt auf festem Gestein unterschieden.

Strudelloch
Torf (Hochmoortorf), Verwerfung
Verwitterung, Watt (Sandwatt)

Geologische Zeitalter	**Erdurzeit**	**Erdaltertum (*Paläozoikum*)**					
Periode	**Präkambrium**	**Kambrium**	**Ordovizium**	**Silur**	**Devon**	**Karbon**	**Perm**
Beginn vor etwa… Mio. Jahren	4000	590	505	438	408	360	286
Entwicklung der Erde	Nach Bildung einer geschlossenen Erdkruste (Datierung des ältesten Gesteins: 3960 Mio. Jahre) in der „Permobilen Ära“ der Erdgeschichte zahlreiche Gebirgsbildungen mit Vulkanismus, Plutonismus und Metamorphose. Reste der ersten kontinentalen Kruste in mehreren Kontinentalkernen erhalten.	Weite Ozeane gliedern die Landmassen unseres Planeten in eine „Norderde“ (Laurasia) und eine „Süderde“ (Gondwana). Erstmals in der Erdgeschichte werden Salzgesteine abgelagert; sie deuten wie die häufigen Riffkalksteine auf warmes und zeitweise sehr trockenes Klima hin.	Flachmeere überfluten die beiden Superkontinente zum großen Teil. Es beginnt eine Zeit lebhafter Krustenbewegungen, begleitet von heftigen Vulkanausbrüchen, außerdem verschärfen sich die Klimagegensätze zwischen den äquatorialen und den polnahen Zonen, die teilweise vergletschert sind.	Zu Beginn des Silurs dringt das Weltmeer erneut gegen die Festländer vor. Um 420 Mio. Jahre v. h. liegen auf der Nordhalbkugel nur noch einige größere Inseln im Ozean verstreut, in dem sich jetzt erstmals in der Erdgeschichte große Korallenriffe bilden. Vom heutigen Nordwesteuropa wird hinüber nach Kanada und Grönland ein Faltengebirge aufgefaltet, das die beiden Kontinentalkerne verschweißt und den Uratlantik verdrängt.	Die letzten Phasen der kaledonischen Gebirgsbildung verändern die Geographie der Nordhalbkugel: eine riesige Landmasse, nach den rotgefärbten Sedimenten Old-Red-Festland genannt, reicht jetzt fast um den ganzen Erdball. Die Südkontinente sind teilweise vergletschert, der Südpol liegt im südlichen Afrika.	Im Karbon rücken der Nordatlantische Kontinent und Gondwana näher aneinander und bilden den nur durch einen in west-östlicher Richtung verlaufenden Meeresarm gegliederten globalen Großkontinent Pangäa. Das Klima wird kühler und feuchter. In vielen Regionen lagern sich über absinkenden Krustenschollen Kohlen ab, daneben steigen die Ketten des Variskischen Gebirges auf.	Die variskische Gebirgsbildung, die u.a. in Eurasien und Nordamerika mehrere Kettengebirge geschaffen hatte, geht mit heftigen Vulkanausbrüchen und starken Krustenbewegungen zu Ende. Auf den Südkontinenten entwickelt sich eine ausgedehnte Vereisung, im heutigen Europa werden dagegen unter einem trocken-heißen Klima rotgefärbte Sedimentgesteine sowie Gips und Stein- und Kalisalze abgelagert.
Entwicklung der Lebewesen	Seit etwa 3800 Mio. Jahren v. h. Evolution der Organismen über zellkernlose Bakterien (2800 Mio. Jahre v. h.) und primitive Eukaryonten (1400 Mio. Jahre v. h.) zu Mehrzellern; älteste erhaltene Körperreste vielzelliger Tiere in 680 Mio. Jahre alten Gesteinsschichten.	Mit Ausnahme der Wirbeltiere sind bereits alle wichtigen Tiergruppen in der reichhaltigen fossilen Fauna des Kambriums vertreten. Hinweise auf Landlebewesen fehlen allerdings noch. Die Meeresfauna wird vor allem von Trilobiten und Brachiopoden geprägt.	Die ersten sicheren Wirbeltiere tauchen in der Fauna auf; kennzeichnend für diese Periode sind jedoch die Graptolithen, kleine koloniebildende Meereslebewesen, die im Karbon ausstarben. Die Flora besteht noch immer allein aus Thallophyten, z. B. Algen.	Mit dem Erscheinen der ersten Gefäßpflanzen kündigt sich ein neues Zeitalter der Florenentwicklung an. In Lagunen entstehen die Panzerfische, und mit den ersten luftatmenden Skorpionen beginnt gegen Ende des Silurs die Besiedlung des festen Landes.	Erstmals werden die Festländer von urtümlichen Gefäßpflanzen besiedelt; gleichzeitig wird die Zahl der Landtiere größer. Landschnecken und Insekten entwickeln sich, und die Fische, ursprünglich Süß- und Brackwasserbewohner, erobern das Meer als neuen Lebensraum.	Auf den Festländern entwickelt sich ein üppiger Pflanzenwuchs aus Farnen und den Vorläufern der heutigen Nadelbäume. Gegen Ende dieser Periode gehen die ersten Reptilien aus den Amphibien hervor; die meisten Panzerfische und Trilobiten sterben hingegen aus.	Mit den Koniferen, Gingkogewächsen und anderen Samenpflanzen bricht in der Entwicklung der Pflanzenwelt das Mesophytikum an. Von den neuen Tiergruppen sind die Theromorpha, Urahnen der Säuger, sowie die Thecodontier als Vorläufer der Vögel bemerkenswert.

Erdmittelalter (*Mesozoikum*)			Erdneuzeit (*Känozoikum*)	
Trias	**Jura**	**Kreide**	**Tertiär**	**Quartär**
248	213	138	65	2,4
Das Gesamtbild der Kontinente und Ozeane verändert sich zunächst kaum. Mehrmals werden die Festlandsblöcke durch seichte Meere überflutet, die zeitweise austrocknen und eine bunte Folge mariner und kontinentaler Sedimentgesteine hinterlassen. Gegen Ende der Trias-Zeit beginnt das Zeitalter der Alpidischen Orogenese mit stärkeren Krustenbewegungen, die vor allem Indonesien, China und Japan erfassen.	Mit großräumigen Kontinentalverschiebungen entwickelt sich seit etwa 200 Mio. Jahren v. h. das gegenwärtige Erdbild: Der Gondwana-Kontinent zerbricht in mehrere Schollen; die heutigen Ozeane öffnen sich; aus der in westöstlicher Richtung verlaufenden Meereszone entsteht ein vielfach gegliedertes Senkungsgebiet, in dem sich mächtige Sedimentmassen ablagern, die später zum Alpidischen Kettengebirgsgürtel aufgefaltet werden; das Klima ist ausgeglichen und warm.	Im Lauf der Kreide-Zeit nehmen auch die Nordkontinente allmählich ihre heutigen Konturen an. Indien und Arabien driften nach Norden gegen die aus alten Kontinentalkernen zusammengeschweißte Landmasse; innerhalb der Tethys setzen von Vorderasien bis Indonesien verstärkt Gebirgsbildungsvorgänge ein; Krustenbewegungen erfassen ebenso die asiatischen Küsten des Pazifik. Mit der Hebung der jungen Gebirge werden die Meere zurückgedrängt, und in der weiten Verbreitung von Kalk- und Salzgesteinen spiegelt sich ein Temperaturanstieg wider.	Im Lauf des Tertiärs driften die Kontinente allmählich in ihre gegenwärtigen Positionen. Der östliche Teil Eurasiens ist im älteren Tertiär noch durch einen breiten Meeresarm von den Bruchstücken Gondwanalands getrennt, der endgültige Zusammenschub und die Entstehung der jungen Kettengebirge erfolgt erst ab etwa 25 Mio. Jahren. Rund um den Pazifik halten die kräftigen Vulkaneruptionen an; im Innern der Kontinente gibt es einige ausgedehnte Becken, in denen sich Sedimente von Flüssen und Seen in dikken Schichten ablagern.	In der jüngsten Periode der Erdgeschichte kommt es zu einem mehrfachen Wechsel zwischen Warmzeiten und Kaltzeiten, in denen die Temperaturen beträchtlich unter den heutigen Werten liegen und weite Gebiete der Nordhalbkugel vergletschert sind. Allein das westsibirische Inlandeis bedeckt eine Fläche von mehr als 4 Mio. km^2. In den heutigen Trockengebieten ist das Klima während der Kaltzeiten deutlich feuchter, und in den Tropen dringt die Savanne in den Regenwaldgürtel vor und löst ihn in Inseln auf.
Auf dem festen Land entstehen erstmals Pflanzen, die blütenähnliche Gebilde als Fortpflanzungsorgane entwickeln (Bennettiteen); die typischen Gewächse der Karbon- und Permflora sterben dagegen aus; in den Meeren verdrängen Muscheln die bis dahin dominierenden Brachiopoden (Armfüßer); in festländischen Sedimenten tauchen die Reste der ersten Säugetiere auf, und mit bis zu 10 m großen Sauriern beginnt die Blütezeit der Reptilien.	Farne und Nacktsamer beherrschen die Landvegetation der Jura-Zeit; aus ihren Überresten entwickeln sich in den feuchteren polnahen Zonen dicke Kohlenflöze. Zu den charakteristischen Tiergruppen gehören vor allem die Ammoniten, die als Leitfossilien des Jura gelten, sowie die Saurier, die in den verschiedensten Formen und Lebensräumen vorkommen. Aus einem Zweig der Reptilien gehen über den berühmten Urvogel Archaeopteryx die ersten Vögel hervor.	Das Auftreten der Bedecktsamer in der Unterkreide (138–98 Mio. Jahre v. h.) stellt nach der Besiedlung des festen Landes durch die Pflanzen im Devon die zweite große Wende in der Florenentwicklung dar. Sie entstehen wohl in Anpassung an die Bestäubung durch Tiere, und fördern damit die Entfaltung der Vögel und Säugetiere, die jetzt die ökologischen Nischen der Reptilien einnehmen und die Kriechtiere nach und nach verdrängen.	Der Übergang von der Kreide zum Tertiär ist durch einen tiefen Einschnitt in der Fauna gekennzeichnet: zahlreiche Tierarten sterben aus, dafür entwickeln sich jetzt vor allem die Säugetiere weiter. Sie werden auf dem Festland zur beherrschenden Tiergruppe und passen sich auch an den marinen Lebensraum (Wale, Robben) an. Aus einem Stamm kleiner Säuger entstehen die Primaten (Herrentiere); im mittleren Tertiär tauchen die ersten Hominiden (Menschenartigen) auf.	Die Kaltzeiten haben erhebliche Auswirkungen auf die Flora und Fauna: In den vereisten Gebieten des Nordens und in den Hochgebirgen wird nahezu jedes Leben ausgelöscht, auch in den nicht vergletscherten Zonen der mittleren Breiten fallen viele Arten der Kälte zum Opfer, die heutigen Hitzewüsten besitzen dagegen eine reiche Tier- und Pflanzenwelt, und in den geographisch isolierten Waldinseln der feuchteren Tropen entwickeln sich zahllose neue Arten.

Weltkarte S. 282/283

1 Simien Seite 8
2 Galápagos-Inseln 10
3 Nahanni 16
4 Yellowstone 18
5 Ngorongoro 24
6 Virunga 26
7 Dinosaurier Provinzpark 28
8 Kluane, Wrangell-St.-Elias 30
9 Grand Canyon 32
10 Everglades 34
11 Sagarmatha 38
12 Seen von Plitvice 44
13 Belovezhskaya Pushcha/ Bialowieza 46
14 Ichkeul 48
15 Kahuzi-Biega 50
16 Garamba 50
17 Redwood 52
18 Durmitor 54
19 Nimbaberge 54
20 Djoudj 56
21 Niokolo-Koba 56
22 Serengeti 58
23 Los Glaciares 62
24 Darién 64
25 Olympic Mountains 66
26 Mammuthöhlen 68
27 Großes Barriere-Riff 70
28 Taï 74
29 Aldabra Atoll 76
30 Selous 78
31 Río Plátano 80
32 Lord-Howe-Archipel 82
33 Comoé 82
34 Vallée de Mai 84
35 La Amistad 86
36 Sangay 88
37 Wood Buffalo 92
38 Great Smoky Mountains 94
39 Pirin 96
40 Srebarna 98
41 Scandola 98
42 Malawi-See 100
43 Mana-Pools 102
44 Salonga 106
45 Iguazú/Iguacu 108
46 Kanadische Rocky Mountains 110
47 Yosemite 116
48 Chitwan 118
49 Huascarán 120
50 Keoladeo 122
51 Manas 124
52 Kaziranga 126
53 Central Eastern Rainforest Reserves 130
54 Inselgruppe St. Kilda 132
55 Damm des Riesen 132
56 Höhlen von Skocjan 134
57 Garajonay 136
58 Tierreservat Dja 138
59 Kilimandscharo 140
60 Gros Morne 144
61 Sian Ka'an 144
62 Manú 146
63 Vulkane von Hawaii 148
64 Sundarbans/Indien 152
65 Manovo-Gounda-St. Floris 152
66 Nanda Devi 154
67 Sinharaja Forest 156
68 Wet Tropical Rainforests 158
69 Henderson-Insel 162
70 Banc d'Arguin 162
71 Viktoria-Fälle 164
72 Tsingy de Bemaraha 168
73 Te Wahipounamu 170
74 Aïr und Ténéré 172
75 Ujung Kulon/Krakatau 178
76 Komodo 180
77 Thung Yai Naresuan/ Huai Kha Khaeng 182
78 Haifisch-Bay 182
79 Donaudelta 184
80 Huanglong 186
81 Jiuzhaigou 188
82 Wulingyuan 188
83 Fraser Insel 190
84 El Vizcaínó 192
85 Shirakami-Gebiet 194
86 Yakushima-Wald 194
87 Tubbataha-Riff 196
88 Ruwenzori 198
89 Bwindi 202
90 Los Katíos 202
91 Canaima 204
92 Arabian Oryx 206
93 Ha-Long-Bucht 206
94 Riversleigh/Naracoorte 208
95 Doñana 210
96 Glacier/Waterton-Lakes 214
97 Carlsbad Höhlen 216
98 Messel 218
99 Gough-Insel 222
100 Komi Forest 222
101 Aggtelek-Höhlen/ Slowakischer Karst 224
102 W-Niger-Nationalpark 226
103 Okapi Wildreservat 226
104 Korallenriffe von Belize 228
105 Baikalsee 230
106 Vulkane von Kamtschatka 234
107 Lake Turkana – Sibiloi 236
108 Mount Kenya 238
109 Morne Trois Pitons 242
110 Cocos Island 242
111 Sundarbans/Bangladesch 244
112 Heard – McDonald 244
113 Macquarie 246
114 Monte Perdido 248
115 East Rennell 248
116 Subantart. Inseln Neuseelands 250
117 Russischer Altai 252
118 Greater St. Lucia 256
119 Miguasha 256
120 Desembarco del Granma 258
121 Valdés-Halbinsel 258
122 Guanacaste 260
123 Regenwaldreservate Entdeckerküste 262
124 Regenwaldreservate Südostküste Brasiliens 262
125 Lorentz 264
126 Puerto Princesa 266
127 Madeira 266
128 Westl. Kaukasus 268

NORD-
AMERIKA
SÜD-
AMERIKA
AFRIK
E
ATLANTISCHER OZEAN
PAZIFISCHER
OZEAN
Europäisches
Nordmeer
Nord-
see
Mittel-
Baffin-
bai
Labrador-
see
Hudson-
bai
Golf von
Alaska
Golf von Mexiko
Karibisches
Meer
Gr. Bärensee
Gr.
Sklavensee
Winnipeg-
see
Oberer See
Michigan-
see
Huron-
see
Eriesee
Titicaca-
see
Tscha
see
Yukon
Mackenzie
Nelson
St.-Lorenz-Strom
Missouri
Ohio
Mississippi
Colorado
Rio
Grande
Orinoco
Amazonas
Madeira
São Francisco
Paraguay
Paraná
Paraná
Rio de la Plata
Senegal
Niger
Donau
Anchorage
Vancouver
San Francisco
Los Angeles
Houston
New
Orleans
Monterrey
Guadalajara
Mexiko City
Guatemala
Panamá
Chicago
Ottawa
Montreal
New York
Philadelphia
Washington
Santo Domingo
Bogotá
Quito
Manaus
Lima
La Paz
Brasília
Salvador
Rio de Janeiro
Asunción
Santiago
Buenos
Aires
Montevideo
Nuuk
(Godthåb)
Reykjavik
Oslo
Stockh
Kopenhagen
Hamburg
Birmingham
London
Berlin
War
Prag
Paris
Wien
Zürich
Mailand
Bel
Madrid
Rom
Lissabon
Algier
Tunis
Tripolis
Casablanca
Dakar
Monrovia
Abidjan
Accra
Lagos
Kinshasa
Luanda
Kapstadt
N
O
8
3
37
46
7
96
25
4
17
47
9
97
84
26
38
10
61
120
104
31
109
122
35
24
90
110
91
2
36
49
62
123
45
124
121
23
99
119
60
54
55
98
56
114
41
95
14
127
57
70
74
20
21
102
19
33
28
58
1:57 Mio
1000 km

d p o l a r m e e r
Laptewsee
Karasee
rentssee
Taimyrsee
Jenissei
Kolyma
Anadyrgolf
Lena
Aldan
Untere Tunguska
Beringmeer
100
Ob
Lena
Ochotskisches
106
Angara
Meer
Ob
Moskau
P
A
Kama
Nowosibirsk
Jenissei
Baikal-
see
Amur
105
Minsk
Irtysch
117
Saissansee
Kiew
Dnjepr
Balchaschsee
Don
Wolga
Aralsee
Syr-Darja
A S I E N
85
79
128
Schwarzes Meer
Tiflis
Kaspisches Meer
Taschkent
Istanbul
Baku
Peking
Seoul
Tokio
Ankara
Hwangho
80
Gelbes
Meer
86
Bagdad
Schanghai
81
Totes Meer
Jangtsekiang
lexandria
82
Kairo
50
66
48
11
51
52
Indus
Pers. Golf
Ganges
Kalkutta
111
64
93
Hongkong
Rotes Meer
Nil
Irawadi
Golf
von
Bengalen
92
Arabisches
Meer
Bombay
Rangun
Südchinesisches
Meer
Mekong
Khartum
77
Bangkok
1
Golf von Aden
Madras
Andamanensee
126
87
Addis
Abeba
67
16
107
Mogadischu
Singapur
103
Turkanasee
89
108
Nairobi
6
88
22
59
Mombasa
Victoria-
see
15
5
Javasee
125
34
Tanganjika-
see
75
76
29
30
115
88
Arafurasee
Malawi-
see
Timorsee
Darwin
42
I N D I S C H E R
68
43
Sambesi
Antananarivo
72
Kanal v. Mosambik
Korallen-
see
27
annesburg
78
AUSTRALIEN
118
83
Brisbane
Perth
53
32
O Z E A N
Darling
Sydney
Adelaide
94
Murray
Canberra
Melbourne
Tasmansee
Wellington
Christchurch
73

Bildquellen

1 Aisa
2 Aisa, Göbel, Göbel, Aisa
3 Aisa
4 Aisa, Silvestris/Meissner, Aisa
5 Aisa, Aisa
6 Aisa
7 Silvestris/B & U International Picture Service
8 Silvestris/Warter
9 Aisa
10 Aisa, Aisa
11 Göbel, Silvestris/Neuhaus, -/Telegraph Colour
12 Aisa
13 Silvestris/Arndt
14 Silvestris/Kiedrowski
15 Aisa, Aisa
16 Silvestris/Rosing
17 Aisa
18 Silvestris/Cramm
19 Silvestris/Marquez
20 Silvestris/Krahmer, -/Wilmshurst
21 Aisa, Aisa
22 Aisa, Aisa
23 Aisa
24 Silvestris/The Image Bank
25 Aisa
26 Silvestris/The Image Bank
27 Aisa, Aisa, Aisa, Aisa
28 Brodmann
29 Silvestris/Weimann
30 Silvestris/The Image Bank
31 Silvestris/NHPA
32 Aisa
33 Silvestris/Brodmann
34 Silvestris/Coleman
35 Aisa
36 Aisa, Aisa
37 Silvestris/FLPA
38 Silvestris/Blecher
39 Silvestris/Sevcik
40 Silvestris/Krahmer, -/Maier
41 Aisa, Aisa
42 Aisa
43 Silvestris/Sycholt, -/Sycholt
44 Silvestris/Wegner
45 Aisa
46 Aisa, Silvestris/Craddock, -/Lane
47 Aisa
48 Silvestris/Krahmer
49 Aisa, Aisa, Aisa
50 Silvestris/Brehm
51 Jagdeep Rajput
52 Silvestris/Brehm, -/Brehm
53 Aisa, Aisa, Aisa
54 Aisa
55 Silvestris
56 Silvestris/Cramm
57 Aisa
58 Aisa
59 Aisa, Aisa, Aisa, Aisa
60 Silvestris/Rosing
61 Aisa
62 Aisa
63 Aisa, Aisa
64 Silvestris/Dani/Jeske, -/Dani/Jeske
65 Silvestris/Walz
66 Silvestris/Dinodia Picture Agency
67 Silvestris/Kiedrowski
68 Aisa, Aisa
69 Aisa
70 Silvestris/Kelvin
71 Aisa, Aisa
72 Silvestris/Images of India Picture Agency
73 Aisa
74 Silvestris/Laenderpress, -/Hanisch, -/Hanisch
75 Aisa
76 Aisa
77 Aisa, Aisa
78 Aisa, Aisa
79 Aisa
80 Schütte
81 Schütte
82 Schütte
83 Aisa
84 Aisa
85 Kodansha
86 Schütte, Schütte
87 Silvestris/Cramm
88 Silvestris/A.N.T., -/A.N.T.
89 Silvestris/David Keith Janes/Images of Africa Photobank
90 Aisa, Aisa
91 Aisa, Aisa, Aisa
92 Silvestris/NHPA
93 Silvestris/Beck
94 Veit
95 Aisa, Aisa
96 Aisa
97 Aisa
98 Foto Messel-Forschung SMF
99 Aisa
100 Aisa
101 Silvestris/Stadler
102 Silvestris/Dennis
103 Silvestris/Lange, -/Pieper
104 Silvestris/Fleetham
105 Silvestris/Jorgens, -/Jorgens
106 Silvestris
107 Silvestris/Pölking
108 Silvestris/A.N.T.,-/A.N.T.
109 Silvestris/Dani/Jeski, -/Wendler
110 Silvestris/Kelvin
111 Silvestris/Werner, -/Dani/Jeske
112 Silvestris/A.N.T.
113 Silvestris/A.N.T.
114 Silvestris/Galan
115 Silvestris/A.N.T.
116 Silvestris/Kelvin
117 Bochow, Silvestris/FLPA
118 Silvestris/Sycholt
119 Silvestris
120 OKAPIA/C.C.Lockwood
121 Bochow
122 Silvestris/Galan
123 Silvestris/Wendler
124 Silvestris/Wendler
125 Silvestris/A.N.T.
126 Silvestris/Fleetham
127 Bochow, Schönfelder
128 Silvestris/Meyers
Seite 238–243 Göbel

Ortsregister

Aggtelek, Höhlen Seite 224
Aïr 172
Aldabra Atoll 76
Arabian Oryx 206
Baikalsee 230
Banc d'Arguin 162
Barriere-Riff 70
Belize, Korallenriffe 228
Belovezhskaya Pushcha 46
Bialowieza 46
Bwindi 202
Canaima 204
Carlsbad Höhlen 216
Central Eastern Rainforest Reserves 130
Chitwan 118
Cocos Island 242
Comoé 82
Damm des Riesen 132
Darién 64
Desembarco del Granma 258
Dinosaurier Provinzpark 28
Dja 138
Djoudj 56
Doñana 210
Donaudelta 184
Durmitor 54
East Rennell 248
El Vizcaínó 192
Everglades 34
Fraser Insel 190
Galápagos Inseln 10
Garajonay 136
Garamba 50
Glacier Naturpark 214
Gough-Insel 222
Gounda-St. Floris 152
Grand Canyon 32
Greater St. Lucia 256
Great Smoky Mountains 94
Gros Morne 144
Guanacaste 260
Ha-Long-Bucht 206
Haifisch-Bay 182
Hawaii, Vulkane von 148
Heard – McDonald 244
Henderson-Insel 162
Huai Kha Khaeng 182
Huanglong 186
Huascarán 120
Ichkeul 48
Iguazú/Iguacu 108
Jiuzhaigou 188
Kahuzi-Biega 50
Kamtschatka, Vulkane 234
Kanadische Rocky Mountains 110
Kaziranga 126
Keoladeo 122
Kilimandscharo 140
Kluane 30
Komi Forest 222
Komodo 180
Krakatau 178
La Amistad 86
Lake Turkana – Sibiloi 236
Lord-Howe-Archipel 82
Lorentz 264
Los Glasciares 62
Los Katíos 202
Macquarie 246
Madeira 266
Malawi-See 100
Mammuthöhlen 68
Mana-Pools 102
Manas 124
Manovo 152
Manú 146
Messel 218
Miguasha 256
Monte Perdido 248
Morne Trois Pitons 242
Mount Kenya 238
Nahanni 16
Nanda Devi 154
Naracoorte 208
Ngorongoro 24
Nimbaberge 54
Niokolo-Koba 56
Okapi Wildreservat 226
Olympic Mountains 66
Pirin 96
Plitvice, Seen von 44
Puerto Princesa 266
Redwood 52
Regenwaldreservate Entdeckerküste 262
Regenwaldreservate Südostküste 262
Río Plátano 80
Riversleigh 208
Russischer Altai 252
Ruwenzori 198
Sagarmatha 38
Salonga 106
Sangay 88
Scandola 98
Selous 78
Serengeti 58
Shirakami-Gebiet 194
Sian Ka'an 144
Simien 8
Sinharaja Forest 156
Skocjan, Höhlen von 134
Slowakischer Karst 224
Srebarna 98
St. Kilda 132
St.-Elias 30
Subantart. Inseln Neuseelands 250
Sundarbans/Indien 152
Sundarbans/Bangladesch 244
Taï 74
Te Wahipounamu 170
Ténéré 172
Thung Yai Naresuan 182
Tsingy de Bemaraha 168
Tubbataha-Riff 196
Ujung Kulon 178
Valdés-Halbinsel 258
Vallée de Mai 84
Viktoria-Fälle 164
Virunga 26
W-Niger-Nationalpark 226
Waterton Lakes 214
Westlicher Kaukasus 268
Wet Tropical Rainforests 158
Wood Buffalo 92
Wrangell-St.-Elias 30
Wulingyuan 188
Yakushima-Wald 194
Yellowstone 18
Yosemite 116

Kriterien für die Aufnahme in die Welterbeliste der UNESCO

Jeder Mitgliedsstaat kann Vorschläge für die Welterbestätten, die sich innerhalb seiner Grenzen befinden, in Form einer Vorschlagsliste einreichen. Eine Stätte gilt als von außergewöhnlichem, universellem Wert im Sinne der Konvention, wenn das Komitee feststellt, daß sie mindestens einem der unten genannten Kriterien entspricht und dem Anspruch der Echtheit bzw. Unversehrtheit genügt. Der Staat, auf dessen Gebiet sich die Welterbestätte befindet, muß den Schutz dieser Stätte sowie ihre Zugänglichkeit für die Öffentlichkeit garantieren.

Kriterien für die Naturgüter

Das Objekt

I. stellt ein außergewöhnliches Beispiel bedeutender Abschnitte der Erdgeschichte dar, eingeschlossen biologische Evolutionen, bedeutende im Gang befindliche geologische Prozesse in der Entwicklung von Landformen oder bedeutende geomorphologische oder physiogeographische Formen,

II. liefert ein außergewöhnliches Beispiel von im Gang befindlichen ökologischen und biologischen Prozessen in der Evolution und Entwicklung von terrestrischen, Frischwasser-, Küsten- und marinen Ökosystemen sowie Pflanzen- und Tiergemeinschaften,

III. stellt eine überragende Naturerscheinung oder ein Gebiet von außergewöhnlicher natürlicher Schönheit und ästhetischer Bedeutung dar,

IV. enthält die bedeutendsten und typischsten natürlichen Lebensräume für Schutz von biologischer Diversität in situ, einschließlich solcher bedrohter Arten, die aus wissenschaftlichen Gründen von außergewöhnlichem, universellem Wert sind.

Die Deutsche Bibliothek – CIP Einheitsaufnahme
Das **Naturerbe der Menschheit**: Landschaften und
Naturschätze unter dem Schutz der UNESCO/Peter Göbel.
Red.: Ursula Saling. – München: Frederking und Thaler, 2000/Villa Arceno
ISBN 3-89405-512-X
NE: Göbel, Peter; Saling, Ursula [Red.]

Überarbeitete und ergänzte 2. Auflage 2000

Konzeption: Verlagshaus Stuttgart
Redaktion: Ursula Saling
Layout: Volker Schöbel
Umschlagfotos vorn: Michael Martin/LOOK (Viktoria-Fälle, Sambia/Simbabwe); hinten: Silvestris
Umschlaggestaltung: 2005 Werbung, München
Bildbeschaffung: Sonja Rausch, Hannelore Voderhuber, Silvestris Verlag, Kastl
Satz und Reproduktion: Libro, Joh. Witt GmbH & Co KG, Kriftel bei Frankfurt
Druck und Bindung: OGDA, Novara (Italy)

Printed in Italy

ISBN: 3-89405-512-X

Umwelt-Hinweis:
Das Buch wurde auf chlorfrei gebleichtem Papier gedruckt.
Die Einschweißfolie – zum Schutz vor Verschmutzung – ist aus umweltfreundlicher und recyclingfähiger PE-Folie.